AF144267

Andreas Hohl

Trekking–Guide
Argentinien

Impressum

Alle Angaben in diesem Führer wurden sorgfältig recherchiert und erfolgen nach bestem Wissen des Autors. Sollten Sie trotzdem Unstimmigkeiten entdecken, nehmen Autor und Verlag gern Verbesserungsvorschläge und Korrekturhinweise entgegen (buchverlag@tyrolia.at).
Die Benutzung dieses Führers geschieht auf eigenes Risiko. Eine Haftung für etwaige Unfälle und Schäden wird aus keinem Rechtsgrund übernommen.

Bibliografische Information Der Deutschen Bibliothek
Die Deutsche Bibliothek verzeichnet diese Publikation in der Deutschen Nationalbibliografie; detaillierte bibliografische Daten sind im Internet unter http://dnb.ddb.de abrufbar.

2006
Verlagsanstalt, Tyrolia Innsbruck
Umschlaggestaltung: Tyrolia-Verlag, Innsbruck, unter Verwendung von Bildern von Andreas Hohl
Titelbild: Vulkan Incahuasi
Bildleiste (von links nach rechts): Cerro Fitz Roy (Foto: Uli Denk); Gauchos, Estancia Rincón de los Oscuros, El Salto; Aconcagua
Umschlagrückseite: Unterwegs am Aconcagua (Foto: Hartmut Bielefeldt)
Seite 1: (von links nach rechts): Grey-Gletscher, Torres del Paine-Nationalpark; Indianerjunge, Abra de Punta Corral; Kandelaberkakteen bei Tunalito
Layout: Studio HM, Hall in Tirol
Bildnachweis: Soweit nicht anders angegeben, stammen alle Bilder vom Autor.
Karten: Rolle-Kartografie, D-Holzkirchen
Lithografie: Athesia-Laserpoint, Innsbruck
Druck und Bindung: Euroadria, Slowenien
ISBN-10: 3-7022-2796-2
ISBN-13: 978-3-7022-2796-8
E-Mail: buchverlag@tyrolia.at
Internet: www.tyrolia.at

Andreas Hohl

Trekking-Guide
ARGENTINIEN

Die schönsten Touren

zwischen Feuerland und der Puna de Atacama

Tyrolia-Verlag Innsbruck-Wien

Ohne die Mithilfe vieler kluger, freundlicher und geduldiger Menschen wäre dieses Buch nie zustande gekommen.

Ich möchte in Argentinien und Chile danken:
Doña Elena, Alejandro Rosales, Laura und Flor, Flaco und den anderen Chicos in Bariloche, Gabriel Cabrera, Martín Moreno und Caroline in Mendoza, Darío Guardado, Sergio Zagier, Doña Marta und Don Humberto in Buenos Aires, den Rangern der Nationalparkverwaltungen APN und CONAF, Yanina Coppini in Rosario, Jonson Hugo Reynoso und Ruth in Fimabalá, Juan Pablo Maldonado in Tilcara, José Raúl Valeriano und Mario Enrique Juárez in San Salvador de Jujuy, Nicolas Pantaleón in Salta, Alejandro Jorge in Cafayate, Juan Carlos und Richie in Embalse, Esther und Roberto Maturana in Mar-del-Plata, den Gauchos der Estancias Rincón de los Escuros in El Salto und Las Estrellas in Mercedes, Luís Turi in Ushuaia, den Crews der NAVIMAG-Fähren, Don Carlos in Santiago de Chile, Uli Denk in Osorno, Jonathan Leidich in Coyhaique, Doña Berta in Caleta Tortel, Don Humberto im Colonia-Tal.

Und im Rest der Welt:
Emmi und Egolf Hohl in Ötisheim, Olga Kovaleva in Syktyvkar, Judita und Joze Strle in Osredek, Monika und Rodolfo Weber in Stuttgart, David Lim in Singapur, John Biggar in Castle Douglas, Ralf Gantzhorn in Hamburg, Anna Kieven in Barcelona, Enrico Kalb in Dresden sowie last, not least dem Tyrolia-Verlag in Innsbruck.

Vorwort

Die mächtigsten Wasserfälle der Erde in Iguazu, der Aconcagua, der höchste Berg der westlichen Hemisphäre, oder der spektakulärste Gletscher der Welt, der Perito Moreno, sind nur die berühmtesten Beispiele für die grandiose Natur Argentiniens. Vom subtropischen Norden bis zum subarktischen Süden reihen sich landschaftliche Höhepunkte aneinander. Der besondere Reiz dieses Landes liegt in den Extremen. Es gibt äußerste Kargheit wie in den Hochanden des Nordwestens und üppige Fruchtbarkeit wie in der feuchten Pampa; es gibt liebliche, kleinräumig strukturierte Postkartenwelten wie im Seenbezirk und Regionen brachialer Eintönigkeit wie in der patagonischen Steppe. Den Wanderer und Bergsteiger zieht es natürlich hauptsächlich in die Anden, die die lange Westgrenze Argentiniens bilden, doch auch die Regenwälder und Feuchtgebiete des Nordens und die Küsten des von maritimem Leben erfüllten Atlantiks bieten herrliche Naturerlebnisse.

Wenn von den Menschen Argentiniens die Rede ist, dann kommen einem meist spontan zwei ganz unterschiedliche Bilder in den Sinn: zum einen der Gaucho, der nur von seinem Hund begleitet über die endlose Pampa reitet, zum anderen ein Tango tanzendes Paar. Sowohl die Gaucho- als auch die Tangokultur sind lebendig wie eh und je. Doch genauso typisch für Argentinien sind das kulturelle Erbe der Indianer oder die Einflüsse der vielen Einwanderer, die nach den Spaniern kamen. Argentinier sind auch Kollas, Mapuche, Guarani und Toba, die Nachkommen schwarzer Sklaven, Italiener, Deutsche, Waliser, Jugoslawen, Ukrainer und Bulgaren, Juden und Araber, Menschen ostasiatischer Völker und viele Immigranten aus den Nachbarstaaten Paraguay, Bolivien und Peru.

Es ist einfach, Argentinien zu lieben: die fantastische Natur, die freundliche Bevölkerung, die gute Infrastruktur, die Musik, die gigantischen Steaks und den Wein. Es gibt aber auch Dinge, die einem in Argentinien ordentlich auf die Nerven gehen können: die gleißende Sonne des Nordens, die Wolken von Pferdebremsen in den Mittelanden, das Sudelwetter und der ewige Wind des Südens. Damit man am Ende einer Reise den Rucksack voller schöner Erinnerungen an dieses faszinierende Land hat, sollte man versuchen, zur richtigen Zeit am richtigen Ort zu sein, und das mit den richtigen Erwartungen. Vielleicht kann dieser Trekkingführer dazu ein Stück beitragen.

Ich wünsche allen Argentinienreisenden erlebnisreiche und fröhliche Trekkingtage.

Andreas Hohl

Anmerkungen zu diesem Buch

Auswahl der beschriebenen Gebiete

Wenn man das achtgrößte Land der Erde zwischen zwei Buchdeckel pressen will, muss man aus der Vielzahl der Themen und Regionen radikal auswählen. Die einführenden Kapitel wurden auf die notwendigsten trekkingrelevanten Bereiche beschränkt. Für viele interessante Sachgebiete, etwa Geschichte, Politik oder Kultur, gibt es nur Hinweise auf das Internet oder weiterführende Literatur.

Die Tourenbeschreibungen beziehen sich auf die 3700 km langen Gebirgszüge im Westen Argentiniens. Die Schönheiten der großen Steppen, der Flusslandschaften und der schier endlosen Küsten werden im Text nur angedeutet.

Die Geografen teilen den argentinischen Andenkamm in drei Abschnitte, die Puna im Nordosten, die Zentralkordillere des Cuyo und Patagonien im Süden. In diesem Buch wurde Patagonien aus praktischen Gründen nochmals in Nord und Süd unterteilt. Alle Vorgebirge der Anden werden mit dem jeweiligen Abschnitt des Hauptkammes behandelt, auch wenn sie geografisch oder geologisch eigenständige Einheiten bilden.

Innerhalb der vier Großregionen der Anden mussten Zielgebiete für Trekkingtouren ausgewählt werden. Kriterien waren dabei Bekanntheit und Attraktivität einer Region, aber auch ganz praktisch die Erreichbarkeit mit öffentlichen Verkehrsmitteln. Es wurde versucht, für alle wichtigen Landschaftstypen Touren zu beschreiben. Völlig klar, dass es sich dabei nur um Beispiele handelt und dass dieser Trekkingführer bezogen auf ganz Argentinien jämmerlich unvollständig ist.

Richtigkeit der Angaben und Beschreibungen

„Der stimmt ja gar nicht." Oft hört man diesen Satz, wenn über Trekkingführer gesprochen wird, und dieses Buch wird dabei ganz sicher keine Ausnahme sein. Die Gründe dafür sind vielfältig. Selbstverständlich bauen Autoren trotz aller Sorgfalt auch Mist. Wer Hunderte von Kilometern durch die Berge marschiert, der wird auch mal unachtsam oder nachlässig bei der Dokumentation. Für meine Fehler möchte ich mich hier bei allen Lesern entschuldigen.

Manchmal liegen die Schwierigkeiten aber auch woanders.

Routen ändern sich durch Einflüsse von Natur und Mensch. Erdrutsche verschütten Wege, Hochwasser reißen Brücken weg, Vulkanausbrüche verwandeln ganze Landschaften, Biber stauen neue Seen auf, Menschen bauen Straßen und Siedlungen.

Aus Gründen, die in 1.14 ausgeführt werden, sind die meisten argentinischen Landkarten sehr ungenau. Höhen-, Positions- oder Routenangaben verschiedener Quellen variieren oft stark.

Viele der argentinischen Berge haben relativ flache Gipfel und es ist selten gesichert, welche der Erhebungen auf den Plateaus die höchste ist. Zwar sind sich die Experten beim Aconcagua einig, aber schon beim zweithöchsten Berg der Anden, dem Ojos del Salado, wird weiter fleißig gestritten.

Bei den Höhenangaben der Berge kommen zum Teil auch politische oder wirtschaftliche Faktoren ins Spiel (siehe dazu Kapitel V Nordwesten 2.2.1), schließlich will jeder den größten haben. Die Messdifferenzen in diesem Bereich erreichen manchmal groteske Dimensionen und können für die gleiche Erhebung 500, ja selbst 1000 m betragen.

Zur Ergänzung von Landkarten, Führerliteratur (s. S. 324) und eigenen Messungen wurden für dieses Buch für Höhen und geografische Positionen vor allem folgende Quellen benutzt:

Internet

www.summitpost.org/object_list.php?
object_type=1&object_name_1=Argentina
www.viewfinderpanoramas.org/reascent/
SOAMTO950m.html
www.indexmundi.com/zm/ar/

Trotz aller Sorgfalt bei der Zusammenstellung sollten die in diesem Buch genannten Messdaten – mit Ausnahme des Aconcagua – nur als ungefähre Richtgrößen betrachtet werden. Wer eine anspruchsvolle Tour plant, sollte vor der Reise die aktuellsten im Internet verfügbaren Werte miteinander vergleichen. Durch die Verbreitung tragbarer GPS-Geräte werden die Daten in Zukunft zunehmend zahlreicher und verlässlicher werden. Das unten stehende Angebot des Tyrolia-Verlags soll dazu einen Beitrag liefern.

Natürlich dürfen subjektive Einschätzungen nicht mit definitiven Werten verwechselt werden. Die angegebenen Gehzeiten werden manche Trekker je nach Fitness stark unter- oder überbieten; Otti Fischer braucht nun mal auf einen 6000er mehr Zeit als Reinhold Messner.

Um Missverständnissen vorzubeugen, wurden die Touren in diesem Führer nicht in Schwierigkeitsgrade unterteilt. Rein technisch gesehen sind fast alle beschriebenen Routen leicht, selbst die auf die Gipfel der 6000er. Die Schwierigkeiten der Touren in Argentinien werden hauptsächlich vom individuellen Akklimatisationsgrad und vom aktuellen Wetter bestimmt. In einem patagonischen Sturm mit 140 Stundenkilometern Windgeschwindigkeit wird schon der Gang von der Hütte aufs Außenklo zum Abenteuer.

Korrekturen

Die Wegfindung beim Trekken wird in naher Zukunft genauso von Navigationssystemen bestimmt werden wie heute schon das Auto fahren. Ich möchte jeden, der mit diesem Führer unterwegs ist, bitten, zum einen Fehler im Text zu melden und zu berichtigen (buchverlag@tyrolia.at) und zum anderen GPS-Daten mit entsprechenden Beschreibungen von Trekkingrouten zu sammeln. Diese werden dann auf der Verlagswebseite www.tyrolia.at allen Interessierten zugänglich gemacht.

Oben und unten

Alle Reiseführer auf der Nordhalbkugel der Erde beginnen mit den Touren im Norden und enden mit den Touren im Süden. Und alle Reiseführer auf der Südhalbkugel der Erde beginnen mit den Touren im Norden und enden mit den Touren im Süden. Ist das vielleicht logisch? Manche denken, der Norden auf der Erde sei oben und der Süden unten. Aber wenn der Süden unten ist, warum läuft einem dann nicht das Blut in den Kopf, wenn man auf die Südhalbkugel reist? Der Süden ist genauso oben wie der Norden, oben auf der Erde nämlich. Und deshalb beginnt dieser Führer mit den Touren im Süden und endet mit den Touren im Norden.

Inhaltsverzeichnis

III Nordpatagonien

EINFÜHRUNG

Quebrada de Huamaca

1.1 Informationen im Internet

1.1.1 Die Qual der Wahl

Die Revolution der Informationsgewinnung durch das Internet macht große Teile der früher in Bergführern üblichen allgemeinen Kapitel überflüssig. Das Problem ist heute nicht mehr die Beschaffung von Information, sondern deren Auswahl.

Auch während einer Reise durch den Süden Südamerikas ist der Zugang zum Netz gesichert. In Argentinien oder Chile haben nur wenige Menschen genug Geld für einen eigenen Computer. Die große Mehrheit surft zu günstigen Preisen in Internetcafés, die es selbst in abgelegenen Regionen dieser Länder gibt.

Die meisten Internethinweise in diesem Buch führen zu argentinischen Webseiten, einfach deshalb, weil sie die meisten Informationen bieten. In Argentinien wird hauptsächlich spanisch gesprochen und fast nur spanisch geschrieben. Das ist aber kein Grund zur Verzweiflung. Auch sprachlich völlig Unbegabte werden bald herausfinden, was mit „hoteles", „restaurantes", „aeropuerto", „terminal de ómnibus", „secretaría de turismo" oder „museos" gemeint ist, und mit einem kleinen Wörterbuch lernt man leicht noch ein paar andere Schlüsselwörter.

Dann kann sich jeder über das Internet zu Hause oder in Argentinien umfassend über das aktuelle touristische Angebot, etwa Unterkünfte, Restaurants oder Verkehrsmittel, informieren. Viele allgemeine Informationen findet man in der kostenlosen Enzyklopädie Wikipedia. Obwohl deren Artikel oft von Laien verfasst sind, enthalten sie nach Untersuchungen von 2005 nur wenig mehr Fehler als die von Experten verfassten traditionellen Enzyklopädien.

Deutschsprachige Webseiten werden in diesem Buch eher sparsam genannt, denn auf Deutsch zu googeln wird wohl jeder selbst fertigbringen. Es lohnt sich, nicht nur nach Trekkingregionen, sondern auch gezielt nach den geplanten Touren zu forschen. Neben den klassischen Bergseiten mit ihren Basisinformationen findet man zu vielen Routen auch persönliche Erlebnisberichte von Trekkern und Bergsteigern, die gut auf eine Reise einstimmen.

WICHTIG: Aus rechtlichen Gründen distanzieren sich sowohl der Autor als auch der Tyrolia-Verlag ausdrücklich von sämtlichen Inhalten der in diesem Buch genannten Webseiten.

1.1.2 Allgemeine Länderinformationen

Länderinformationen gibt es im Netz mehr, als man je verarbeiten kann. Mit den folgenden Webseiten, von den deutschen Außenministerien und der argentinischen Botschaft über die Uni Texas bis hin zum Factbook des US-Geheimdienstes, hat man schon mal gut zu tun.

> **Internet**
>
> www.bmaa.gv.at
> www.auswaertiges-amt.de
> www.eda.admin.ch
> http://www.argentinische-botschaft.de/
> www.lanic.utexas.edu
> http://de.wikipedia.org/wiki/Argentinien
> http://wikitravel.org/en/Argentina
> www.argentinien.com
> www.odci.gov/cia/publications/factbook/
> geos/ar.html

1.1.3 Touristeninformation

Internet

Offizielle nationale Tourismus-Webseiten
In Argentinien:
www.turismo.gov.ar

Leider konnten sich die argentinischen Provinzen nicht auf eine einheitliche Internetpräsentation einigen, mal wird „turismo" dem Provinznamen vorgestellt, mal die Silbe „tur" nachgestellt. Mal wird mit Punkt getrennt, mal nicht. Deshalb ist es am einfachsten, zunächst auf die entsprechende allgemeine Provinzseite zu gehen und dann den Link zu „turismo" zu suchen. Man schreibt www. gefolgt vom Namen der Provinz und hängt .gov.ar an. Der Klick auf „turismo" bringt dann etwa über: www.salta.gov.ar die Seite www.turismo-salta.com.ar, über www.neuquen.gov.ar die Seite www.neuquentur.com.ar.

Internet

Es gibt eine ganze Reihe von Tourismusportalen für Argentinien im Netz. Deutschsprachig ist die schon genannte

www.argentinien.com

Sehr gut strukturiert, inhaltlich sehr komplett und auch auf Englisch zu lesen ist
www.welcomeargentina.com

Andere Beispiele für Portale ohne Wertung und Vollständigkeit:

www.enargentina.com
www.argentinaturismo.com
www.argentinaonview.com
www.argentinaxplora.com
www.enargentinaturismo.com.ar
www.visitingargentina.com
www.ruta0.com/
www.argentinaworld.com.ar/
www.argentinatravelnet.com/
www.guiadeturismo.com.ar
www.argentinaturistica.com
www.redargentina.com
www.virtualtourist.com

1.1.4 Natur- und Umweltschutz

Internet

Die offizielle Seite der argentinischen Nationalparkverwaltung ist
www.parquesnacionales.gov.ar
Dort gibt es die Links zu allen Nationalparks.

In Chile werden die Nationalparks von der Forstverwaltung, Corporación Nacional Forestal (CONAF), gemanagt.
www.conaf.cl

Etliche Tourismusportale (s.o.) bieten ebenfalls ausführliche und gute Informationen über die Nationalparks.

Nichtregierungsorganisationen für Natur- und Umweltschutz in Argentinien:
www.vidasilvestre.org.ar
www.funam.org.ar
www.patagonialandtrust.org
www.areas-protegidas.org

1.1.5 Andenclubs und Bergführer-organisationen

Service-Adressen

Centro Andino Buenos Aires, Rivadavia 1255, Planta Baja, Oficinas 2/3, 1033 Buenos Aires, Tel.: 0054-4381-1566, www.caba.org.ar
Club Andino Bariloche, 20 de Febrero 30, San Carlos de Bariloche, Río Negro, Tel.: 0054-2944-52-7966, www.clubandino.com.ar
Asociación de Guias de Montana, Casilla de Correo 90, 8400 San Carlos de Bariloche, Río Negro, Tel.: 0054-2944-452-5248, www.aagm.com.ar

Für Auskünfte in Chile:
Federación de Andinismo de Chile, Almirante Simpson 77, Santiago, Chile, Tel.: 0056-2-2220888, Fax: -635-9089, www.feach.cl

1.1.6 Bergwetter

Noch wichtiger als in anderen Gegenden der Erde ist der Wetterbericht. Die Seiten der meteorologischen Dienste Argentiniens und Chiles sind

Internet

Servicio Meteorológico Nacional de Argentina
www.meteofa.mil.ar
Dirección Meteorológica de Chile
www.meteochile.cl
Unter „climatologia" gibt es den aktuellen Stand,
unter „prognóstico" eine Dreitagesprognose.
Das Aconcagua-Wetter findet man hier:
http://www.tutiempo.net/tiempo/Mendoza_
Aerodrome/SAME.htm
Eine deutsche Wetterseite ist
www.reisewetter.de

1.1.7 Medizinische Ratschläge

Beispiele für allgemeine Medizinseiten
www.qualimedic.de
www.medizin.de
www.med1.de

Reisemedizin
www.reisemed.at
www.outdoornet.de/Service/medizin.htm
www.safetravel.ch
www.cdc.gov/travel/temsam.htm

Tropeninstitute sind unter
www.dtg.mwn.de/institut.htm gelistet, etwa
www.bni.uni-hamburg.de
www.tropinst.med.uni-muenchen.de,
die Reiseinfos der Münchener stehen unter
www.fit-for-travel.de
Interessant die Seite des Robert-Koch-Instituts
www.rki.de

Webseiten zur **Berg- und Höhenmedizin:**
www.bexmed.org/Information/
www.alpinmedizin.org
www.outdoornet.de/Service/medizin.htm oder
bei www.bielefeldt.de/linksd.htm
www.dav-summit-club.de/frameset1.htm
Beim DAV Summit Club gibt es auch das „Handbuch der Trekking- und Expeditionsmedizin".

Die beste **Bergsteigerapotheke** findet man auf
www.bexmed.org/Information/Tips/bergsteigerapotheke.html

1.1.8 Berge der Welt

Vielfältige **Informationen für Trekker und Bergsteiger** auf Englisch und Spanisch gibt es unter anderem bei
www.alpinist.com (unter „climbing notes" aktuelle Aufstiege)
www.andeshandbook.cl
www.argentinaxplora.com
www.aventurarse.com
www.climbinginpatagonia.freeservers.com
www.conama.cl
www.lonelyplanet.com
www.nationalgeographic.com
www.samexplo.org
www.summitpost.com
www.trekkingforum.com
www.vientoblanco.cl

und auf Deutsch bei
www.bergsteigen.at/
www.bergsteigen.de/
de.wikipedia.org/wiki/Bergsteigen
www.alponline.com/
www.fernweh.com/links_bergsteigen.htm
www.alpenfuehrer.de/
www.alpinisten.info/
www.trekkingguide.de/
www.rucksack-center.de/forum/

Der bekannte Bergsteiger Hartmut Bielefeldt hat auf seiner Bergseite eine sehr umfassende Linksammlung für den deutschsprachigen Raum zusammengestellt: www.bielefeldt.de bzw. www.bielefeldt.de/linksd.htm.

1.1.9 Kontakte zu Argentiniern in Europa

Wer schon in Europa Argentinier treffen und sich mit argentinischer Kultur vertraut machen will, sucht am besten auf der Seite mit den Veranstaltungshinweisen des Circulo Argentino, www.circulo-argentino.de/
Der Präsident des Circulos, Dr. Rodolfo Weber, hat die Geschichte seiner Familie fürs Netz aufgearbeitet: www.rodolfo-weber.de

1.2 Offizielles

1.2.1 Ein- und Ausreisebestimmungen

Wer aus Österreich, Deutschland oder der Schweiz kommt, braucht für einen Aufenthalt bis zu drei Monaten in Argentinien nur einen noch drei Monate gültigen Reisepass. Generell empfiehlt es sich, rechtzeitig vor einer großen Reise die Webseiten des jeweiligen Außenministeriums zu konsultieren.

Internet
www.bmaa.gv.at
www.auswaertiges-amt.de
www.eda.admin.ch

Wer länger bleiben will, kann seine Aufenthaltsdauer um weitere drei Monate bei der **Einwanderungsbehörde** Migraciónes, Av. Antártida Argentina 1355, Tel.: 0054-11-4317-023-7 und -8 verlängern lassen. Den gleichen Effekt hat es, zwischendurch über die Grenze eines der Nachbarstaaten und wieder zurück zu reisen. Anders als etwa Brasilien gibt Argentinien Neueinreisenden in aller Regel problemlos wieder drei Monate Aufenthaltsrecht. Beim grenzüberschreitenden Reisen ist wichtig, dass man vor allem an den nördlichen Grenzübergängen mit ihren laxen Kontrollen schaut, dass man auch wirklich einen Ein- bzw. Ausreisestempel und eine neue Touristenkarte bekommt. Sonst besteht Gefahr, dass man als illegaler Einwanderer belangt wird. Nicht vergessen, dass bei der Ausreise eine Flughafensteuer in bar fällig wird. 2005 betrug diese 13 Euro.

1.2.2 Zollbestimmungen

Die Zollbestimmungen bewegen sich im üblichen Rahmen. Zollfrei einführbar sind Artikel des persönlichen Bedarfs, wozu auch die Kameraausrüstung oder das Notebook zählen. Eine Zollerklärung ist im Flugzeug auszufüllen. Die Kontrollen in Argentinien sind meist unproblematisch, wobei natürlich Waffen- und Drogenschmuggel auch dort ungern gesehen werden.

Wichtig für Trekker, die von Argentinien nach Chile weiterreisen, ist, dass nach Chile keinerlei frische Lebensmittel, keine lebenden Tiere und Pflanzen und auch keine Tier- oder Pflanzenteile, eingeführt werden dürfen. An manchen Grenzen wird mittlerweile alles Gepäck durchleuchtet; das in vergangenen Jahren beliebte Durchschmuggeln preisgünstiger argentinischer Frischware ist nicht mehr möglich. Bei manchen grenzüberschreitenden Trekkingtouren kann diese Vorschrift lästig sein, echte Versorgungsengpässe entstehen aber nicht, da Konserven und Brot durchgelassen werden. Auch bei Souvenirs muss man aufpassen. Manchmal wird auch eine Schnitzerei als Pflanzenteil behandelt und konfisziert, das hängt aber wohl von der Laune der Zöllner ab.

1.2.3 Zusätzliche Dokumente

Bei der Einfuhr eines eigenen Fahrzeugs ist neben dem Führerschein und den Wagenpapieren auch ein „Carnet de Passage en Douanes", das man vom ADAC oder anderen Automobilclubs bekommt, notwendig. Theoretisch benötigt man zum Leihen eines Fahrzeugs einen internationalen Führerschein, in der Praxis scheint aber der nationale Führerschein – bei Deutschen und Österreichern in der EU-Version – und eine Kreditkarte auszureichen. Mancherorts gibt es bei Vorlage eines internationalen Studentenausweises Preisnachlässe, besonders interessant sind verbilligte Bus- und Flugtickets. Nähere Informationen gibt es bei ISIC und ähnlichen Organisationen.

Mit internationalen Jugendherbergsausweisen gibt es bei Übernachtungen in entsprechenden Häusern meistens Preisnachlässe von etwa 60 Cents.

Auch mit Mitgliedschaften in Automobilclubs, seltener in Alpenvereinen, kann man auf Rabatte hoffen.

1.2.4 Diplomatische Vertretungen

Service-Adressen

Botschaft der Republik Österreich – Embajada de Austria French 3671
1425 Buenos Aires
Tel.: 0054-11-4802-1400, 4802-7096, 4802-7195
Fax: 0054-11-4805-4016
www.austria.org.ar
E-Mail: buenos-aires-ob@bmaa.gv.at

Botschaft der Bundesrepublik Deutschland – Embajada de la República Federal de Alemania Villanueva 1055
Belgrano, Buenos Aires
Tel.: 0054-11-4778-2500, Fax: -4778-2550
consulado@embajada-alemania.org.ar

Botschaft der Schweiz – Embajada de Suiza
Av. Santa Fé 846, 12. Stock – Buenos Aires
Tel.: 0054-11-311 -6491 bis 95
vertretung@bue.rep.adm.ch

1.3 Ausrüstungstipps

Wie immer vor einer Reise sollte man sich rechtzeitig Gedanken über die mitzunehmende Ausrüstung machen. Für Argentinien ist das aber nicht allzu schwer. Bergtouren in den Südanden unterscheiden sich bezüglich der Ausrüstung wenig von Touren in den Alpen. Viele Dinge kann man auch in Argentinien kaufen, allerdings ist die Auswahl geringer und die Preise für Qualitätsprodukte sind oft höher als in Mitteleuropa.

Da man sich in Südamerika meist in echter Wildnis ohne bequem zu erreichenden Rettungsdienst bewegt, ist es notwendig, sich so autark wie möglich zu machen. Eine **Notfallapotheke**, genügend Ausrüstung für ein **Biwak** und eine eiserne Reserve an Wasser und Essen

sollten immer dabei sein. Besonders in Südpatagonien muss man auf alles, was das Wetter zu bieten hat, gefasst sein. Bei Dauerregen versagt oft auch die beste atmungsaktive **Wetterjacke**. Auf Wanderungen in Regengebieten können die für Viehhirten produzierten gummierten **Ponchos**, die in argentinischen Geschäften für den ländlichen Bedarf vertrieben werden, viel Freude machen. Auch von unten wird man leicht nass, sei es nun beim Queren von Flüssen oder beim Matschwandern durch die „mallínes", die Sumpfwiesen. Entweder man nimmt hohe **gummierte Gamaschen** mit oder ein Extrapaar Schuhe, am besten wasserdurchlässige Turnschuhe mit gutem Profil. In großen Höhen muss unbedingt sehr viel getrunken werden, deshalb an entsprechend große **Wasserbehälter** denken. Neben Flaschen haben sich die auf den Rucksack aufgeschnallten Wasserbeutel mit Trinkschlauch bewährt, da man durch sie auch während des Gehens trinken kann und sich so leichter an das Hydrierungsgebot hält. Eine Besonderheit Argentiniens sind die starken Winde, die besonders an die **Zelte** extremste Anforderungen stellen können. Eine gute Zeltkonstruktion und Sturmleinen helfen gegen die Böen. Wer exponiert auf Gletschern campt, sollte unbedingt eine kleine **Schneeschaufel** zum Eingraben der Zelte mitnehmen.

Das **Schuhwerk** sollte man auch für einfache Touren nicht zu leicht wählen, denn üble Schotterfelder sind ein Markenzeichen der Anden. Wer über Gletscher geht, braucht natürlich Schalenstiefel, **Steigeisen** und einen **Eispickel**. Niemals **Sonnenschutz**, Creme mit hohem Lichtschutzfaktor, langärmelige Kleidung und UV-blockende Sonnenbrille, vergessen. In der Puna des Nordens wie im ozon-

lochgestraften Süden kann die Strahlungsintensität äußerst hoch sein.

Ein Sonderproblem ist das Kochen im Freien. Erste Regel ist, dass offenes Feuer möglichst vermieden werden soll. In Nationalparks ist es kategorisch verboten. Schraub- und Stechkartuschen für **Gaskocher** darf man nicht im Flugzeug mitnehmen. Man bekommt sie in Argentinien in Eisenwarenhandlungen (Ferrerias), in Trekking- und Angelgeschäften. Da man sich auf ihre Verfügbarkeit nicht verlassen kann, sollte man sich in einer größeren Stadt einen Vorrat kaufen. Waschbenzin für **Benzinkocher**, in Argentinien „solvente industrial", in Chile „benzina blanca" genannt, gibt es meist ohne Probleme in Eisenwarenhandlungen und Apotheken. Industriealkohol für Alkoholbrenner gibt es billig in Supermärkten. Die Notwendigkeit, jede Art von Feuer genauestens zu kontrollieren, kann nicht stark genug betont werden. Zehntausende von Hektar jährlich abgebranntes Land, oft mit geschützter Vegetation, sprechen eine deutliche Sprache.

1.4   Anreise

Es gibt immer noch Nostalgiker und Menschen mit Muße, die in zwei bis vier Wochen mit dem Schiff von Hamburg oder Bremerhaven, Genua, Barcelona oder dem polnischen Gdynia nach Südamerika reisen. In aller Regel wird man sich jedoch per **Flugzeug** auf diesen Kontinent begeben. Die nationale Fluglinie Argentiniens heißt Aerolineas Argentinas. Die meisten großen europäischen Airlines ha-

ben Buenos Aires im Programm. Viele Verbindungen und oft günstige Tickets bietet die spanische IBERIA. Bei der Lufthansa ist das Ticket zwar teurer, dafür werden die knapp 11 500 km von Frankfurt nach Buenos Aires im Direktflug in nur 14 Stunden absolviert. Fast alle Fluglinien bieten Jugend- und Studententickets an. Wie üblich bestehen zwischen Haupt- und Nebensaison große Preisunterschiede. Auskünfte über die aktuellen Flugpläne gibt es bei den Fluglinien. Über Preise, Verfügbarkeiten und Schnäppchen kann man sich außer in Reisebüros auch auf einer Vielzahl von Webseiten im Internet informieren. Einfach „billigflüge" in eine Suchmaschine eingeben (der Begriff steht auf Nr. 6 der Internethitliste, gleich nach Routenplaner, Chat, Erotik, Telefonbuch und Wetter). Wichtig ist eine möglichst langfristige Planung, denn der Tourismus in den Süden Südamerikas boomt.

Die Anreise mit dem Flieger nach Santiago de Chile, La Paz, Asunción oder Montevideo ist in aller Regel teurer als nach Buenos Aires. Wer dagegen die Iguazu-Fälle auf dem Programm hat, kann einen Flug nach São Paulo, etwa mit der VARIG, und eine Weiterreise mit dem Bus in Erwägung ziehen.

Die meisten Reisenden landen auf Buenos Aires' Flughafen Ezeiza (BUE – Ezeiza), der eigentlich Aeropuerto Internacional Ministro Pistarini heißt, aber von niemandem so genannt wird. Da er mitten in der Pampa liegt, wissen viele erst einmal nicht, wie es weitergeht. Ezeiza liegt 35 km südlich der Stadt. Wer einen **Inlandsflug** gebucht hat, kann manchmal von einem anderen Terminal Ezeizas weiterfliegen. Die meisten Inlandsflüge, darunter auch die für Trekker wichtigen Ziele in Patagonien, werden aber in aller Regel vom zweiten Flug-

hafen Aeroparque Jorge Newberry just am anderen Ende von Buenos Aires, einige Kilometer nördlich des Stadtzentrums, angeflogen (siehe Inlandsflüge). Wer komfortabel und recht günstig in die Innenstadt oder zum anderen Flughafen will, kann einen Bus der Linie Miguel Tienda León S.A. (Tel.: 0054-11-4314-3636, www.tiendaleon.com.ar) besteigen. In die Stadt fährt dieser Bus in 40 Minuten und kostete 2005 23 Pesos, etwa 6 Euro. Die Bushaltestellen befinden sich am „Ezeiza International Terminal" und am „Aerolíneas Terminal" am Flughafen und in der Stadt auf der Straße Carlos Pellegrini, Ecke Lavalle.

Eine Alternative ist der normale Stadtbus Nr. 86, dessen Haltestelle ein Stück vor dem Flughafengebäude ist. Dieser Bus braucht oft 2,5 Stunden in die Stadt, kostete aber dafür 2005 nur 1,35 Pesos (knapp 40 Cents). Wichtig! Für den 86er-Bus braucht man Münzgeld – schon im Flughafengebäude besorgen! Von der Innenstadt kann man mit der U-Bahn oder einer der Buslinien, etwa der 126, weiter zum zentralen Busbahnhof Retiro fahren. Von Retiro, einem der größten Busbahnhöfe Südamerikas, kann man in jede größere Stadt Argentiniens weiterfahren. Wer es eilig hat, bekommt natürlich auch gleich am Flughafen ein Taxi. Die Preise sind in Argentinien sehr zivil, je nach Fahrzeug und Strecke kostete der Kilometer 2005 zwischen 0,50 und 1,00 Peso (14–28 Cents).

1.5   Zeitunterschied

Argentinische Zeit = Mitteleuropäische Zeit (MEZ) –4 Stunden.
Während der europäischen Sommerzeit be-

trägt der Zeitunterschied –5 Stunden.
Achtung beim Grenzübertritt nach Chile! Zeitverschiebung um eine Stunde ist möglich.

1.6   Touristeninformation in Buenos Aires

Viele Reisende suchen sich nach der Ankunft zunächst eine Touristeninformation. Nebenstellen der Fremdenverkehrsämter finden sich gleich in den Flughäfen und dem Hauptbahn- bzw. Busbahnhof Retiro:
Aeropuerto Internacional Ezeiza, Tel.: 4480-0224

Aeroparque Jorge Newbery, Tel.: 4773-9805, 4771-0104
Terminal de Ónibus Retiro, Local 83, Tel.: 4311-0528
Die Zentralen der Fremdenverkehrsämter und das Andenzentrum befinden sich in der Innenstadt.

Service-Adressen

Nationales Fremdenverkehrsamt
Dirección Nacional de Turismo – zuständig
für ganz Argentinien
Santa Fé 883
Tel.: 313-2232, 4312-2232, 4312-5550,
0800-555- 0016
www.turismo.gov.ar

**Fremdenverkehrsämter der Stadt
Buenos Aires**
Subsecretaría de Turismo de la Ciudad de
Buenos Aires, Balcarce 360, 2.Stock
Tel.: 4114-5794, -5791, -5724
Centros de Información Turística de la Ciudad (CIT)

CIT-Filialen in touristisch wichtigen Stadtvierteln
(barrios):
Florida 100, Barrio San Nicolás
Alicia Moreau De Justo 200 Dique 4, Barrio Puerto
Madero Quintana 596, Barrio Recoleta
Defensa 1250, Barrio San Telmo
www.buenosaires.gov.ar

Andenzentrum Buenos Aires
Centro Andino
Rivadavia 1255, Planta Baja, Oficinas 2/3
1033 Buenos Aires
Tel.: 4381-1566
www.caba.org.ar

1.7   Reisen im Land

1.7.1   Flugzeug

Um die riesigen Entfernungen innerhalb Argentiniens zu überwinden, werden Reisende mit mehr Geld als Zeit das Flugzeug bevorzugen. Ein Flug etwa von Buenos Aires nach Ushuaia erspart 3000 km Busfahrt durch eintönige Pampas und Steppen. Wer in wenigen Wochen verschiedene Regionen Argentiniens

kennenlernen will, sollte sich den „Air Pass Visit Argentina" der Aerolíneas Argentinas und der Austral Líneas Aéreas besorgen. Für Reisende, die außer Argentinien auch Brasilien, Paraguay und Uruguay sehen wollen, gibt es den Mercosur Air Pass.
Argentinien hat ein gut ausgebautes Inlandsflugwesen – aber nur solange man von oder über Buenos Aires fliegt.

Wer sich nach anderen logischen Verbindungen, etwa zwischen den Touristenzentren Mendoza und San Carlos de Bariloche, erkundigt, wird oft mit einem mitleidigen Lächeln beschieden. Wegen der Umsteigerei in Buenos Aires sind manche Flüge wenig attraktiv, zumal sie wesentlich teurer sind als der Bus. Zum Beispiel kostete Mendoza – San Carlos de Bariloche 2005 mit dem Bettenbus (20 Stunden Fahrt) rund 40 Euro, der Flug über Buenos Aires dagegen rund 200 Euro.

Service-Adressen

Inlandsflüge ab Buenos Aires (Vorwahl 011)
Inlandsflüge sowie Flüge nach Uruguay starten vom städtischen Flughafen Aeroparque Jorge Newbery, im Norden der Stadt am Río de la Plata gelegen.
Aeroparque Jorge Newbery
Av. Costanera R. Obligado s/n
Tel.: 4771-2071

Einige wichtige Inlandsfluglinien:
Aerolíneas Argentinas & Austral,
Tel.: 0810-222-86527
Dinar Lineas Aéreas, Tel.: 4327-8000
Lineas Aéreas del Estado (LADE),
Tel.: 4361-7071
Lineas Aéreas de Entre Rios (LAER),
Tel.: 431-1237
Lineas Aéreas Privadas Argentinas (LAPA),
Tel.: 4819-5272
Southern Winds, Tel.: 4515-8600
Transportes Aéreos Neuquén (TAN),
Tel.: 0800-3-8277

1.7.2 Bus

Argentinien ist das Land des Busreisens. Es gibt gute und für Europäer sehr preisgünstige Verbindungen in alle Landesteile. Die neueren Busse sind mit bequemen Sitzen, Videogeräten, Kaffeeautomaten und Toiletten ausgestattet. Auf langen Strecken werden auch soge-nannte „semi-cama"- und „cama"-Busse eingesetzt, die im Komfort nicht ganz einem Bett – was „cama" auf Deutsch bedeutet –, aber etwa der Businessclass im Flugzeug entsprechen. Ungewohnt auch für Europäer, dass es auf Fernstrecken einen Bussteward gibt, der belegte Brote und Limonade, in den gehobenen Kategorien auch warmes Essen und alkoholische Getränke serviert.

Das große Gepäck wird in den Laderäumen der Busse verstaut und ist während der Fahrt meist nicht mehr zugänglich. Alles Wichtige muss im Handgepäck mitgenommen werden. Dabei ist auch an einen Pullover oder eine Jacke zu denken, denn die Klimaanlage ist meist empfindlich kühl eingestellt. Das große Gepäck ist in aller Regel in den Laderäumen der Busse sicher. Die meisten Busgesellschaften geben eigene Gepäckaufkleber oder -anhänger aus. Diebstahlgefährdet ist allerdings der Inhalt leicht zu öffnender Außentaschen, etwa von Rucksäcken. Kleine, überall billig zu erstehende Vorhängeschlösser helfen, die Versuchung nicht zu groß werden zu lassen. Manche Busunternehmen übernehmen Be- und Entladen des Gepäcks selbst, andere lassen es von Hilfskräften erledigen. Manche, beileibe nicht alle, dieser Gepäckjungen neigen zu übersteigerten Trinkgeldforderungen, denen man nicht nachgeben sollte. Fast alle Busunternehmen befördern auch Fracht, was für Trekker, die von A nach B marschieren, durchaus einmal interessant sein kann.

Der Busbahnhof einer Stadt ist auch immer ein Dienstleistungszentrum, zumindest gibt es etwas zu essen und zu trinken, einen Zeitungs- und einen Taxistand. In größeren Orten kommen Telefon, Internet und Ladengeschäfte dazu. In touristischen Gegenden kann man am Busbahnhof auch Unterkünfte oder Exkursionen buchen.

Detailinformationen zu einzelnen Busunternehmen gibt es auf den in den Unterkapiteln genannten Webseiten. In einem Reiseführer die Abfahrtszeiten von Bussen anzugeben bringt wenig, denn sie ändern sich sehr schnell. Die Fahrpläne der meisten Verkehrsmittel in Argentinien werden auf teilweise dramatische Art mindestens zweimal im Jahr dem Bedarf angepasst. Während der argentinischen Feriensaison werden auf den beliebtesten Strecken, etwa von Buenos Aires nach Mar-del-Plata oder nach Mendoza, viele Sonderbusse eingesetzt. Da kann es sein, dass im Fahrplan ein Bus zu einer bestimmten Zeit drinsteht, aber in Wirklichkeit im Minutentakt fünf Busse losgeschickt werden. Die haben theoretisch nur eine Plattform zur Verfügung, müssen sich deshalb dort hinstellen, wo gerade Platz ist, was ziemlich weit von der angegebenen Stelle sein kann. Da muss man genau aufs Ticket schauen, in welchem dieser Busse man einen Platz gebucht hat und wo der abfährt. Oft, aber nicht immer, werden die Abfahrtszeiten leicht verändert, z. B. Abfahrt 21.45, 21.46 und 21.47. Der entscheidende Mann in solch einem Fall ist immer der mit der langen Platzliste, der vor dem Bus steht.

Im Sommer fehlen in Argentinien Transportkapazitäten. Das Land wird bei ausländischen Touristen immer beliebter und, noch wichtiger, die Argentinier haben kein Geld mehr für Auslandsreisen und entdecken ihr eigenes Land neu. In Retiro, dem Hauptbusbahnhof von Buenos Aires, gibt es im Sommer lange Warteschlangen, viele Destinationen sind auf Tage ausgebucht. Notorisch für Engpässe sind auch die Strecken Catamarca – La Rioja – Mendoza und Río Gallegos – Ushuaia, Wartezeiten von fünf oder sechs Tagen auf den nächsten Bus sind dort keine Seltenheit. Deshalb immer einen Plan B ausdenken, manch-

mal hilft schon ein kleiner Umweg von 500 oder 1000 km, und man kommt doch an sein Ziel. Oder man hat Glück und ein Flugticket wird zurückgegeben.

Am Ende der Feriensaison, also in der Regel am 1. März, werden die Dienste oft radikal zurückgefahren, auf manchen Buslinien wird der Verkehr dann komplett eingestellt.

Die eiserne Regel beim Bus fahren ist, sich nie auf irgendwelche schriftlichen Unterlagen und schon gar nicht auf das, was ein anderer Reisender über gestern erzählt, zu verlassen. Manchmal funktioniert ein Verkehrsmittel jeden Tag der Woche außer am Montag oder jeden Tag des Jahres außer dem 25. Mai, dem Nationalfeiertag, und Allerheiligen. Das Internet kann hilfreich sein, Telefonate können Klärung bringen, richtig verlässlich ist aber nur der persönliche Besuch bei der Busgesellschaft, in der Regel auf dem Busbahnhof.

Diese Warnungen sollen keine Angst machen, sondern nur unnötigen Frust vermeiden helfen. Das argentinische Bussystem ist erstklassig und in der Regel funktioniert ja alles prächtig.

Service-Adressen

Zentraler Busbahnhof Buenos Aires: Terminal de Ómnibus Retiro, 300 m neben dem gleichnamigen Bahnhof, Ecke Avenida Antártida Argentina und Ramos Mejía 1680, Tel.: 4311-6073

Kleinere Busbahnhöfe befinden sich neben den Bahnhöfen Constitución und Plaza Once.

1.7.3 Taxi

Je nach Fahrzeug und Strecke kostete der km 2005 zwischen 0,50 und 1,00 Peso (14–28 Cents). Taxifahrer sind in Argentinien in aller Regel angenehm ehrlich! Sie fahren Touristen nicht dreimal um die Stadt, um den Preis hochzudrücken, oder verlangen Phantasieaufpreise fürs Gepäck. Ein größeres Trinkgeld wird nicht erwartet, man rundet üblicherweise den Fahrpreis nur ein wenig auf. Schwarze Schafe gibt es natürlich auch dort, und vor allem nachts und in Großstädten treten „taxis truchos", falsche Taxis, auf, die nur zu dem Zweck unterwegs sind, Unvorsichtige um ihre Barschaft zu erleichtern. Deshalb sollte man sich nachts besser von einer Hotelrezeption oder einem Restaurant ein sogenanntes Remise rufen lassen, als ein Taxi von der Straße heranzuwinken. Remises sind Taxis ohne Taxameter, die nach vorher ausgehandelten Preisen fahren. In Gebieten mit kargem öffentlichem Verkehr ist es in Argentinien üblich, Taxis auch für lange Fahrten über Land zu mieten. Touristen können so entlegene Sehenswürdigkeiten zu Preisen, die nicht selten unter dem eines Mietwagens liegen, erreichen.

1.7.4 Mietwagen

Ein eigenes Fahrzeug hat viele Vorteile, man ist in Bezug auf Route, Camp und Picknickplatz flexibel und unabhängig, muss kein Gepäck schleppen und kann auf Vorrat Lebensmittel einkaufen. Wer ein geländegängiges Fahrzeug mietet, kann darüber hinaus viele Trekkingkilometer sparen. Man sollte sich aber genau überlegen, wo man einen Mietwagen einsetzt. In argentinischen Großstädten, vor allem in Buenos Aires, sollten nur Europäer mit sehr dicht gestricktem Nervenkostüm Auto fahren. Die Dimensionen des Landes sollten nicht unterschätzt werden, so manche elend lange und eintönige Strecke überwindet man besser mit dem Bus oder dem Flugzeug. Schließlich muss man sich bei grenzüberschreitenden Fahrten

genau nach den aktuellen Vorschriften erkundigen. In der Regel werden notariell bescheinigte Schreiben der Mietwagenfirma verlangt. Manchmal müssen im Zweitland Zusatzversicherungen abgeschlossen werden. Meist sind kleine lokale Mietwagenanbieter billiger als die großen internationalen Ketten wie Avis oder „Localiza" (national). Dafür muss man bei Ersteren noch genauer kontrollieren, ob alles in Ordnung ist. Bei Fahrten in einsame Gebiete unbedingt an die Mitnahme von Kanistern für Treibstoff und Wasser denken.

Die größeren Straßen heißen in Argentinien „Ruta Nacional" oder „Ruta Provincial", also National- bzw. Provinzstraße. Diese Bezeichnungen beziehen sich nicht auf die Qualität der Straße, sondern darauf, ob Staat oder Provinz für Bau und Instandhaltung verantwortlich sind. Wechselt eine Straße über eine Provinzgrenze, kann sich durchaus der Namen oder die Klassifizierung ändern, sie also von der Provinz- zur Nationalstraße werden oder umgekehrt. Im Text dieses Buches werden die Straßen nur „Ruta" genannt und die jeweiligen Nummern angegeben, die ziemlich eindeutig zu sein scheinen.

Die Adressen von Mietwagenfirmen einer Stadt bekommt man über Reisebüros oder übers Internet, etwa dem Portal www.welcomeargentina.com.

1.7.5 Autoeinfuhr und Autokauf

Die Einfuhr eines eigenen Fahrzeugs lohnt sich meist nur für Wohnmobilisten, die mehrere Monate nach Südamerika reisen. In der Regel werden Autos aus Sicherheitsgründen in Container verladen. Die reine Reisezeit von Europa nach Argentinien beträgt etwa drei Wochen. Auskünfte geben große Speditionen wie Schenker, Interfracht oder Deugro. Anstehende Schiffspassagen werden in der „Deutschen Verkehrszeitung" veröffentlicht. Viele Langzeitreisende haben in den USA, Kanada, Australien oder Neuseeland gute Erfahrungen mit dem Autokauf und Wiederverkauf gemacht und möchten das Gleiche nun trotz der relativ hohen Preise auch in Südamerika versuchen. Die bürokratischen Prozeduren sind jedoch in Argentinien und seinen Nachbarländern weit komplizierter und die Risiken viel höher als in den genannten englischsprachigen Staaten. Es dauert zum Ersten oft lange, bis man wirklich Besitzer des gewünschten Fahrzeugs geworden ist, man hängt müßig auf Ämtern und bei Notaren herum, zum Zweiten kann es extrem schwierig sein, das Fahrzeug in die Nachbarländer mitzunehmen. Ein Auto in Argentinien, mit dem man nicht nach Chile kann, hat aber wenig Sinn. Hier muss man sich doppelt und dreifach absichern, dass man auch die richtigen Papiere hat. Ein dritter heikler Punkt ist die Echtheit der Dokumente. Da sind die Argentinier aber wahre Waisenknaben im Vergleich zu den Paraguayern. In diesem Land sind die Autos zwar erfreulich billig, aber gelten zu 80 % als gestohlen. Wer sich von all dem nicht abschrecken lassen will, der wende sich am besten zunächst an den Automóvil Club Argentino (ACA), den Argentinischen Automobilclub. Im ACA-Hauptsitz in Buenos Aires oder in einer der vielen Provinzfilialen gibt es aktuelle Informationen über das Regelwerk beim Autokauf. Die Mitgliedschaft

Service-Adressen

Automóvil Club Argentino (ACA)
Avenida del Libertador San Martin1850,
Palermo
1425 Buenos Aires
Tel.: 011-4808-4246, -4248, Fax: –4599
www.aca.org.ar
E-Mail: turismo@aca.org.ar

im ADAC berechtigt zu gewissen Privilegien, etwa dem Kauf verbilligter Straßenkarten.

1.7.6 Autostopp

Abgesehen von den generellen Risiken des Autostopps sind die Argentinier wegen ihres rasanten und oft riskanten Fahrstils nicht die idealen Fuhrleute. Besonders die Angewohnheit mancher Fahrer, während der Reise beide Hände vom Steuer zu nehmen, um einen Diskussionspunkt besser durch Gesten deutlich machen zu können, ist gewöhnungsbedürftig. In ländlichen Gegenden geht es aber geruhsamer zu, dort sind die Leute auch am freundlichsten. Trekker, die auf Waldstraßen von oder zu den Toureinstiegen wandeln, werden meist problemlos mitgenommen. Die argentinischen Trucker lieben ein wenig Abwechslung und Unterhaltung, denn sie müssen oft riesige Strecken ohne Beifahrer(!) zurücklegen. Wer sich mit einem LKW-Fahrer versteht, der wird durchaus mal ein- oder zweitausend Kilometerchen weit mitgenommen. Tramper sollten in abgelegenen Gegenden aber gut ausgerüstet sein, und vor allem an genügend Wasser denken; wer weiß, wann der nächste Lift kommt. Die Sommerferienzeit eignet sich kaum zum Trampen, denn dann wollen Massen von jungen Argentiniern gleichzeitig in die Hauptferiengebiete, was zu langen Wartezeiten führt.

1.7.7 Eisenbahn

Die früher für die Personenbeförderung sehr wichtige Eisenbahn ist gegenüber dem schnelleren und flexibleren Flugzeug- und Busverkehr nur noch selten konkurrenzfähig. Der ar-

Einige **Bahnverbindungen** von den Bahnhöfen Buenos Aires (Telefon-Vorwahl 011)

Station Retiro: Ferrocarril Mitre und Ferrocarril Belgrano nach Santa Fé, Córdoba, Santiago del Estero, Rosario, Salta, Jujuy und Tucumán, Tel.: 4312-5353. Ferrocarril San Martín nach Mendoza.

Station Once: Intercity-Verbindungen mit Ferrocarril Sarmiento in die Pampa und in die Provinz Buenos Aires.

Station Constitución: Ferrocarril Roca nach Mar del Plata, Bahía Blanca, Nordpatagonien und Bariloche mit Nebenlinien nach Neuquén und Zapala, Tel.: 4304-0021.

Station Federico Lacroze: Ferrocarril Gral. Urquiza, Tel.: 4553-5213, nach Entre Ríos, Corrientes und Misiones und Verbindungen nach Paraguay.

Bahninformation Buenos Aires

Centro de Información de Ferrocarriles Argentina
Maipú 88, Tel.: 331-3280

Metrovías
Bartolomé Mitre 3342, Tel.: 4959-6800

Ferrovías
Ramos Mejía 1430 4º P. – Retiro, Tel.: 4511-8833

Metropolitano
Tel.: 4018-0700, -0717, -0718, -0719

Für Bahnnostalgiker gibt es noch einige liebevoll instand gehaltene **Dampflokstrecken**:
Den Arrayanes-Zug von San Carlos de Bariloche nach Viedma,
den Patagonien-Express von Ingeniero Jacobacci nach Maitén,
La Trochita in Chubut,
El Tren a las Nubes von Salta auf die Puna und
El Tren del Fin del Mundo auf Feuerland.

Umfassende Informationen über die Eisenbahnen Argentiniens und der Welt und deren aktuelle Fahrpläne gibt es von Schweizer Eisenbahnexperten auf der Webseite www.fahrplancenter.com/AIFFLAArgentinaActual.html

gentinische Staat hat nicht gerade dazu beigetragen, den Bahnbetrieb aufrechtzuerhalten. Präsident Carlos Menem ließ 1993 per Dekret den ganzen Personenfernverkehr der Staatsbahn Ferrocarriles Argentinos stilllegen. Seitdem sind die Provinzen für den Betrieb der Eisenbahnen zuständig. Aus Geldmangel und durch Desinteresse und Unfähigkeit brach der Bahnverkehr vielerorts völlig zusammen. In jüngster Vergangenheit hat sich die Stimmung gegenüber der Bahn aber wieder geändert. In einem neuen Dekret vom Dezember 2005 verpflichtet sich die Regierung Kirchner, in Zusammenarbeit mit den Provinzen, in den nächsten Jahren ein nationales Grundnetz im Personenfernverkehr aufzubauen. So soll etwa die Verbindung zwischen Buenos Aires und Mendoza wiederbelebt und eine winterfeste Bahnverbindung zwischen Mendoza und Santiago de Chile gebaut werden.

Für Touristen gibt es den sogenannten Argenpass, mit dem man ein, zwei oder drei Monate mit der Bahn herumreisen kann. Die meisten Fernzüge führen auch Schlafwagen mit sich. Unentbehrlich für unzählige Pendler, die täglich in den Großraum von Buenos Aires mit seinen chronisch verstopften Straßen müssen, sind die Vorortbahnen. Auch Fracht wird weiterhin oft auf der Schiene befördert.

1.7.8 Boot

Anders als im benachbarten Chile gibt es in Argentinien kaum für die normale Personenbeförderung wichtigen Bootsverkehr. Nur nach Uruguay verkehren auf den Strecken Buenos Aires – Colonia und Buenos Aires – Montevideo große Fähren. Für Touristen gibt es aber dennoch genug Gelegenheit, sich aufs Wasser zu begeben. Segeln, Raften, Kajaken, Kanu fahren und Bootsausflüge zu Landschafts- und Tierbeobachtungen erfreuen sich immer größerer Beliebtheit. Einige Hinweise dazu finden sich in den einzelnen Kapiteln. Eine Sonderstellung nimmt der Antarktistourismus ein, der zum Großteil über den südargentinischen Hafen Ushuaia abgewickelt wird. Viele schöne Bootstouren auf den Seen des Landes sind leider nur in der sommerlichen Hochsaison möglich. Pünktlich zum 1. März wird der Bootsverkehr oft eingestellt oder zumindest stark reduziert.

Service-Adressen

Flussschifffahrtslinien in Buenos Aires
Buquebus
Antártida Argentina 821 – Puerto Madero
Tel.: 4316-64-00, -23

El Tala
Terminal de Ómnibus Retiro – Bol. 147
Tel.: 4315-1101 Int. 3147

Mediterranean Shipping Cruises
Paraguay 515 3º Piso – Retiro
Tel.: 4312-2478

Einführung

1.8 Finanzen

Die argentinische Währung ist der **Peso**. Für einen Euro gab es im Sommer 2006 fast vier Pesos.

Im Gegensatz zu früheren Jahren muss man nach Argentinien weder US-Dollars mitbringen noch viel **Bargeld** bei sich tragen. In der Regel funktionieren die Bankomaten heute auch in der tiefsten Provinz. Mit der Bankkarte, die ein MasterCard-, Maestro- oder ein entsprechendes Symbol tragen muss, kann man wie in Europa bis zur Höchstsumme, die von Bank zu Bank unterschiedlich sein kann, vom heimatlichen Konto Geld zum Tageskurs abheben. Wer mehr Geld an einem Tag braucht als einige Hundert Euro, muss zu verschiedenen Banken gehen. Pro Transaktion fallen in Europa meist Bankgebühren in der Höhe von einigen Euros an. Dagegen hilft eine Kontoeröffnung bei Banken, die eine begrenzte Anzahl von Auslandsabhebungen ohne Gebühr erlauben, etwa der Postbank.

Reiseschecks sind im Prinzip eine wunderbare Sache, allerdings werden sie in Argentinien nur höchst ungern genommen. Nur die American Express Filiale in Buenos Aires tauscht Reiseschecks ohne Kommission.

Wichtig: Wer ein Auto leihen will, benötigt wegen der Sicherheiten unbedingt eine richtige **Kreditkarte**! Sonst sollte man mit der Kreditkarte zurückhaltend umgehen. Geld abheben mit einer Kreditkarte mit PIN-Code kostet mehr Gebühren als mit der Bankkarte. Barkäufe sind oft 10 % günstiger als Käufe mit der Karte. In gehobenen Ladengeschäften sollte man vor einem Kauf darauf hinweisen, dass man bar bezahlen möchte und sich nach einem „descuento" erkundigen. Wenn argentinische Produkte über einem bestimmten Mindestwert in solchen Läden eingekauft werden, gibt es auch einen Duty-free-Cheque.

Gerade Trekker müssen beim Geld immer noch ein bisschen vorausplanen. In den oft fast menschenleeren Gebirgslandschaften kann der Weg zur nächsten Bank weit sein. Bares sollte ausreichend in der Landeswährung vorhanden sein, denn nicht jeder Dorfladen kann mit

Euros etwas anfangen. Falls die Katastrophe passiert ist und Karten und Bargeld von einer Lawine verschüttet oder vom Wildbach weggespült wurden, kann man sich Geld auch relativ schnell, meist innerhalb einer Woche, von Europa nach Argentinien überweisen lassen. Am billigsten kommt es, wenn man es noch bis zu einer Bank schafft, die mit der eigenen Hausbank zusammenarbeitet, zum Beispiel der Deutschen Bank in Buenos Aires.

In diesem Buch werden kaum **Preise** genannt, sondern auf Telefonnummern und Internetadressen, über die aktuelle Preisinformationen erhältlich sind, verwiesen. Nichts ist so vergänglich wie die Preise; Argentinien ist dafür das beste Beispiel. Über zehn Jahre war der Peso an den US-Dollar gebunden und Argentinien dadurch ein nur für Vermögende erschwingliches Hochpreisland. Als die Dollarblase 2001 platzte und das Land den Peso frei gegen andere Währungen floaten lassen musste, war Argentinien plötzlich unglaublich billig. Die Preise schrumpften für Besitzer von Hartwährungen auf ein Drittel oder gar ein Viertel. Spekulanten konnten sich eine goldene Nase verdienen. Mittlerweile hat sich die Wirtschaftslage etwas stabilisiert. 2005 bot Argentinien immer noch ein sehr attraktives Preis-Leistungs-Verhältnis, man konnte schon mit 10 bis 20 Euro am Tag auskommen.

Bei den Preisen gibt es ausgeprägte regionale Unterschiede. Im armen, aber warmen Norden lebt es sich deutlich günstiger als im kalten, relativ wohlhabenden Süden. Eine Ausnahme machen Treibstoffe und Gas, die in Patagonien, von Chubut an südwärts, vergünstigt abgegeben werden. Für Europäer sind Unterkünfte, Essen und Kleidung in der Regel sehr preiswert.

Am drastischsten sind die Unterschiede jedoch auf anderen Gebieten. Für 30 oder 40 Euro kommt man mit der Bahn in Mitteleuropa gerade mal in die nächste größere Stadt. In Argentinien kann man dafür in erstklassigen Bussen über 2000 km weit fahren. Sagenhaft günstig sind auch Arztbehandlungen und Medikamente, vor allem wenn man nach Generika fragt. Sehr viele in Europa rezeptpflichtige Medikamente sind in Südamerika frei erhältlich.

In Argentinien wird im Unterschied etwa zu den nördlichen Andenländern wenig gehandelt, die meisten Preise sind Fixpreise (mit 10 % Nachlass bei Barzahlung). Wenn Nachlässe gewährt werden, dann bewegen sie sich in der Regel im „europäischen" Rahmen von 10 oder 20 %. Richtig gefeilscht werden kann manchmal auf den Touristenmärkten für Kunsthandwerk, die allerdings in Argentinien vergleichsweise bescheiden ausfallen.

1.9 Unterkunft

Argentinien ist ein relativ reiches Land, dessen Einwohner selbst gern in den Urlaub fahren. Daher gibt es in den touristischen Gegenden ein großes Angebot auch an preisgünstigen Unterkünften. Am billigsten sind die „Hostales" oder „Residenciales" genannten Herbergen, die von Doppelzimmern bis zu Schlafsälen einfache Übernachtungsmöglichkeiten anbieten. Nur zu einem kleinen Teil sind diese Häuser einer offiziellen Jugendherbergsorganisation angegliedert. 2005 konnte man ab 3 oder 4 Euro ein Bett im Schlafsaal finden.

Wer länger an einem Ort bleibt, kann sich auch in einer sogenannten „Casa de Familia" bei einer Familie einmieten. Die Mindestaufenthaltsdauer variiert je nach Nachfrage. Wer länger in Buenos Aires bleiben möchte, etwa als Student oder Wissenschaftler, kann sich wegen Dauerunterkünften auch an die europäischen Botschaften wenden, die entsprechende Listen führen. Eine perfekte argentinische Ersatzmutti ist etwa die Zahnärztin

Da. Marta Silvestre de Diaz

Rivadavia 3811, 1°piso 3, Buenos Aires

Tel.: 0054-11-4981-1964

Gustavo.silvestre@cesvi.com.ar

Wie bei allen Dienstleistungen herrscht auch bei den Unterkünften ein Nord-Süd-Gefälle. Für den Preis eines Zimmers mit Dusche und WC in einem einfachen Hotel im Norden gibt es im Süden nur ein Bett im Schlafsaal. Wer in einer Gruppe unterwegs ist, sollte überlegen, eine „Cabaña" zu mieten. Das ist eine oft schön gelegene Hütte oder ein Häuschen mit Küche und Bad mit in der Regel vier bis sechs Betten. Berghütten sind in Argentinien einfache Unterkünfte mit Schlafsälen, der europäische Trend zum Berghotel hat sich noch nicht durchgesetzt. Manche Hütten haben nicht einmal Bettgestelle. Wer sich ein Trekkingprogramm vorgenommen hat, das mehr als nur die beliebtesten Routen umfasst, oder wer zur Hauptferienzeit in die Berge will, muss nach Argentinien Schlafsack, Isomatte und ein ordentliches Zelt mitbringen.

In diesem Reiseführer sind nur selten Unterkünfte angegeben. Die Lage auf dem Bettenmarkt ist hochdynamisch und auch die Geschmäcker sind sehr verschieden. Über die in 1.1.3 angegebenen Tourismusportale kommt man leicht an eine Vielzahl von Unterkunftsadressen.

1.10 Essen und Trinken

Der kulinarische Tag in Argentinien beginnt sehr karg. Das **Frühstück** besteht nur aus einem Kaffee italienischer Art oder einem Mate, dem argentinischen Nationalgetränk. Allenfalls ein „Medialuna", Halbmond, genanntes, sehr zuckriges Blätterteiggebäck oder ein Keks wird dazu verzehrt. Das **Mittagessen** ist die erste richtige Mahlzeit des Tages. Es wird zwischen 12 und 15 Uhr eingenommen und besteht aus einem warmen Hauptgericht, oft mit einer Suppe oder einem leichten Nachtisch. Auf dem Mittagstisch stehen oft „Fideos" (Nudelgerichte), Pizzas oder „Empanadas" (gefüllte Teigtaschen). Sehr beliebt sind auch „Milanesas" (panierte Schnitzel), Hamburger, „Choripanes" (Grillwürste) oder „Panchos" (Hotdogs). Da das **Abendessen** sehr spät serviert wird, gibt es oft zwischen 17 und 19 Uhr noch eine kleine Zwischenmahlzeit, einen Kaffee mit Kuchen oder einen „Mate" mit Sandwiches oder eine „Picada", ein Häppchenteller mit Wurst und Käse, mit Bier. Richtig los geht es zwischen 22 Uhr und Mitternacht, dann füllen sich die Restaurants, und wer es sich leisten kann, der tafelt jetzt ausgiebig dreigängig. Ins Bett geht es noch lange nicht, für Argentinier und vor allem für die „Porteños", die Einwohner von Buenos Aires, ist die Nacht zum Feiern da. Schlafen kann man während der Siesta am Nachmittag. Vielen gilt gerade der Büroschlaf als der gesündeste.

Warmes Essen in Argentinien, das bedeutet vor allem Fleisch, Fleisch, Fleisch. Kaum ein Wochentag vergeht ohne Fleischgenuss, doch das große Finale, die Apotheose des Grillfleisches, findet am Wochenende statt. Entweder man geht in eine „Parillada", ein Grillrestaurant, oder man trifft sich mit der Familie und grillt selbst. Der **„Asado"**, das Grillfleischessen, das besser als Grillzeremonie übersetzt werden sollte, ist so etwas wie ein Nationalheiligtum. Jeder Argentinier wird stolz berichten, dass im Land der unendlich weiten Weiden die prächtigsten Rinder, die schmackhaftesten Schafe der Welt auf völlig natürliche Weise, frei und ohne Nahrungsmittelzusätze, aufwachsen. Schon jedes argentinische Kind kennt die Fachbezeichnungen für die besten Fleischstücke. Jede argentinische Frau steht lieber in einer langen Schlange vor der Fleischtheke, um genau das Stück Fleisch, das ihr vorschwebt, vom Metzger frisch abgeschnitten zu bekommen, als dass sie schnell etwas fertig Abgepacktes kaufen würde. Jeder argentinische Mann ist davon überzeugt, dass sein „Asado" der beste des ganzen Landes und damit gleichbedeutend mit dem besten der Welt ist. „Espectacular!" Diesen Ausruf hört man immer wieder, wenn das saftige Rippenstück oder das „Bife de Chorizo", das Rumpsteak, auf der Glut brutzelt. Die Kamine der Garten-

grills normaler Mittelschichtfamilien ähneln nicht selten den Raketenabschussrampen von Cape Canaveral oder Baikonur. Man scheint nach der Devise „je kleiner der Garten, desto gewaltiger der Grill" zu bauen. Geheizt wird mit Hartholz, das in einem trichterförmigen Rost verbrannt wird. Erst die durchfallende Glut wird unter den eigentlichen Grillrost gezogen. Serviert werden erst die Würste und Innereien, dann nacheinander die exakt auf den Punkt gegrillten Fleischstücke. Oft streiten sich die anwesenden Männer – Grillen ist selbstverständlich reine Männersache – über die besten Methoden, das perfekte Stück Fleisch zu kreieren. Das Essen zieht sich über Stunden hin. Im Nordwesten und in Südpatagonien werden statt Rindern ganze Schafe gegrillt, was auch sehr gut schmeckt. Mit Beilagen hält man sich dagegen weder im Norden noch im Süden lange auf. Weißbrot ist Pflicht. Ansonsten begleitet allenfalls noch ein Tomatensalat die Fleischorgie. Dafür schauen die Argentinier sehr auf die Qualität des begleitenden **Rotweins**, der zu über 80 % aus der Provinz Mendoza stammt. An heißen Tagen wird natürlich auch Bier zum „Asado" getrunken.

Es ist wahrscheinlich einfacher als bekennender Transvestit oder islamischer Fundamentalist in Argentinien akzeptiert und verstanden zu werden denn als Vegetarier. Dennoch brauchen auch die fleischlos Lebenden nicht zu verzweifeln. In Argentinien werden auch ausgezeichnete vegetarische Lebensmittel in großer Vielfalt produziert. In allen größeren Ortschaften des Landes gibt es **Supermärkte** mit ausreichender bis ganz hervorragender Auswahl. Mancherorts gibt es auch noch offene Märkte, auf denen Bauern lokale Produkte verkaufen. Wer selbst kocht, was in den meisten Jugendherbergen und „Hostales" möglich ist, kann aus einer Fülle von frischen Produk-

ten, die die klimatische Bandbreite des Landes widerspiegeln, wählen.

Die Argentinier lieben ihre Genussmittel heiß und innig. Rauchen ist noch nicht so geächtet wie in Nordamerika oder Europa, und natürlich wird auch ordentlich gekifft. Wein oder Bier gehören zu jeder Hauptmahlzeit. Der Kaffee ist schwarz und süß und bei jeder Busreise dabei. Überraschend für Europäer sind die Schilder im Nordwesten des Landes, die „coca y bica" anpreisen. Dabei handelt es sich um die Blätter des Kokastrauches, die zusammen mit Bica, Bicarbonat, zum besseren Aufschluss gekaut werden. Die Kokablätter, die Kokain enthalten, vertreiben Hunger und Müdigkeit, ohne sie wäre die Arbeit im Hochland doppelt so schwer. Der Konsum von Kokablättern ist offiziell zwar verboten, aber selbst Polizisten kauen sie offen auf der Straße. Die Nationaldroge der Argentinier ist aber weder Wein noch Kaffee noch Coca, sondern zweifellos **Mate**. Gemeint ist damit ein teeartiger Aufguss von zerkleinerten Blättern und Zweiglein eines kleinen Baumes namens Ilex paraguariensis, der in Argentinien nur in der feuchtheißen Nordostprovinz Misiones, sonst vor allem in Paraguay und Brasilien wächst. Die Spanier übernahmen den Brauch des Mate-Trinkens von den Ureinwohnern. Da sie den zugehörigen Baum nicht kannten, nannten sie die trockenen Pflanzenteile fälschlicherweise „yerba mate", Mate-Kraut. „Mate" heißt aber auch die Kalebasse, aus der der Aufguss meist getrunken wird. Das Mate-Trinken ist eine Zeremonie, entfernt vergleichbar mit der englischen, japanischen oder nordafrikanischen Teezeremonie. Allerdings ist der soziale Charakter des „Tee"-Trinkens in Argentinien noch verstärkt, denn alle trinken durch ein „bombilla" genanntes Silberröhrchen aus dem gleichen Gefäß. Das Mate-Gefäß, meist ein

Mate trinkender Gaucho, Estancia las Estrellas, Mercedes

Flaschenkürbis, aber manchmal auch ein Holz- oder Blechgefäß, ein Silberbecher oder ein Kuhhuf, wird erst mit den gehäckselten Blättern und Zweigen, dann mit heißem Wasser gefüllt. Die Bombilla ist im unteren Teil siebförmig, sodass keine größeren Teile in den Sud gelangen. Der Mate-„Zeremonienmeister" reicht das Mate-Gefäß dem Ersten in der Reihe. Der trinkt durch das Röhrchen in drei oder vier Schlucken die anfangs sehr bittere Flüssigkeit aus und gibt das Gefäß zurück. Es wird wieder heißes Wasser nachgefüllt und der Nächste kommt an die Reihe. Das Ganze wird so lange wiederholt, bis alle getrunken haben. Für Mate, Bombilla und Thermoskanne gibt es ausgeklügelte Leder- oder Stofftaschen, die überall mitgenommen werden. Im feuchtheißen Iguazu-Nationalpark sieht man gelegentlich Argentinierinnen, die nichts tragen außer einem knappen Bikini, Stöckelschuhen und einer üppig verzierten Mate-Ledertasche.

Mate im Internet: www.tee.org/mate/

1.11 Kommunikation – Post, Telefon, Internet

Die argentinische Post ist relativ teuer und gilt als nicht immer zuverlässig. Wer wichtige Unterlagen zu verschicken hat, sollte sie per Einschreiben, „certificado", verschicken oder auf private Beförderungsunternehmen ausweichen (oder seine Post in Chile aufgeben). Pakete kann man innerhalb Argentiniens oft schneller und zum Teil günstiger mit den Busgesellschaften als mit der Post aufgeben.

Briefpost wird meist nur noch für Nostalgiker und für Dokumente gebraucht, denn Telefonkabinen und **Internetcafés** gibt es in Argentinien in den Städten an jeder Ecke und selbst auf dem Land in ständig wachsender Zahl. **Telefonate** ins Ausland sind trotz Privatisierung relativ teuer, man sollte sich im Festnetz besser von Europa aus im Call-by-Call-Verfahren (aktuelle Informationen über diverse Telefontarifrechner, etwa www.telefontarifrechner.de, im Internet abrufen) anrufen lassen. Das Internet ist dagegen günstig, es berechnet oft nur 30 bis 50 Cents die Stunde, und außer zum E-mailen und Chatten ist es zunehmend auch zum Telefonieren nutzbar.

Nicht vergessen: Die Notrufnummern der Auslandskrankenversicherung, eventuell auch des Rettungsflugdienstes und des Automobilclubs sollten in mehrfacher Ausfertigung mit sich geführt werden.

Internationale Vorwahlnummern:
Argentinien 0054
Chile 0056
Deutschland 0049
Österreich 0043
Schweiz 0041

Städtevorwahlen in Argentinien:
Buenos Aires 0011
Bahia Blanca 0291
Calafate 02902
Catamarca 03833
Comodoro Rivadavia 0297
Córdoba 0351
Corrientes 0783
Formosa 0717
La Plata 0221
La Rioja 0822
Mar del Plata 0223
Mendoza 0261
Neuquén 0299
Paraná 0343
Posadas 03752
Puerto Iguazú 03757

Puerto Madryn 02965
Puerto San Julian 02962
Rawson 02965
Resistencia 03722
Río Gallegos 02966
Río Grande 02964
Rosario 0341
Salta 087
San Carlos de Bariloche 02944
San Juan 064
San Luis 0652
San Miguel de Tucumán 0381
San Salvador de Jujuy 0388
Santa Fé 042
Santiago del Estero 0385
Trelew 02965
Ushuaia 02901
Viedma 02920

Notruf (in manchen Provinzen andere Nummern):
Polizei 101
Guardia Civil 103
Feuerwehr 100
Medizinische Notfälle 107

1.12 Strom

220 Volt, 50 Hz. Probleme mit Steckern gibt es nur, wenn die dicken deutschen Dinger, etwa die Netzteile von Notebooks, eingesetzt werden. Dafür sollte man sich schon in Europa Adapter besorgen. Die schmalen Stecker für Akkuladegeräte, Haartrockner und Rasierapparate passen in der Regel auch in Argentinien.

1.13 Sprache

In Argentinien wird spanisch gesprochen. **Spanisch** ist nach Mandarin-Chinesisch, Hindi und Englisch die vierthäufigst gesprochene Sprache der Welt.

Mit Spanisch kann sich der Argentinier im gesamten Lateinamerika – die Brasilianer verstehen ihn zur Not auch – verständigen. Der Reisende tut deshalb gut daran, sich schon in Europa einige Grundkenntnisse des Spanischen anzueignen. Spanisch ist eine sehr einfache und logische Sprache, die an manchen Schulen, an Volkshochschulen und an Universitäten gelehrt wird.

Es gehört zu den großen Geheimnissen westlicher Zivilisation, warum Hunderttausende von Schülern in Mitteleuropa an der Schule Latein lernen (2005 gab es 65.000 österreichische und 749.000 deutsche Lateinschüler) und nicht Spanisch oder Italienisch. Natürlich kann sich ein fleißiger Lateinschüler an Vergil und Horaz im Original delektieren, tut sich bei der Knochenprüfung im Medizinstudium leicht und ist in der Lage, im Vatikan mit Bischöfen und Kardinälen über die aktuelle Enzyklica zu diskutieren. Aber hey, einer, der spanisch spricht, kann sich mit 400 Millionen Leuten unterhalten!

Das argentinische Spanisch weist einige Aussprachebesonderheiten auf, die dem Einfluss der vielen italienischen Einwanderer zugeschrieben werden. So werden etwa „Ll" und manchmal „y" nicht wie „j" wie in Jaguar, sondern wie „j" in „Journalist" ausgesprochen. Chilenen sprechen sehr schnell in einem eigentümlich singenden Ton. Die Dialektbildung im spanischen Sprachraum Lateinamerikas ist aber auch 500 Jahre nach der Ankunft der ersten Spanier erstaunlich gering. Von den Südstaaten der USA bis Feuerland kann man sich mit Schulspanisch verständigen.

Fast eine eigene Sprache ist jedoch der „lunfardo", ein Slang, der besonders in Buenos Aires verbreitet ist. Diese Sprachform hat sich im 19. Jahrhundert unter Einwanderern der unteren Schichten als eine Art Rotwelsch oder Gaunersprache entwickelt. „Lunfardo" wird heute von allen Teilen der Bevölkerung gesprochen und von jeder Generation wieder verändert. Derzeit ist etwa – fetter, krasser, geiler – Lunfardo-Rap angesagt.

Die Kunst des Piropos oder Sex in the Andes

Frauen, die auf politische Korrektheit im US-amerikanischen oder auch nur westeuropäischen Sinn Wert legen, brauchen hier nicht weiterzulesen. Sie sollten sich ein anderes Reiseland suchen. Argentinien würde sie nur unglücklich machen.

Der argentinische Mann sieht es als seine heilige Pflicht an, das Erscheinen jedes weiblichen Wesens zu kommentieren. Das geht vom einfachen „Hola!!" oder „Bonbon!!" über „Estoy aqui!! – Hier bin ich!" oder „Te quiero!! – Ich will dich!" bis hin zu komplexen Komplimenten, die leicht auch kosmische Instanzen bemühen: „Oh, mein Gott! Der Himmel muss sich geöffnet haben. Jetzt laufen die Engel schon auf Erden herum!"

Unter Kennern – und welcher argentinische Mann ist das nicht? – gelten derartige Sprüche nicht als krude Anmache, sondern als jahrhundertealte Kunstform. Sie hat einen eigenen Namen, „Piropo" bzw. „piropear". „Piropear" wird übersetzt mit „einer Dame Artigkeiten sagen" oder „einem Mädchen Scherzworte zurufen". Leider lässt der immer schneller werdende Lauf der Zeit die Kunst des komplexen Piropos verkümmern, die Kurzformen dominieren.

Der argentinische Mann als solches versteht sich als unwiderstehlich, die Krone der Schöpfung. Unzählig sind die Witze, die in den Nachbarstaaten, aber durchaus auch in Argentinien selbst, über das erhöhte Selbstbewusstsein des argentinischen Mannes erzählt werden.

Undenkbar, dass sich europäische Frauen bei diesen Machos wohlfühlen könnten. Oder etwa doch? Nun, ein gut Teil der europäischen Weiblichkeit ist gar nicht mehr so glücklich mit all den Softies und Frauenverstehern, den Unterhosenbüglern und Sockenfaltern, die die EMMA-Generation herangezüchtet hat. Diese Sorte Frau blüht in Argentinien auf wie die Königin der Nacht (Selenicerens grandiflorus). An einem einzigen Abend bekommt sie dort mehr Komplimente als in Europa in einem halben Jahr. Männer, die aussehen wie eine Mischung aus George Clooney und Jesus Christus sehen sie mit schmachtenden Augen an, überreichen ihr Blumenbouquets, bieten sich als Tanzpartner an, liegen ihr zu Füßen. Wer kann es der solcherart Angebeteten verdenken, dass sie da schwach wird und in starke, sonnengebräunte Arme sinkt? Dabei muss sie sich nur bewusst sein, dass Selenicerens grandiflora nur eine einzige Nacht blüht.

Fast jeder Argentinier, der beruflich Kontakt zu Touristinnen hat, sei es nun als Reiseleiter, Hotelangestellter oder Barkeeper, wird bei einem Gespräch unter Männern bald die Brieftasche herausholen und die Trophäensammlung präsentieren; Bilder und Briefe all der Europäerinnen oder Nordamerikanerinnen, die er wirklich oder auch nur angeblich abgeschleppt hat.

Und die argentinischen Mädchen? Ja, was soll mit denen sein? Das sind alle jungfräuliche Marias, die nach 18.30 Uhr tugendhaft bei ihrer Mutter am Küchentisch sitzen und Heiligenbilder sticken. Und die liebe Großmutter in ihr Nachtgebet mit einschließen.

Tiefer noch als in anderen Weltgegenden klafft im Süden des südamerikanischen Kontinents die Schlucht zwischen offizieller Moral und gelebter Realität.

Von frühester Jugend an werden die Mädchen von ihren Müttern und Großmüttern darauf getrimmt, schön zu sein und den Männern zu gefallen. Eleganz, Stil und Charme gelten als wichtigste innere Werte. Schlankheit ist oberstes Gebot. Der Kampf gegen die Pfunde ist vor allem in der Hauptstadt allgegenwärtig, kein Straßenblock ohne Aerobic-Folterkammer. Diätberatungen, Friseur- und Kosmetiksalons und – falls die Natur doch noch etwas Nachhilfe braucht – plastische Chirurgen begleiten die Mädchen der Mittel- und Oberschicht durch ihr Leben.

Wer dem Ideal des perfekten Körpers nahekommt, hat gute Chancen auf große Karriere. Bei der Fernsehausstrahlung nationaler Misswahlen werden in Südamerika 90 %ige Einschaltquoten erreicht. Das schafft kein Papst und keine Fußballweltmeisterschaft. Die Siegerin hat es meistens fürs Leben geschafft, Modelverträge, Geschäftsabschlüsse, Fernseh- oder Filmkarriere. Ein Misstitel ist wie ein Sechser im Lotto. Auch einem Aufstieg in höchste Kreise steht nichts im Wege. Argentinische Mädchen sollen zwar aufreizend sein, aber keinesfalls dem Werben der Männer schnell nachgeben. Religiöse Werte und überkommene Traditionen verlangen einen moralisch einwandfreien Lebenswandel. Die treibende Kraft ist jedoch eher ökonomisch als ethisch. Um die erheblichen Investitionen und großen Entbehrungen zu rechtfertigen, die einem Mädchen bis zur Heiratsmarktreife auferlegt werden, soll sie eine möglichst gute Partie machen. So gehört es zur Erziehung der jungen Damen, ihre Haut möglichst teuer zu verkaufen. Der Publizist Carl D. Goerdeler nennt die Argentinierinnen die „Weltmeisterinnen im Geben von Körben".

Daher verwundert es nicht, dass die Privatheit des Internets in Argentinien eine wahre sexuelle Revolution ausgelöst hat. In den Großstädten gibt es an jeder Straßenecke, in kleineren Gemeinden zumindest im Zentrum Internetcafés. Moderne Nomaden müssen am Abend an einem fremden Ort nicht mehr die Ochsentour durch die Kneipen machen, um etwas Herzerwärmendes für die Nacht zu finden. Schon im Heimatort gehen sie vom (Büro-)Computer aus in die Chatrooms und machen sich dort die Gespielinnen bzw. Gespielen für die nächste Reisestation klar.

Das heißt aber noch lange nicht, dass sich europäische Männer überall sorglos an glutäugige Landestöchter heranpirschen könnten. In der Stadt hat die Moderne Einzug gehalten, aber in der Tiefe des ländlichen Raumes haben sich viele liebevoll gepflegte Traditionen erhalten. So mancher Fremde, der versucht hat, bei einem Dorffest dem erfolgreichsten Pumajäger oder dem besten Messerwerfer der Region die Freundin auszuspannen, hatte hinterher keine Zeit mehr, es zu bereuen.

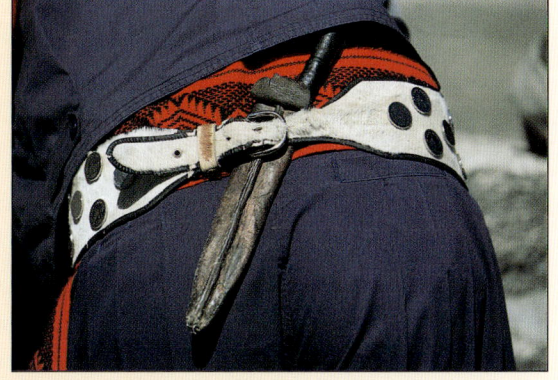

Es war in Südamerika für gehörnte Ehemänner lange straffrei, ihre verletzte Ehre durch Rivalen- bzw. Ehegattinnenmord wieder herzustellen. Auch heute noch können solche Ehrenmänner mit milden Richtersprüchen rechnen. Wer sich nun fürchtet, der kann sich ja frei nach Woody Allen eine Holde mit Lockenhaar suchen – in Argentinien gibt es immerhin fast 30 Millionen Schafe.

Der berühmteste Bergsteiger, der auf diese Weise in die ewigen Jagdgründe aufgenommen wurde, soll Jacques Poincenot gewesen sein. 1952 war er mit Lionell Terray und Guido Magnone nach Südpatagonien gezogen, den Cerro Fitz Roy zu stürmen. Die Legende berichtet, dass er zunächst das Herz der jungen Gattin eines wohlhabenden Estancieros im Sturm eroberte. Man fand Poincenots Leiche im Río Fitz Roy, an der Stelle, an der heute die Brücke von El Chaltén steht. Tod durch Ertrinken lautete die offizielle Todesursache.

1.14 Bergliteratur und Landkarten

Lokale und regionale Bergführer, zum Teil auch Karten, gibt es in den meisten für Trekker wichtigen Städten in Kiosken, Buchläden und manchen Andenclubs. Dabei kann man aber in der Regel nur Informationen über die nähere Umgebung bekommen. Wer sich mit Führern und Karten über mehrere Regionen eindecken will, kann dies eigentlich nur in Buenos Aires oder übers Internet tun. Die für die jeweiligen Touren besten Karten sind in den Regionalkapiteln angegeben. Eine Literaturliste findet sich im Anhang.

Service-Adressen

Große **Buchläden** in Buenos Aires, die Trekkingführer und topografische Karten führen:
El Ateneo, Florida 340, Tel.: 4325-6801, und Santa Fe, Tel.: 4813-6052
Librería ABC, Córdoba 685, Tel.: 4314-8106
Librería Platero, Talcahuano 485, Tel.: 4382-2215
Librerías Turísticas, Paraguay 245, Tel.: 4963-2866

Anbieter von argentinischen Trekkingführern und Karten im **Internet**:
Zagier y Urruty, Buenos Aires, Tel.: 011-4572-1050, www. patagoniashop.net
Sendas y Bosques, San Martin de los Andes, Tel.: 02972-42-7836,
www.sendasybosques.com.ar

Manch nützliche Information findet sich auch in **Zeitschriften** wie
Aventura Sur, www.aventurasur.com
Aire y Sol, www.aireysolrevista.com.ar

Irgendwann in der Geschichte Argentiniens muss einmal etwas sehr Schlimmes in Bezug auf **Landkarten** passiert sein. Jedenfalls gibt es so etwas wie ein nationales Landkartentrauma. Im Unterschied zu Chile ist es in Argentinien immens schwierig, brauchbare topografische

Karten zu bekommen. Im Prinzip ist das Instituto Geográfico Militar (IGM) für die Produktion von Karten zuständig.

Service-Adressen

Instituto Geográfico Militar (IGM),
Av. Cabildo 381, 1426 Buenos Aires,
public@mapas.igm.gov.ar,
www.geoargentina.com.ar

Für Internetbestellungen von Karten
SIG – IGM
Sistema de Información Geográfica
Instituto Geográfico Militar
http://www.sig-igm.com

Das Institut hat seit Anfang des 20. Jahrhunderts das Monopol auf die Kartenproduktion und das letzte Wort in geografischen Fragen. Wer nun frohgemut die Website oder die Avenida Cabildo 381 aufsucht und seinen Wunschzettel präsentiert, wird aber mit einiger Wahrscheinlichkeit enttäuscht werden. Aktuelle topografische Karten im Maßstab 1:100 000 oder gar 1:50 000 sind nur selten zu haben. Meist reicht die Datenerhebung weit ins 20. Jahrhundert zurück. Eine anachronistische Geheimhaltungspolitik behindert die Kartenproduktion. Dem Autor wurde im März 2005 vom IGM beschieden, Karten des äußerst beliebten Nationalparks Los Glaciares könnten aus Gründen der nationalen Sicherheit nur im Maßstab 1:250 000 hergestellt werden. Und das in Zeiten allgemein zugänglicher Internetdaten des Geographic Information System.

Satellitenkarten gibt es dagegen beim IGM in jeder gewünschten Ausfertigung, auch wenn die Wartezeiten mitunter lang sind. Die sind als Basis für Wanderungen und Bergtouren aber nur suboptimal. Das Gleiche gilt für die Straßenkarten der Automobilclubs. Private Kartenproduzenten wie etwa Sergio Zagier oder Sendas y bosques bemühen sich, brauchbare Trekkingkarten herzustellen, aber haben oft nur eine beschränkte Auswahl. Außerdem haben sie oft legale Probleme, denn Produktion und Ausfuhr von Karten müssen vom IGM genehmigt werden.

Sehr gute Karten produziert **Infotrekking** in Bariloche. Aber die haben wiederum solche Angst, dass ihnen jemand die Karten klauen und kopieren könnte, dass sie ihre Produkte lieber nicht öffentlich, sondern nur an Trekkingfirmen verkaufen. Im Frühjahr 2005 waren nur die von Infotrekking in Kooperation mit dem Club Andino Bariloche produzierten Karten der Region zwischen dem Cerro Catedral und dem Tronador frei erhältlich (siehe Kapitel III Nordpatagonien).

Manchmal erbarmt sich ein europäischer Alpenverein und macht eine gescheite Karte, so geschehen für den Ojos del Salado (siehe Kapitel V Nordwesten). Das Internet ist immer für Überraschungen gut. Manchmal öffnet

auch einer der lokalen Andenvereine sein Schatzkästlein. Manche Touren in diesem Buch wurden mit Kopien von Karten des argentinischen Landwirtschaftsministeriums der Jahre 1919 und 1920 erforscht.

> **Service-Adressen**
>
> Für grenznahe Gebiete können auch **chilenische Karten** nützlich sein:
> Instituto Geográfico Militar, Dieciocho 369, Santiago, Chile, Tel.: 0056-2-460-6863, Fax: -4608294, www.igm.cl
> Nationalparkverwaltung CONAF, Av. Bulnes, Oficina 501, 5. Stock, Santiago, Chile, Tel.: 0056-2-696-6677, Fax: -671-5881
> JLM Mapas, General de Canto 105, Oficina 1506, Providencia, Santiago, Chile, Tel./Fax: 0056-2-36-4808
>
> Wer schon mit **Straßenkarten** zufrieden ist, kann diese beim
> Automobil Club Argentina
> Avenida del Libertador San Martin1850
> Palermo, Buenos Aires
> Tel.: 4802-6061
> kaufen. ADAC-Mitglieder bekommen einen Rabatt.

Es gibt auch an vielen Kiosken brauchbare Straßenkarten für einzelne Provinzen oder Atlanten fürs ganze Land. Für Trekkingzwecke ist aber keine dieser Karten geeignet.

1.15 Sicherheit

Reisen in Argentinien ist in aller Regel nicht gefährlicher als in Europa. Besonders die ländlichen Gebiete kann man immer noch als sehr sicher bezeichnen. Gezielte Überfälle auf Trekker und Entführungen von Ausländern sind im Gegensatz zu anderen Ländern Amerikas

praktisch unbekannt. Durch die wirtschaftliche Krise seit 2001 haben sich jedoch auch im einst so reichen Argentinien die sozialen Gegensätze sehr verschärft. In den großen Städten haben sich ausgedehnte Elendsviertel, sogenannte „Villas", gebildet. Es empfiehlt sich nicht, ohne ortskundigen Führer nachts durch diese Slums zu spazieren. Ein anderer neuralgischer Punkt sind die Busbahnhöfe. Nicht selten kommt man zu nächtlicher Stunde an einem fremden Ort an und muss dann eine Herberge suchen. Hier sollte man sich ein Taxi gönnen, aber dabei darauf achten, dass nur der Fahrer drinsitzt, oder sich zumindest einen halbwegs vertrauenswürdig aussehenden Begleiter im Busbahnhof als Führer engagieren. Alleinreisenden Frauen wird gern nachgepfiffen oder sie werden mehr oder weniger elegant angebaggert, sie sind aber nicht gefährdeter als in Europa. Natürlich sollte der gesunde Menschenverstand stets eingeschaltet bleiben. Wer keinen Kontakt möchte, sollte dies unmissverständlich und ruhig auch in aggressiver Manier kundtun. Von abgelegenen Gebieten an der Grenze zu Bolivien und Paraguay sollte man sich fernhalten. Dort absolvieren Drogenschmuggler ihr Trekking, und die legen keinen Wert auf internationale Bergfreund-

schaften. Auch die chilenische Grenze ist nicht immer ungefährlich. Da es in der Geschichte schon mehrmals beinahe zu einem Krieg zwischen Argentinien und Chile gekommen wäre, liegen noch reichlich Minen in der Erde. Bei grenzüberschreitenden Touren sollte man sich vor Ort nach Sprengsätzen erkundigen.

In der Stadt Buenos Aires gibt es zwei besondere Regierungsstellen, die sich um die Aufklärung von Verbrechen an Touristen und die Beschwerden von Reisenden über schlechte Behandlung oder Diskriminierung kümmern.

Service-Adressen

Comisaría del Turista
Corrientes 436
turista@policiafederal.gov.ar
Tel.: 4346-5748/0800-999-5000

Defensoría del Turista
Av. Pedro de Mendoza 1835 (Museo de Bellas Artes „Benito Quinquela Martín"), im Viertel La Boca
Tel.: 4302-7816

1.16 Gesundheit

1.16.1 Gesundheitsvorsorge

Argentinien ist ein Land mit wenig Gesundheitsgefahren, vergleichbar mit Mitteleuropa. Die Gesundheitsversorgung ist zumindest in den Städten und für Privatpatienten gut bis sehr gut. Apotheken bieten fast alles, was das Herz begehrt, meist auch ohne Rezept und erstaunlich billig, vor allem, wenn Generika ver-

langt werden. Das heißt jedoch nicht, dass man sich nachlässig verhalten soll. Vor einer großen Reise sollte man den Haus- und Zahnarzt konsultieren und individuelle Gesundheitsrisiken überprüfen. Außerdem sollte man die aktuellen Gesundheitshinweise für Argentinien im Internet auf den Reisemedizin- und Botschaftsseiten beachten (Medizin im Internet siehe 1.1.7).

Besondere **Impfungen** und Prophylaxen sind für den Normaltouristen für Argentinien nicht notwendig. Der auch für Europa angeratene Standardimpfschutz, Polio, Hepatitis A und B, Tetanus und Diphtherie, sollte bei Bedarf vor einer Reise aufgefrischt werden. In den subtropischen Regionen Argentiniens kamen in sehr geringer Zahl Fälle von Cholera, Typhus, Dengue, Gelbfieber und Malaria vor. Die meisten der derart infizierten Argentinier haben sich diese Krankheiten von Besuchen in den nördlichen Nachbarländern mitgebracht. Eine Ansteckung ist nicht ausgeschlossen, aber sehr unwahrscheinlich. Gegen Gelbfieber und Typhus kann man sich impfen lassen. Wer viel mit potenziell infektiösen Tieren zu tun hat, etwa Jäger oder Fledermausforscher, sollte sich auch gegen Tollwut impfen lassen.

1.16.2 Physikalische Faktoren

Leichter noch als anderswo auf der Welt können Trekker in Argentinien durch Sonne, Hitze, Kälte oder Höhe Schaden nehmen.

Bleichgesichter, die ja in der Regel aus dem Nordwinter in den Südsommer reisen, sollten sich besonders in den ersten Tagen vor **Sonnenbrand** und **Sonnenstich** in Acht nehmen. Auf Schneefeldern und Gletschern besteht zudem die Gefahr der **Schneeblindheit**. Besonders in Patagonien können frische Winde über die gefährliche Intensität der Sonneneinstrahlung hinwegtäuschen. Natürlich birgt das Ozonloch über der Antarktis, das im Südfrühling – dem Herbst der Nordhalbkugel – entsteht, besondere Gefahren. Derzeit werden kaum mehr Fluorchlorkohlenwasserstoffe (FCKW) in die Atmosphäre emittiert, aber aufgrund der Trägheit atmosphärischer Systeme rechnen Wissenschaftler damit, dass es noch etwa 60 Jahre dauert, bis sich das Ozonloch wieder geschlossen hat.

Die thermischen Einwirkungen können in den Anden extrem sein. Am gleichen Standort können innerhalb von 24 Stunden Hitze und Kälte die Gesundheit bedrohen. Große Hitze und extreme Trockenheit können in Verbindung mit körperlicher Anstrengung leicht zu **Dehydrierung** und Hitzschlag führen. Kälte kann schon bei relativ geringen Temperaturen zum Problem werden, wenn starker Wind und feuchte Luft dazukommen. Unterkühlung und Erfrierungen sind die Folge.

Die mit Abstand größte Gefahr für Gesundheit und Leben beim Trekking in Argentinien stellt jedoch die Höhe dar. Als Grundregel gilt, dass die maximale Sauerstoffaufnahmefähigkeit alle 1500 Höhenmeter um 10 % abnimmt. Auf 6000 m Höhe hat ein normaler Mensch noch 60 % seiner Leistungsfähigkeit. Um die Gefahr der **Höhenkrankheit** zu vermindern, bedarf es einer langsamen Gewöhnung an die Höhe. Diese Akklimatisationsphase wird kürzer, wenn ein Mensch sich bereits mehrfach in großen Höhen aufgehalten hat. In den Anden gehen Menschen häufig ohne ausreichende Akklimatisation in große Höhen, was auf mehrere Faktoren zurückzuführen ist. Es ist es sehr einfach, auf Höhen zu fahren, die bereits über den höchsten Alpengipfeln liegen. Wer es darauf anlegt, kann mit einem Taxi bis auf fast 5000 m, mit einem Geländewagen bis nahe an die 6000er-Grenze kommen. Die technische Schwierigkeit der meisten hohen Andengipfel ist gering. Wer eine Schönwetterperiode in der schneearmen Zeit erwischt, kann – von der dünnen Luft abgesehen – so einfach auf einen argentinischen 6000er stiefeln wie auf eine Schotterhalde in Wanne-Eickel. Bergbesteigungen kann man heute buchen wie einen Strandurlaub, denn nicht jeder Veranstalter hat die moralische Stärke, das Geld eines sichtlich ungeeigneten Gipfelkandidaten zurückzuweisen. Nach Jahrzehnten systematischer „Eroberung" der Berge und Eiskappen selbst der entlegendsten Weltwinkel wird es für Freizeitabenteurer immer schwieriger, sich durch irgendeine Großtat zu profilieren und sich von der breiten Masse abzusetzen. Der tollkühne Knabe mit lockigem Haar, der früher noch mit einem 4000er vor den Mädels glänzen konnte, „muss" heute auf einen 6000er und handelt sich dabei vielleicht ein Lungenödem ein.

1.16.3 Hygiene

Wasser aus dem öffentlichen Netz und den meisten Brunnen kann in Argentinien in der Regel unaufbereitet getrunken werden. **Trinkwasser** in Flaschen wird auch in ländlichen Gebieten zum Kauf angeboten. Dennoch sollte für Zweifelsfälle immer ein Wasserentkeimungsmittel in Tabletten- oder Tropfenform im Gepäck sein. Diese Mittel töten allerdings keine Flagellaten oder Amöbenzysten ab. Ein großes Problem weltweit ist die zunehmende Verseuchung von Oberflächenwasser. Gerade durch Globetrotter sind schon entlegendste Bäche mit Fäkalbakterien, Giardia lamblia oder Amöben verseucht worden. In bewohnten oder von Trekkern heimgesuchten Gegenden sollte Oberflächenwasser mindestens 10 Minuten sprudelnd gekocht werden. Jeder sollte auch an die Nachfolgenden denken und sein Geschäft, das ja zu etwa 50 % aus Bakterien besteht, mindestens 60 m von Gewässern entfernt verrichten. Wer über die korrekten Praktiken Näheres erfahren möchte, dem sei das Standardwerk „How to shit in the woods" von Kathleen Meyer empfohlen.

Über Trinkwasser und kontaminiertes Essen kann man sich unerwünschte Körpergäste wie Viren, Bakterien, Einzeller und Würmer holen. Auch wenn sich die folgenden Beschreibungen schlimm anhören, Panik ist unangebracht. Vom subtropischen Norden abgesehen, sind die Gesundheitsrisiken in Argentinien oder Chile nicht höher als in Mitteleuropa. Auch der Leitspruch des Tropenreisenden „Cook it, peel it or forget it", „Koch es, schäl es oder vergiss es", gilt in dieser rigiden Form nicht für das südliche Südamerika. Auch Obst, Gemüse und Salate können fast überall in Argentinien oder Chile nach gründlichem Waschen ohne Sorgen verspeist werden.

1.16.4 Viruskrankheiten

Hepatitis A

Der Erreger von Hepatitis A ist ein RNA-Virus, das durch Kontakt- oder Schmierinfektion verbreitet wird. Ansteckend können der enge Kontakt mit infizierten Personen, verunreinigtes Trinkwasser, Säfte oder ungenügend gegarte Nahrungsmittel sein. Besonders riskant ist der Verzehr von fäkaliengedüngtem Gemüse und von rohen Muscheln.

Das **Hepatitis B-Virus** ist ein DNA-Virus, das nur durch Körperflüssigkeiten übertragen wird. Weltweit gibt es etwa 350 Millionen chronisch Erkrankte. Die häufigsten Übertragungswege sind Geschlechtsverkehr und die Mutter-Kind-Passage. Die sehr seltene Hepatitis D ähnelt dem B-Typ. Gegen Hepatitis A und B gibt es Impfungen. Die Impfung gegen Hepatitis B wirkt auch gegen den D-Typ, ist allerdings in den Verdacht geraten, das Risiko einer Erkrankung an Multipler Sklerose zu erhöhen. Gegen andere Hepatitis-Arten gibt es dagegen noch keinen Impfschutz. Sehr gefährlich ist die Hepatitis C, die durch Blut, etwa durch infektiöse Spritzen, übertragen wird. Es gibt weltweit 170 Millionen Infizierte. Hepatitis GB wird wie Hepatitis C übertragen. Hepatitis E, F und G ähneln im Übertragungsweg der Hepatitis A.

Hanta

Das Hanta-Virus hat seinen Namen nach einem Fluss in Korea, an dem in den 1950ern Tausende von UN-Soldaten erkrankten. Virusüberträger sind Ratten und Mäuse, in Argentinien zumeist die Arten Oligoryzomys longicaudatus und Calomis laucha. Die Infektion kann durch Bisse oder den Kontakt mit oder Verzehr von urin- oder kotverseuchter Nahrung geschehen. Am Schlimmsten ist jedoch, dass das Virus auch an der Luft infektiös bleibt und daher auch durch Einatmen in den Körper aufgenommen wird.

Die ersten Symptome sind Fieber, Kapillarblutungen in der Haut (Petechien), Eiweiß im Urin (Proteinurie) und Muskelschmerzen eine bis fünf Wochen nach der Infektion. Bei zwei Drittel der Betroffenen klingen die Krankheitssymptome ohne Folgen ab. Beim letzten Drittel tritt ein schwererer Verlauf auf. Es kommt zu Blutungen im Bereich der Haut, der Augen, der Schleimhäute, des Magen-Darm-Trakts und des Gehirns, zu schweren Kopfschmerzen, eventuell zu Bewusstseinsstörungen. Ein Krankenhausaufenthalt ist unbedingt erforderlich, denn es drohen in diesem Stadium unter anderem schwere innere Blutungen und Nierenversagen. Von den 100 bis 120 Fällen, die jährlich in Argentinien auftreten, enden ein Viertel tödlich.

Diese Krankheit ist auch für Trekker eine Gefahr, wenn etwa ratten- und mäuseverseuchte Berghütten und Biwakschachteln aufgesucht werden. Als Vorsichtsmaßnahme werden zunächst gutes Lüften, mit Schutzmaske, und späteres Desinfizieren der Gebäude empfohlen. Die Behörden stellen zum Teil Chlorpuder zur Verfügung. Am besten, man hält sich von selten genutzten Hütten ganz fern und schläft im Zelt. In von Ratten und Mäusen heimgesuchten Camps sollte verstärkt auf Hygiene geachtet werden. Besonders der Torres del Paine Nationalpark mit seinen vielen Besuchern ist wegen seiner kriminellen Nager berüchtigt. Dort leben etliche Mäusesippen im Sommer hauptsächlich von den Touristen. Dabei schrecken sie auch davor nicht zurück, sich durch dicke Zeltbahnen und Rucksackstoffe zu nagen, um an Leckereien zu kommen. Lebensmittel sollte man daher an Schnüren in Bäume hängen, das Kochgeschirr gleich nach dem Benutzen waschen und verstauen.

In Argentinien kommt es alle 40 bis 70 Jahre zu einer großen Bambusblüte, das letzte Mal war dies 2001 der Fall. Durch die folgende Samenproduktion haben die Nagetiere einen überreich gedeckten Tisch, fast alle Jungtiere überleben und bekommen bald selbst wieder Junge. Die Zahl der Nager explodiert. 2002 gab es einen vierzehnfach höheren Bestand an Ratten und Mäusen als in normalen Jahren und entsprechend viele Probleme mit dem Hanta-Virus. Wenn die Bambussamen aufgefressen sind, geht die Population wieder auf ein normales Maß zurück.

Hanta-Infektionen sind auch in Österreich und Deutschland keine Seltenheit. Allerdings verursacht das europäische Hanta-Virus weniger gravierende Symptome; diese Form wird als Nephropathia epidemica bezeichnet.

Ein gesunder Respekt vor Ratten und Mäuse ist weltweit anzuraten, denn diese bzw. deren Flöhe übertragen neben dem Hanta-Virus auch Leptospirosis, Typhus und Pest.

Tollwut

Tollwut wird von Lyssa-Viren, das sind RNA-Viren der Familie Rhabdoviridae, verursacht. Es gibt sieben verschiedene Genotypen. Das Virus befällt viele Arten von Fleisch- und Insektenfressern, unter Pflanzenfressern ist es selten. Die bekanntesten Überträger sind Hunde, Wölfe oder Füchse. Der Werwolfsglauben hat seinen Ursprung in der Tollwut-Krankheit. Weniger bekannt ist, dass auch Fledertiere verschiedene Genotypen des Lyssavirus übertragen. Dabei kommen nicht nur die blutleckenden Vampire, sondern im Prinzip auch jede insektenfressende Fledermaus und in seltenen Fällen selbst Flughunde als Überträger in Betracht. Der Erreger wird durch Speichel übertragen. Generell sollte jeder Biss oder Kratzer, der von einem Tier verursacht wurde, gründlich gereinigt und desinfiziert werden. Theoretisch kann eine Übertragung schon durch Lecken erfolgen. Man sollte sich das Liebkosen fremder Haustiere also besser abgewöhnen. Der Erreger befällt das zentrale Nervensystem manchmal erst Jahre nach der Infektion. In der Frühphase der Krankheit, bevor das Virus das Gehirn erreicht hat, ist eine Immunisierung möglich. Tollwut kommt nur im Norden von Argentinien und Chile vor. Wer viel mit fleisch- oder insektenfressenden Tieren zu tun hat, sollte sich impfen lassen.

Gelbfieber

Das Gelbfieber-Virus, ein RNA-Virus aus der Gruppe der Flaviviren, wird von Mücken (Aedes aegypti) übertragen. Von den annähernd 200 000 jährlichen Erkrankungen weltweit enden 30 000 tödlich. Die ersten Symptome ähneln einer Fieberkrankheit, im späteren Verlauf kann es zu Leberschädigungen kommen. Es existiert ein sehr wirksamer Impfschutz, der zehn Jahre anhält. Eine Gelbfieberimpfung ist für Argentinien nicht notwendig, wohl aber für dessen nördliche Nachbarstaaten. Im brasilianischen Bundesstaat Río Grande do Sul wurden gelbfieberinfizierte Affen gefunden. Von ihnen kann das Virus auch auf den Menschen übergehen. Es ist also im Iguazu-Nationalpark eine – eher theoretische – Gefahr einer Gelbfieberinfektion gegeben.

Dengue-Fieber

Vier verschiedene Serotypen des Dengue-Virus verursachen ein Fieber, das einer schweren Grippe ähnelt. Manchmal nimmt die Krankheit einen schweren Verlauf mit inneren Blutungen. Dengue gehört zur Gruppe der hämorrhagischen Fieber wie Lassa oder Ebola. Nach Angaben der WHO werden jährlich in etwa 50 Millionen Menschen infiziert. Etwa 20 000 Menschen, meist Kleinkinder, sterben an der hämorrhagischen Form. „Dengue" heißt auf Spanisch Sperenzchen oder Mätzchen und deutet auf schmerzbedingte seltsame Körperhaltungen und Verhaltensweisen der Erkrankten hin, die manchmal auch nach Abklingen der Infektion weiter bestehen. Das Dengue-Virus wird von Aedes-Mücken, die tagaktiv sind, übertragen. In Argentinien stellt es nur im äußersten Norden eine Bedrohung dar.

1.16.5 Bakterielle Erkrankungen

Reisedurchfall

Die meisten Reisenden bekommen irgendwann einmal Durchfall, was meist nur unangenehm, aber nicht gefährlich ist. In der Regel sind keine exotischen Erreger die Ursache des Durchfalls, sondern Vertreter des stäbchenförmigen, begeißelten Colibakteriums Escherichia coli, benannt im Jahr 1919 nach seinem Entdecker Theodor Escherich. Escherichia coli kommt in großen Mengen in unserem Darm vor und zerlegt unsere Nahrung in ihre Bestandteile.

Einige Subtypen dieses Bakteriums können jedoch pathogen wirken. Für Reisedurchfälle sind meist die Enterotoxin bildenden Escherichia coli, kurz ETEC, verantwortlich. Vor allem, wenn man in eine Weltgegend kommt, in der man vorher noch nicht war und das Immunsystem durch ungewohnte Lebensumstände belastet ist, können – meist über das Trinkwasser aufgenommene – ungewohnte Escherichia-Stämme zu Darmproblemen führen. Die Durchfälle haben in verschiedenen Weltgegenden poetische Namen wie „Hongkong dog", „Montezumas Rache" oder „Mexico City Pity" bekommen.

In solchen Fällen sollte zunächst Ruhe bewahrt und reichlich schwacher Schwarztee mit etwas Zucker und einer Prise Salz getrunken werden. Mit Wasser verdünnte Cola und Salzgebäck klingt medizinisch nicht so gut, hilft aber auch. Unbedingt auf Symptome von Dehydrierung achten, vor allem die Urinfarbe kontrollieren und entsprechend viel trinken. In schwereren Fällen Rehydrierungssalze oral oder – vor allem bei Kindern – per Tropf geben. Ein bewährtes Hausmittel ist Aktivkohle. Die beliebten Imodium- oder Lopedium-Kapseln (Diphenoxylate und Loperamid) legen den Darm lahm, was zwar abdichtet, aber das Problem der Infektion nicht löst. Wer also nicht gerade mitten in der Wand hängt oder im Bus sitzt, sollte seinem Immunsystem Zeit geben, mit dem Eindringling fertig zu werden. Falls die Durchfälle länger als 48 Stunden anhalten, mit Krämpfen oder Fieberschüben verbunden sind, stark wässrig sind oder mit Schleim oder Blut einhergehen, sollte man natürlich schleunigst zum Arzt, um nach ernsten Erkrankungen zu fahnden. In diesen Fällen

auf keinen Fall Mittel nehmen, die den Darm lahmlegen. In der Regel handelt es sich um bakterielle Infektionen, die mit Antibiotika wie Norfloxacin oder Ciprofloxacin gut bekämpft werden können.

Cholera

Ein sehr übler Zeitgenosse ist Vibrio cholerae, ein kommaförmiges, sehr bewegliches Bakterium, das schwerste Brechdurchfälle auslöst. Er wird meist über fäkalienbelastetes Trinkwasser übertragen. Cholerakranke haben sogenannten Reiswasserstuhl, wässrig und mit Schleimflocken durchsetzt, und können bis zu 25 Liter Flüssigkeit am Tag verlieren.

Die wichtigste Behandlungsmaßnahme ist der Ersatz von Flüssigkeit, Zucker und Salzen, falls möglich intravenös. Die letzte große Choleraepedemie ging 1992 von Peru aus und breitete sich nach Norden bis Mittelamerika aus. Von 400 000 Erkrankten starben 12 000. In Argentinien ist Cholera kaum ein Problem. Die einzigen bekannten Fälle traten im Impenetrable des Gran Chaco, nördlich von Roque Saenz Peña, auf.

Typhus

Typhus stammt vom griechischen Wort typhos, das Dunst, Nebel oder Schwindel bedeutet.

Typhus abdominalis

In der deutschen Sprache bezeichnet Typhus eine Infektion mit der Salmonellenart Salmonella typhi. Auf Englisch nennt sich diese Krankheit Typhoid fever. Das Bakterium wird fäkal-oral übertragen, am gefährlichsten sind Trinkwasser und fäkal gedüngte Salate. Nach einer Woche der Verstopfung beginnen erbsbreiartiger Durchfall und hohes Fieber bis 41° C. Typhus kann zu Darmdurchbrüchen, Knocheneiterungen und Hirnhautentzündungen führen und ist potenziell tödlich. Typhus und Cholera sind typische Armutskrankheiten und betreffen Trekker, die sich um Hygiene bemühen, nur selten. Es gibt eine Schluckimpfung gegen Typhus, die ein Jahr einen 50 bis 70 %igen Schutz bietet, und eine intramuskulär gespritzte Impfung, die 70 bis 75 %igen Schutz für drei Jahre bietet.

Typhus exanthematicus

In der englischen Sprache bedeutet Typhus eine Infektion mit der Ricketsienart Rickettsia prowzeki. Diese in Höhenlagen der Tropen vorkommende Krankheit heißt auf Deutsch Fleckfieber, Flecktyphus oder Läusefleckfieber. Die Erreger sind bakterienartige Mikroben, die durch den Biss von Läusen, meist der Kleiderlaus, übertragen werden.

Symptome sind sehr hohes Fieber und blutende, entzündliche Hautveränderungen. Flecktyphus führt in 10 bis 20 % der Fälle durch Kreislaufkollaps oder Gehirnhautentzündung zum Tode. Auch gegen Flecktyphus gibt es eine Impfung.

Bakterienruhr

Eine weitere klassische fäkal-oral übertragene Bakterieninfektion ist die Shigellose oder Shigellenruhr. Shigellen sind Bakterien, die besonders bei Menschen mit geschwächtem Immunsystem, Kindern und alten Menschen schwere Durchfälle verursachen. Im Gegensatz zu den bekannteren Salmonellen sind Shigellen säureresistent und werden von der Salzsäure im Magen nicht angegriffen. Es genügen daher schon weniger als 100 Bakterien, um eine Infektion hervorzurufen.

Shigellen und Salmonellen kommen auch in Westeuropa vor. Manchmal kommt es zu Masseninfektionen, etwa durch Kantinenessen.

Bakterielle Harnwegsinfektionen

Durch Dehydratation und durch Zurückhalten des Urins, etwa auf langen Fahrten, ohne Möglichkeit auszutreten, entstehen leicht sehr schmerzhafte Harnwegsinfektionen. Argentinische Busse sind glücklicherweise meist mit Toiletten ausgestattet, sodass letzteres Problem im Unterschied zu manchen Ländern weiter nördlich selten auftritt. Die Gefahr der Dehydratation wird dagegen vor allem in den trockenen und windigen Andengegenden gern unterschätzt. Man sollte immer so viel trinken, dass der Urin weiß oder maximal hellgelb bleibt. Bei einer Harnwegsinfektion sollte man extrem viel trinken, um die Erreger auszuschwemmen. Hält die Infektion an, muss man zum Arzt, denn es besteht die Gefahr eines Übergreifens auf die Niere mit schwerwiegenden Komplikationen.

1.16.6 Von Einzellern verursachte Krankheiten

Giardia lamblia

Wenn die Magen-Darm-Beschwerden mit übel riechendem Aufstoßen und Blähungen einhergehen, hat man sich wahrscheinlich Giardia lamblia eingefangen. Das sind einzellige Darmparasiten, die man meist beim Trinken aus Oberflächengewässern aufnimmt. Durch Fernreisende wurde dieser Darmparasit auch in anscheinend unberührte Bergregionen verschleppt. Die unangenehmen Untermieter kann man relativ leicht durch Mittel, die Tinidazol oder Metronidazol enthalten, vertreiben. Eine bekannte Handelsmarke ist Flagyl von Bayer.

Amöbenruhr

Amöben sind Einzeller, die ständig ihre Gestalt verändern und sich mithilfe von Scheinfüßchen fortbewegen, weshalb sie auf Deutsch auch Wechseltiere oder Wurzelfüßer heißen. Amöben kommen vor allem in tropischen Regionen sehr häufig vor. Der Mensch infiziert sich meist über ungefiltertes Trinkwasser. Von den über 500 Millionen Infizierten sind jedoch die meisten von apathogenen Amöbenstämmen befallen, die keine Beschwerden verursachen. Nur die Ruhramöben (Entamoeba histolytica) verursachen schmerzhafte blutige Durchfälle. Sie dringen in die Darmwand ein und führen dort zu Entzündungen und Geschwüren. Besonders gefährlich werden Ruhramöben, wenn sie über die Blutbahn in die Leber, selten auch in andere Organe, gelangen und dort Abzesse verursachen. Die Symptome des Amöbenbefalls sind oft leicht, machen zunächst keine Sorgen, kehren aber immer wieder. Wer seinen Durchfall nicht losbekommt, sollte daher unbedingt eine Stuhluntersuchung machen lassen.

Marea roja

Die Marea roja bezeichnet eine Algenblüte in der warmen Jahreszeit, die das Wasser in verschiedenen Tönen, darunter auch rot (span. „roja") färben kann. In der Regel sind Algenblüten völlig harmlos, in wenigen Fällen treten jedoch toxische Formen auf. Von 4000 bekannten Mikroalgen sind 70 bis 80 Arten schädlich. Die toxischen Mikroalgen gehören in der Regel zur Gruppe der Dinoflagellaten, es handelt sich also um aktiv schwimmfähige Formen. Die gefährlichste Form heißt Alexandrium catenella. Ihr Gift erzeugt Taubheitsgefühle und Lähmungen. Muscheln filtrieren diese Algen zusammen mit anderem Plankton als Nahrung aus dem Wasser. Das Gift reichert sich in den Mollusken an, ohne ihnen zu schaden oder sie in irgendeiner sichtbaren Form zu verändern. Es wird durch normale Koch- und Brattemperaturen nicht zerstört. Die Marea roja tritt nur sehr selten auf, aber sie stellt ein potenziell tödliches Risiko dar. Bei hohen Giftkonzentrationen in den Muscheln kann der Tod durch Atemlähmung binnen einer Viertelstunde eintreten. Das Phänomen hat zum Zusammenbruch der einst bedeutenden Muschelfischerei in den betroffenen Regionen Patagoniens geführt. Vor dem Verzehr von Muscheln sollte man sich nach dem Auftreten von Marea roja erkundigen. An Grenz- und Polizeistationen Patagoniens hängen oft Plakate, die die Risikogebiete ausweisen.

Malaria

Die Malariaerreger sind Plasmodien, die von der Anopheles-Mücke übertragen werden. Malaria kommt nur in einigen Gebieten im Nordwesten Argentiniens vor, vor allem in den Provinzen Salta und Jujuy. Allerdings gelten Regionen über 1200 m als malariafrei, und auch in den Niederungen wurde nur die relativ harmlose Tertianaform festgestellt. Zudem sind die wenigen Malariafälle in Jujuy oder Salta fast immer nach Aufenthalten in Bolivien oder anderen Ländern aufgetreten. Eine Prophylaxe ist nur für den notwendig, der sich längere Zeit in den Urwäldern und Schwemmländern des Nordens aufhalten möchte.

Chagas-Krankheit

Der Einzeller Trypanosoma cruzi löst eine infektiöse Krankheit und Parasitose aus, die Chagas oder Trypanosomiasis genannt wird. Trypanosomen werden durch den Stich von Raubwanzen (Reduviidae), örtlich Barbero genannt, übertragen. Betroffen sind Wild- und Haustiere, aber auch der Mensch. In Bolivien soll jeder Vierte den Erreger in sich tragen. Die Chagas-Krankheit hat zwei Stadien. In der akuten Phase treten Schwellung um die von der Raubwanze verursachte Stichwunde, das Chagom, und leichtes Fieber auf. In der chronischen Phase, die erst nach einigen Jahren bei etwa einem Fünftel der Infizierten beginnt, kann es zu schweren Schädigungen an Nervensystem, Herz und Gastrointestinaltrakt kommen. Unbehandelt endet die Chagas-Krankheit in bis zu 10 % der Fälle tödlich. Gegen Chagas gibt es keine Impfung. Die Trypanosomiasis ist eine typische Armutskrankheit, denn die Raubwanzen treten vor allem in offenen strohgedeckten Lehmhütten auf. Wer auf Touren in solchen Hütten schlafen möchte, sollte ein dicht schließendes Moskitonetz einpacken.

1.16.7 Wurminfektionen

Endoparasitäre Würmer kommen weltweit vor. Wahrscheinlich begleiten sie den Menschen seit vielen tausend Jahren, die Biologen sprechen von Koevolution. Nicht alle Würmer sind schädlich, einige dieser Tierchen sind wahrscheinlich sogar für unsere Gesundheit notwendig. Ärzte vermuten, dass die Häufung von Autoimmunkrankheiten mit der Ausrottung von Darmparasiten zusammenhängt. In Argentinien gibt es die üblichen Parasiten, die sich mit einiger Vorsicht, vor allem durch Hygiene und Durchgaren bestimmter Fleischsorten, weitgehend vermeiden lassen.

Madenwürmer

Wenn es im After juckt, meistens in der Nacht, und sich im Stuhl kleine, sich lustig krümmende Wesen finden, dann hat man wahrscheinlich Madenwürmer (Enterobius vermicularis). Diese recht harmlosen Zeitgenossen kommen in Form von Eiern auf fäkal

gedüngtem Gemüse und Salat zu uns. Die nur 1 cm langen Würmchen leben vom Nahrungsbrei im Darm. Nachts kommen die Weibchen zum After, um ihre Eier abzulegen, was den Juckreiz auslöst. Durch Kratzen gelangen Wurmeier auf die Finger und unter die Fingernägel und werden dann wieder über den Mund aufgenommen. Jeder zweite Mensch hat eine Infektion mit Madenwürmern hinter sich oder trägt sie noch in sich.

Trichinen

Der Rundwurm Trichinella spiralis befällt Menschen, Schweine, Wildschweine, Bären, Pferde und Robben. Die Infektion erfolgt durch den Genuss von rohem oder halbrohem Fleisch. Die eingekapselten Larven werden im Dünndarm frei, wachsen dort heran und pflanzen sich fort. Die jungen Larven bohren sich durch die Darmwand, gelangen übers Blut oder die Lymphe in die Muskeln und verkapseln sich dort wieder. Sieht man von Kannibalen einmal ab, werden Trichinen meist über Schweinefleisch verbreitet. In entwickelten Ländern mit sorgfältiger Fleischbeschau gibt es nur noch selten Trichinellosen. In Argentinien wird man sich in aller Regel an Rindersteaks halten, die keine Trichinen enthalten.

Spulwürmer

Der weltweit häufigste Wurm ist der Spulwurm (Ascaris lumbricuides). Das sind schon ganz ordentliche Kaliber, die Männchen werden bis 25, die Weibchen bis zu 40 cm lang. Spulwürmer ballen sich gern zusammen und können so zum Verschluss von Gallengängen und selbst des Darms führen. Die Entwicklung des Parasiten findet nur im Menschen statt. Es gibt vier verschiedene Larvenstadien in folgenden Organen: Dünndarm (Larvenstadium 1 und 2) – Leber (Larvenstadium 3) –

Herz – Lunge (Larvenstadium 4) – Luftröhre – Kehlkopf – Speiseröhre – Dünndarm (erwachsener Spulwurm). Die Bekämpfung erfolgt mit einem Anthelminthikum, etwa Mebendazol. Auch andere Vertreter der Ascaridae, etwa Hunde- oder Katzenspulwürmer, befallen den Menschen.

Bandwürmer

Bandwürmer (Cestodes) bestehen aus einem Kopf, der sich an der Darmwand festsetzt, einem Hals und einer Gliederkette. Die Glieder heißen Proglottiden und enthalten männliche und weibliche Geschlechtsorgane. Sie bilden Eier und lösen sich nach einer bestimmten Reifezeit kontinuierlich vom hinteren Ende des Wurms ab, die mit dem Stuhl ins Freie gelangen. Die reifen Eier enthalten jeweils eine Larve, die von einem Zwischenwirt aufgenommen wird. Die Larven dringen bis in den Dünndarm des Zwischenwirts vor und bohren sich dort durch die Darmwand. Übers Blut oder die Lymphe gelangen sie in die Muskulatur und bilden dort Dauerstadien, sogenannte Finnen. Bekannte Finnenformen sind unter anderem Blasenwurm, Cysticercus oder Hydatide. Endwirte sind Fleischfresser, die beim Vertilgen des Zwischenwirts auch die Finnen mit aufnehmen. In ihrem Darm entwickeln sich die adulten Tiere, und der Zyklus wiederholt sich.
Der Mensch ist zum Beispiel Endwirt für Rinder- (Taenuia saginata), Schweine- (Taenia solium) und Fischbandwürmer (Diphyllobothrium latum). In diesen Fällen entwickeln sich also die verzehrten Zysten im menschlichen Darm zu erwachsenen Würmern, die zwar lästig, aber selten gefährlich und in der Regel gut bekämpfbar sind.
Potenziell tödlich wird es dagegen, wenn der Mensch Wurmeier aufnimmt, die gar nicht für ihn bestimmt sind, also als Fehlzwischenwirt agiert. Solche Fälle treten beim Hunde- (Echinokokkus granulosus) und beim Fuchsbandwurm (Echinokokkus multilocularis) auf, die normalerweise Pflanzenfresser wie Schaf, Schwein, Rind oder Pferd als Zwischenwirt nutzen. Die befruchteten Eier entwickeln sich im menschlichen Verdauungstrakt zu Larven, die sich durch den Darm bohren und im Körper zystische Hydatiden bilden; man spricht hier von zystischer Echinokokkosis. Wenn sich diese Zysten in lebenswichtigen Organen, etwa der Leber oder dem Gehirn, ausbilden, können sie tödlich wirken. Die Bekämpfung erfolgt chirurgisch oder durch die lebenslange Einnahme von Medikamenten. Nach dem Kontakt mit Hunden sollte man sich immer die Hände waschen. Man sollte sich auch nie von Hunden das Gesicht lecken lassen. Der Fuchsbandwurm kommt bislang nur auf der Nordhalbkugel der Erde vor.

1.16.8 Pilzinfektionen

In den feuchtheißen Regionen Nordargentiniens kommt es häufig zu Pilzinfektionen. Haut- und Nagelpilze sind lästig und nur mühsam und langwierig therapierbar, aber beeinträchtigen das Allgemeinbefinden nicht sonderlich. Die argentinischen Apotheken sind bei Pilzsalben recht gut sortiert. Wenn Frauen bröckeligen, käsigen Scheidenausfluss bekommen, handelt es sich meist um recht harmlose Candida albicans oder ähnliche Hefepilze. Eine Behandlung erfolgt durch eine Kombination von Clotrimazol-Zäpfchen und fungizider Salbe. Mit der Salbe müssen auch die Sexualpartner behandelt werden, sonst kommt es zur Reinfektion. Als Hausmittel wird oft Joghurt empfohlen, aber der sollte wohl eher als Zwischenlösung auf dem Weg zur Apotheke angesehen werden. Die ärztliche Empfehlung zur Vorbeugung von Pilzkrankheiten ist, die Fuß- und Genitalregionen immer schön kühl und trocken zu halten, was allerdings bei einem mehrtägigen Urwaldtrekking schwierig werden könnte.

1.16.9 Beißende, stechende und blutsaugende Tiere

Großkatzen

Pumas und Jaguare sind große Raubkatzen und in der Lage, auch Menschen zu töten. Das Risiko, in Argentinien von einer Großkatze angegriffen zu werden, ist jedoch gleich null. Zum einen passt der Mensch gar nicht in das Beuteschema dieser Tiere, und zum anderen wurden sie in der Vergangenheit so erbittert gejagt, dass sie extrem scheu geworden sind. Es ist äußerst unwahrscheinlich, dass ein Tourist die Tiere auch nur zu Gesicht bekommt.

Piranhas

Jedes Jahr kommt es in Nordargentinien zu einigen Fingeramputationen durch Piranhas. Das rührt daher, dass es Touristen anscheinend nicht lassen können, während romantischer Bootsfahrten auf den Flüssen des Landes träumerisch die Hände durchs Wasser gleiten zu lassen. Man muss auch in den Nordprovinzen keineswegs auf erfrischende Flussbäder verzichten, aber man sollte sich vor dem Eintauchen erkundigen, wo dies gefahrlos möglich ist.

Vampire

Die nur in Nordargentinien vorkommenden Vampirfledermäuse beißen nachts warmblütige Tiere und lecken deren Blut. In einigen Regionen kommen sie auch auf die Estancias und zapfen die Rinder und andere Haustiere an. Gauchos, die oft im Freien übernachten müssen, berichteten, dass Vampire zwar die neben ihnen liegenden Hunde gebissen haben, aber nie Menschen. Nun weiß man ja aus der Literatur und vielen Kinofilmen, dass Vampire sich traditionell nicht an plattfüßige, müffelnde Viehhirten heranmachen, sondern an alabasterhäutige, langbeinige Schönheiten jüngeren Datums. Das Risiko, dass Trekker im Schlaf von Vampirfledermäusen überfallen werden, kann daher so gut wie ausgeschlossen werden; doch Trekkerinnen sollten sich nicht zu sicher fühlen ...

Schlangen

Besonders im subtropischen Norden Argentiniens kommen eine ganze Reihe von Giftschlangenarten vor. Die meisten gehören zu den Lanzenottern (Bothrops spp.), die für 80 bis 90 % der Bisse in Südamerika verantwortlich sind. Diese nachtaktiven Schlangen sind sehr leicht reizbar und beißen blitzschnell zu. Sie kommen bis in Höhen von 3000 m vor. Die Sterblichkeit nach einem Bothrops-Biss beträgt ein halbes Prozent. Die gefährlichsten Arten sind Bothrops jararaca, Bothrops jararussu und Bothrops atrox. Andere giftige Schlangenarten sind Klapperschlangen (besonders Crotalus durissus terrificus und Crotalus cerastes laterorepens) und Korallenottern (Micrurus spp.).

Schlangen beißen den Menschen nur zu ihrer Verteidigung. In den meisten Fällen suchen sie das Weite, wenn sie – durch Vibrationen in der Erde – merken, dass sich ihnen jemand nähert. Das beste Mittel gegen Schlangenbisse ist, immer zu schauen, wohin man tritt, was bei Dunkelheit natürlich nicht so einfach ist. Beim Trekking in Regionen mit Giftschlangenvorkommen sollten feste Hosen und halbhohe Schuhe getragen werden.

Ist jemand von einer Giftschlange gebissen worden, sollten bei Bedarf Ringe, Kettchen oder Gürtel entfernt werden, da mit starken Schwellungen zu rechnen ist. Nur wenn sich jemand mit Erster Hilfe auskennt, den Blutfluss durch leichtes(!) Abbinden ober- und unterhalb der Bissstelle verlangsamen, jedoch keinesfalls unterbrechen. Falls das keiner richtig gelernt hat, lieber nicht abbinden und nur den Körperteil ruhig stellen. Den Gebissenen wie einen Schockpatienten behandeln, im Schatten lagern und einen Betreuer bei ihm lassen. Dann schnellstmöglich einen Transport ins nächste Krankenhaus organisieren. Natürlich ist es wichtig, die Art der Schlange zu identifizieren, aber die Helfer sollten sich nicht auf Risiken einlassen oder kostbare Zeit verschwenden. Von der Anwendung alter Hausmittel wie dem Aussaugen, Ausbrennen, kreuzweisen Einschneiden und Ausbluten der Wunde wird heute ernstlich abgeraten.

Internet

Informationen zur Ersten Hilfe etwa bei http://www.siam-info.de/german/schlangen_erste_hilfe.html

Wer sich die Folgen eines Schlangenbisses im Bild ansehen möchte oder etwas über andere Gifte erfahren möchte, ist auf der sehr umfassenden und wunderbar gruseligen Webseite von Ralf Rebmann, http://www.gifte.de, genau richtig.

Spinnen

Spinnen sind ohne Ausnahme giftig. Sie injizieren ihren Beutetieren Gift, um sie zu töten und um ihr Gewebe schon außerhalb des Spinnenkörpers vorzuverdauen. Für den Menschen werden nur Spinnen gefährlich, die starke Gifte einsetzen und die über entsprechend

starke Chelizeren, Giftzangen, verfügen, die die menschliche Haut durchdringen können. Die Gefährlichkeit einer Spinne hängt nicht von der Größe ab. Die herrlichen großen Vogelspinnen, die man im Norden Argentiniens ab und zu sehen kann, sind für den Menschen relativ harmlos. Gefährdet sind in der Regel nur Kinder und Allergiker.

Die gefährlichsten Spinnen des südlichen Südamerikas sind Einsiedlerspinnen (Loxosceles spp.). Diese Spinnen bewohnen gern dunkle warme Ecken in Kellern, Garagen, Ställen und Wohnungen. Die meisten Arten sind klein. Loxosceles laeta und Loxosceles rufescens etwa werden nur 0,7 bis 1,5 cm lang. Ein recht kräftiges Tier ist dagegen die Braune Einsiedlerspinne (Loxosceles reclusa), die 4 cm lang wird. Das von den Einheimischen Araña de Rincon, das heißt Winkelspinne, genannte Tier versteckt sich in dunklen Ecken und Winkeln, leider auch in der Spalte zwischen Bett und Wand oder unterm Klodeckel. Die Spinne ist nicht aggressiv und beißt nur bei starkem körperlichen Kontakt, der aber an den genannten Orten leicht vorkommen kann. Es gibt mehrere Todesfälle jedes Jahr, denn das Tier ist extrem giftig. Die winzige Giftmenge einer Spinne, 0,02 ml, reicht theoretisch, um vier Menschen zu töten. Das Gift zersetzt das Gewebe, Hauttransplantationen und Amputationen können notwendig werden. In 2 % der Fälle sterben die Gebissenen, meist durch Nierenversagen. Ein Pferdeserum ist in der Entwicklung.

Bekannter als die Einsiedlerspinne ist die Schwarze Witwe, benannt nach dem schönen Brauch, das Männchen nach der Begattung aufzufressen. Sie ist am roten „Uhrglas"-Muster auf dem Abdomen leicht zu erkennen. Die nur 1 cm lange Spinne produziert ein starkes Neurotoxin. Bisse sind aber wegen der geringen Giftmenge und der Schwierigkeit der Injektion nur selten tödlich. Die Behandlung erfolgt symptomatisch mit Calcium. Die Landbevölkerung in Gebieten mit vielen Schwarzen Witwen isst zur Prophylaxe den Hinterleib lebender Spinnen. Dadurch wird wahrscheinlich eine geringe Giftmenge aufgenommen, die zu einer Immunisierung führt.

Aus Komponenten von Schlangen- und Spinnengiften werden in der modernen Medizin wichtige Medikamente hergestellt. Es gibt in den warmen Regionen der Welt etliche Farmen, die Tiere zum Melken und für Forschungszwecke züchten.

Stechende und blutsaugende Tiere

Es gibt in Argentinien Stechmücken, Blutegel, Zecken und eine Art Kriebelmücke, die Petros oder Pilmes genannt wird, aber im Vergleich zu vielen anderen Ländern sind die Belästigungen gering. Gefährlich sind die Stechmücken in den Urwald- und Schwemmländern des Nordens, die Krankheiten wie Malaria oder Dengue übertragen können. Sehr aggressiv können einige Wespenarten werden, die wahrscheinlich aus Europa eingeschleppt wurden. Allergiker sollten immer ihre Pillen bei sich tragen. Eine Spezialität Patagoniens sind die Bremsen (siehe Kasten).

Tábanos – der Fluch der patagonischen Anden

Unter Tábanos versteht man eine ganze Reihe von Bremsenarten, vor allem die schwarz-roten, die noch größer als die europäischen Pferdebremsen sind. Diese blutsaugenden Insekten erscheinen von Araukanien bis Zentralpatagonien in der Zeit zwischen Weihnachten und Ende Januar, also praktisch während des ganzen Sommers. Sie kommen in besonders großer Zahl bei trockenem, warmem, windstillem Wetter heraus, also gerade dann, wenn es einmal nicht regnet oder stürmt und man richtig Lust hat, eine Wanderung zu machen. Tábanos sind unheimlich groß, unheimlich langsam und unheimlich blöde. Sie fliegen an, brummen um einen herum, bis sie ein ihnen genehmes Plätzchen gefunden haben, und machen ewig herum, bis sie ihren Stechrüssel in die Haut bekommen. Man kann sie mit Leichtigkeit erschlagen. Das Problem ist, es sind auch unheimlich viele. Wenn man in Europa im Sommer an einem Bach lagert und von Bremsen überfallen wird, dann schlägt man maximal ein paar Dutzend tot und hat dann seine Ruhe. In Patagonien kann man Hunderte erschlagen, die Leichen türmen sich vor einem auf und würden schon ein komplettes Abendessen abgeben, aber es hilft nichts. Es kommen wieder neue und wieder neue und wieder neue. Hausmittel werden genug empfohlen: Keine dunkle Kleidung tragen, viel Knoblauch essen, Bierhefe kauen. Die Tábanos kommen trotzdem. In Autan baden – die Tábanos lachen nur. Die einzige Abhilfe ist die Flucht über die Baumgrenze. Über den Gipfeln herrscht Ruh … Aber keine Sorge, die Tábanos sind kein Grund, nicht nach Patagonien zu fahren, so viele trockene, warme und windstille Tage gibt es da ja gar nicht.

Die Argentinier behaupten übrigens, die Tábanos seien früher überhaupt nicht östlich der Anden heimisch gewesen. Die Chilenen hätten sie eingeschleppt – sie lieben sich halt, die Nachbarn.

2.1 Das achtgrößte Land der Erde

Gauchos in der Sierra de Córdoba

Argentinien ist mit 2,8 Millionen km² Landesfläche das achtgrößte Land der Welt, die antarktischen Ansprüche nicht mitgezählt. Es liegt zwischen 21,5 bis 55 Grad südlicher Breite. Übertragen auf die Nordhalbkugel unserer Längengrade würde dies etwa dem Gebiet zwischen Sylt und der südlichen Sahara entsprechen. Doch wer nun meint, er könnte im Sommer das ganze Land in kurzen Hosen durchmessen, der wird sich bald getäuscht fühlen. Der südamerikanische Kontinent ist die einzige Landmasse, die sich fast bis in das südliche Eismeer erstreckt, Feuerland liegt 3200 km weiter südlich als Südafrika und 1500 km weiter südlich als Neuseeland. Nirgendwo sonst ist man der Antarktis, dem Gefrierschrank der Erde, so nahe.

Argentinien weist eine sehr diverse und von extremen Kontrasten geprägte Geografie auf. Am auffallendsten ist die radikale Zweiteilung des Landes in das relativ schmale Gebirge der Anden im Westen, oft als Rückgrat Argentiniens beschrieben, und die riesige Ebene, die den Osten einnimmt.

Von den Gipfeln an der bolivianischen Grenze bis zu den letzten Ausläufern auf Feuerland erstrecken sich die argentinischen Anden, den Bogen eingerechnet, über 3700 km – die Alpen sind im Vergleich dazu nur 1100 km lang. Flächenmäßig weit größer sind die großen Ebenen, deren Monotonie mancherorts durch tief eingeschnittene Schluchten und die sogenannten pampinen Höhenzüge gebrochen wird. Von Letzteren kann jedoch nur die parallel zum Hauptkamm der Anden verlaufende Sierra de Córdoba als Gebirge bezeichnet werden. Die in diesem Buch beschriebenen Trekkingrouten befinden sich in den gebirgigen westlichen Landesteilen.

Die Naturschätze des Ostens, die Wälder, Pampas, Trockensteppen, Stromländer und Meeresküsten lassen sich in aller Regel besser mit Kraftfahrzeugen, Booten oder Reittieren erkunden als zu Fuß.

Die Anden sind eine relativ junge Bergkette, die durch Verschiebung tektonischer Platten gebildet wurde. Vor 70 Millionen Jahren begann sich die pazifische Nazca-Platte unter die südamerikanische Festlandsplatte zu schieben und führte so zur Gebirgsbildung im Westen des Kontinents. Im Unterschied etwa zur Bildung der Alpen war die andine Auffaltung von sehr intensiver vulkanischer Aktivität begleitet. Besonders im Seenbezirk und in Aurakarien brachen eine Vielzahl von Vulkanen aus und führten über Jahrmillionen immer wieder zu lokalen und regionalen Umweltkatastrophen. Vor zwei Millionen Jahren erreichten die Anden etwa ihre heutige Höhe. Die Wachstumsprozesse halten bis heute an, was auch die hohe seismische Aktivität in der Region erklärt. Wenn dem Homo sapiens noch etwas Zeit auf der Erde verbleibt, werden künftige Bergsteiger hier auf 7000er klettern können.

2.2   Der Nordwesten

Unter dem Nordwesten versteht man in Argentinien die fünf Bundesstaaten Jujuy, Salta, Catamarca, Tucumán und Teile La Riojas. In diesem riesigen Gebiet lassen sich drei gebirgige Landschaftstypen, die Puna de Atacama, die Präkordillere oder Präpuna mit vielen Schluchten und der Urwald der Yungas unterscheiden.

2.2.1   Die Puna de Atacama

Die Puna de Atacama ist eine zwischen 2500 und 5000 m hohe Hochebene, eine Fortsetzung der Altiplanos von Peru und Bolivien. Die argentinische Puna erstreckt sich in über einen 100 bis 200 km breiten Streifen östlich des Andenkammes von der bolivianischen Grenze im Norden bis zur Laguna Brava in der Provinz La Rioja im Süden. Im Norden Chiles dominieren im Pazifik kalte Meeresströmungen, über denen sich die Wolken abkühlen und abregnen. Dadurch erreichen nur wenige Wolken das Land. Es bildete sich hier eine typische Küstenwüste, die Atacama. Noch weniger Wolken schaffen es über die Andenkette. Das argentinische Andenvorland erhält jedoch auch Regenwolken vom Atlantik. Im Nordosten der Anden ist daher Landwirtschaft möglich. Südlich etwa des 27. Breitengrads, ab der Höhe von San Miguel de Tucumán, steigen die Anden noch einmal merklich an. Der höchste Berg dort ist der **Ojos del Salado** (6882 m). Im Regenschatten dieser sogenannten Hochkordillere reichen die Niederschläge für Landwirtschaft nicht mehr aus. Es wird

Bewässerungswirtschaft mit dem Wasser der aus den Anden kommenden Flüsse betrieben. Die Hochebene der Puna ist meist extrem trocken. Wenn es jedoch einmal regnet, dann heftig. Das Wasser kann in den hart gebackenen Boden kaum einsickern und füllt in Windeseile ausgetrocknete Flussbetten und Seebecken. Riesige Salzablagerungen in Senken, die sogenannten Salare, zeigen, dass sich diese Prozesse über Jahrtausende wiederholt haben und dass die Niederschläge nicht immer so niedrig waren wie heute. In der Puna sind die Nächte meist sehr kalt und die Tage oft heiß mit einer äußerst intensiven Sonneneinstrahlung. Die Ausprägung jahreszeitlicher Unterschiede sind in Argentinien und Chile stärker als in den nördlicheren, äquatornäheren Andenstaaten. Die Puna ist fast menschenleer. Wer ohne Anpassungszeit auf die Hochfläche fährt, bekommt in der Höhe oft Gesundheitsproble-

me. Die Höhenkrankheit, die andernorts auf Spanisch „soroche" heißt, wird in Argentinien einfach „puna" genannt.

2.2.2   Die Präpuna und die Quebradas

Im Nordosten der argentinischen Anden verläuft parallel zur Puna noch ein zweiter Gebirgszug, der Präpuna, Vorpuna oder Präkordillere genannt wird. Meist ist dieses Gebirge deutlich niedriger als die Zentralkordillere, doch ragen einige Gipfel wie die **Nevados de Cachi** (bis 6720 m) oder die **Nevados de Acay** (bis 5950 m) bis in luftige Höhen auf. Die Ausläufer der Präpuna erstrecken sich bis zur Grenze der Provinzen La Rioja und Mendoza. Der Osten der Präpuna ist von tiefen Schluchten zerfurcht. Manche argentinische Geografen unterscheiden dabei Quebradas und Ca-

Puna zwischen Abra Pampa und Tres Cruzes

Üppiger Pflanzenwuchs in den Yungas

ñones. „Quebrar" heißt auf Spanisch zerbrechen. Vor 40 Millionen Jahren wurde im Nordwesten Argentiniens ein Binnenmeer durch die Auffaltung der Anden im Westen angehoben. Riesige Wassermengen suchten sich in kurzer Zeit einen Weg nach Norden, Süden und Osten. Sie schufen enorme Bergdurchbrüche, die sogenannten Quebradas. „Cañon", auf Deutsch meist in der englischen Version Canyon geschrieben, bezeichnet hingegen das erosive Werk von Flüssen, die sich immer weiter in den Fels graben. Beide Prozesse können sich auch überlagern. Dazu kommt die unermüdliche Arbeit des Windes, der die Felsen zu mannigfaltigen Formen schleift. Aus Gründen der leichteren Orientierung werden die Schluchten des Nordwestens als Quebradas, die des Cuyos als Canyons bezeichnet. Berühmt sind die Quebradas zum einen wegen ihrer schroffen oder bizarren Felsformatio-

nen, zum anderen wegen ihrer unglaublichen Gesteins- und Farbenvielfalt. Auf engstem Raum kann man Steine finden, deren Farben einer kompletten Malerpalette entsprechen. Da die Präpuna mit den Quebradas relativ günstige Lebensbedingungen bietet, hat sich hier schon früh eine zahlenmäßig und kulturell bedeutende indianische Bevölkerung entwickelt. Heute gehören diese Gebiete zu den interessantesten Argentiniens, um mit indigener Kultur in Kontakt zu kommen.

2.2.3 Die Yungas

Zwischen den extrem trockenen Hochflächen der Puna und dem staubigen, von Dorngestrüpp beherrschtem Chaco Seco stößt der Reisende völlig überraschend auf eine üppige Dschungellandschaft. Wie ein schmaler, grüner Finger ragen die sogenannten Yungas von der bolivianischen Grenze bis hinunter in den Norden Tucumáns. Diese Wälder leben von der Wolkenwalze, die sich vom Atlantik kommend über das Zweistromland und den Chaco rollt. Das Wasser in den Wolken regnet ab, verdunstet, bildet neue Wolken und regnet wieder ab. Die Niederschläge nehmen im nordargentinischen Flachland von Osten nach Westen ab. Nun trifft die Walze aber auf die Vorberge der Anden und steigt an ihnen in die Höhe, bis fast alles Wasser kondensiert und abregnet. Diese üppige Wasserzufuhr ist die Lebensgrundlage für die subtropischen Regenwälder der Yungas. Das Phänomen ist auf einen 50 km breiten Streifen in den Voranden beschränkt. Dennoch enthalten die Yungas zusammen mit dem ebenfalls recht kleinen Regenwald in Misiones über 50 % der Pflanzen- und Tierarten Argentiniens und genießen höchste Schutzwürdigkeit.

2.3 Der Cuyo

Zum Cuyo werden die regenarmen Provinzen San Juan, Mendoza, San Luis und teilweise La Rioja gerechnet. Cuyo wird auf das Wort „cuyum" der Huarpe-Indianer, das sandige Erde bedeutet, zurückgeführt. Dominiert wird die Region von der Hochkordillere im Westen. Außerdem gehören das landwirtschaftlich sehr wichtige schmale Andenvorland und Teile der Pampas Secas, der trockenen Pampas, zum Cuyo. Eine eigenständige Einheit bildet die Sierra de Córdoba östlich des Cuyo, die zu den sogenannten pampinen Höhenzügen gehört.

2.3.1 Die Hochkordillere des Cuyo

Im Cuyo erreicht die Andenkette ihre größte Höhe und verschmälert sich gegenüber dem Nordwesten wesentlich. Die Bergriesen ragen abrupt 5000 oder gar 6000 m über den intensiv vom Menschen genutzten Ebenen auf. Sehr zum Unterschied zu anderen Hochgebirgen dieser Erde gehören in den Anden die höchsten Gipfel auch zu den am leichtesten erreichbaren.

Sowohl von Mendoza als auch von Santiago de Chile aus kann man an einem Tag zum ersten Basislager des **Aconcagua** kommen. Der Aconcagua (6960 m) wird von zwei weiteren Giganten, dem **Cerro Tupungato** (6570 m) und dem **Cerro Mercedario** (6770 m), flankiert. Die Zentralkordillere wird südlich des Vulkans **Maipú** (5264 m) wieder niedriger.

Ab der Höhe des bekannten Skiorts Las Leñas gibt es nur noch 4000er. Die Anden haben aber noch eine durchgehende Kammlinie.

Südwand des Aconcagua

2.3.2 Andenvorland des Cuyo

Trotz des Regenmangels gehört das Andenvorland des Cuyo zu den landwirtschaftlich ertragreichsten Regionen Argentiniens, denn das Wasser der Andenflüsse wird zur Bewässerung genutzt. Wo die Bewässerungswirtschaft aufhört, beginnt die Pampa Seca, die trockene Pampa, in der, wenn überhaupt, nur extensive Viehwirtschaft möglich ist. Wie in der Puna fallen die wenigen Niederschläge konzentriert und füllen in kürzester Zeit trockene Flussbetten mit wütenden Strömen, die sich tief in die Erde graben. Diese Region ist daher reich an außergewöhnlichen Landschaftsstrukturen, zerfurchten Höhenzügen, bizarren Steinwüsten und spektakulären Canyons.

2.3.3 Sierra de Córdoba

Östlich des Cuyo gibt es eine zweite, weit niedrigere Bergkette als die Anden, die Sierra de Córdoba. Sie verläuft durch die Provinzen Córdoba und San Luis. Der Gebirgszug wird in die Sierra de Comechingones, den Cumbre de Achala, die Sierras Grandes und den Cumbre de Gaspar unterteilt. Höchster Gipfel ist der **Champaqui** (2790 m). Die Sierra de Córdoba ist ein wichtiges Naherholungsgebiet für die Einwohner der gleichnamigen Großstadt. Auch wenn sie nicht mit den Anden konkurrieren kann, ist diese Berglandschaft durchaus interessant, zumal ein Besuch wegen der leichten Erreichbarkeit und der gut ausgebauten Infrastruktur sehr einfach ist.

2.4 Patagonien

2.4.1 Die Südanden

Etwa ab dem 38. Breitengrad löst sich die durchgehende Kammlinie der Anden auf, es beginnt die Südkordillere. Die Südanden verlaufen durch die Provinzen Neuquén, Río Negro, Chubut, Santa Cruz und Tierra del Fuego, die auch zusammenfassend als argentinisches Patagonien bezeichnet werden.
Patagonien wird von Geografen als alle Landmassen südlich des Río Colorado in Argentinien und des Oberlaufs des Río Biobio in Chile definiert. Diese Linie deckt sich in etwa mit einer wichtigen Florengrenze. Die Andenkette wird südlich des Cuyo deutlich niedriger und schmäler, dadurch können mehr Wolken vom Pazifik über das Gebirge gelangen. Es regnet nun auch auf der Ostseite der Kordilleren beträchtlich, und es können sich üppige Wälder entwickeln. Die Nordgrenze des geschlossenen Waldes liegt bei den Orten Copahue und Caviahue. Wenn man die Río-Colorado-Grenze ernst nimmt, was man nicht unbedingt muss, dann ist der höchste Berg Patagoniens der 4709 m hohe Vulkan Domuyo in der Cordillera del Viento im einsamen Nordwesten der Provinz Neuquén.
Zwischen dem 36. und 43. Grad südlicher Breite sind die Anden von intensiver vulkanischer Aktivität geprägt. Es dominieren basaltische Gesteine. Einige der Vulkane sind bis heute aktiv und verändern die Landschaft

Massiver Wolkenstau an der Westseite des Cerro-Fitz-Roy-Massivs

durch Lavaflüsse und Ascheregen. Auf die lokale Flora und Fauna haben die Ausbrüche oft katastrophale Folgen. Der letzte mächtige Ausbruch war der des Vulkans Hudson in Chile im Jahr 1991, der auch auf Argentinien starke Auswirkungen hatte. Zeugen früherer Umweltkatastrophen sind die versteinerten Wälder der Provinzen Chubut und Santa Cruz, die entstanden sind, als dicke Ascheschichten die alten Urwälder bedeckten.

Auf den südlichsten 1000 km der Anden, im zentralen und südlichen Patagonien, herrschen Plutonite vor. Vor über 100 Millionen Jahren kam es zu großen Intrusionsprozessen, Tiefenmagma drückte an die Erdoberfläche und erstarrte dort. Es bildeten sich granitische Gesteine, die als patagonischer Batholith bezeich-

net werden. Das ist das Material, aus dem Bergsteigerträume gemacht sind. Die berühmten Granitzähne der Südanden, Cerro Fitz Roy, Cerro Torre und die Torres del Paine, gehören zu den schönsten Bergen der Welt.

In den letzten zwei Millionen Jahren waren die Südanden und große Teile der patagonischen Steppe mehrfach von mächtigen, mehreren Hundert Metern dicken Eispanzern bedeckt. Die letzte Eiszeit endete vor 14 000 Jahren, doch im Süden des Kontinents wurden große Gebiete erst vor 9000 bis 8000 Jahren eisfrei. In den nördlichen Südanden, in Araukanien und dem Seenbezirk, bildeten sich nach dem Abschmelzen der Eispanzer nach der letzten Eiszeit viele schöne Gletscherseen.

Weiter südlich haben sich in Patagonien die

größten vergletscherten Gebiete außerhalb der Polregionen erhalten.

Das südliche patagonische Inlandeis ist 230 km lang und bis zu 80 km breit. Es bedeckt 13 500 km² Land. Das nördliche Inlandeis erstreckt sich über 3500 km². Noch vor 15 000 Jahren waren südlicher und nördlicher Eisschild fest miteinander verbunden, und das Eis bedeckte bis auf die höchsten Spitzen die ganze patagonische Berglandschaft. Durch steigende Temperaturen schmolz im mittleren Bereich der Region Eis ab, und es bildete sich ein riesiger See, der nur von einem Damm aus Eis gehalten wurde. Vor etwa 14 500 Jahren barst dieser Damm und entleerte eine gewaltige Wassermenge innerhalb kürzester Zeit in Richtung Pazifik. Alles, was diese Flutwelle traf, wurde zerschmettert und mitgerissen. Durch das Tal, das durch die Katastrophe entstand, entwässert auch heute noch der stark strömende Río Baker den Mittelbereich des Inlandeises.

2.4.2 Feuerland

Eine Sonderstellung nimmt die Insel Feuerland, die sich Chile und Argentinien teilen, ein. Zwei Drittel des Eilands sind flach und entsprechen im Charakter der patagonischen Trockensteppe des Festlandes. Der Süden ist jedoch gebirgig mit Erhebungen im argentinischen Teil bis 1500 m. Die in Nord-Süd-Richtung verlaufende Andenkette schwingt am Südende Südamerikas nach Osten und taucht eine kurze Strecke, unter der Magellanstraße, komplett ins Meer ab. Im Süden Feuerlands kommt das Gebirge wieder ans Tageslicht und verläuft nun in West-Ost-Richtung. Die über 2000 m hohen Berge der Darwin-Kette in Chile schirmen das argentinische Feuerland etwas von dem fürchterlichen Wetter ab, das auf der Westseite der Insel herrscht; die Winde sind weniger brutal, die Niederschläge geringer, die Gletscher kleiner. Feuerland hat maritimes Klima, ist immer kühl, aber selten kalt.

Ausläufer des Perito-Moreno-Gletschers

2.5 Die großen Ebenen

2.5.1 Der Gran Chaco

„Chaco", was auf Quechua Jagdrevier bedeutet, bezeichnet die riesigen subtropischen Tiefländer, die sich zwischen den Yungas im Westen und den Feuchtgebieten Mesopotamias im Osten Argentiniens erstrecken. Zum Chaco gehören die Provinzen Formosa, Chaco, Santiago de Estero und der Osten von Salta. Im Süden ist die Grenze zur Pampa fließend. Im Norden zieht sich der Gran Chaco über Paraguay, in dem er 60 % der Landesfläche bedeckt, bis nach Bolivien und Südbrasilien. Im Westen seines Verbreitungsgebiets ist der Gran Chaco sehr trocken, die Vegetation besteht hauptsächlich aus Dornenbüschen, was ihm die Namen Chaco Seco, trockener Chaco, und El Impenetrable, der Undurchdringliche, eingebracht hat. Im Osten wird das Klima feuchter. Im Chaco Húmedo, dem feuchten Chaco, gibt es üppige Galeriewälder, Sümpfe, Feuchtwiesen und weite Palmensavannen. Die Temperaturen steigen im Gran Chaco im Südsommer bis auf 50 Grad im Schatten.

2.5.2 Mesopotamia

Die Region zwischen dem Río Paraná und dem Río Uruguay mit den Provinzen Misiones, Corrientes und Entre Rios wird als Mesopotamia bezeichnet. Sanfte Hügellandschaften wechseln mit oft sumpfigem Tiefland. Weite Landesteile werden periodisch überschwemmt. Am bekanntesten ist die sehr wildreiche riesige Schwemmlandschaft der Esteros del Iberá, des „argentinischen Pantanal". Der Norden des Zweistromlandes liegt bereits in den Subtropen, im feuchtheißen Klima wachsen üppige Regenwälder. Der äußerste Nordosten Argentiniens gehört noch zum hoch gelegenen brasilianischen Schild. An einer Stelle bricht das Basaltplateau abrupt zur Tiefebene hin ab, hier stürzen die mächtigsten Wasserfälle der Erde, die Cataratas de Iguazú, zu Tal.

2.5.3 Die Pampas

Das Kernland Argentiniens, die Pampas, umfasst die Provinzen Buenos Aires, La Pampa, Santa Fé, Córdoba und Teile von San Luis. Das Wort „Pampa" bedeutet auf Quechua baumlose Ebene, und genau darum handelt es sich. In scheinbarer Unendlichkeit erstrecken sich die Pampas vom Atlantik bis zu den Anden, werden im Norden vom Chaco, im Nordosten vom Río Paraná und im Süden vom Río Colorado begrenzt. Die Pampas sind fast völlig flach und oft schlecht drainiert. Sie sind anfällig für Überschwemmungen, es bilden sich abflusslose Feuchtgebiete mit Tümpeln und Seen. Nur wenige pampine Höhenzüge, die Sierra de Tandil, die Sierra de la Ventana, die Sierra de Lihuel Calél und die Sierras de Córdoba ragen aus der Ebene (siehe Kapitel IV Der Cuyo).

Der östliche und nördliche Teil der Pampas ist vom maritimen Klima beeinflusst und erhält gut verteilte Niederschläge zwischen 600 und 1000 mm. Den Anden und dem Süden zu wird das Klima trockener. Die Niederschläge fallen dort hauptsächlich im Winter. Botaniker bezeichnen die trockene Strauchsteppe östlich der Anden, die sich südlich der Provinz Tucumán bis zur Mündung des Río Chubut erstreckt, als Monte. Umgangssprachlich wird meist zwischen „Pama húmeda" und „Pampa seca", also feuchter und trockener Pampa unterschieden. Wenn der Argentinier die patagonische Trockensteppe bezeichnen will, sagt er meist einfach „desierto", Wüste.

Der Boden der Pampas besteht aus Löss und Flusssedimenten und ist – ausreichende Niederschläge vorausgesetzt – sehr fruchtbar. Das Klima ist für den Menschen angenehm und gut für Landwirtschaft geeignet. Die Durchschnittstemperaturen liegen zwischen 14 und 17° C. In Argentinien werden 60 % der Viehzucht und 85 % des Ackerbaus auf den Pampas betrieben. Die natürliche Vegetation kommt nur noch in winzigen Resten vor, die großen Ebenen wurden vom Menschen nach seinen Bedürfnissen verändert. Zwei Drittel der Bevölkerung lebt in den Pampas, auch die drei größten Städte des Landes, Buenos Aires, Córdoba und Rosario, haben sich dort entwickelt.

2.5.4 Die patagonischen Steppen

Östlich des Andenkammes und südlich des Río Colorado liegen riesige, windgepeitschte Trockensteppen. Das Relief ist wenig abwechslungsreich. Die weiten Ebenen werden nur von flachen Mesetas, Tafelbergen, überragt. Diese Halb- und Vollwüstengebiete mit Niederschlägen zwischen 120 und 300 mm werden als Schafweiden genutzt und übernutzt (siehe Kapitel 4.1 Landwirtschaft und Umweltschutz).

Anders als die relativ feuchten Pampas sind die patagonischen Trockensteppen sehr dünn besiedelt. In der Provinz Santa Cruz kommt nur ein Einwohner auf einen Quadratkilometer. Es gibt nur wenige Bevölkerungskonzentrationen in Küstenstädten wie Comodoro Rivadavia, dem Zentrum der Erdölindustrie, und Río Gallegos, dem Zentrum der Fleisch- und Wollindustrie, oder in fruchtbaren Tälern, wie entlang des Río Negro oder des Unterlaufs des Río Chubut, wo Ackerbau und die Anlage von Obstplantagen möglich sind.

3.1 Flora und Fauna im Internet

Wer sich für die Tier- und Pflanzenwelt Südamerikas interessiert, kann sich schon vor Reisebeginn umfassend übers Internet informieren.

Am einfachsten ist die Suche, wenn man den Namen einer Art, Gattung oder Familie kennt. Dieser muss nur in eine der üblichen Suchmaschinen eingegeben werden. Dabei ist aller-

dings zu beachten, dass Volksnamen oft für mehrere Arten verwendet werden.

Angaben über wissenschaftliche Publikationen über eine bestimmte Art bietet die Suchmaschine SCIRUS, www.scirus.com.

Zu fast allen in diesem Buch genannten Arten stehen auch Fotos oder Zeichnungen im Internet.

Die argentinische Nationalparkverwaltung, Administración de Parques Nacionales (APN), unterhält ein Sístema de Información de Biodiversidad (SIB), ein Informationssystem über die Artenvielfalt.
http://www.sib.gov.ar
Darin erfährt man, welche Arten es in Argentinien gibt und wo sie zu finden sind.

Wer einen kurzen allgemeinen Überblick über die argentinische Fauna und Flora möchte, findet auf den unter 1.1.3 genannten Tourismusportalen kurze Aufsätze. Suchmaschinen wie Google oder Yahoo führen zu vielen Links, über die man sich zu umfassenderen Darstellungen vorarbeiten kann. Startpunkte bieten etwa die Stichwörter „Argentinien" und „Zoologie".

www.google.com/Top/World/Deutsch/Wissen-
    schaft/Naturwissenschaften/Biologie/Zoologie/

http://ar.dir.yahoo.com/Ciencia_y_tecnologia/
    Biologia/Zoologia/

Interessantes findet sich oft auf dem Yahoo! Gratishost GeoCities
http://www.geocities.com/avesdeargentina/
    links.htm

Allgemeine oder spezifische Internetlexika wie Wikipedia, Know-library, Tierlexikon oder Animal Diversity sind reich sprudelnde Quellen des Wissens
http://de.wikipedia.org/wiki/Argentinien#Flora
http://argentinien.know-library.net/#Flora
www.das-tierlexikon.de.
http://animaldiversity.ummz.umich.edu

In der Wissenschaft verdoppelt sich heute das Wissen alle vier oder fünf Jahre. Da kann leicht der Überblick verloren gehen.
Wer etwa allen Links auf der Seite www.botany.net detailliert nachgehen will, sollte schon ein paar Jahrzehnte Zeit haben.

Wer in Argentinien ernsthafte botanische Studien betreiben will, der kann die
Sociedad Argentina de Botanica
www.biologia.edu.ar/sab/org.htm
oder das
Instituto de Botánica Darwinion – Academia Nacional de Ciencias Exactas, Físicas y Naturales
www.darwin.edu.ar/
konsultieren.
Wer wissen will, welche deutschsprachigen Botaniker sich schon oder über Lateinamerika betätigen, kann beim Institut für Iberoamerika-Kunde, Uni Hamburg unter „Deutschsprachige Lateinamerikaforschung, Botanik" eine entsprechende Namensliste bekommen.

http://www2.uni-hamburg.de/~sa6a067/cgi-bin/laf/
    liste.php?lang=de&fachgebiet=Botanik
Natürlich gilt das auch für andere Fachgebiete. Viele Universitäten, Forschungsinstitute und naturhistorische Museen haben für ihre fachlichen Schwerpunkte Webseiten zusammengestellt, die über aktuelle Forschung berichten, aber auch als generelle Einführung und Linksammlung interessant sind. Hier nur einige wenige Beispiele.

Die Vegetationstypen Südamerikas stellt die Uni Innsbruck vor.
www.lateinamerika-studien.at/content/natur/natur/
    natur-1323.html
Über das Internetlehrbuch Botanik_online der Uni Hamburg bekommt man Informationen zu andiner Flora.
http://www.biologie.uni-hamburg.de/b-online/e54/
    andflora.htm

Über Vegetationsökologie, auch der argentinischen Pampa, gibt die TU Berlin Auskunft.
http://www.tu-berlin.de/~kehl/project/lv-twk/
    25-temp-dry2-twk.htm
Wer etwa südamerikanische Robben näher kennenlernen will, kann das auf der Webseite der ETH Zürich tun. http://www.infochembio.ethz.ch/links/zool_saeu-
get_robben. Auf dieser Seite gibt es Links zu Spezialseiten wie http://www.pinnipeds.org

Ein besonders gut organisiertes Völkchen sind die Vogelliebhaber. Die vor allem in den angelsächsischen Ländern stark vertretenen sogenannten Bird Watchers bieten im Netz wirklich umfassende Informationen. Auf der Seite Bird Links to the World findet sich jeder wissenschaftlich beschriebene Vogel der Welt.
http://www.bsc-eoc.org/links/links.jsp?page=
    l_sam_ar&lang=DE

Die 1044 Arten, die in Argentinien vorkommen, stehen unter
http://www.bsc-eoc.org/avibase/avibase.jsp?region=
    ar&pg=checklist&list=clements
Die Vogelnamen können in fast jeder europäischen Sprache abgerufen werden.

Mehr Vogellisten gibt es bei
www.free-living.com/where%20to%20watch/
    argentinawtwb.htm
www.geocities.com/avesdeargentina/Listadeaves2.htm

Über die bedrohten, auf der Roten Liste stehenden Arten Argentiniens informieren
http://www.cricyt.edu.ar/INSTITUTOS/iadiza/ojeda/
    redlista.htm
www.redlist.org

3.2 Besonderheiten der Evolution in Südamerika

Die Evolution von Arten ist abhängig von den allgemeinen Umwelt- und den speziellen Konkurrenzbedingungen einer Region. Im Laufe der Erdgeschichte hat Südamerika verschiedene Phasen des Verbundes mit anderen Kontinenten und eine Phase der Isolation durchgemacht. Bis ins Jura war die südamerikanische Landmasse Teil des Urkontinents Pangaea. Als dieser vor etwa 180 Millionen Jahren auseinanderzubrechen begann, blieb das heutige Südamerika beim Südkontinent Gondwana. Die Evolution ging nun in Nord und Süd getrennte Wege. Bis heute kann man Ähnlichkeiten bei der Artenzusammensetzung der Südkontinente, etwa bei den Wäldern Patagoniens, Tasmaniens und Neuseelands, feststellen.

In der Kreidezeit trennte sich der Südkontinent in die heutigen Kontinente Südamerika, Afrika, Antarktis und Australien sowie den Sub-

Nur die Kleinen überlebten ...

kontinent Indien. Südamerika existierte rund 70 Millionen Jahre als Inselkontinent. Am Ende der Kreide, vor 65 Millionen Jahren, verursachte ein mächtiger Meteoriteneinschlag bei Chicxulub im heutigen Yucatán ein großes Massensterben. Drei Viertel der bekannten Arten starben aus, darunter auch die meisten Dinosaurier. Für die Säugetiere war das eine Chance, sie entwickelten sich in dem auf die Kreide folgenden Erdzeitalter des Paläogen prächtig. Im isolierten Südamerika kam es dabei zu einer Sonderentwicklung. Während auf anderen Kontinenten Huftiere, Raubtiere oder Menschen auftraten, waren es in Südamerika Riesenameisenbären, Riesenfaultiere oder Riesengürteltiere. Wegen der vielen Riesenformen spricht man auch von südamerikanischer Megafauna. Vor 2,7 Millionen Jahren, auf dem Höhepunkt der Eiszeiten, bildete sich auf der Antarktis ein mächtiger Eispanzer. Der Meeresspiegel sank um einige Hundert Meter und der Isthmus von Panama wurde dadurch geschlossen. Südamerika war nun kein Inselkontinent mehr, sondern mit Nordamerika verbunden. Die Tiere des Nordens, Paar- und Unpaarhufer, Hunde- und Katzenartige konnten nach Süden wandern. Da sie meist konkurrenzstärker waren als die südamerikanischen Arten, setzten sie sich in der neuen Heimat durch. Viele der ursprünglichen Arten wurden verdrängt und starben schließlich aus. Ein zweiter radikaler Artenwandel begann, als Homo sapiens über die zugefrorene Beringstraße von Asien nach Amerika einwanderte und die meisten Großtiere ausrottete. Es blieben nur anpassungsfähige und kleine Arten, wie unsere heutigen Ameisenbären, Faultiere und Gürteltiere.

3.3 Flora

3.3.1 Bioregionen

Biologen unterteilen Argentinien in neun große Floren- und Faunenräume. Im Norden gibt es, von Ost nach West, den subtropischen Regenwald Mesopotamias, die Trockensavanne und die Trockenwälder des Chaco, die Regenwälder der Yungas und die Hochwüste der Puna. In Mittelargentinien unterscheidet man die Grasebenen der Pampa, den sogenannten Monte, eine Strauchsteppe zwischen Pampa und Anden, und die Wüsten- und Halbwüstenregion des Cuyo, die von Biologen meist in Einheit mit der Puna gesehen wird. Im Süden gibt es die riesige patagonische Trockensteppe, die kalten Regenwälder der Südanden und als Sonderlebensraum Feuerland mit Steppen, Laubwäldern und Mooren. Im Wesentlichen fallen diese biologischen Einheiten mit den geografischen Großräumen zusammen.

3.3.2 Subtropische Regenwälder

Ganz im Norden Argentiniens, am Ostrand der Anden und in der Provinz Misiones im Nordosten des Landes wachsen subtropische Regenwälder. Obwohl sie nur kleine Flächen bedecken, beherbergen diese Wälder die Mehrzahl der mindestens 10 000 – die Schätzungen werden ständig nach oben korrigiert – höheren Pflanzenarten des Landes. Typische Bäume dieser Regionen sind **Palisander** (Jacaranda mimosifolia), **Guajakholzbaum** (Guaiacum officinale) und **Rosenhölzer** (Dalbergia sp.). Besonders in Flussniederungen wachsen verschiedene Arten von **Palmen.** Sein extrem

hartes Holz gab dem „Axtbrecher" **Quebracho-Baum** (Schinopsis lorentzii), aus dem auch Gerbsäure gewonnen wird, den Namen. Typisch auch die Aufsitzerpflanzen, **Farne, Bromelien** oder **Orchideen,** und die **Lianen.** Diese Pflanzen bilden auf den Urwaldbäumen eine zweite und dritte Vegetationsschicht aus. Die Yungas in Nordwestargentinien sind der südlichste Ausläufer der **Hyläa,** wie Botaniker die riesigen Amazonasurwälder nennen. Obwohl diese Wälder so weit westlich liegen, existieren sie aufgrund von Regenwolken, die

Subtropischer Regenwald bei den Cataratas de Iguazu

vom Atlantik kommen und am Ostrand der Anden abregnen (siehe Kapitel V Nordwesten, 4.1)

Die Urwälder der Provinz Misiones sind die allerletzten Reste eines einst riesigen Waldgebiets, das Südostbrasilien, Ostparaguay und Nordargentinien bedeckte. Die Ostgrenze ist durch das Küstengebirge, die Serra de Mar scharf gezogen, der Übergang zum trockeneren Chaco verläuft fließend. Diese Wälder wurden zu 95 % gerodet, in Brasilien für den Kaffeeanbau, in Argentinien für Tee und Mate. Seit den 1960er-Jahren werden auch im großen Stil Mais, Soja und Weizen angebaut. Heute sind die Böden vielerorts erschöpft, es bildeten sich verödete sekundäre Grassteppen, die nur noch als extensive Viehweiden genutzt werden können. Nur noch im binationalen Iguazu-Nationalpark sind einigermaßen ursprüngliche Wälder erhalten worden, obwohl auch dort weiterhin Holznutzung durch staatliche Stellen und Wilderer betrieben wird.

3.3.3 Chaco

Zwischen den beiden subtropischen Regenwaldgebieten Argentiniens liegt die riesige Ebene des Chaco. Der Chaco erstreckt sich in Nord-Süd-Richtung von Bolivien und Paraguay bis Santa Fé am Río Paraná und in West-Ost-Richtung von den Anden bis zu den Flüssen Paraguay und Paraná. Der Chaco hat ein ausgeprägtes Kontinentalklima mit sommerlichen Höchstwerten bis über 50° C und winterlichen Tiefstwerten bis −6° C. Der Chaco hat ähnlich günstige Niederschlagswerte wie Mitteleuropa, die meist – nach Osten Richtung Atlantik ansteigend – zwischen 500 und 1000 mm liegen. Allerdings ist die Verteilung extrem ungleich. Im Sommer kommt es zu Sturzregen, die weite Gebiete des völlig flachen Chaco überfluten. Dann folgt eine bis zu acht Monaten andauernde Dürre.

Die Böden bestehen aus praktisch humusfreien Sanden mit Löss- oder Feinsandauflage und sind sehr salzhaltig. Im Winter treten nicht selten Staubstürme auf. Mit diesen harschen Bedingungen werden am besten **Dornsträucher** fertig, die undurchdringliche Dickichte bis 6 m Höhe bilden. Darüber erheben sich trockenresistente Bäume, die nur ein lichtes Kronendach haben und selten mehr als 15 m hoch werden. Als Aufsitzerpflanzen wachsen **Tillandsien** und **Flechten.** Die niederen Vegetationsschichten werden die meiste Zeit des Jahres durch Kakteen bestimmt. Wenn es jedoch einmal geregnet hat, „explodiert" das frische Grün, Gräser und Kräuter, die in Samen und unterirdischen Organen wie Zwiebeln oder Stolonen auf das Wasser gewartet haben, aus dem Boden.

3.3.4 Hochwüsten

In der Puna und im Cuyo müssen die Pflanzen enorme Anpassungsleistungen erbringen und sowohl in großen Höhen als auch mit extremer Trockenheit leben. Sie versuchen, möglichst wenig über die Erdoberfläche hinauszuschauen und dafür ihre unterirdischen Teile gut zu entwickeln. Ein weitverzweigtes und tiefes Wurzelsystem verbessert die Wasseraufnahme und Verankerung, verdickte unterirdische Sprosse dienen als Speichermedium für Wasser und zur ungeschlechtlichen Fortpflanzung. Gestauchte Wuchsform, Rosetten und Haare verhindern Austrocknung. Polster- und Horstwuchs schützen vor Wind und Kälte.

In der nördlichen Puna sind **Ichú-Gräser** verbreitet. Hinzu kommen niedrigere Gräser,

Kräuter, Rosettenpflanzen und große Polstergewächse. Über 4500 m halten sich Frostschuttfluren. Die **Tola-Heide** bildet etwa 1 m hohe Gebüsche. An feuchteren Standorten wachsen **Asterngewächse** und **Festuca-Gräser.** Die **Llareta** (Azorella compacta) bildet verholzende Polster, die auch als Brennmaterial dienen.

Typisch für die äußerst lebensfeindliche argentinische Puna sind aber karge Dornstrauch- und Kakteenwüsten. Das Holz des **Kandelaberkaktus** ist wichtiges Brenn- und Baumaterial. In der Puna sind die Böden oft stark salzhaltig. Am Rande der Salare, der Salzpfannen, überleben zähe Halophyten, die manchmal durch die Salzkrusten den Weg zum Licht suchen. Zwischen 2500 und 4500 m Höhe wächst niedriges **Adesmia-Gestrüpp.**

Irgendwann wird die Kombination aus Höhe und Trockenheit aber auch für die größten Überlebenskünstler zu viel. Die trockensten

Teile der Hochkordillere sind völlig vegetationslos. Bergsteiger, die in diese Kältewüste vorstoßen, müssen auf Wildkräutersalate verzichten. Erst in Patagonien nehmen die Berge an Höhe ab und die Vegetation gewinnt wieder an Boden.

3.3.5 Monte

Monte heißt auf Spanisch einfach Berg, doch wird damit auch eine eigene biogeografische Region mit spezifischer Flora und Fauna bezeichnet. Die trockenresistenten Buschwälder und Strauchsteppen des Monte liegen östlich der Hochanden. In diesem Gebiet zwischen Tucumán und dem Río Chubut fallen lediglich 150 bis 350 mm Niederschlag, das meiste davon im Sommer. In den Ebenen bestimmen Dornsträucher, blattlose **Rutensträucher** und **Kakteen** die Vegetation. Auf den pampinen

In der Vegetation des Monte finden sich wahre Überlebenskünstler

Höhenzügen sind die Niederschlagsverhältnisse etwas günstiger. Dort wächst der Caldén-Trockenwald, der auch als Espinales – von Spanisch „Espina", der Dorn – bezeichnet wird. Typische Baumarten sind Prosopis caldenia, Prosopis flexuosa und der Tabaquillo (Polylepis australis). An den trockenen Berghängen dominieren Larrea-cuneifolia-Gebüsche.

3.3.6 Bergflora Patagoniens

Der patagonische Wald gehört zu den Hauptattraktionen vieler in diesem Buch beschriebenen Routen. Er wird daher ausführlicher beschrieben als andere Vegetationszonen.

Erst südlich der geografischen Breite des Vulkans Copiahue in der Provinz Neuquén wachsen in den argentinischen Anden wieder Wälder. Die Nährstoffversorgung ist meist problemlos, durch die starke vulkanische Aktivität in den Südanden wurden mineralreiche Aschen wie mit dem Düngerstreuer über riesige Flächen verteilt.

Schon angesprochen wurde die Ähnlichkeit der Flora des südlichen Südamerika mit Neuseeland oder Tasmanien. Als sich Gondwanaland vor etwa 100 Millionen Jahren in die heutigen Kontinente aufspaltete, nahmen diese auch die gemeinsame Flora und Fauna mit auf die Reise. Von da an entwickelten sich zwar die Arten getrennt, doch viele Ähnlichkeiten blieben bestehen. Eine weitere Parallele zu Tasmanien und Neuseeland ist die Isoliertheit der gemäßigten Regenwälder Patagoniens, die die Andenkette unterhalb der Gipfelregion und große Teile der Inseln bedecken. Die Atacama-Wüste und die patagonischen Steppen verhindern den Artenaustausch mit Waldgebieten weiter im Norden. Dadurch sind über 90 % der Arten im patagonischen Wald ende-

misch, das heißt, sie kommen nur dort vor. Bedingt durch die Besonderheiten von Topografie und Klima ändern sich die Vegetationstypen im südlichen Südamerika so schnell wie kaum sonstwo auf der Welt. Westlich der Anden wächst üppigster **Valdivianischer Regenwald,** der an wenigen Orten auch auf argentinisches Gebiet vordringen kann. In Araukanien und dem Seenbezirk dominiert weniger artenreicher und vielfältiger Regenwald der gemäßigten Zone. Nach Osten hin wird dieser Wald abrupt von niederwüchsigen Steppenpflanzen der kontinentalen semiariden Zone abgelöst. Die hygrischen Verhältnisse ändern sich innerhalb von weniger als 100 km radikal. Sehr gut kann man diesen Übergang etwa am Ufer des Nahuel Huapi-Sees von Bariloche aus sehen. Ein anderer überraschender Vegetationswechsel lässt sich auf Feuerland beobachten, dessen Nordhälfte von eintöniger patagonischer Steppe, die Südhälfte dagegen von reichen Südbuchenwäldern bedeckt ist.

Außerdem gibt es, wie überall im Gebirge, eine Änderung der Vegetationstypen mit den Höhenstufen. Auf den Wald der gemäßigten Zone folgt in höheren Regionen eine artenärmere Pflanzengesellschaft entsprechend unserem alpinen Wald. Oberhalb der Baumgrenze gibt es eine Entsprechung der europäischen hochalpinen Zone, in der subantarktische und schließlich antarktische Vegetation dominieren. Neben Zwergstrauchheiden treten Wiesen und Matten auf. Die Baumgrenze sinkt von Nord nach Süd immer weiter ab, im Norden Patagoniens liegt sie bei 1800 m, im Süden Feuerlands bei 500 m. Aufgrund ihrer botanischen Besonderheiten werden die südlichsten Anden und Feuerland nicht wie das sonstige Südamerika zum Florenreich der Neotropis gezählt, sondern zur Antarktis gerechnet. Es gibt viele Versuche, Floren nach Kriterien wie

Breitengrad und Höhe über dem Meeresspiegel zu kategorisieren. Wer sich dafür interessiert, findet auf folgender Website einige Anregungen: http://www.grin.com/de/preview/41518.html

Für Trekker ist es wichtig zu wissen, dass der Urwald in Südamerika meist nicht lauschiges Wandeln unter hohen Blätterdächern erlaubt wie der erwachsene heimatliche Wirtschaftswald, sondern eine absolute Barriere darstellt. Durch die Yungas, den Valdivianischen Regenwald oder die Lenga-Latschen kann man sich nur mühsamst im Schneckentempo durchquetschen. Als einzige natürliche Wege durch den Wald bleiben die Flusstäler, und dort erlebt man nicht selten unliebsame Überraschungen mit Wasserfällen und steilwandigen Schluchten. Erst südlich des Lago Argentino wird der Wald lichter und ist meist ohne größere Probleme zu durchqueren. Vom dichten Wuchs einmal abgesehen, ist der Südandenwald aber dem Reisenden in aller Regel freundlich gesonnen. Im Unterschied zu anderen Kontinenten gibt es wenig unangenehme Erscheinungen wie Ranken mit Widerhaken, säuregefüllte Blattstacheln oder tödlich giftige Früchte. Fast alles, was in Patagonien an auffälligen Früchten oder Pilzen zu sehen ist, kann auch gegessen werden.

Die große Mehrheit der Argentinier wächst in der Steppe auf und kennt Bäume nur aus dem Stadtpark. Das Interesse argentinischer Urlauber am Wald ist groß, daher gibt es in Buchläden und Kiosken eine gute Auswahl an reich bebilderten Baumführern.

Aufgrund der extremen klimatischen Verhältnisse ist die Artenvielfalt im Süden des südamerikanischen Kontinents eingeschränkt. Es gibt aber immer noch über 500 Blütenpflanzen. Die verschiedenen Baumarten haben sich mehr oder weniger auf bestimmte Breitengrade und Höhenstufen spezialisiert. Die Indianer und die ersten Europäer benutzten die Abfolge der Bäume zur Orientierung im Gelände.

In Patagonien am weitesten verbreitet sind die sogenannten **Südbuchen** (Nothofagus sp.). Die europäischen Siedler fühlten sich durch diese Bäume wohl an die heimischen Buchen (Fagus sp.) erinnert. Die Nothofagus-Blätter sind allerdings wesentlich kleiner als Buchenblätter. In Araukanien, im Norden Patagoniens, wächst der laubabwerfende, wärmeliebende Nothofagus obliqua. Auf Spanisch heißt er „Roble", also Eiche, da man mit etwas Phantasie seine Blätter eichenlaubähnlich nennen kann. Robles können bis 40 m hoch werden. In der gleichen Region kommt der nahe verwandte, ebenfalls laubabwerfende **Raulí** (Nothofagus procera) vor, der bis 35 m Höhe erreicht. Robles bleiben meist in den niedrigen Lagen bis 500 m, Raulís wachsen bis maximal 1300 m Höhe. Der typische Baum der Region ist jedoch die **Araukarie** (Araucaria araucana), die zwischen 600 und 1600 m Höhe vorkommt. Araukarien sind altertümliche Nadelbäume, lebende Fossilien, die seit 200 Millionen Jahren auf der Erde existieren. In Chile bilden sie einheitliche Bestände, in Argentinien sind sie oft mit den Südbuchen vergesellschaftet. Araukarien können 50 m hoch und 2000 Jahre alt werden. Sie kommen nach Süden bis zum 40. Breitengrad vor.

Der spektakuläre **Valdivianische Wald,** der Regenwald der gemäßigten Zone, wächst in Chile zwischen dem 47. und 49. Breitengrad. Er braucht mindestens 2400 mm gut verteilten Niederschlag, durchschnittliche Temperaturen zwischen 11 und 12° C und ständig hohe Luftfeuchtigkeit. In Argentinien kommt er nur an wenigen Stellen in Grenznähe vor, wo die Regenwolken vom Pazifik relativ ungehindert die Anden passieren können. Diese kalten, immergrünen Regenwälder ähneln der Verwandtschaft in den Tropen und Subtropen. Sie sind sehr artenreich und haben eine ungeheure Vegetationsdeckung. Man unterscheidet mehrere Stockwerke des Bewuchses, Krautschicht, Strauchschicht, Baumschicht mit vielen Epiphyten und Lianen, sowie Überständer, das sind besonders hohe Bäume, die alles überragen. Typisch für diesen Wald sind Lorbeer- und Magnoliengewächse und die **Alerces** (Fitzroya cupressoides).

Alerces sind urtümliche Nadelbäume, die oft mit der Sequoia, dem Mammutbaum Nordamerikas, verglichen werden. Die „Könige des kalten Regenwaldes" wachsen sehr langsam und werden extrem alt. Man hat Alerces gefunden, die 70 m hoch und 4000 Jahre alt sind. Sie gehören zu den ältesten lebenden Wesen der Erde, was ihnen aber seitens der europäischen Siedler keinerlei Respekt eingebracht hat. Ihr leicht zu verarbeitendes und äußerst dauerhaftes Holz war so begehrt, dass die Alerces an den Rand der Ausrottung gebracht wurden und fast nur noch in Nationalparks überlebt haben.

In Argentinien wächst in den Breiten des Valdivianischen Regenwalds meist der **Coihue-Wald,** der schon mit 1500 mm Niederschlag zufrieden ist. Der immergrüne Coihue (Nothofagus dombeyi) ist sehr anpassungsfähig, bevorzugt aber eher niedrig gelegene Standorte und kommt in der Regel nur bis zum 48. Breitengrad vor. Bei besten Wachstumsbedingungen erreicht er 50 m Höhe und über 8 m Stammumfang. Wie an vielen Stellen im feuchten patagonischen Wald bildet ein dünnstängeliger **Bambus,** die Caña colihue (Chusquea couleou), im Unterwuchs der Coihues undurchdringliche Dickichte. An der oberen Waldgrenze wird der Couhue-Bestand

vom Lenga-Wald (Nothofagus pumilio) abgelöst, auf den schließlich die latschenartige Krummholzstufe mit **Ñire** (Nothofagus antarctica) folgt.

Wo es in Richtung Osten für den Coihue zu trocken wird, schließen sich Zypressen an. Die Ciprés de la Cordillera, die **Kordillerenzypresse** (Austrocedrus chilensis), wächst bis zu einer Höhe von 20 bis 25 m. Zwischen Bariloche und El Bolsón bilden Bestände dieser Bäume den Übergang zur Steppe. In Argentinien selten, aber in Chile bis Feuerland verbreitet, ist die Ciprés de las Guaytecas (Pilgerodendrum uviferum). Im Gegensatz zu Austrocedrus liebt diese Art extrem feuchte Standorte, Schwemmflächen und Moore.

Der immergrüne **Guindo** (Nothofagus betuloides) folgt im Süden auf den Coihue. Er kommt bis hinunter nach Feuerland vor, das ja relativ milde Durchschnittstemperaturen von über 5° C aufweist. Der Guindo liebt schattige und feuchte Standorte wie Flusstäler und wächst bei besten Bedingungen zu 30 m Höhe heran. In Feuerland kommt er jedoch kaum über die 5 m hinaus. An windexponierten Standorten entwickelt sich der Guindo als Flaggenbaum, die ständigen Westwinde blasen ihm alle Äste nach Osten.

Oberhalb von 400 bis 600 m wird der Guindo-Wald von den sommergrünen Südbuchenarten **Lenga** (Nothofagus pumilio) und Ñire (Nothofagus antarctica) abgelöst, die bis zur Baumgrenze hinaufwachsen. Diese Arten haben eine extreme Nord-Süd-Verbreitung, von 38° südlicher Breite bis ganz hinunter nach Feuerland. Wie bei allen laubabwerfenden Südbuchen verfärben sich die Blätter von Lenga und Ñire im Herbst zu einem intensiven Rot. Da die Färbung an der Baumgrenze beginnt, bieten sich einige Wochen herrliche Farbkontraste mit oft schon verschneiten Andengipfeln, einem roten Band bereits verfärbten Waldes an den Hängen und dem Grün der Täler.

Lengas findet man im Norden Patagoniens selten unter 1000 m, doch in Feuerland wachsen sie selbst an der Küste. Sie wachsen in dichten Beständen ohne viel Unterholz und erreichen unter guten Bedingungen 40 m Höhe. Die Lenga wird mit zunehmender Höhe über dem Meeresspiegel und Richtung Süden kleiner und bildet an der Baumgrenze Zwergformen von fast undurchdringlichen latschenartigen Beständen bis hin zu den letzten einsamen „Bonsai", die dem ewigen Wind trotzen. Das wertvolle Holz der Lenga kommt als „Patagonische Kirsche" auf den Weltmarkt.

Die **Ñire-Bäume** (Nothofagus antarctica) sind Überlebenskünstler. Sie besiedeln Standorte, die andere Arten verschmähen. Man findet sie in der trockenen Halbsteppe, auf Mooren oder in periodisch überschwemmten Auen, besonders aber hoch oben am Berg, wo sie den Rand des Waldes bilden und selbst auf Schotter oder Felsen wachsen. Ñire sind oft nur kniehoch wie in der Krummholzzone, können aber an günstigen Standorten 12 bis 15 m hoch werden. Als typische Pionierpflanze setzt sie sich als erste Baumart auf den Flächen zurückweichender Gletscher oder erkalteten Lavaflüssen fest.

Auf den Nothofagus-Bäumen finden sich häufig Aufsetzerpflanzen und Parasiten. Bis 50 cm lang hängen Flechtenbärte, der Barba de Viejo (Usnea sp.), von den Ästen. Halbparasiten wie die Südmisteln (Misodendrum brachystachyum und M. punctulatum) zapfen die Bäume an und entnehmen Wasser und Nährsalze. Eine Lianenart (Gunnera magellanica) benutzt die Bäume als Stütze. Die auffälligen orangefarbenen Kugeln an den Bäumen sind Fruchtkörper von parasitischen **Llao Llao-Baumpilzen** (Cyttaria darwinii und andere Cyttaria-Arten).

Die Pilze veranlassen die Bäume zu knolligen Wucherungen. Ihr zweiter Name Pan del Indio, Indianerbrot, weist darauf hin, wie wichtig sie für die Ernährung der Feuerland-Indianer waren.

Während die Llao Llao gut gedeihen, haben Pilze, aber auch Insekten oder Bakterien, die gefallene Bäume zersetzen, mit dem patagonischen Klima ihre liebe Not. Die kühlen Temperaturen machen den mikrobiellen Abbau von Baumstämmen zu einem Werk von Jahrhunderten. Für den Mitteleuropäer, der den vom Förster „aufgeräumten" Wald gewohnt ist, kommt die große Masse an Totholz in den Wäldern Südpatagoniens und Feuerlands etwas überraschend.

Auch in Patagonien gibt es eine Apotheke des Waldes. Der **Maitén** (Maytenus boaria) ist ein immergrüner, extrem dicht belaubter Baum, dessen einheimischer Name in der Sprache der

Llao Llao-Baumpilz (Cyttaria sp.)

Mapuche-Indianer Heiliger Baum bedeutet. Verschiedene Indianerstämme nutzten die Blätter des Maitén zur Herstellung fiebersenkender und Brechreiz auslösender Mittel. Das Holz der bis zu 25 m hohen Pflanze ist als Brennholz sehr begehrt, was vielerorts zu ihrer Ausrottung geführt hat. Die zu den Magnolien gehörende Canelo oder **Chilenische Winterrinde** (Drymis winteri) entwickelt im November weiße, stark duftende Blüten. Die Rinde des **Canelo,** was auf Deutsch eigentlich „Zimt" heißt, enthält viel Vitamin C, Mineralsalze, Öle und natürliche antibakterielle Substanzen und war früher als Naturheilmittel auch in Europa bekannt. Jeder Wanderer kennt den **Notro,** den chilenischen Feuerbusch (Embothrium coccineum) mit seinen spektakulären scharlachroten Blüten. Die Blätter und Samenschoten wurden von den Indianern zu Heilmitteln gegen Schmerzen und Entzündungen verarbeitet. Zu den Myrtengewächsen gehören zwei besonders auffällige, sehr wasserliebende Bäume. Für die **Arrayanes** (Luma apiculata) mit ihrer roten, sich ständig schälenden Rinde wurde auf einer Halbinsel im Nahuel Huapi-Nationalpark ein eigener Nationalpark eingerichtet. Der Sud aus der Rinde des Arrayán wird gegen Herpes und Magengeschwüre eingesetzt. Die seilstrangartigen weißen Stämme der Pitra oder **Patagua** (Myrceugenia exsuca) stehen mitten im Wasser, daher der Name Patagua, Fuß im Wasser. Die Pataguas sind am Lacar-See besonders schön zu sehen. Aufgüsse der Blätter werden gegen Rheuma und Hautkrankheiten verwendet.

In der Strauchzone wachsen viele dornige Büsche mit auffälligen, essbaren Früchten. Die **Chaura** oder Torfmyrte (Pernettya mucronata) hat fleischige rotviolette Früchte, die an kleine Äpfel erinnern. Die **Magellan-Johannisbeere** (Ribes magellanica) ähnelt der Verwandtschaft in Europa. Viele Geschichten erzählen von den **Calafate-Sträuchern,** das sind Berberitzen-Arten (Berberis buxifolia und ilicifolia,) mit wohlschmeckenden blauen Früchten. Der bekannte Ferienort El Calafate wurde nach diesem Strauch benannt.

In der Krautzone fallen dem Wanderer die kleinen Farne (Blechnum sp.) und die blauen Blüten der **Arvejilla** (Lathyrus magellanicus) auf. Im Sommer treten an begünstigten Standorten **Orchideen** in großer Zahl auf. Zu den häufigen Arten gehören die gelbblütige Gavilea lutea, die grünblütige Chloraea magellanica und die weißblütige Codonorchis lesonii. Ein wunderschönes Blümchen ist die bunte Einblütige Pantoffelblume (Calceolaria uniflora).

Ganz eigene Lebensräume bilden die Feuchtgebiete. In ganz Patagonien gibt es sogenannte Mallínes, periodisch überschwemmte **Feuchtwiesen,** auf denen Sumpfpflanzen und niedrige Ñire-Bäume wachsen. In der von Gletschern geformten Landschaft der Südanden konnten sich mancherorts, vor allem auf Feuerland, auch Moore entwickeln. Als die Gletscher abschmolzen, bildeten sich viele Seen. Dort, wo die Zuflüsse der Seen schwächer wurden, verlandeten sie allmählich. Erst ent-

Chaura (Pernettya mucronata)

wickelten sich Wasserpflanzen, dann feuchte-
liebende Sauergräser und Schilf. Auf armen
Böden etablierten sich schließlich Sphagnum-
Moose und überwucherten die meisten anderen Pflanzenarten, es entstanden Niedermoo-
re. Die Moose wuchsen weiter, trennten während dieses Prozesses die Verbindung zum mi-
neralischen Untergrund und ließen das Wasser
versauern. So schufen sie ihre eigene Welt,
nass, nährstoffarm und sauer, in der bis auf
wenige andere Arten nur sie überleben konnten. Das Sphagnum wuchs nun ungehindert
in die Höhe und bildete urglasartige Land-
schaftsformen, die Hochmoore. Besonders
schön sind diese Prozesse im Westen des Feuerland-Nationalparks zu beobachten.

3.3.7 Steppenflora des argentinischen Ostens

Die Pampas und die patagonischen Steppen
(siehe auch Kapitel I.4 Natur- und Umweltschutz), die zwei Drittel Argentiniens einneh-
men, sind nur von niedriger Vegetation bewachsen. Seit langer Zeit beschäftigt die Wissenschaft das sogenannte Pampas-Problem.
Während sich in vergleichbaren Lebensräumen der Welt, etwa in Brasilien oder Ostafri-
ka, riesige Savannen gebildet haben, halten
sich in der Pampa Bäume nur entlang der
Flussläufe. Über die Ursachen gibt es verschiedene Theorien, vermutlich ist es eine Kombination aus periodischen Überschwemmungen,
häufigen Buschfeuern und versalzten Böden,
die den Bäumen das Leben vermiest. Im Süden kommen Kälte und Trockenheit als be-
grenzende Faktoren hinzu.
Die Löss- und Schwemmland-Steppen sind
hauptsächlich von **Gräsern** bewachsen. In der
Pampa waren vor Ankunft der Europäer zum
größten Teil Stipa-, Piptochaetium- und Pani-
cum-Arten verbreitet. Auf sodaverbrackten
Böden wachsen Districh-Arten, an den wenigen Stellen mit reichen Süßwasservorkommen
Cortaderia selloana.
Im Nordwesten der patagonischen Steppe und
am Andenrand wachsen Stipa-, Festuca- und
Mulinum-Gräser. Der Deckungsgrad der Vegetation beträgt dort noch 60 bis 80 %.
Am trockensten sind die zentralen patagonischen Steppen, die von den Anden bis zur Valdés-Halbinsel reichen. Horstgräser der Gattung Stipa und Halophyten, salzliebende
Pflanzen, halten dort noch aus. Nur ein Drittel des Landes ist noch mit Vegetation bedeckt.
An der Südspitze Südamerikas und auf Feuerland steigen die Niederschläge in der Steppe
wieder auf etwa 500 Millimeter. Dort wachsen
Zwergsträucher wie die bereits erwähnten
Berberitzen und Johannisbeeren.
Die Steppen wurden von allen Vegetationstypen vom Menschen am stärksten verändert
(siehe Kapitel I. 4 Natur-und Umweltschutz).
Umfangreiches Material zur Vegetationsökologie trockener und warmer Klimate findet man
auf der Webseite der Uni Berlin:
http://www.tu-berlin.de/~kehl/project/lv-
twk/25-temp-dry2-twk.htm

3.3.8 Subantarktische Flora

In den südlichsten Anden und auf Teilen Feuerlands ist das Klima subantarktisch. Perma-
frostböden und häufige Stürme lassen nur
noch wenige Pflanzen gedeihen. An feuchten
Standorten wachsen **Moose** und **Farne,** sonst
beschränkt sich die Vegetation auf **Tussock-
gräser** und **Heidegewächse.** Die letzten Le-
bensboten vor dem ewigen Eis sind frost- und
trockenharte Flechten.

3.4 Fauna

3.4.1 Landsäugetiere

Aus der Tierwelt können aus Platzgründen nur einige der 370 Säugetierarten und 1044 Vogelarten vorgestellt werden. Bilder dieser und anderer Tiergruppen kann man sich auf der Webseite von Alec Earnshaw ansehen: http://www.fotosaves.com.ar/index_english.html

Die terrestrische Fauna Argentiniens ist vergleichsweise artenarm. Nur in den klimatisch begünstigten subtropischen Regenwäldern des äußersten Nordens gibt es eine starke Differenzierung des Artenspektrums. Dort erreicht die aus den Amazonasurwäldern bekannte Urwaldfauna ihre südliche Verbreitungsgrenze. Außerhalb dieser kleinen Regionen mit hoher Biodiversität ist die Anzahl der Landtierarten relativ gering. Sie nimmt von Norden nach Süden immer weiter ab. Im südlichen Patagonien kommen nur noch zwei Dutzend Landsäugetierarten vor. Ein entscheidendes Hemmnis für die Evolution von Arten im südlichen Südamerika war die außergewöhnlich starke Vergletscherung während des Neogens, deren Reste in Patagonien bis heute zu sehen sind.

Zu den exotischsten Tieren des Kontinents zählen Ameisenbären, Faultiere und Gürteltiere. Diese urtümlichen, schon seit etwa 50 Millionen Jahren existierenden Säuger werden in der Ordnung der Edentata, der Zahnarmen, die nur in der Neuen Welt vertreten ist, zusammengefasst. Diesen Tieren fehlen Schneide- und Eckzähne, die Backenzähne können aber gut entwickelt sein.

Gürteltiere

Gürteltiere heißen auf Spanisch Armadillos, die Gepanzerten, denn fast ihr gesamter Körper ist mit Horn- und Knochenplatten gedeckt. Mit dieser Panzerung müssen sie nur wenige Fressfeinde fürchten. Den perfektesten Schutz haben die Kugelgürteltiere der Gattung Tolypeutes, die sich bei Gefahr zur komplett geschlossenen Kugel zusammenrollen können. Den fest verschlossenen Panzer kann nur ein Jaguar knacken. Das Neunbinden-Gürteltier (Dasypus novemcinctus) lebt gesellig in Bauten. Bei anrückenden Feinden verschließt ein Tier den Eingang korkenähnlich mit seinem Beckenpanzer.

Die meisten Gürteltierarten lieben trockene Lebensräume, Halbwüsten, Steppen und Savannen, es gibt jedoch auch Waldbewohner unter ihnen. Armadillos sind nachtaktive Al-

Braunborsten-Gürteltier (Chaetophractus villosus)

lesfresser. Ihre Hauptnahrung sind Insekten, die mit der langen, klebrigen Zunge aufgeleckt werden. Daneben werden Würmer, kleine Säuger, Aas, aber auch Wurzeln, Früchte und Pflanzenschößlinge verzehrt. Das Riesengürteltier (Priodontes maximus) wird bis zu 1 m lang und 1 Zentner schwer. Es hat 15 cm lange Krallen, die längsten Krallen im Tierreich, und kann damit die stabilsten Termitenbauten, ja sogar Beton aufreißen.

Recht häufig sieht man das bis 50 cm lange und 2 kg schwere Peludo oder Braunborsten-Gürteltier (Chaetophractus villosus) oder seinen kleineren Vetter, das Kleine Borstengürteltier (Chaetophractus vellerosus). Das kleinste Gürteltier ist das nur bis 30 cm lange und 1 kg schwere Piche oder Zwerggürteltier (Zaedyus pichiy). In vergangenen Erdepochen waren Gürteltiere viel größer als heute. Die ausgestorbene Gattung Glyptodon erreichte die Größe eines Autos.

An sich gehen Gürteltiere dem Menschen tunlichst aus dem Weg, aber in Naturschutzgebieten wie der Halbinsel Valdés haben sie sich an Menschen gewöhnt und betteln diese sogar um Futter an.

Faultiere

Zu den Freaks im Tierreich zählen die Faultiere. Sie hängen das ganze Leben mit dem Kopf nach unten, deshalb wächst ihr Fell auch, umgekehrt wie bei anderen Tieren, vom Bauch Richtung Rücken. Ihre Körpertemperatur ist nicht konstant, was für ein Säugetier sehr ungewöhnlich ist, und schwankt im Extrem zwischen 24° C und 33° C. Faultiere tragen eine Alge (Tricophilis welcheri) auf ihren Haaren, die das Fell grünlich färbt und damit die Tarnung verbessert. In Argentinien kommen im subtropischen Regenwald Dreifinger-Faultiere (Bradypus variegata) vor.

Ameisenbären

Ameisenbären ernähren sich, wie der Name schon sagt, von Ameisen und Termiten. Sie öffnen deren Bauten mit ihren scharfen Klauen, stecken ihre enge Schnauze hinein und lecken die Insekten mit ihrer enorm langen, dünnen Zunge auf. Ein sehr anpassungsfähiger Ameisenbär, der sowohl im Regenwald als auch in der Savanne vorkommt, ist der 2 bis 7 kg schwere Südliche Tamandua (Tamandua tetradactyla). Mit seinem langen Greifschwanz ist das Tier vorzüglich an das Leben auf Bäumen angepasst, es kommt aber auch auf dem Boden gut voran und kann überraschend gut schwimmen. Mit den langen Krallen der Vorderbeine können sie sich wie alle Ameisenbärenarten recht gut gegen Fressfeinde wehren. Sie ruhen in Baum- oder Erdhöhlen und markieren ihr Revier mit übel riechendem Afterdrüsensekreten. Im Gegensatz zu seinem kleinen Vetter ist der Große Ameisenbär (Myrmecophaga tridactyla) ein reiner Bodenbewohner und hat einen buschigen Schwanz, der als Stütze, aber nicht zum Greifen taugt. Als Lebensraum bevorzugt er Savannen, ist aber auch in Sümpfen und Wäldern zu treffen. Große Ameisenbären gehen auf den Außenseiten der Füße, um die wichtigen Krallen nicht unnötig abzunützen. Sie ruhen in Erdhöhlen, die sie aber nicht selbst graben. Große Ameisenbären sind Einzelgänger und verteidigen ihre bis 9000 Hektar großen Reviere gegen Artgenossen. Ameisenbären bekommen nur ein Junges, das nach der Geburt sofort auf den Rücken der Mutter klettert und diesen die nächsten sechs bis neun Monate nur zum Saugen verlässt. Gegen Ende der Huckepackphase ist das Kind schon halb so groß wie die Mama.

Fürchten müssen sich große Ameisenbären nur vor den südamerikanischen Großkatzen Jaguar (Panthera onca) und Puma (Felis concolor).

Katzen

Jaguare kommen nur noch in wenigen Exemplaren in den subtropischen Wäldern vor und sind äußerst scheu. Der **Puma** ist bezüglich des Lebensraums nicht sehr festgelegt und besiedelt den Andenraum ebenso wie Steppen und lichte Wälder. Wenn seine natürliche Beute rar wird, geht er manchmal auch an Kälber oder Schafe. Dafür wird er von den Estancieros bis heute rücksichtslos gejagt, in Fallen gefangen oder vergiftet. Jeder Patagonier hat so seine Geschichten, wie er wo und wann Pumas gesehen hat und wie gefährlich das war. Die Katzen sind aber so heimlich, dass die Chancen, beim Wandern zufällig eine zu sehen, äußerst gering sind. Es sei denn, man ist Schweizer. Auf dem sehr viel begangenen Weg zwischen Campamento Chileno und Campamento Torres im Torres del Paine Nationalpark ließ sich im Dezember 2003 eine Pumadame friedlich und entspannt eine Viertelstunde lang von einer Gruppe Schweizer abfotografieren.

Eine wunderschön gezeichnete Katze des subtropischen Regenwaldes ist der **Ozelot** (Leopardus pardalis), den die wohlhabende Damenwelt Nordamerikas und Europas in Form von Pelzmänteln sehr ins Herz geschlossen hat. Auch Jaguarundi (Herpailurus yaguarondi) und Zwergtigerkatzen (Felis weidi und tigrina) sind Bewohner der feuchtwarmen Urwälder. Die Kleinkatzen jagen Vögel, Nagetiere und das zu den Baumwollschwanzkaninchen gehörende Tapeti (Sylvilagus brasiliensis).

In den Steppen und Gebirgen Argentiniens leben neben dem Puma noch zwei Katzenarten. Die 1 m lange **Geoffroy-Katze** (Oncifelis geoffroyi) bevorzugt das dichte Unterholz. Diese nach dem französischen Naturforscher Geoffrey St. Hilaire benannte, sehr scheue Katze macht Jagd auf Vögel und Nagetiere. Wegen ihres schönen Fells wird auch sie stark bejagt.

Die kleine **Pampaskatze** (Oncifelis colocolo) kommt durchaus nicht nur in den Pampas vor, sie bewohnt ein weites Spektrum von Lebensräumen bis hoch hinauf ins Gebirge.

Marder, Otter, Stinktiere

Die Ordnung der Marderartigen ist in Argentinien gut vertreten. Die **Tayra** (Eira barbata), ein großer Baummarder, lebt in den subtropischen Wäldern. In den Gewässern leben südamerikanische **Otter**, die in drei Arten vorkommen, Südamerikanischer Fischotter (Lontra longicaudis) in Nordargentinien, Südlicher Flussotter (Lontra provocax) in Patagonien und Küstenotter (Lontra felina) im Atlantik. Die südamerikanischen Otter sind ebenso lustige und verspielte Gesellen wie ihre europäischen Kollegen, die Fischotter. Im Gegensatz zu den europäischen Ottern leben die Südamerikaner mehr von Krabben und Muscheln als von Fischen. Der Meerotter liebt auch Seeigel. Ein Tier, das man nur aus der Ferne sehen möchte, ist das Zorrino, das patagonische **Stinktier** (Coenupatus chinga). Dieser Allesfresser kommt von der Küste bis auf 4000 m Höhe vor. Ähnlich seinem nordamerikanischen Vetter schießt auch dieses Stinktier eine äußerst übel riechende saure Flüssigkeit aus Drüsen an der Schwanzwurzel.

Füchse und Nasenbären

Recht häufig sieht man Vertreter der **Füchse**, die als Opportunisten fast überall zu Hause sind. Sie haben so viele Vulgarnamen, dass man sich nur an die neueste lateinische Nomenklatur halten sollte. Alle patagonischen Arten werden jetzt zur Gattung Pseudalopex gerechnet. Der **Culpeo** (Pseudalopex culpaeus) heißt auf Deutsch unter anderem Culpeofuchs, Magellanfuchs, Feuerlandfuchs, Andenfuchs oder Andenschakal (Pseudalopex culpaeus). Er lebt eher im Wald und im Gebirge, während der Argentinische Graufuchs (Pseudalopex griseus) und der Pampasfuchs (Pseudalopex gymnocercus) die Steppe bevorzugen. Die Füchslein sind schlau und anpassungsfähig und gehen dorthin, wo es etwas zu holen gibt, durchaus auch einmal zu nachlässig weggepackte Lebensmittel in einem Trekker-Camp. Gleiches gilt für den auffälligen, zu den **Waschbären** gehörenden Nasenbären (Nasua nasua), der vielerorts ein Kulturfolger und in manchen Touristenzentren zur Plage geworden ist.

Fledermäuse

Sehr artenreich ist die **Fledermausfauna** Argentiniens, darunter auch der berüchtigte Gemeine Vampir (Desmodus rotundus). Fledermäuse sehen oft aus wie Schöpfungen eines Horrorfilmproduzenten. Man schaue sich einmal im Internet die Arten Großes Hasenmaul (Noctilio leporinus), Greisengesicht (Centurio senex) oder Große Spießblattnase (Vampyrum spectrum) an. Eine ganze Familie heißt wegen ihres unvorteilhaften Aussehens Bulldoggfledermäuse, darunter die langschwänzige argentinische Art Promops centralis. Der Mensch hat von den Flattertieren direkt nichts zu befürchten, auch die Vampire halten sich in aller Regel an Haustiere. Beim Kontakt mit allen Fledermäusen ist jedoch große Vorsicht zu wahren, da sie Überträger der Tollwut sein können.

Eine wegen ihres spektakulären Jagdverhaltens bekannte Art ist die Hasenmaulfledermaus (Noctilio leporinus). Mit ihrem Ultraschallortungssystem spürt sie Wasserinsekten und knapp unter der Wasseroberfläche schwimmende Fische auf und schnappt sie sich. Erstaunlich, wie weit sich Fledermäuse wie Lasiurus cinereus oder die schwanzlosen Eu-

mops-Arten in den kalten und insektenarmen Süden des Landes vorwagen. Den strengen Winter verbringen sie allerdings schlafend in Höhlen und Baumlöchern.

Beuteltiere

Beutelratten bzw. **Opossums** sind die einzigen Beuteltiere, die außerhalb Australiens überlebt haben. Die Jungen kommen völlig unterentwickelt zur Welt, kriechen nach der Geburt in den Beutel der Mutter, wo sie mit einer Zitze verwachsen und den Rest der Embryonalentwicklung nachholen. Das niedliche **Mausopossum** (Dromiciops gliroides) klettert wie ein Äffchen durch Gezweig und ernährt sich von Früchten und Insekten. Monito del monte, Bergäffchen, nennen es die Einheimischen, denn es kommt bis hoch in die Anden vor. In der kalten Jahreszeit hält es Winterschlaf. Größer und kräftiger als der Monito del Monte sind das weitverbreitete **Weißohropossum** (Didelphis albiventris), das im Norden Argentiniens vorkommende Großohropossum (Didelphis aurita) und das Patagonische Opossum (Lestodelphis halli). Da **Spitzmäuse** nur im Norden Südamerikas vorkommen, haben kleine Beuteltiere ihre ökologische Nische eingenommen. Dazu gehören etwa die Spitzmausbeutelratten Monodelphis scalops und M. sorex.

Affen

Die Affen Südamerikas sehen manchmal den Altweltaffen sehr ähnlich, es handelt sich jedoch nicht um nähere Verwandtschaft, sondern um eine konvergente Entwicklung in ähnlichen Lebensräumen. Neuweltaffen unterscheiden sich von ihren Vettern der Alten Welt durch drei Merkmale: Sie haben nicht zwei, sondern drei Vorbackenzähne auf jedem Kieferviertel, der Daumen steht den vier anderen Fingern nicht gegenüber, sondern greift parallel zu ihnen, und die Nasenlöcher zeigen zur Seite und nicht nach unten. Letztere Eigenschaft gab ihnen auch den Namen Platyrhina, das heißt Breitnasen. Affen bevorzugen ganzjährig warme Klimate, in Argentinien gibt es daher nur im Norden einige Affenarten. Unüberhörbar sind die **Brüllaffen**, die mit zwei Arten, dem Schwarzen (Alouatta caraya) und dem Braunen Brüllaffen (Aloutta guariba), vertreten sind. Nur eine Gruppe der Neuweltaffen ist nachtaktiv. Dazu zählt der seltene **Südliche Rotkehl-Nachtaffe** (Aotus azarai), der wie alle Nachtaffen riesige Augen hat. Sein räumliches Sehen ist hervorragend entwickelt und ermöglicht ihm, auch bei Sternenlicht durch die Bäume zu turnen.

Tapire und Pekaris

Die größten und mit 300 kg schwersten Säugetiere Argentiniens sind die **Flachlandtapire** (Tapirus terrestris), die nur noch in wenigen Exemplaren in den subtropischen Regenwäldern vorkommen. Diese Unpaarhufer sehen ein bisschen aus wie eine Kreuzung zwischen Schwein und Elefant und halten sich gerne im und am Wasser auf.

Nabelschweine kommen in Rotten bis zu hundert Tieren vor. Ein Bewohner der Regenwälder und Schluchten der Yungas ist das Weißbartpekari (Tayassu pecari), während das häufigere Halsbandpekari (Tayassu tayacau) Savannen bevorzugt.

Hirsche

Die Hirsche Argentiniens sind im Vergleich zu den Arten auf der Nordhalbkugel schmächtig und eher unscheinbar. Der nur hasengroße **Südpudu** (Pudu puda) Nordargentiniens erinnert an die Duiker Afrikas. Pudus sind die kleinsten Hirsche der Welt. Kaum größer sind die **Mazamas**, etwa der Kleinmazama (Maza-

ma nana), die zu den Spießhirschen gehören. Sie leben sehr versteckt im Unterholz. Ebenso heimlich leben die **Huemules**, etwa 1,5 m lange und 1 m hohe Hirsche. Die nördliche Art, Taruca oder Huemul del Norte (Hippocamelus antisensis), lebt im subtropischen Regenwald, der Andenhirsch oder Huemul (Hippocamelus bisulcus) in den Wäldern Patagoniens. Durch illegale Jagd und vor allem durch das Abholzen und Abbrennen der Wälder sind Huemules vom Aussterben bedroht. Sie wurden zum „monumento nacional", zum „Nationalen Naturdenkmal", erklärt. In den Feuchtgebieten des Nordostens, den Einzugsgebieten der Flüsse Paraguay und Paraná, leben **Sumpfhirsche** (Blastocerus dichotomus). Mit einer Schulterhöhe von 120 cm und einem Gewicht von 120 kg ist der Sumpfhirsch der größte Hirsch Südamerikas.

Im Vergleich zu anderen Kontinenten gibt es in Südamerika nur wenige Huftiere im Wald, sodass die Nagetiere teilweise deren ökologische Nischen besetzt haben.

Nagetiere

Die größten Nager der Welt sind die bis zu 120 cm langen und 50 kg schweren **Carpinchos** oder Capybaras (Hydrochoerus hydrochaeris). Die auf Deutsch auch irreführend Wasserschweine genannten Tiere lieben das Leben am und im Wasser. Im subtropischen Regenwald leben einige Arten von „Dickichtschlüpfern", hochbeinige Nagetiere wie **Pakas** (Cuniculus paca), **Agutis** (Dasyprocta sp.) oder **Acouchis** (Myoprocta sp.). Diese Tiere fressen Wurzeln, Beeren, Nüsse und andere Früchte. Durch das Vergraben von Vorräten, ähnlich wie bei den europäischen Eichhörnchen, tragen sie zur Verbreitung ihrer Nahrungspflanzen bei.

Die **Tucos** (Ctenomys sp.) oder Tucotucos, die

in Aussehen und Lebensweise den Hamstern ähneln, buddeln sich durch die Erde und ernähren sich von Wurzeln und Samen. Wie auch der Feldhamster sind die Tucotucos durch die moderne Landwirtschaft und andere menschliche Landnutzung stark bedroht. 17 Tucotuco-Arten stehen auf der Roten Liste Argentiniens. Der Name Tucotuco ist eine Onomatopoeia, eine Lautmalerei, denn Tucotucos machen oft 20- oder 30-mal hintereinander ein „Tuc"- oder „Tuco"-Geräusch.

> **Internet**
>
> Interessante Webseiten über Onomatopoeia von Tierstimmen, die weltbewegende Fragen wie „Was sagt der Frosch auf Koreanisch?" oder „Wie spricht der Hund auf Isländisch?" beantworten, sind
> http://www.georgetown.edu/faculty/ballc/animals/
> http://www.wisegorilla.com/images/onomatopoeia/Onomatopoeia.html

Meerschweinchen werden in den nördlichen Andenländern als Haustiere gehalten und verspeist. In Argentinien, im Land der Monstersteaks, gibt man sich mit solchen Häppchen nicht ab. Die sogenannten Cuis müssen sich in den Wäldern und Pampas nur vor Füchsen und Greifvögeln hüten. Häufige Arten sind Cuis Grande (Cavia pamparum) und Cuis Chico (Microcavia australis). Zur selben Familie der Caviidae gehört auch der Pampashase oder **Mara** (Dolichotus patagonum). Der wird allerdings 8 bis 16 kg schwer und landet gerne auf dem Grill eines Gaucho. Maras können gemächlich gehen, wie Hasen hoppeln, wie ein Pferd galoppieren und – am schnellsten – auf allen vieren wie eine Feder springen. Sportliche Maras wurden schon mit 45 km/h über 1000 m gestoppt. Mara-Männchen sind die idealen Ehemänner, das ganze Leben nur einer einzigen Dame zugetan, immer paarweise un-

terwegs und immer respektvoll einige Schritte hinter der Holden gehend! Durch die Jagd, aber mehr noch durch die Nahrungskonkurrenz der Schafe und der aus Europa eingeschleppten Kaninchen sind Maras vielerorts bedroht oder schon ausgestorben.

Ratten und **Mäuse** sind weniger harmlose Zeitgenossen. Zum einen nagen sie sich auch durch das beste und teuerste Zelt, um an Futter zu kommen, weshalb man Nahrungsmittel nach Möglichkeit in Bäume hängen sollte, zum anderen können einige Arten, etwa Oligoryzomys longicaudatas und Calomis laucha, über Kot, Urin oder Speichel das Hanta-Virus übertragen (siehe Kapitel I.1.16 Gesundheit). Die eigentlichen **Chinchillas** (Chinchilla sp.) wurden in ihrer Heimat, den felsigen Hängen der Anden, wegen ihres feinen Fells fast ausgerottet. Heute fristen sie auf Pelztierfarmen in aller Welt ihr Dasein. Nur wenig besser erging es den Verwandten der Chinchillas, den Vizcachas (Lagostomus maximus) und den Hasenmäusen (Lagidium sp.). Die Vizcachas sehen aus wie überdimensionale Eichhörnchen, leben aber eher wie die Murmeltiere. Die bis 80 cm langen und 7 kg schweren Tiere bilden dabei Kolonien in der Pampa. Da sie große unterirdische Bauten anlegen, in die Haustiere

Mara (Dolichotus patagonum)

einbrechen und sich die Beine brechen können, und sie mit den Weidetieren um Gras konkurrieren, wurden sie in der Vergangenheit stark bejagt und sind selten geworden. Hasenmäuse sehen aus wie Kaninchen mit großen Eichhörnchenschwänzen. Die bis 1,5 kg schwere **Cuvier-Hasenmaus** (Lagidium viscacia) lebt in Kolonien im Gebirge und kommt bis in Höhen von 5000 m vor. Die Tiere lieben steiles, felsiges Gelände und ernähren sich von den dort wachsenden kargen Gräsern, Flechten und Moosen. Wenn die Sonne scheint, sonnen sich die harmlosen Gesellen stundenlang auf warmen Steinen. Auch die Hasenmäuse werden wegen ihres wertvollen Pelzes sehr stark bejagt und auf Farmen gezüchtet.

Nutrias (Myocastor coipus) heißen in Argentinien Coipu. Diese Nager graben ihre Bauten in Flussufer und destabilisieren oft das ganze Gelände. In Argentinien wurde der Nutria durch Pelztierjäger stark dezimiert und steht heute unter Schutz. Ironischerweise haben sich aus Pelztierfarmen in Europa und Nordamerika entkommene Nutrias dort mancherorts zur Landplage entwickelt, der man kaum mehr Herr wird.

Ein Artentourismus in umgekehrter Richtung war die Einfuhr von kanadischen **Bisamratten** (Ondatra zibethicus) und **Bibern** (Castor canadensis) in Patagonien. Die Ersten arbeiten eher im Verborgenen, aber die wasserbaulichen Maßnahmen der Biber sind unübersehbar. Sie haben Teile Feuerlands mit ihren Teichen völlig umgestaltet. Beobachten lassen sich die kräftigen Nager meist nur in der Dämmerung.

Guanako und Vikunja

Die auffälligsten Großtiere der Anden und der Steppe sind die beiden Kleinkamele Guanako und Vikunja. Das Guanako (Lama guanicoe) ist die Stammform der domestizierten Formen Lama und Alpaka. Guanakos wurden traditionell von den Indianern gejagt, doch erst die weißen Siedler mit ihren Feuerwaffen brachten sie an den Rand der Ausrottung. Man fürchtete, sie würden den Schafen Weiden und Wasser wegnehmen. In den Nationalparks und auf dem Land wohlmeinender Grundbesitzer haben sich die Bestände aber wieder gut erholt. Das Guanako ist bezüglich seines Lebensraums extrem flexibel, man sieht es am Atlantikstrand ebenso wie im Hochgebirge. Nur in den Hochwüsten der Puna leben die zart wirkenden, aber in Wirklichkeit unglaublich zähen Vikunjas (Vicugna vicugna). Sie kommen ebenfalls in Regionen weit über 5000 m vor. Aus der Ferne wirken sie wie verlorene Flaumbällchen, die über den Wüstenboden geweht werden. Ihre Wolle ist sehr begehrt, zusammen mit der Tibetischen Gazelle hat das Vikunja die feinsten Haare der Welt. Mindestens seit Inkazeiten werden die wilden Vikunjas einmal im Jahr zusammengetrieben und geschoren. In Gefangenschaft lässt sich das Tier nur schwer halten; Versuche mit kommerzieller Farmhaltung sind gescheitert.

Junges Guanako (Lama guanicoe)

3.4.2 Meeressäugetiere

Robben

An den Küsten Patagoniens tummeln sich **Südliche Seelöwen** (Otaria flavescens) und **Südamerikanische Seebären** (Arctocephalus australis). Die Seelöwen sind wesentlich größer als die Seebären, die Männchen erreichen 2,8 m Länge und 350 kg Gewicht, die Weibchen 2,2 m Länge und 140 kg Gewicht. Seelöwen haben nur eine Sorte Deckhaar, aber eine dicke Fettschicht, die sie warm hält. Auf Spanisch heißen sie Lobo marino de un pelo, Meerwolf mit einer Art Haar. Seebärenmännchen werden 1,9 m lang und 160 kg schwer, die Weibchen 1,5 m lang und 50 kg schwer. Die Art hat langes Deckhaar und kurzes, dichtes Unterhaar, aber eine dünnere Speckschicht als die Seelöwen. Auf Spanisch heißen sie Lobo marino de dos pelos, Meerwolf mit zwei Arten Haar. Wegen ihres warmen Pelzes wurden die Seebären von Pelztierjägern in den letzten beiden Jahrhunderten fast ausgerottet. Heute stehen alle Meeressäuger in Argentinien unter Naturschutz.

Der Gigant unter den Robben ist der **Südliche See-Elefant** (Mirounga leonina). Die Männchen, deren Rüssel der Art den Namen gegeben hat, werden 3 bis 4 Tonnen schwer, die Weibchen sind mit 500 kg dagegen geradezu Leichtgewichte. See-Elefanten leben acht Monate im Jahr im offenen Meer. Sie vollbringen mit die erstaunlichsten Schwimm- und Tauchleistungen aller Meeressäuger. Mit Hilfe von Peilsendern wurden Wanderrouten von 17 000 km und Tauchtiefen bis 1500 m festgestellt. Robben können unter Wasser schlafen, sie haben eine Art Aufwachautomatik, wenn es wieder Zeit für einen Atemzug ist. Um die Jungen zu setzen und sich zu paaren, treffen sich die Tiere auf einsamen Inseln, aber

Weiblicher Südlicher See-Elefant (Mirounga leonina)

auch auf der Halbinsel Valdés. Die Tragzeit der Robben beträgt fast ein Jahr, nur 14 Tage nach der Geburt werden die Weibchen wieder gedeckt. Während der Säugezeit verlieren die Weibchen 40 % ihres Gewichts.

Zahnwale

Die patagonischen Gewässer sind die Heimat mehrerer schwarz-weiß gezeichneter **Zahnwalarten**. In Europa wenig bekannt sind die hübschen Commerson-Delfine (Cephalorhynchus commersonii) und Peale-Delfine (Lagenorhynchus australis). Die nur 1,5 m langen **Commerson-Delfine** bevorzugen die flachen Küstengewässer. Sie sind gute Akrobaten, springen häufig aus dem Wasser oder reiten auf der Bugwelle von Booten. Sie ernähren sich von Fischen, Garnelen und Tintenfischen. In Nordargentinien vorkommende Zahnwale sind die bei uns als „Flipper" bekannten **Großen Tümmler** (Tursiops aduncus) und ein besonderer, nur im La-Plata-Gebiet vorkommender Flussdelfin, der La-Plata-Delfin (Pontoporia blainvillei). Die 1,5 m langen und an die 50 kg schweren La-Plata-Delfine, die einzigen Vertreter der Familie Pontoporiidae, sind durch Fischerei, Wasserverschmutzung und

Einführung

Bootsverkehr gefährdet. In El Niño-Jahren, in denen sich die Meere um Südamerika ungewöhnlich stark erwärmen, schwimmen die Großen Tümmler bis weit nach Patagonien hinunter.

Legendär sind die argentinischen **Orcas** (Orcinus orca). In Patagonien leben nicht die lieben Fischfresser aus Kanada, die in „Free Willy" zu Filmruhm kamen, sondern ausgebuffte Robben- und Pinguinjäger. Sie lauern im Team vor der Küste und warten auf Beute. Wenn sie eine Robbe gefangen haben, spielen sie manchmal „Ball" mit ihr und schleudern sie mehrmals durch die Luft, bevor sie sie töten. Es wurde sogar schon beobachtet, dass sie die Robbe nach dem „Spiel" wieder ziehen ließen.

Orcas schwimmen mit 55 km in der Stunde schneller als die meisten Schiffe. Sie sind die uneingeschränkten Herrscher der Meere. Im Rudel gelingt es ihnen, selbst junge Buckel- oder Blauwale zu erlegen. Sie trennen die Jungen von den Müttern, springen ihnen auf den Rücken und ertränken sie so. Der Todeskampf der Kleinen zieht sich über viele Stunden hin. Von den erlegten Walen fressen die Orcas meist nur die fleischige Zunge.

Bartenwale

Der bekannteste Bartenwal Argentiniens ist der **Südkaper** (Eubalaena australis) oder Ballena franca austral. Die Mütter ziehen zwischen Juni und Dezember in den warmen und relativ geschützten Gewässern rund um die Valdés-Halbinsel ihre Jungen groß.

Der englische Name Southern Right Whale, Right im Sinne von „der Richtige", weist darauf hin, dass diese Wale vergleichsweise langsam schwimmen und es mit ihrem zutraulichen Verhalten den Walfängern sehr einfach machten. Nord- und Südkaper wurden fast

ausgerottet. Heute finden sich wieder etwa 600 Individuen, das sind etwa 20 % des Weltbestands, in argentinischen Gewässern ein. Die meisten der heutigen Walpopulationen umfassen weniger als 10 % der Bestände vor Beginn des kommerziellen Walfangs. Südkaper sind so groß wie ein Boot, 11 bis 18 m lang und 30 bis 80 Tonnen schwer. Ähnliche Werte erreichen die ebenfalls in Argentinien vorkommenden **Buckelwale** (Megaptera novaeangliae).

Walweibchen sind meist größer als die Männchen. Die Zunge solch eines **Bartenwals**, mit der er Kleinkrebse und Fische durch seine Barten drückt, wiegt um die 5 Tonnen. Den Walen wird auch in Polnähe nicht kalt, denn ihre – von Walfängern sehr begehrte – Speckschicht ist 50 cm dick. Trotz ihrer enormen Ausmaße können die kleineren Bartenwale erstaunlich agil und verspielt sein. Zum Entzücken der Touristen platschen sie mit Fluken und Flossen aufs Wasser und springen manchmal sogar hoch aus dem Wasser heraus.

Nur selten geben sich die absoluten Riesen im Tierreich, die **Blauwale** (Balaenoptera musculus), und ihre engen Verwandten, die Finn- (Balaenoptera physalus) und Seiwale (Balaenoptera borealis) mit Waltouristen ab. Diese schnellen Schwimmer bevorzugen die Hochsee.

Der Blauwal ist mit 24 bis 30 m Länge und 100 bis 120 Tonnen Gewicht das größte bekannte Lebewesen der Erdgeschichte. Genützt hat ihm das gegen die Kanonen der Walfänger nichts. Weniger als 2000 Exemplare ziehen noch durch die Weltmeere.

Wale können nicht in unserem Sinne schlafen, sie schalten in Ruhephasen abwechselnd ihre Hirnhälften ab. Interessant, dass das Gehirn eines Großwals nur 2 bis 4 kg wiegt. Umso furchterregendere Dimensionen haben dage-

Springender Südkaper (Eubalaena australis)

gen die Geschlechtsorgane der Wale. Die Hoden der Buckelwal-Männchen wiegen je 500 kg, der Penis ist 2 m lang. Im Laufe der Brunft paart sich das Weibchen mit 10 bis 17 Männchen, eine veritable Gruppensexorgie. Bei jeder Ejakulation werden angeblich 800 Liter Sperma ausgestoßen, wobei man sich natürlich fragt, wie so etwas gemessen wird. Das Weibchen nimmt allerdings nur etwa 10 % der Spermamenge auf. Ein Walbaby wiegt schon bei der Geburt 2 Tonnen. Es bekommt täglich 200 Liter extrem fettreiche Milch und nimmt dadurch 100 kg pro Tag zu. Es muss sich mit dem Wachsen beeilen, denn seine Mutter fastet während der Aufzucht und möchte mit ihm möglichst bald aus dem „Kinderbecken" an der Küste in kältere, futterreiche Meeresregionen ziehen.

3.4.3 Vögel des Nordens

Argentinien ist ein exzellentes Reiseland für Hobbyornithologen. In den extrem vielseitigen Landschaftstypen und Klimaregionen sind 1044 Vogelarten zu Hause. Selbst auf Feuerland gibt es noch 200 Arten. Am Rande des Eises treffen sich so unterschiedliche Arten wie Magellanpinguin (Sphenicus magellanicus) und Chilekolibri (Sephanoides sephaniodes). Am ergiebigsten für „Artensammler" ist der subtropische Norden Argentiniens, wo viele Vogelgruppen die Südgrenze ihres Verbreitungsgebiets erreichen. Dazu gehören die bekannten, poppig bunten Urwaldvögel, die **Tukane** mit dem Bunttukan (Ramphastos dicolorus) und dem Riesentukan (Ramphastos toco), die **Aras** mit dem Grünflügelara (Ara chlorop-

Bunttukan (Ramphastus dicolorus)

tera) und dem Soldatenara (Ara militaris) und die Trogone mit dem Surucuatrogon (Trogon surucua), dem Schwarzkehltrogon (Trogon rufus) und dem Blauscheiteltrogon (Trogon curucui).

Der König der Lüfte über dem Urwald ist unangefochten die **Harpyie** (Harpia harpyja), der mächtigste Adler der Welt. Er kann sogar die enorm kräftigen Faultiere aus dem Geäst reißen. Kleinere Beute suchen sich Tyrannenadler (Spizaetus tyrannus) und Schwalbenweih (Elanoides forficatus), Kappenwaldfalke (Micrastur semitorquatus) und Punabussard (Buteo poecilochrous).

Die Allerkleinsten im Lande, aber dennoch sehr beeindruckend sind die vielen Arten der **Kolibris**, ohne deren emsige Bestäubungstätigkeit das Liebesleben vieler Pflanzen leiden müsste. Ihre fingerhutgroßen Nester stabilisieren sie mit Spinnweben. Schöne Vertreter dieser Familie sind die Blaukronennymphe (Thalurania glaucopis), der Weißkehlkolibri (Leocochloris albicollis) und der Rotschwänzige Kometenkolibri (Sappho sparganura).

Genau so räuberisch wie in Europa und auch vor dem Essen und selbst vor der Ausrüstung von Trekkern nicht haltmachend sind die südamerikanischen Elstern, in Argentinien **Urraca** genannt (Cyanocorax cyanomelas, C. caerulus und C. chrysops).

Totes Holz gibt es im Urwald reichlich und **Spechte** wie der Blassschopfspecht (Celeus lugubris) schaffen darin Wohnraum nicht nur für sich, sondern auch für viele andere Arten. Fast alle **Papageienvögel**, der Nandaysittich (Nandayus nenday), der Paraguay-Braunohrsittich (Pyrrnura frontalis), aber auch die großen Aras sind Höhlenbrüter. Eine Ausnahme macht der Mönchssittich (Myiopsitta monachus), der riesige Nester aus Zweigen in die Gipfel von Bäumen, oft von Palmen, baut, in denen ganze Großfamilien wohnen. Diese Art ist recht wetterhart, und aus Käfighaltung ausgebüchste Exemplare haben auch in Europa Kolonien gebildet.

Viele Vogelarten Argentiniens sind in Europa nur Spezialisten bekannt, etwa die **Haubenoropendola** (Psarocolius decumanus), die trappenähnliche **Rotfußseriema** (Cariama cristata), einer der wenigen Vögel mit Wimpern, oder die den Pfauen ähnelnden **Guane** mit dem Chacoguan (Ortalis canicollis), dem Bergguan und dem Bronzeguan (Penelope obscura).

An Gewässern bieten sich für den Hobbyornithologen oft die besten Beobachtungsmöglichkeiten. Da gibt es geschickte **Tauchvögel**, die ihr Futter unter Wasser suchen, die Weißkopf-Wasseramsel (Cinclus leucocephalus) und die Olivenscharbe (Phalacrocorax olivaceus), und natürlich die eigentlichen Taucher, etwa der Schwarzkopftaucher (Tachybaptus dominicus), der Inkataucher (Podiceps occipitalis) und der Magellantaucher (Podiceps maior).

Viele **Wasservögel** kommen dem Europäer bekannt vor, Strandläufer wie Baird´s Strandläufer (Calidris bairdis), das Teichhuhn (Gallinula chloropus) oder die Blässhühner, wie das Rotstirn- (Fulica rufifrons) und das Weißflügel-Blässhuhn (Fulica leucoptera).

Enten gibt es vom Regenwald über die Voran-

Einführung

denseen bis hinauf in die Puna. Sie heißen Amazonasente (Amazonetta brasiliensis), Bindenruderente (Oxyura vittata), Chile-Krickente (Anas flavirostris), Chilepfeifente (Anas sibilatrix), Fuchslöffelente (Anas platalea), Spitzschwanzente (Anas georgica) oder Schopfente (Lophonetta specularioides), um nur einige aus der Verwandtschaft zu nennen.

Die vielleicht erstaunlichste Anpassung an harte Umweltbedingungen haben die prachtvoll rosa gefärbten **Flamingos** vollbracht. Was kann es Lebensfeindlicheres geben als einen windgepeitschten Salzsee auf 5000 m Höhe? Und doch sind gerade diese Seen mit ihrem Bestand an salztoleranten Kleinkrebschen die Heimat der eleganten und schönen Stelzvögel. Gleich drei Arten, der Chile-Flamingo (Phoenicopterus chilensis), der Gelbfußflamingo (Phoenicopterus andinus) und der Kurzschnabelflamingo (Phoenicopterus jamesi), kommen in Argentinien vor.

3.4.4   Vögel des Südens

Im Süden Argentiniens weht der Wind noch mehr als im Norden. Die Vögel Patagoniens haben bei Windgeschwindigkeiten über 100 Stundenkilometer schon mal Flugprobleme. **Gänse** lösen dieses Problem, indem sie sehr hoch, über den Andenwinden, fliegen. Argentinische Gänse kommen vom Meer bis in hohe Gebirgslagen vor. Es gibt vier eng verwandte Arten, Magellangans (Chloephaga picta), Kelpgans (Chloephaga hybrida), Graukopfgans (Chloephaga poliocephala) und Rotkopfgans (Chloephaga rubidiceps). Am häufigsten zeigt sich die Magellangans, bei der die Männchen auffällig weiß, die Weibchen dagegen unscheinbar braun und grau gefärbt sind. Die Biologen erklären das so, dass die herausge-

putzten Ganter die Aufmerksamkeit von Beutegreifern auf sich ziehen sollen und so die auf den Nestern sitzenden Gänsedamen unbehelligt bleiben.

An die raue Umwelt Patagoniens haben sich so interessante **Entenarten** wie die Magellan-Dampfschiffente (Tachyeres ptneres), die Langflügel-Dampfschiffente (Tachyeres patachonicus) oder die Sturzbachente (Merganetta armata) angepasst. Die Magellan-Dampfschiffente ist flugunfähig, benutzt aber ihre kurzen Flügel wie Paddel und kann sich auf dem Wasser mit überraschender Geschwindigkeit fortbewegen. Die Sturzbachente ist eine Ente, die denkt, sie sei als Wasseramsel oder Fischotter auf die Welt gekommen. Sie taucht in Wildbächen nach Insekten und kleinen Fischen.

Bei flüchtigem Hinsehen wirken die schön gezeichneten **Schwarzhalsschwäne** (Cygnus melancorphus) auf den riesigen Wasserflächen Pa-

Magellanpinguin (Sphenicus magellanicus) beim Begrüßungszeremoniell

tagoniens wie kleine Segelschiffe. Die Schwäne sind auf Salz- und Süßwasser zu Hause. Sie haben starke Fettdrüsen im Bürzel und ölen ihr Gefieder so gut ein, dass sie wochenlang schwimmend zubringen können. Wenn den Küken das Wasser zu viel wird, klettern sie den Eltern auf den Rücken und ruhen sich aus.

Die **Greife** Südargentiniens sind selten kühne Jäger wie die Adler oder Falken. Als Opportunisten schauen sie, was sie zwischen den Schnabel bekommen können. Der **Karakara** (Caracara plancus) zeigt zwischen Schnabel und Augen nackte rote Haut und heißt deshalb auch wenig schmeichelhaft Geierfalke. Er ist vielerorts zum Kulturfolger geworden und schaut sich auch auf Müllkippen nach Fressbarem um.

Andere häufige **Greifvogelarten** Südargentiniens sind Weißkehlkarakara (Phalcoboenus albogularis), **Rotrückenbussard** (Buteo polyosoma) und **Magellanbussard** (Buteo ventralis).

Der kleine **Chimango** (Milvago chimango) lungert oft auch an Zeltplätzen herum und versucht, den Trekkern eine Wurst zu klauen. An guten Fressplätzen sammeln sich diese Vögel zu Dutzenden.

Der berühmte **Kondor** (Vultur gryphus) heißt zwar auch König der Anden, aber er zeigt ein wenig majestätisches Gebaren. Als Neuweltgeier interessieren ihn Kadaver, die er wenig gustiös von der hinteren Körperöffnung her aufbricht. Dafür sieht er in der Luft wahrhaft königlich aus. Aufwinde tragen ihn in schwindelnde Höhen und ermöglichen es ihm, auf seinen riesigen Schwingen stundenlang ohne einen einzigen Flügelschlag über Steppe und eisstarrenden Bergen zu kreisen.

Die flugunfähigen **Nandus** besiedeln die patagonische Steppe. Es gibt zwei Arten, den Nandu (Rhea americana) und den kleineren Darwin-Nandu (Rhea pennata). Bei Familie Nandu kümmert sich der Vater um das Brutgeschäft. Nandubraten hat viele Interessenten.

Junge Magellangänse (Chloephaga picta)

Um ihren zahlreichen Feinden zu entkommen, rennen die Nandus mit abrupten Richtungswechseln im Zickzack durch das Gelände.

In Patagonien räumt kein Förster den Wald auf. Wenn ein Baum den Stürmen nicht mehr trotzen kann und umkippt, dann bleibt er liegen. Wegen der niedrigen Temperaturen dauert die Zersetzung des Holzes sehr lange. Das Resultat ist ein Paradies für Spechte. Der schönste unter ihnen ist der **Magellanspecht** (Campephillus magellanicus) im schwarzen Frack und einer leuchtend roten Federhaube.

Nandu (Rhea americana)

Häufige Begleiter bei den Wanderungen in Patagonien sind **Magellandrossel** (Turdus falklandii), die unserer Amsel ähnlich sieht, die **Morgenammer** (Zonotrichus capensis), die gerne die Samen der vielen Löwenzähne verspeist, oder der bunte **Magellanämmerling** (Phrygilus patagonicus).

Fast ein wenig deplaziert wirken auf Europäer Vögel, die sonst mit warmen Klimazonen in Verbindung gebracht werden. **Ibisse**, auf Spanisch Bandurrias, kommen mit zwei Arten bis hinunter nach Feuerland vor. Weißhalsibis (Theristicus candatus) und Schwarzzügelibis (Theristicus melanopis) sind in der Regel als Pärchen unterwegs, doch in nahrungsreichen Feuchtgebieten sieht man sie auch mal im Dutzend mit ihren langen, gekrümmten Schnäbeln nach Fressbarem stochern.

Es macht immer Freude, den geselligen **Smaragdsittichen** (Enicognathus ferrugineus) zuzusehen. Wenn man sie im Wald nicht sehen kann, so kann man sie zumindest hören. Der **Felsensittich** (Cyanoliseus patagonus) lebt an den Steilküsten des Atlantiks und gräbt sich mit seinem starken Schnabel tiefe Bruthöhlen ins Gestein. Es ist ein an Exotik kaum zu überbietender Anblick, wenn sich große Schwärme dieser langschwänzigen Papageien an den gischtgepeitschten patagonischen Küsten sammeln und vor den Steilwänden kreisen wie im Nordatlantik die Sturmvögel. Eine große Kolonie des Felsensittichs befindet sich im Balneário El Cóndor bei Viedma.

Der **Chilekolibri** (Sephanoides sephaniodes) ist der einzige Vertreter seiner großen Familie, der sich in das Sudelwetter ganz im Süden vorwagt. Die Schwirrflügler müssen fast den ganzen Tag Nahrung aufnehmen, um zu überleben. Wie alle Zwerge unter den Warmblütern haben sie einen Turbostoffwechsel – man denke nur an die kleinen Spitzmausarten, die täglich Futter in der Größenordnung ihres eigenen Körpergewichts in sich hineinstopfen. Kolibris haben jedoch einen Trick entwickelt, um Schlechtwetterperioden zu überstehen. Sie fallen in eine Art Kältestarre und schalten alle Lebensfunktionen auf Spargang.

Der Symbolvogel Patagoniens ist der bei Touristen ungemein beliebte **Magellanpinguin** (Sphenicus magellanicus), der große Brutkolonien bildet. Die Eltern kümmern sich in Schichten um den Nachwuchs. Ein Elternteil fischt, der andere brütet. So niedlich die herzigen Kleinen auch aussehen, als Kuscheltiere sind sie nur begrenzt geeignet. Da sich die

Einführung

flauschigen Daunenbündel von vorverdautem Fisch ernähren, den die Eltern hervorwürgen, haben sie alle Mundgeruch. Die an Land so unbeholfenen Pinguine sind in ihrem Element, dem Wasser, voller Leichtigkeit und Eleganz. Die Legende sagt, dass die Waliser diesen Vögeln den Namen gegeben haben. Pinguin soll die Verballhornung des gälischen Wortes für Weißkopf sein.

An felsigen Küsten brüten **Scharben** in großen Kolonien. Die **Blauaugenscharbe** (Phalacrocroax atriceps), auch Haubenkormoran genannt, hat strahlend blaue Augen, während bei der Felsenscharbe (Phalacrocorax magellanicus), auch Magellankormoran genannt, die Partie um die Augen leuchtend rot ist. An der Küste suchen auch etliche **Möwenarten**, wie die Patagonienmöwe (Larus maculipennis), die schöne Blutschnabelmöwe (Larus scoresbii) oder die Chile-Skua (Catharacta chilensis) nach Futter. Sie werden von den anderen Vögeln nicht gerne gesehen, denn sie betätigen sich gerne als Nesträuber.

Nur zur Brutzeit kommen Vögel an Land, die in den Lüften über dem offenen Meer zu Hause sind, wetterfeste Flugkünstler wie der **Mollymauk** (Thalassarche melanophris), der **Riesensturmvogel** (Macronectes giganteus) oder der **Kappensturmtaucher** (Puffinus gravis). Diese fischfressenden Vögel können Seewasser trinken, denn sie verfügen über besondere Drüsen, die überflüßiges Salz ausscheiden. Ihre Reviere reichen bis hinüber an die Küsten der Antarktis.

Legende der Yámana-Indianer:
Warum der Karakara rote Augen hat

Eines Tages verabschiedete sich der Karakara von seiner liebreizenden Frau Loschkipa und ging mit zwei Freunden auf die Jagd. Des Nachts dachten die Freunde, der Karakara schlie-

fe fest und erzählten süffisant von dessen Frau. Die Schöne hielt nicht viel von ehelicher Treue und begann mit beiden ein Verhältnis. Der Karakara aber hatte nur die Augen geschlossen und bekam alles mit. Er kehrte nicht mit den anderen ins Lager zurück, sondern sandte Loschkipa nur ein Stück Fleisch. Loschkipa merkte, dass ihre Untreue entdeckt worden war, bekam es mit der Angst zu tun und zog noch am gleichen Tag zurück zur Sippe ihres Vaters. Der Karakara liebte Loschkipa sehr und wollte ihr verzeihen, doch als er wieder zu seiner Hütte kam, war sie leer. Da weinte er so lange und so bitterlich, dass sich seine Augen röteten und dick anschwollen. Und seitdem haben die Karakaras rote Augen.

4.1 Landwirtschaft und Umweltschutz

Wer als Tourist durch Argentinien fährt, sieht nach dem Verlassen der Megalopolis Buenos Aires zunächst nur schier endlose, von mehr oder weniger üppiger niedriger Vegetation bestandene Ebenen, auf denen vereinzelt Kühe oder Schafe weiden. Die Pampas und die patagonischen Steppen scheinen auf den ersten Blick kaum vom Menschen beeinflusst zu sein. Doch gerade diese Lebensräume wurden durch menschliche Eingriffe im wahrsten Sinne des Wortes verwüstet. Lange dachte man, die riesigen Steppen seien unendlich, rodete die Wälder in den Flusstälern und am Andenrand, brannte die Vegetation auf riesigen Flächen nieder, um Gräsern gute Wuchsbedingungen zu schaffen. Häufig wurden exotische Gräser, die ein höheres Wuchspotenzial versprachen, und Futterpflanzen wie Luzerne ausgesät. Die einheimischen Pflanzen wurden dadurch zurückgedrängt. Dem Menschen nicht genehme Arten werden mit Gift bekämpft, auf argentinische Böden gehen jährlich über 100 Millionen Liter Pestizide nieder.

In den feuchten Pampas blieb der Boden weiterhin produktiv im Sinne des Menschen, es bildete sich eine Kultursteppe, doch in den Trockengebieten, die drei Viertel des Landes ausmachen, kam es zu katastrophalen Folgen. Die Schurwolle boomte enorm in der Zeit zwischen 1930 und 1970, sie wurde als das „weiße Gold" Patagoniens bezeichnet. Die Bohrung von Tiefbrunnen ermöglichte es, auch an extrem trockenen Standorten Schafe zu halten. Doch viel zu viele Tiere wurden auf die empfindlichen Weiden gestellt. Das natürlich in der Steppe vorkommende Guanako ist ein Sohlengänger, der kaum Trittschäden ver-

ursacht. Guanakos schneiden ihre Nahrung mit den Zähnen ab. Schafe sind dagegen Paarhufer mit harten Hufen, die die Pflanzen zertreten. Sie reißen ihr Futter aus dem Boden und fressen es mit der Wurzel. Der zertrampelte Boden war der Erosion ausgesetzt. Die ewig wehenden Westwinde, aber auch die selten, aber heftig einsetzenden Regenstürme trugen die fruchtbare Bodenkrume weg. Die Folgen der Überweidung waren Bodendegradierung, Verarmung der Vegetation und schlussendlich Wüstenbildung. Viele der einheimischen Tierarten wurden in die wenigen Rückzugsgebiete abgedrängt.

Die Schafzüchter versuchten mit Maßnahmen gegenzusteuern, die oft die Lage noch verschlechterten. Falsche Bodenbearbeitung förderte die Winderosion. Schlecht ausgeführte künstliche Bewässerung bewirkte eine Versalzung der Böden. Ab den 1970ern verfielen die Wollpreise. Subventionen der Regierung hielten die Schafhalter zunächst auf ihrem Land und führten schlussendlich zu weiterer Bodendegradierung.

Zwei Ereignisse zwangen dann über die Hälfte der Schafzüchter zur Aufgabe. Am 08.08.1991 brach der Vulkan Hudson in Chile aus. Die starken Westwinde verteilten Millionen von Tonnen Vulkanasche über der patagonischen Steppe. Über 200.000 Schafe starben. Ein Teil erstickte in der Asche. Die meisten starben jedoch langsam und qualvoll. Sie fraßen das aschebedeckte Gras und wetzten sich damit die Zähne so stark ab, dass sie keine Nahrung mehr aufnehmen konnten und verhungerten. Zehn Jahre später kam es zu einer menschgemachten Katastrophe. Ende 2001 platzte die

Illusion, dass der Peso gleich viel wert sei wie der US-Dollar, es kam zur großen argentinischen Wirtschaftskrise, die auch die Landwirtschaft hart traf.

Heute kämpfen die Estancias mit relativ hohen Produktionskosten und sehr niedrigen Weltmarktpreisen.

Vor allem aber leiden sie unter den Folgen des jahrzehntelangen Raubbaus. Nur die können wirtschaftlich überleben, die sich an das extrem trockene Klima mit nur 150 mm Niederschlag und die empfindlichen Ökosysteme anpassen. Umtriebssysteme mit Koppeln ermöglichen die Regeneration einzelner Flächen. Unterstände für Lämmer und zeitweise Trennung von Mutterschafen und Lämmern von der Herde erhöht die Überlebensrate der Jungen. Auf eingezäunten Gunstflächen werden, zum Teil mit künstlicher Bewässerung, Futterpflanzen wie Luzerne angebaut. Durch die Steigerung der Produktivität kann eine ökologisch dringend notwendige Reduktion der Bestandesdichten wirtschaftlich aufgefangen werden. Eine weitere wichtige Maßnahme ist die Diversifizierung der Produktion. Neben Wolle werden verstärkt Fleisch und Zuchttiere vermarktet. Wo der Wind nicht so rabiat bläst, werden sogar kleine Obst- und Gemüsegärten angelegt.

Argentinien hat 1996 die UN-Konvention zur Bekämpfung der Wüstenbildung (UNCCD) unterzeichnet, doch der Schutz der Steppe ist bislang eher Privatsache. (Siehe dazu die Bemühungen des von US-Amerikanern finanzierten Patagonia Landtrust, private Schutzgebiete zu etablieren: www.patagonialandtrust.org).

Die Wälder haben nicht minder unter der europäischen Besiedlung gelitten. Die extrem artenreichen subtropischen Wälder des Nordostens und Nordwesten wurden intensiv gerodet und abgebrannt, um Platz für Plantagen zu schaffen. Reinbestände des ursprünglich weitflächig vorhandenen Laubwaldes sind nur mehr wenige vorhanden. In der Provinz Misiones wachsen heute auf großen Flächen Tee und Mate, in den Yunga-Gebieten des Nordwestens Citrusfrüchte und Mangos. Den Urwäldern der gemäßigten Zone erging es nicht besser. Hier war es vor allem die Rinderhaltung, die große Weideflächen beanspruchte.

Heute ist es vor allem der Soja-Boom, der die Wälder bedroht. Argentinien ist mittlerweile der drittgrößte Soja-Produzent der Welt. In Nordargentinien, in Salta und in den Chaco-Provinzen, werden riesige Flächen gerodet, um Platz für Soja zu schaffen.

Soja ist unter anderem dazu wichtig, dass Europäer und Nordamerikaner in ihrer hoch subventionierten Landwirtschaft die heimischen Hochleistungsrinder gegen ihre Natur wie Schweine füttern können. Rinder sind Raufutterverwerter, das heißt, ihr Verdauungsapparat ist dafür angelegt, in erster Linie relativ nährstoffarmes Gras zu verarbeiten. Doch nur mit Gras- oder Heufütterung können die Tiere die heute gewünschten Leistungen nicht bringen. Erst durch die hohen Energiekonzentrationen des maßgeblich aus Soja hergestellten Kraftfutters werden die unglaublichen Milch- und Fleischerträge moderner Turbo-Kühe und -Mastbullen möglich. Durch die enormen Produktionsleistungen entstehen Überschüsse, die dann mithilfe von weiteren Subventionen erst zwischengelagert und später auf dem Weltmarkt verschleudert werden. Indirekt finanziert also der europäische Steuerzahler die Waldzerstörung in Argentinien mit. Der nationalen Waldbehörde Argentiniens zufolge gehen die Kahlschläge in großem Maßstab weiter. Zwischen 1990 und 2005 verlor Argentinien 2 241 000 Hektar Wald, das entspricht der Landesfläche von Slowenien. 1914 gab es 104 Millionen Hektar Waldfläche in Argentinien, 1986 noch 36 Millionen, 2005 noch 33 Millionen. Damit sind nur noch 12 % des Landes bewaldet.

Jagd, Lebensraumvernichtung, Umweltverschmutzung und das Einschleppen von über 50 exotischen Tierarten haben die einheimische Fauna stark in Mitleidenschaft gezogen. Von den rund 2500 Wirbeltierarten Argentiniens sind mehr als ein Fünftel von der Ausrottung bedroht.

Die Vernichtung natürlicher Lebensräume durch die europäischstämmigen Argentinier trifft nicht nur die einheimische Flora und Fauna, sondern auch die indigenen Völker hart. Die Geschichte der Vertreibung der Indianer ist eng mit der Geschichte des ökologischen Raubbaus verbunden. Die Indianer fühlen sich als Teil des Landes. Wenn sie ihre angestammte Umgebung verlassen müssen, verelenden sie oft materiell und spirituell, verlieren ihre in Jahrtausenden gewachsene Kultur. Wo früher die Guaraní durch den Urwald zogen, stehen heute Mate- und Teeplantagen. Das Land der Mapuche ist zu Rinder- und Schafestancias geworden, die Wichi-Indianer in der Provinz Salta kämpfen heute gegen die Umwandlung ihrer Stammesgebiete in Sojafelder.

Wer die langen menschenleeren Strände Patagoniens gesehen und mit dem kalten Wind die Nähe zur fast unbewohnten Antarktis gespürt hat, denkt vielleicht, wenigstens im Meer ist die Welt noch in Ordnung. Doch gerade dort wird heute der ungehemmteste Raubbau betrieben. Während der 90er-Jahre des letzten Jahrhunderts fiel argentinischen Fischern auf, wie die Schiffe in den heimatlichen Meeren jedes Jahr größer und unbekannter und die Fische täglich rarer und kleiner wurden. Die Europäische Gemeinschaft reduzierte ihre Fangflotten, denn alle ihr zugänglichen Meere waren überfischt. Für jedes Schiff, das aus Europa in Länder wie Argentinien gebracht wurde und für das ein Schiff oder mehrere kleinere Boote entsprechender Größe und Ladungskapazität im Zielland stillgelegt wurden, gab es Subventionen aus dem sogenannten mehrjährigen Ausrichtungsprogramm. Unter der argentinischen Regierung Menem gab es selbst für argentinische Verhältnisse besonders viele korrupte Politiker und Verwaltungsbeamte. Die argentinischen Boote wurden nur pro forma stillgelegt und fischten ohne oder mit neuen Genehmigungen weiter neben den neuen Schiffen aus Europa. Letztere waren rechtlich in Besitz von sogenannten Sociedades mixtas, gemischten Gesellschaften, mit europäischem Kapital und argentinischen Eignern, meist Strohmännern. Diese Schiffe wurden ein Jahr als Fangschiffe geführt und dann ebenfalls pro forma stillgelegt, damit ein neues Schiff aus einem EU-Land eingeführt und erneut Subventionen kassiert werden konnten. Durch diesen wiederholten Betrug wurden europäische, in aller Regel spanische Schiffseigner und argentinische Politiker und Verwaltungsbeamte sehr reich. Doch damit nicht genug. Nachdem die spanische Flotte, die hauptsächlich aus den überfischten marokkanischen Gewässern abgezogen worden war, Mitte der 90er-Jahre mit ungefähr 100 Schiffen in Argentinien aufgestellt war, begann ein gnadenloser Raubbau an den Fischbeständen des Landes. Dabei wurden weder die Vorschriften bezüglich Art, Menge und Größe der Fische noch die für die Schutz- und Regenerationszonen beachtet. Die Spanier bezahlten die richtigen Leute und plünderten den Reichtum der Meere.

Der wirtschaftlich wichtigste Fisch in argentinischen Gewässern ist die Merluza, der Seehecht. Bis 1994 waren nur 300 000 Tonnen Seehechte pro Jahr abgefischt worden,

400 000 Tonnen wurden von Wissenschaftern als die Grenze der Nachhaltigkeit bezeichnet. Seit 1995 wurden jährlich 1 000 000 Tonnen Seehechte gefischt, das meiste davon von spanischen Fabrikschiffen. Die Spanier nahmen zudem nur die Filets nach Europa und warfen den Rest illegal in die See zurück. Der Bestand an erwachsenen Seehechten ist mittlerweile auf 10 % des früheren Niveaus geschrumpft. Die Population steht vor dem Kollaps. Im Süden Argentiniens leuchtet das Meer in manchen Nächten auf Satellitenbildern heller als die 15-Millionen-Metropole Buenos Aires. Hauptsächlich asiatische Fangschiffe locken dort mit starken Lampen Kalmare an. Die Asiaten dringen beim Fang selbst in argentinische Küstengewässer vor und lassen sich nicht einmal von Kriegsschiffen abschrecken. Patagonische Fischer erzählen, dass sechs taiwanesische Schiffe eine allzu sehr auf internationalem Recht bestehende Besatzung eines argentinischen Kriegsschiffes entrüstet mit Maschinengewehren beschossen haben – schließlich hatten die Asiaten ja „korrekt" Schmiergeld bezahlt. Die unheilvolle Allianz aus internationaler Fischmafia und korrupten Politikern beraubt künftige Generationen ihres Naturerbes und ihrer marinen Nahrungsreserven.

Zu Lande und zu Wasser wird die Erde ausgebeutet; wird nicht auf Nachhaltigkeit geachtet, schert man sich nicht um die Zukunft. Aber läuft das in Argentinien wirklich anders als in Europa? Wer als Europäer in Lateinamerika etwas gegen die Umweltzerstörung oder die hemmungslose Ausbeutung der natürlichen Ressourcen sagt, bekommt nicht selten eine Antwort wie „Was wollt ihr denn? Ihr habt doch in Europa genau das Gleiche gemacht. Dadurch seid ihr reich geworden. Und jetzt sollen wir auf den sozialen Aufstieg verzichten?"

Service-Adressen

Wichtige Organisationen im argentinischen Natur- und Umweltschutz

Argentinische Nationalparks
www.apn.org.ar
informes@apn.org.ar

Vida silvestre – bedeutende Nichtregierungs-Naturschutzorganisation
www.vidasilvestre.org.ar
informes@vidasilvestre.org.ar

Fundación para la defensa del ambiente – Stiftung zur Verteidigung der Umwelt
Arbeitet im Umweltschutz und setzt sich für die Rechte von Indianern ein.
www.funam.org.ar
funam@funam.org.ar
Für seine Arbeit mit den Mbya-Guarani-Indianern bekam Raul Montenegro von der FUNAM 2004 in Montreal den alternativen Nobelpreis.

Die unsäglichen Verhältnisse bei der Ausbeutung der Meere prangert der mutige ehemalige Schiffsmaschinist Roberto Maturana, der schon diverse Anschläge finsterer Gestalten überlebt hat, in immer wieder neuen Artikeln, Aufrufen und Aktionen an.
E-Mail: rv155@infovia.com.ar

In Argentinien tätige US-amerikanische Naturschützer, die private Naturschutzgebiete einrichten:
www.patagonialandtrust.org

Über die bedrohten, auf der Roten Liste stehenden Arten Argentiniens informieren

http://www.cricyt.edu.ar/INSTITUTOS/iadiza/ojeda/redlista.htm
www.redlist.org

Über die Lage von Natur und Umweltschutz in Argentinien berichten natürlich auch die bekannten internationalen Organisationen wie

www.unep-wcmc.org
http://www.unesco.org/mab/index.shtml
www.cites.org
www.iucn.org
www.ramsar.org
Links zu derartigen Organisationen gibt es etwa bei
http://earthtrends.wri.org

SÜDPATAGONIEN

Cerro Torre, Nationalpark Los Glaciares

1.1 Mythos Patagonien

Die beliebteste Geschichte über die Entstehung des Begriffs Patagonien beginnt mit dem portugiesischen Entdecker Fernão Magalhães (Ferdinand Magellan), der in Diensten des spanischen Königs Karl I. stand. 1520 suchte dieser den Westweg nach Indien und überwinterte mit seinen Leuten in der Bahia San Julián, der Bucht des Heiligen Julius, in der heutigen argentinischen Provinz Santa Cruz. Die Seefahrer fanden Spuren von enormen Ausmaßen im Schnee und vermuteten, dass in diesem Land Riesen lebten. Bald stießen sie auf die Verursacher der Spuren, Indianer vom Stamm der Tehuelche.

Diese Menschen streiften als Nomaden durch die einsamen Steppen des heutigen Südargentiniens und lebten von der Guanako-Jagd. Viele Tehuelche waren sehr groß gewachsen. Antonio Pigafetta, ein italienischer Adliger in Magellans Mannschaft, schrieb, einer der Indianer sei so groß, dass die Europäer ihm nur bis an die Hüfte reichten.

Die Tehuelche trugen spezielle, sehr lange und breite Wintermokassins. Wenn sie mit diesen Schuhen durch den Schnee gingen und die Spuren durch Sonne und Wind noch vergrößert wurden, konnten die Iberer wirklich denken, es wären Riesen vorbeigekommen. Magellan nannte die Indianer Patagoni, was so viel wie Großfüßler bedeutet, und deren Land Patagonia.

Geografen definieren heute Patagonien als alles Land südlich des Río Colorado, doch außerhalb wissenschaftlicher Kreise ist „La Patagonia" mehr ein Mythos als ein geografisch klar umrissener Begriff. Das Stammesgebiet der Techuelche umfasste nur windgepeitschte Steppe. Viele Südamerikaner meinen, wenn sie Patagonien sagen, nur die endlosen Weiten östlich der Anden. Für Touristen, die auf der Ruta 40 von El Calafate nach Norden hochrattern, ist das wahre Patagonien spätestens in den Eisdielen und Schokolademanufakturen von San Carlos de Bariloche zu Ende. Chilenen halten in ihrem Land allenfalls den Sur Grande, den dünnen Landstreifen südlich von Puerto Montt, für Patagonien. Für viele Argentinier ist Patagonien dort, wo Benzin und Gas von Staats wegen billiger wird, also hinter der Provinzgrenze zwischen Río Negro und Chubut, südlich der Linie El Bolsón – Halbinsel Valdés. Für die Gauchos schließlich ist man dann in Patagonien, wenn man Lamm statt Rind auf den Bratspieß steckt. So einfach kann Geografie sein.

Von manchen Autoren wird innerhalb Patagoniens ein Nord-, Zentral- und Südteil unterschieden, doch nur in Chile ist diese Einteilung durch natürliche Grenzen definiert. In Argentinien gibt es eine Zweiteilung, die geologisch fundiert ist. Im Norden dominieren Vulkanite, im Süden Plutonite. Außerdem gibt es auch eine ausgeprägte verkehrstechnische Zweiteilung der Region.

Das nördliche Patagonien, die Region vom Río Colorado im Norden bis nach Esquel im Süden, und der Südzipfel des Kontinents, von El Chaltén bis Ushuaia, sind gut mit öffentlichen Verkehrsmitteln zu erreichen. Zwischen diesen beiden touristisch bedeutenden Regionen liegt nur wenig erschlossenes, fast menschenleeres Land. Die Verkehrsströme zwischen Nord und Süd werden zu über 90 Prozent über die Küstenstraße Ruta 3 geleitet.

Südpatagonien

Cerro San Valentín ▲ 4058

Lago General Carrera

Monte Zeballos ▲ 2726

Pico Truncado

Deseado

Cabo Tres Puntas

Fitz Roy

1335 ▲ Cerro Cojudo Blanco

Mazarredo

Cabo Blanco

Lago Cochrane

Lago Posadas

Pinturas

40

A R G E N T I N A

Las Martinetas

Puerto Deseado

Punta Pozos

Monte San Lorenzo 3706 ▲ ★

P.N. Perito Moreno

Gran Altiplanicie Central

Tres Cerros

Bahía Laura

Chico

Las Horquetas

Gobernador Gregores

El Salado

Cabo Dañoso

Lago Cardiel

San Julián

Lago San Martín

Punta Desengaño

Cerro Fitz Roy 3375 ▲

❶

CerroTorre 3102 ▲

❷ El Chaltén

❺ ❸

❹

Tres Lagos

Laguna Grande

Chalia

40

Murallón ▲ 2831 ★

P.N. Los Glaciares

Lago Viedma

Santa Cruz

Puerto Santa Cruz

El Calafate

Gendarme Barreto

Bahía Grande

Lago Argentino

▲ Pináculo 2160

40

Puerto Coig

OCÉANO ATLÁNTICO

Cerro Paine 3050 ▲ ★

❼ P.N. Torres del Paine

Coig

Coy Aike

Esperanza

40

Lago del Toro

❻

El Turbio

Río Gallegos

Puerto Natales

Gallegos

Bella Vista

Monte Dinero

Cabo Vírgenes

Punta Dungeness

Isla Pacheco

Península Muñoz Gamero

Laguna Blanca

Estrecho de Magallanes

Punta de Arenas

Bahía San Sebastián

Cabo Deseado

Isla Riesco

Punta Arenas

San Sebastián

Río Grande

Península Brenswick

Isla Grande de Tierra del Fuego

Misión Fagnano

Isla Santa Inés

C H I L E

Monte Darwin 2467 ▲

❾ ❿ ⓬ ⓫

Monte Sarmiento 2235 ▲

P.N. Tierra del Fuego

❽ Ushuaia

Isla Navarino

OCÉANO PACÍFICO

100 km

Falso Cabo de Hornos

Zwischen Esquel im Norden und El Chaltén im Süden gibt es nur im Sommer jeden zweiten Tag eine recht teure Verbindung auf der Ruta 40. Um die Attraktionen der zentralpatagonischen Anden wie etwa den Perito Moreno Nationalpark oder den Monte San Lorenzo anzufahren, benötigt man in der Regel ein eigenes Fahrzeug oder eine organisierte Tour.

1.2   Klima und Reisezeit

Es regnete leicht. An einigen Stellen reichte der Schneematsch bis ans Ufer. Es war Hochsommer (Bruce Chatwin, „In Patagonia").
Eigentlich wäre damit alles gesagt – wenn der Wind nicht wäre.
„Der Wind jagte mich, egal wohin ich in Patagonien ging. Er verstopfte meine Nasenhöhlen und ließ den Jeep über die Schotterpiste rutschen wie auf Eis. Vögel flogen rückwärts. Bäume wuchsen waagerecht. Der Wind war ein lebendiges Wesen" (Simon Worrall, „Land of the living wind").
Profis sehen das alles positiv. Gregory Crouch, US-amerikanische Bergsteigerlegende und Autor des Buches „Enduring Patagonia" (Patagonien ertragen) meint über Patagonien: „Es gehört mit Sicherheit zu den Gebieten mit dem schlimmsten Wetter in der Welt; andere mögen ähnlich übel sein, aber keines ist wirklich viel schlimmer. Das Wetter ist so schlecht, dass es fast schon eine der Hauptattraktionen von Patagonien ist."
Als Bestätigung für Herrn Gregory sei folgende Geschichte erzählt. Der Autor traf im Februar 2005 eine südafrikanische Seilschaft, die gerade auf der Kompressorroute den Cerro Torre bestiegen hatte. Sie hatten unglaubliches Glück. Während Profibergsteiger wie die Huber-Buam oder Bean Bowers den ganzen Januar vergeblich auf Kletterwetter gewartet und zum Teil entnervt aufgegeben hatten, kamen die Südafrikaner an, transportierten die Ausrüstung mit Pferden ins Basislager und hatten dann vier Tage Sonnenschein und relative Windstille in Folge. Sie erreichten ohne Probleme den Gipfel und wussten nun gar nicht, was sie im restlichen Urlaub noch anstellen sollten. Sie meinten, es wäre „too easy" gewesen, es fehle ihnen die rechte „satisfaction". Im letzten Jahr hätten sie einen Monat darauf gewartet, den Zentralpfeiler der Torres del Paine besteigen zu können. Das hätte ihnen echte Befriedigung gegeben.
Die Sucher des echten Abenteuers seien aber beruhigt. Normalerweise ist auf das schlechte Wetter Verlass. Aufgrund der momentanen polaren Lage der Antarktis gibt es im sogenannten Südozean zwischen dem 40. und dem 60. Grad südlicher Breite keine größere Landmasse. Starke Luftströme umkreisen dort im Uhrzeigersinn ungehindert den Globus. Windig zu besten Zeiten, stürmisch im Normalzustand, sind diese Breitengrade in Schifffahrtskreisen als „roaring forties", brüllende Vierziger, und „screaming" oder „furious fifties", kreischende oder wütende Fünfziger, bekannt. Wellen und Stürme bauen über dem freien Ozean ihre Kraft auf, bis sie in den einzigen

Legende der Tehuelche-Indianer:
Warum in Patagonien immer der Wind weht

Ein mächtiger Medizinmann der Tehuelche-Indianer wurde von spanischen Eroberern gejagt, denn sie dachten, er habe Gold versteckt. Als die Verfolger näher kamen, rief der Indianer in höchster Not seinen Freund, den Windgott, an, er möge kommen und ihn in Sicherheit tragen. Doch die Spanier waren schneller, töteten den Medizinmann und warfen den Leichnam in eine Felsspalte. Als der Windgott zu dem Ort kam, zu dem er gerufen worden war, fand er dort niemanden mehr. Seitdem sucht er unablässig in allen Ecken Patagoniens nach dem Medizinmann.

dünnen Landzipfel hineinkrachen, den es in diesen Breiten gibt – Patagonien.

Von der Spitze Südamerikas werden Winde und Wogen nach Süden abgelenkt, verbinden sich mit dem Wettergebräu, das von der antarktischen Halbinsel nach Norden abgelenkt wird, und rauschen dann durch die Passage zwischen Kap Hoorn und den nordantarktischen Inseln in den Atlantik. Wer dort mit dem Schiff unterwegs ist, braucht einen sehr guten Magen. Eine alte Seemannsweisheit lautet: „Unterhalb des 40. Breitengrads gibt es kein Gesetz, unterhalb des 50. Breitengrads gibt es keinen Gott.“

Die **klassische Trekkingzeit** in Patagonien ist der „Sommer“ von Dezember bis März, auch der April kann noch einige schöne Tage bringen. Allerdings flauen die berüchtigten Winde nur im Winter ab. Von Mai bis September ist daher eine zweite Saison vor allem für die Bergsteiger, die in vertikalen Wänden zu Hause sind.

Viele Wanderer in den Alpen schwören darauf, dass ein früher Start am Morgen die beste Sicht bringt. Andere schauen sich den Wetterbericht im Fernsehen oder Internet an und hoffen, dass er stimmt. Bei Trekkern und Bergsteigern sind die **Websites der meteorologi-**

schen Dienste Argentiniens und Chiles beliebter als die Seiten mit den hübschen Mädchen.

Internet

Servicio Meteorologico Nacional de Argentina
www.meteofa.mil.ar
Dirección Meteorológica de Chile,
www.meteochile.cl
Unter „prognóstico“ gibt es aktuelle Dreitagesprognosen.

An Patagonien beißen sich jedoch auch erfahrene Alpenfüchse und Wetterfrösche oft die Zähne aus. Es kann zu jeder Tageszeit regnen, graupeln, schneien, alles einnebeln, ganz übel stürmen, aber auch herrlichsten Sonnenschein mit glasklarer Sicht geben. Am besten ist, man macht sich locker und nimmt es, wie es kommt. Im Sommer kann man ruhig auch mal länger schlafen, vielleicht klart es ja am Nachmittag auf ...

Auf der großen Insel Feuerland an der Südspitze des Kontinents herrschen besondere Verhältnisse. Sie ist von **maritimem Klima** geprägt, und daher fast immer kühl, aber selten kalt. Die Wintertemperaturen liegen im Durchschnitt um den Gefrierpunkt, die Sommertemperaturen um 10° C. Die Niederschläge erreichen meist nur 700 mm, fallen aber mehrheitlich als Schnee, der in höheren Lagen sehr lange liegen bleibt. Man sollte die Touren auf Feuerland nicht unterschätzen. Zwar sind die erreichten Höhen nur gering, aber das Wetter ist oft auch im Sommer absolut lausig und lässt lauschige Spaziergänge zu Schlammschlachten oder gar Schneetouren werden.

Das kleine Zeitfenster für Touren in Südpatagonien führt dazu, dass normalerweise fast menschenleere Gegenden saisonal an Überfüllung leiden. Von Ende Dezember bis Ende Februar sind El Calafate, El Chaltén und Ushuaia krachend voll. Es wird empfohlen, Transport und Unterkünfte lange im Voraus zu reservieren. Im Torres del Paine Nationalpark können Januar und Februar so viele Besucher bringen, dass die Infrastruktur des Parks an ihre Grenzen stößt. Da ist es besser, mit Zelt zu reisen.

2.1 Geschichten von Helden und Eroberern des Unnötigen

Nach den Alpen und dem Himalaya haben sicher die Berge Patagoniens die Fantasie europäischer Bergsteiger am meisten beschäftigt. Es war in dieser Region nicht die Höhe der Gipfel, die diese Faszination erzeugte, sondern die Kombination von senkrecht aufragenden Felszähnen mit einer der übelsten Wetterküchen des Planeten. Lange galten die patagonischen Berge als unbezwingbar.

Cerro Fitz Roy

„Der Fitz Roy ist jener Berg, den Gott auf die Erde stellte, um den Stolz der Menschen zu brechen und ihnen die äußersten Grenzen ihrer Möglichkeiten aufzuzeigen", schrieb der dänische Südamerikareisende und Schriftsteller Andreas Madsen.

Der Cerro Fitz Roy ist mit 3405 m (andere Angabe 3375 m, 49° 17′ S 73° 05′ W) der höchste Berg des äußersten Südens. „Chaltén" heißt er in der Sprache der Techuelche-Indianer, was Rauchender Berg bedeutet. Da der Cerro Fitz Roy fast immer von Wolken-„rauch" umhangen ist, hielten ihn die Indianer für einen Vulkan. Perito Moreno nannte den Berg Fitz Roy nach dem englischen Kapitän Robert Fitzroy. Dieser navigierte von 1831 bis 1836 das Forschungsschiff Beagle, dessen bekanntester Passagier Charles Darwin war. Der äußerst exzentrische Adlige Fitzroy, bei Beginn der Beagle-Reise erst 23 Jahre alt, hatte den Theologen Darwin, 22 Jahre alt, nur deshalb mitgenommen, weil sein bevorzugter Reisegefährte abgesagt hatte und weil er meinte, die Form von Darwins Nase ließe auf guten Charakter schließen. So hat die Wissenschaft die Evolutionstheorie in letzter Konsequenz einem Gesichtserker zu verdanken. 1834 kam die Beagle auf dem Río Santa Cruz bis auf 50 km an die Südanden heran, und möglicherweise waren die Besatzungsmitglieder die ersten Europäer, die den Cerro Fitz Roy erblickten.

Den ersten Versuch, den Fitz Roy zu besteigen, machte eine von Graf Aldo Bonacossa geleitete italienische Expedition im Jahr 1937. Die vier Italiener kletterten an der Südseite des Berges und durchquerten einen großen Couloir, der bis heute Brecha de los Italianos, Italienerbresche, heißt. Die fast vertikale Südwand war aber zu jener Zeit noch zu schwierig. Die Seilschaft musste umkehren. Auch alle in den 40er-Jahren gestarteten Unternehmungen scheiterten. Neben den technischen Höchstschwierigkeiten war es vor allem der unsägliche Sturm, der so häufig in dieser Region tobte und der selbst das Gehen gefährlich machte.

Ende 1951 machte sich eine Gruppe Franzosen daran, den Berg zu besteigen. Ihr Leiter war der damals schon legendäre Lionel Terray, „Lokomotive der Alpen" genannt, der bei der erfolgreichen französischen Annapurna-Expedition dabei gewesen war. Mitglieder des Teams waren die Franzosen Poincenot, Magnone, Azena, Ferlet, Lliboutry, Depasse, Strouvé, und der Argentinier Ibáñez. Sie kamen mit zweieinhalb Tonnen Material in Buenos Aires an, schafften dieses nach El Chaltén und einen großen Teil weiter ins Lager Río Blanco. Gleich zu Beginn der Expedition ereignete sich eine Tragödie. Jacques Poincenot ertrank im Río Fitz Roy, unweit des heutigen Ortseingangs von El Chaltén. Zumindest ist das ist offizielle Version. Es wird gemunkelt, der charmante Jacques hätte die schöne junge Frau eines Estancieros verführt, aber nicht bedacht, dass solch ein Verhalten in Südamerika dramatische Folgen haben kann. So ist es durchaus möglich, dass ihn eine Kugel oder ein Messer erwischt hat, bevor er dann ertränkt wurde.

Vom Basislager Río Blanco aus schleppten die Franzosen viel Material nach oben bis hin zum Wandfuß und richteten einige einfache Zwischenlager ein. Zum Schutz vor dem Wind gruben sie kleine Schnee- oder Eishöhlen. Die erste französische Seilschaft schaffte in der schweren, 700 m hohen Südwand gerade mal 20 m. Schlechtes Wetter zwang sie zum Abbruch und zum Warten. Essen und Brennstoff wurden knapp und sie mussten ins Basislager zurück. Nach einem Wetterumschwung stiegen Lionel Terray und Guido Magnone am 31. Januar 1952 auf, schafften am ersten Tag 120 m, ließen die Seile in der Wand und stiegen wieder ab. Am nächsten Tag war ideales Kletterwetter. Zunächst kamen sie bestens voran, doch dann setzte der brutale Westwind wieder ein. Ein Sturm drohte, Terray wollte umkehren. Doch Magnone überredete ihn zum Weiterklettern. Die Nacht verbrachten sie höchst ungemütlich in der Wand. Auch der nächste Tag war eine Tortur. Das Material ging zur Neige. Ohne Proviant, ohne Wasser – sie hatten aus Versehen eine Flasche Brennspiritus mitgenommen – und am Schluss fast ohne Sicherungsmöglichkeit kämpften sie sich nach oben. Sie hatten es schon fast geschafft. Doch auf der letzten Seillänge vor dem Gipfel gab es einen ganz schmalen Riss, in den ein feiner Haken zum Sichern gesetzt werden musste – und genau dieser Haken fehlte ihnen, ihr komplettes Material war verbaut. Alles schien verloren, Verzweiflung überkam die Männer. Doch dann besann sich Terray auf einen Haken, mit dem er im Tal ein Bier aufgemacht und ihn später unachtsam in den Rucksack geworfen hatte. Der Haken lag tatsächlich noch im Rucksack und brachte den gewünschten Erfolg. Am späten Nachmittag des zweiten Februars 1952 standen Magnone und Terray auf dem Gipfel des Fitz Roy.

Lionel Terray hat dieses und andere Abenteuer wie seine Himalaya-Expeditionen mit Rebuffat, Herzog und Lachenal in seiner berühmten Autobiografie, „Eroberer des Unnützen", beschrieben („Les conquérants de l´inutile", Gallimard, Paris, versch. Ausgabe). Eine ausführliche Beschreibung der Besteigung des Fitz Roy findet man auch unter www.tecpetrol.com/patagonicos/cuaderno04/default.htm

Die französische Expedition vermaß das Fitz-Roy-Gebiet und gab etlichen Bergen neue Namen. Die Argentinier sprechen bis heute von den Franzosengipfeln. Eine der schönsten Granitnadeln wurde nach dem unglücklichen Jacques Poincenot benannt. Drei weitere Spitzen erhielten ihre Namen nach dem bekannten Schriftsteller und Luftfahrtpionier Antoine de Saint-Exupéry und den wagemutigen Piloten Jean Mermoz und Henri Guillaumet. Die drei leisteten Pionierarbeit für Aeropostas Argentinas, die erste argentinische Luftpost. Antoine de Saint-Exupéry hat diese Zeit 1930 literarisch in seinem Buch „Vol de nuit", „Nachtflug", verewigt. Auch in seinem bekanntesten Buch „Der kleine Prinz" finden sich einige Hinweise auf Patagonien.

Cerro Torre

Über die Dramen und Kontroversen, die sich bei und nach den Besteigungen des zweiten großen Bergs Südpatagoniens, des Cerro Torre (3102 m, andere Angabe 3133 m, 49° 19′ S 73° 10′ W), abspielten, ist sehr viel geschrieben worden. Ganz kurz gefasst spielte sich Folgendes ab. Cesare Maestri, Kampfname „Spinne der Dolomiten", attackierte 1959 zusammen mit seinem italienischen Landsmann Cesarino Fava und dem Österreicher Toni Egger den als unbezwingbar geltenden Berg. Fava kehrte am Col de la Conquista, dem Sattel der Eroberung, um. Maestri und Egger stiegen weiter. Irgendwann, der Zeitpunkt ist bis heute ungeklärt, kam es zu einem tödlichen Unfall. Toni Egger wurde durch eine Lawine aus

der Wand gerissen. Maestri sagte bei seiner Rückkehr, sie seien auf dem Gipfel gewesen, aber dafür fehlen bis heute jegliche Beweise. Kritik kam auf. Viele Bergsteiger glaubten Maestri nicht, aber offen aussprechen wollte es keiner. Maestri, schockiert durch den Tod seines Bergkameraden und verletzt durch die Zweifel an seinem Erfolg, zog sich von der Expeditionsbergsteigerei zurück.

Doch bis 1970 gelang es niemanden mehr, den Cerro Torre zu besteigen. Carlo Mauri, damals der beste italienische Bergsteiger und Maestris Erzrivale, kehrte im Februar 1970 von einer erfolglosen Expedition zurück und sagte, der Gipfel sei „impossibile", unmöglich, zu besteigen. Damit bezichtigte er Maestri der Lüge.

Das konnte dieser nicht auf sich sitzen lassen. Zusammen mit Ezio Alimonta, Carlo Claus und Pietro Vidi reiste er mitten im Winter nach Argentinien. Mit im Gepäck war ein Kompressor zum Setzen von Bohrhaken, der samt Treibstoff und Seilwinde 180 kg wog. Bei

Laguna Torre – der Autor bei einer wohlverdienten Erfrischung

durchschnittlich −25 Grad und fast ständigen Schneefällen nagelte sich das Team 54 Tage in die Höhe. Doch der Winter besiegte sie. Sie bekamen Erfrierungen, die Vorräte gingen zu Ende. Sie mussten die Heimreise antreten. Im nächsten Frühling, am 15. November, waren sie wieder da und bohrten weiter mit dem schweren Gerät in der Vertikale. In manchen Passagen setzten sie jeden Meter einen Haken, eine unvorstellbare Arbeit. Am 2. Dezember 1970, nach insgesamt 350 Haken, waren sie am Gipfeleispilz. Auf die weiße Mütze der Felsnadel stiegen sie nicht. Als Maestri eine weitere Seilschaft auf seinen Spuren sah, schlug er die oberen Bohrhaken wieder aus. Wieder zu Hause in Italien dachte Maestri, er würde als Held gefeiert, doch die Bergsteigerkollegen hatten nur Spott für ihn übrig. Sie meinten, mit seiner Bohrmaschine hätte er seinen Ruf als Alpinist ruiniert und den Cerro Torre entweiht. Maestri lebt seitdem verbittert in seinen geliebten Dolomiten. Diese und viele andere Geschichten über den Cerro Torre erzählt Tom Dauer in seiner Monografie „Cerro Torre – Mythos Patagonien", AS Verlag Zürich 2004.

1974 erkletterte eine weitere italienische Seilschaft, diesmal alpinistisch sauber und unangefochten, an der Westwand des Torre den Gipfel. Diese Route wurde nach dem Expeditionsleiter Casimiro Ferrari die Ferrari-Route genannt.

Heute ist der Cerro Torre immer noch ein extrem schwerer Berg, aber er hat den Ruf des Unbezwingbaren verloren. Die schnellsten Besteigungen vom Basislager aus erfolgten schon in weniger als 30 Stunden. Einen Bericht über eine Winterbesteigung des Cerro Torre auf der Ferrari-Route unter Beteiligung des Schweizer Fotografen Thomas Ulrich findet sich im National Geographic Magazine vom März 2000. Thomas Ulrich war auch zur Stelle, als es darum ging, das südliche Inlandeis erstmals ohne vorherige Anlage von Nahrungsmitteldepots in seiner ganzen Länge zu durchmessen. Sein Partner bei dieser Expedition war die Nordpol-Legende Børge Ousland. Ihr Bericht erschien im National Geographic Magazine vom August 2004. Weitere wahnwitzige Touren werden auf den Webseiten der beiden beschrieben: www.ousland.com und www.thomasulrich.com

Damit scheinen alle klassischen Aufgaben in Patagonien gelöst zu sein. Die Berg- und Eisprofis suchen in Fels und Eis nach neuen Herausforderungen. So konnten etwa Stefan Glowacz und Robert Jasper 2005 den **Murallón** (2831 m, 49° 47.54′ S 73° 25.27 W) auf einer neuen Route durch dessen äußerst anspruchsvolle, senkrechte Nordwand besteigen (www.robert-jasper.de/, www.glowacz.de).

Doch obwohl viele dieser aktuellen Expeditionen extrem schwierig sind, werden sie von der Öffentlichkeit kaum noch wahrgenommen. Selbst den Profis fällt es heute enorm schwer, noch irgendwelches Medieninteresse zu wecken. Die Zeit der großen Helden und der Wettlauf der Nationen auf die großen Berge und über die Eiskappen der Welt ist vorbei. Wirtschaftliches Denken hat sich auch beim Bergsteigen durchgesetzt, anstelle des Nationenbanners werden auf dem Gipfel oder an den Polen die Logos der Sponsoren entrollt.

Jeder kennt Amundsen oder Messner, doch Wiederholer sind schon nicht mehr interessant. Wer weiß schon den Namen jenes Menschen, der als Erster den „Golden Slam" in der Sparte Eis und Fels, alle 8000er, die Seven Summits und Solomärsche zu Nord- und Südpol errungen und überlebt hat? Solchen Helden, die zu spät geboren wurden, bleibt nur ein Platz in der Statistik von http://www.adventurestats.com/

Südpatagonien

2.2 Nationalpark Los Glaciares

2.2.1 Anreise über El Calafate und El Chaltén

Der heute 717 800 Hektar umfassende Los Glaciares Nationalpark wurde bereits 1937 gegründet, seit 1981 gehört er zum UNESCO-Welterbe. Für Normaltouristen ist der Nationalpark nur an wenigen Stellen zugänglich. Der **Perito-Moreno-Gletscher** wird vom Städtchen El Calafate aus besucht, die **Cerros Fitz Roy** und **Torre** vom Dorf El Chaltén.

Das Städtchen **El Calafate** liegt am Südufer des 1600 km² großen Lago Argentino, dem größten See des Landes, und ist die Basis für den Besuch des Perito-Moreno-Gletschers. Egal ob deutscher Backpacker oder spanischer König, wer zum Gletscher will, muss hier durch. Diese Zwangsläufigkeit schlägt sich auch in den Preisen nieder, für argentinische Verhältnisse ist es hier teuer, verglichen mit Mitteleuropa aber immer noch sehr günstig.

Fast alles Wichtige, Banken, Post, Supermärkte, Ausrüstungsgeschäfte, Reisebüros und Restaurants, drängt sich an der Allee Avenida del Libertador San Martin. Die zahlreichen Unterkünfte liegen in der zweiten Reihe dahinter. Wer im Los Glaciares Nationalpark übernachten will, sollte sich in El Calafates Supermärkten, fast alle an oder in Seitenstraßen der Avenida del Libertador San Martin gelegen, mit Lebensmitteln eindecken.

Der Busbahnhof liegt oben auf einem steilen Hügel, sehr zum Leidwesen schwer bepackter Reisender. Wichtig für Trekker sind die Busverbindungen nach Puerto Natales, dem Ausgangsort für Touren im Torres del Paine Nationalpark, nach Bariloche, dem touristischen Zentrum des Seenbezirks und natürlich nach El Chaltén im Norden des Los Glaciares Nationalpark. Die meisten Landstreckenbusse wählen nach Bariloche den langen Weg über die durchgehend asphaltierte Küstenstraße

Die schöne Calafate

Ein Häuptling der Selk'nam aus den Steppen Patagoniens hatte eine Tochter namens Calafate. Sie hatte goldene Augen und war schön wie der Sonnenaufgang. Eines Tages verliebte sich ein Jüngling der Yámana von der Südküste der Insel Feuerland in die Holde. Er machte ihr den Hof und sie erwiderte seine Zuneigung. Der Stamm aus dem Norden war strikt gegen solch eine Verbindung, aber die Liebe war stärker. Calafate floh mit ihrem Geliebten in den Süden. Da wurde ihr Vater sehr zornig und ging zum Medizinmann. Der Vater befahl ihm, Calafate zu verwandeln, aber ohne dass die Schönheit ihrer Augen verloren ginge. Der Medizinmann dachte lange nach. Dann verwandelte er Calafate in einen Berberis-Strauch. Jedes Frühjahr blüht dieser Strauch mit Blüten, die so golden sind wie die Augen von Calafate. Im Sommer bilden sich daraus köstliche blaue Beeren. Und wer von diesen Beeren kostet, dem geht es wie dem Jüngling. Er entwickelt solch eine Sehnsucht nach Calafate, dass er immer wieder nach Patagonien zurückkehren wird.

Ruta 3. Nur wenige kleinere Busse werden in der Sommersaison auf der rauen Ruta 40, die am Ostrand der Anden entlangführt, eingesetzt. Eine Fahrt auf der romantisch verklärten Ruta 40 ist immer noch etwas abenteuerlich, aber wegen der regelmäßigen Instandhaltungsarbeiten auf der Straße zumindest im Sommer keine Expedition mehr. Generell verbessert sich die Qualität der patagonischen Straßen ständig, woran der wachsende Tourismus keinen kleinen Anteil hat.

Um die Trekker zum Fitz Roy und Cerro Torre zu bringen, fahren im Sommer fünf Buslinien auf der 220 km langen Strecke zwischen El Calafate und El Chaltén. In manchen Bussen hängt ein Schild, das auf den ersten Blick aussieht wie „Rauchen verboten!". Doch im Zentrum des Schildes ist keine Zigarette, sondern ein Bergstiefel zu sehen. Es ist zu vermuten,

dass das Ausziehen der Schuhe nach den Fitz-Roy-Trekks schon zu schweren Geruchsbelästigungen geführt hat.

In **El Chaltén** gibt es keinen Busbahnhof. Die Busse halten vor ihren jeweiligen Büros der Unternehmen, meist entlang der staubigen Hauptstraße. Der Ort besteht erst seit 1985 und lebt fast nur vom Bergtourismus. Im Winter gibt es etwa 150 Einwohner, im Sommer 500. Aber um die 25 000 Trekker und Bergsteiger kommen in der warmen Jahreszeit zu den weltberühmten Gipfeln. El Chaltén ist bekannt für seine Fallwinde, die Straßenstaub in solchen Wolken aufwirbeln, dass ganze Reisegruppen darin kurzzeitig komplett verschwinden. Die Infrastruktur wird beständig ausgebaut, neue Unterkünfte, Supermärkte und Internetcafés entstehen. Die Supermärkte

Südpatagonien

Info El Calafate

4500 Einwohner, Höhe 250 m, Tel.: 02902

Fremdenverkehrsamt
Av. Julio A. Roca 1004 Tel.: 49-1466/1090

Nationalparkverwaltung Parque Nacional Los Glaciares
Avda. del Libertador 1302, Tel.: 49-1755, 49-1005

Asociación Amigos de la Montana (Vereinigung der Bergfreunde)
El Refugio, Gobernador Moyano
Tel.: 49-1300, E-Mail: friendmountain@latinmail.com

Busbahnhof
Julio A. Roca 1004, Tel./Fax: 49-1090
Nach Puerto Natales in Richtung Torres del Paine fahren
Bus Sur, 02902-491631
Cootra, Tel.: 02902-49144
Turismo Zaahj, Tel.: 02902-49-1631

Nach **El Chaltén** in Richtung Cerro Fitz Roy und Cerro Torre fahren:
Cal Tur, Tel.: 49-1842
Chaltén Travel, Tel.: 49-1833, 49-2212, fährt auch nach

Norden auf der Ruta 40
Interlagos, Tel.: 49-1179
Los Glaciares, Tel.: 49-1158
Taqsa, Tel.: 49-1843

Bootstouren auf dem Lago Argentino
Cruceros Mar Patag Tel.: 011-5031 0756

Fluglinien
Aerolineas Argentinas, 9 de Julio 57 – L. 1
Tel.: 0-810-222-86527/49-2815
LADE Julio A. Roca 1004 L. 4, Tel.: 49-1262
Vuelos Charter Transtam, Tel.: 0299-15-581-3409

El Calafate im Internet
www.elcalafate.gov.ar/
www.turismo.elcalafate.gov.ar
www.welcomeargentina.com/elcalafate/index.html
www.calafate.com
http://www.patagonia-argentina.com/e/andina/glaciares/calafate_resenia.htm
www.losglaciares.com/es/calafate/turismo.html
www.ruta0.com/locs.asp?loc=43&ore=3&cat=52&flags=
www.interpatagonia.com/elcalafate/

Info El Chaltén

500 Einwohner, Höhe 350 m, Tel.: 02962

Fremdenverkehrsamt
Güemes 45, Tel./Fax: 49-3011

Nationalparkverwaltung Parque Nacional Los Glaciares
Am Südende der Brücke über den Río Fitz Roy,
Tel.: 49-3004

Andenclub – Club Andino El Chaltén
Tel.: 49-3002

Trekkingveranstalter für den Circuito Grande auf dem
südlichen Inlandeis:
– Fitz Roy Expediciones, Alberto de Castillo,
  Lionel Terray 212, Tel./Fax: 02962-49-3017,
  www.fitzroyexpediciones.com,
  info@fitzroyexpediones.com.ar

– Camino Abierto Expediciones, Pablo Cottescu,
  San Martin, Tel.: 02962-49-3043,
  ww.caminoabierto.com, ventas@caminoabierto.com.ar
– Alta Montana, Lionel Terray 501, Tel.: 02962-49-3018,
  www.altamontana.com
Dazu ein Erlebnisbericht:
www.aventurarse.com/newsletter/extra140/extra140.html

El Chaltén im Internet
www.turismo.elcalafate.gov.ar/chalten.htm
  www.welcomeargentina.com/elchalten/index.html
www.aventurarse.com/turismo/trekkingelchalten.html
www.elchalten.com
www.e-mountain.com.ar
www.interpatagonia.com/elchalten/servicios-
turisticos.html
www.visitingargentina.com/esp/santa-cruz/
el-chalten.php

---

von El Calafate sind allerdings besser bestückt und etwas billiger, die Lieblingsschokolade also besser schon dort besorgen. Im Nordteil des Los Glaciares-Nationalparks gibt es keine Möglichkeit, Lebensmittel zu kaufen.

2.2.2 Ventisquero Perito Moreno

Es gibt Orte in der Natur, die auf der ganzen Welt Symbol für ihre spezielle Landschaftsform sind. Der Mount Everest ist der Berg der Berge, der Grand Canyon die Schlucht der Schluchten und der Ventisquero Perito Moreno der Gletscher der Gletscher. Es gibt in Argentinien und in anderen Regionen der Welt viel größere Gletscher als den Perito Moreno, aber es gibt nur einen, der mit solch hoher Geschwindigkeit fließt und der so zuverlässig kalbt. Dieser Gletscher sieht jeden Tag anders aus. Jorge Luis Borges sagte über ihn: „Ihn anzuschauen heißt, ihn immer neu zu sehen." Die Gletscher des patagonischen Inlandeises haben in Kaltzeiten tiefe Täler ausgegraben

und gewaltige Moränen gebildet. Beim Abschmelzen in Warmperioden, wie wir heute eine haben, füllten sich die Täler und Senken und wurden zu großen Seen mit vielen Seitenarmen. Der 1600 km² große Lago Argentino erstreckt sich heute weit in die Pampa hinein und zeigt das ursprüngliche Ausmaß der Vergletscherung. Der See steht mit den verbleibenden Gletschern über Gletscherflüsse und fjordähnliche Seenarme in Verbindung. Im Los Glaciares Nationalpark gibt es 13 Gletscher, der größte ist der fast 600 km² umfassende Upsala-Gletscher.

Der Gletscher Perito Moreno soll einer der wenigen Gletscher in der Welt sein, die noch wachsen. Die Experten sind sich allerdings nicht einig. Manche sagen, er rutsche nur wegen der Klimaerwärmung stärker vom Hang ab. Jedenfalls lag 1950 die Gletscherfont 700 m weiter westlich. Schon ab 20 m Dicke lässt der Eisdruck das Eis im unteren Gletscherbereich schmelzen. Wasser ist ja bekanntlich etwa 10 % dichter als Eis. Der Gletscher bewegt sich auf einem Schmiermittel aus Schmelzwasser und Geröll vorwärts, bis etwa 35 cm am Rand, bis zu 2 m am Tag in der Gletschermitte. Der Ventisquero Perito Moreno schiebt sich so schnell nach vorne, dass immer wieder Stücke abbrechen und in das Wasser des Canal de los Témpanos, des Kanals der Eisberge, einem Seitenarm des Lago Argentino, stürzen. Diesen Vorgang nennt man Kalben.

Wenn sich der Perito-Moreno-Gletscher sehr stark nach vorne bewegt, blockiert er mit seinem Eis den hinteren Teil des Seenarmes. Seit 1917 hat der Gletscher 16-mal mit seinem Mittelteil das gegenüberliegende Ufer erreicht und so den Brazo Rico, den Reichen Arm, mit einem Eisdamm vom Canal de los Témpanos getrennt. Der Nachschub an Eis und Wasser lässt den Pegelstand im relativ kleinen blockierten Seenarm stärker ansteigen als in den mit dem riesigen Lago Argentino verbundenen Bereichen. Bis zu 25 m Wasserstandsdifferenz wurden schon gemessen. Irgendwann wird der Wasserdruck des Brazo Rico auf den Eisdamm so hoch, dass er bricht. Am 13. März 2004 war das wieder einmal der Fall. Nicht nur der Damm brach unter den Fluten des Brazo Sur zusammen, sondern auch 90 % der Gletscherfront kalbte in den See. Die Bilder dieses Spektakels gingen um die ganze Welt.

Die meisten Besucher lernen den Perito-Moreno-Gletscher auf einer organisierten Tour kennen, die von allen örtlichen Reisebüros – fast alle an der Avenida del Libertador San Martin gelegen – und so gut wie allen Unterkünften angeboten werden. Natürlich kann man auch über das Internet oder das Fremdenverkehrsamt buchen. Wer den Sonnenaufgang am Gletscher genießen will, sollte sich einen Mietwagen nehmen. Von El Calafate aus geht es auf der Ruta 11 entlang des Lago Argentino

Perito-Moreno-Gletscher

Südpatagonien

80 km nach Westen bis auf die Magellan-Halbinsel im Nationalpark. Im Perito-Moreno-Teil des Nationalparks wird Eintritt verlangt. Auf den meisten organisierten Touren wird weit entfernt vom Gletscher ein Spaziergang entlang des Canal de los Témpanos oder des Brazo Rico gemacht. Touren zu Fuß zum Ufer gegenüber der Abbruchkante des Gletschers sind aufgrund der hohen Gefahr beim Kalben des Gletschers seit vielen Jahren nicht mehr erlaubt. Durch umherfliegendes Eis wurden von 1968 bis 1988 32 Menschen getötet! Die 4 km lange und bis zu 70 m hohe Gletscherfront kann nur von hoch gelegenen Aussichtsplattformen aus besichtigt werden. Auch bei der anschließenden Bootstour zum nördlichen Teil des Gletschers wird ein respektvoller Abstand eingehalten. Immer wieder brechen mit lautem Krachen Eisstücke aus der Gletscherfront. In einiger Entfernung von der Abbruchkante ist der Gletscher stabiler, dort bieten Reiseveranstalter kurze Ausflüge mit Steigeisen über das Eis an.

Nur wenige Besucher bleiben mehr als einen Tag am Gletscher. Wer länger beim Ventisquero Perito Moreno verweilen möchte, findet am Brazo Rico zwei Campingplätze, Correntoso, Starke Strömung, und Bahia Escondida, Versteckte Bucht. Wer auch andere Gletscher sehen möchte, kann in Calafate – recht teure – Bootstouren zu den Ventisqueros Upsala, Onelli und Spegazzini buchen.

Über die Ruta 15 erreicht man von El Calafate nach 55 km den Campingplatz La Roca, den Felsen, am südlichsten Arm des Lago Argentino, dem Brazo Sur. Bevor man den Campingplatz erreicht, kommt man zu einem Schulzeltlager, bei dem der Weg zum Aussichtsberg Cerro Cristal (1286 m) abzweigt. Ist das Wetter gut, kann man vom Kristallberg den Perito-Moreno-Gletscher von oben und selbst die Torres del Paine in Chile sehen. Für diese Tour über zum Teil recht raues Gelände sind sechs Stunden einzuplanen.

Internet

www.parquesnacionales.gov.ar/03_ap/
23_glaciares_PN/23_glaciares_PN.htm
www.losglaciares.com
www.welcomeargentina.com/parques/
glaciares.html
www.patagonia-argentina.com/e/content/
parques/parques8.htm
www.argentinaxplora.com/activida/parques/
parc/glaciares.html
www.portalpatagonico.com/patagonia/
parques/glaciares.html

2.2.3 Zu den Basislagern von Cerro Fitz Roy und Cerro Torre

Kartenhinweise
- Monte Fitz Roy & Cerro Torre Trekking-Mountaineering Minimap, 1:50 000, Zagier & Urruty
- Monte Fitz Roy & Cerro Torre Trekking-Mountaineering, Lago del Desierto Trekking-Travel Map, 1:100 000, Zagier & Urruty für Trekker, die den Lago del Desierto-Trekk gehen möchten:
- APN, Los Glaciares Area Map: roads and trails, 1:75 000, kostenlose Übersichtskarte der Nationalparkverwaltung

Auch wenn der Nationalpark nach den grandiosen Gletschern benannt wurde, sind sie beileibe nicht die einzigen Superlative. Auch die Berge des Los Glaciares Nationalpark gehören zum Beeindruckendsten, was die Erde zu bieten hat: ganz abrupt aus der Ebene senkrecht aufragende spitze Granitzähne, die von fast unablässig wütenden Stürmen blank geputzt werden. Gipfel wie der Fitz Roy (49° 17′ S 73° 05′ W) und der Cerro Torre (49° 19′ S 73° 10′ W) sind ein Traum, vor allem aber Alptraum eines jeden Spitzenbergsteigers. Steppen, fantastische

Bergwälder und Teile der riesigen Seen Viedma und Argentino runden das Landschaftsbild des Los Glaciares Nationalparks ab.

Die Besucherströme in Los Glaciares konzentrieren sich auf den Perito-Moreno-Gletscher, und dort werden auch hohe Einnahmen erzielt. Dafür ist im Nordteil des Parks der Eintritt frei. Die Benimmregeln im Park sind sehr streng, und das wird hoffentlich auch so bleiben. Bislang ist das Wandern im nördlichen Los Glaciares Nationalpark noch ein echtes Naturerlebnis, während man sich im nicht weit entfernten chilenischen Nationalpark Torres del Paine manchmal wie auf dem Rummelplatz fühlt. Die Parkverwaltung will, dass Besucher so wenig wie möglich die natürliche Umwelt verändern. Es gibt keine bewirtschafteten Campingplätze. Natürlich ist Feuer machen strengstens verboten, jeglicher Müll muss wieder aus dem Park getragen werden; es darf nicht einmal aus Ästen ein Windschutz für Zelte errichtet werden. Wer unter diesen Umständen nicht campieren möchte, kann ruhig Rucksack und Zelt in der Herberge lassen, denn die beliebtesten Ziele sind auch auf Tagesausflügen von El Chaltén aus zu erreichen. Die Touren bis zum Fuß der berühmten Berge und der Gletscher sind einfach, die Wege meist gut erkennbar. Allerdings können Niederschläge, morastiger Untergrund und vor allem starke Winde das Gehen unangenehm machen. An windexponierten Stellen können die Böen selbst einen kräftigen Mann mitsamt seinem Rucksack umwerfen.

Es gibt vier klassische Westrouten von El Chaltén:
- Im Norden den Río-Eléctrico-Weg, der zum Eléctrico-See und zum Marconi-Pass führt,
- den Weg zur Laguna de los Tres mit Ausblicken auf den Fitz Roy,
- den Laguna-Torre-Weg mit Aussicht auf den Cerro Torre und
- den Südweg, der zum Aussichtsgipfel Loma del Pliegue Tumbado, dem Toro-See und dem Paso del Viento führt.

Der Río-Eléctrico-Weg und der Südweg sind auch Teil des Circuito Grande, der Großen Gletscherrunde (siehe 2.2.5). Außerdem gibt es Wege, die die drei erst genannten Routen auf einer Nord-Süd-Achse 5 bis 6 km westlich von El Chaltén bzw. der Ruta 23 verbinden.

Alle Zeitangaben der Beschreibungen sind für die einfachen Wege. Jeder kann sich seine Traumtour selbst zusammenstellen. Im Prinzip muss man sich entscheiden, ob man lieber mehrtägige Rundwanderungen mit großem Rucksack oder lieber Tageswanderungen mit dem Brotbeutel machen möchte. Wer nicht viel laufen möchte oder viel Gepäck hat, kann bis zum Fuß der Berge und Pässe auch mit Pferden gelangen, die in El Chaltén zu mieten sind.

 Río-Eléctrico-Weg
Río Eléctrico-Brücke (400 m) –
Westufer Lago Eléctrico (550 m)
11 km, 5 Std., Aufstieg 150 m

Der Río Eléctrico liegt außerhalb der Grenzen des Nationalparks 15 km nördlich von El Chaltén. Die einzigen Busse, die auf der Ruta 23 in diese Richtung fahren, sind die Ausflugsbusse (z. B. von Chaltén Travel), die zum Lago del Desierto fahren. Diese Busse fahren zwischen 9 und 11 Uhr los und kehren zwischen 15 und 17 Uhr zurück. Einfacher und auch nicht teuer geht der Transport mit dem Taxi. Man lässt sich an der Brücke über den

Flaggenbaum auf dem Weg zwischen El Chaltén und dem Cerro Fitz Roy

Río Eléctrico absetzen. Ein Pfad führt hinunter zum Südufer des Flusses und folgt seinem Lauf über Weideland nach Westen. Man quert einige Zuflüsse des Río Eléctrico, bevor man nach etwa einer halben Stunde auf den Weg trifft, der von Süden vom Río Blanco kommt. Nach weiteren 15 Minuten Gehzeit wird das Tal enger und der Fluss temperamentvoller. Von Gletschern geschliffene Felswände wachsen in die Höhe. Der Weg führt sanft ansteigend durch schöne Südbuchenwälder, bis er in eine große Weidefläche mündet. Im Flusstal unterhalb des Cerro Eléctrico (2257 m) liegt das bewirtschaftete **Refugio Los Troncos**, die Hütte der Baumstämme. Das Refugio und die nahen Zeltplätze gehören wie fast alles Land nördlich des Piedras-Blancas-Gletschers zur Estancia Ricanur. Los Troncos ist der einzige Ort auf der Estancia, an dem übernachtet wer-

den darf. Das Refugio liegt im Schutz eines riesigen Findlings, des sogenannten Piedra del Fraile oder Mönchsstein (49° 13.69′ S 73° 00.69′ W, 550 m). Ein kurzer Weg führt auf den Felsen, vom dem man ausgezeichnete Ausblicke auf den Lago Eléctrico hat. Im Norden sieht man den Cerro Treinta Aniversario, den Berg Dreißigstes Jubiläum, im Westen den Cordón Marconi, die Marconi-Kette. Guglielmo Marconi war ein italienischer Physiker, der den ersten Funkentelegrafen zusammenbaute und 1909 den Nobelpreis erhielt. Ob die Landschaftsformationen in dieser Region nach ihm benannt wurden oder vielleicht nach einem seiner Brüder, der nach Patagonien ausgewandert ist, ist nicht bekannt. Wer sich den **Lago Eléctrico** näher ansehen möchte oder den Circuito Grande (siehe Kapitel 2.2.4) gehen möchte, läuft eine halbe Stun-

Südpatagonien

de am Südufer des Río Eléctrico entlang, bis der vom Marconi-Gletscher gespeiste See erreicht ist.

Der weitere Weg ist mit Steinmännchen sporadisch markiert. Er führt nicht direkt am See entlang, sondern etwas oberhalb über felsiges Gelände zum **Río Pollone**. Dieser vom Nordgletscher des Torre Pier Giorgio (2719 m) in den See fließende Fluss muss durchwatet werden. In der Regel ist er höchstens knietief. Man wandert weiter auf einem von Felsblöcken übersäten Hang südlich des Sees. Ein fast unaufhörlicher kräftiger Wind bläst vom südlichen Eisschild herunter. Steinmännchen zeigen den Weg über eine Felsnase zu geschützten Campingplätzen am Westufer des Eléctrico-Sees, zwei Stunden von Piedra del Fraile entfernt.

Die junge Moränenlandschaft mit ihren Geschieben und Blöcken wurde erst vor 70 Jahren vom Marconi-Gletscher freigegeben. Vom Westufer des Lago Eléctrico ist der durch den Klimawandel kleiner werdende Gletscher heute bereits eine Stunde Gehzeit entfernt. Wer den Circuito Grande geht, sucht sich hier ein einigermaßen ebenes Plätzchen und schlägt sein Zelt auf. Die Tagestouristen gehen wieder zurück zum Refugio Los Troncos.

Tagestouren von Los Troncos

Von Los Troncos aus kann man schöne Tagestouren auf die umliegenden Höhen machen. Eine führt auf den Aussichtsgipfel **Cerro Eléctrico** (2257 m, 8–9 Std.), eine zweite hinauf zum **Paso del Cuadrado** (1772 m, 6–7 Std.). Detaillierte Beschreibungen finden sich in den Führern von Clem Lindenmayer bzw. Ralf Gantzhorn (siehe Literaturverzeichnis). Eine weitere Option ist die Erkundung des oberen **Pollone-Tals** bis zum gleichnamigen Gletscher.

Verbindungswege nach Süden zum Cerro Fitz Roy-Weg

Wer vom Río Eléctrico direkt zum Fitz Roy laufen möchte, kann zwischen zwei Routen entlang des Río Blanco, eine am westlichen, die andere am östlichen Ufer, wählen.

 Río-Eléctrico-Weg (400 m) – Campamento Base Río Blanco (700 m) 2 Std., Aufstieg 300 m

Bei der ersten Route geht man den Río-Eléctrico-Weg in östlicher Richtung zurück, bis man auf die bereits beschriebene Abzweigung nach Süden kommt. Durch Hochwald und gelegentliche durch Waldbrände verursachte Freiflächen führt ein Pfad nach Südosten zum **Río Blanco**.

Man folgt dem Fluss über Schwemmland und Geröll etwa 2 km in Richtung Südwesten. Dort stößt man auf einen Wildbach, den man meist von Block zu Block hüpfend, ohne nasse Füße zu bekommen, queren kann. Dieser Bach ist der Abfluss der **Laguna Piedras Blancas**, des Sees der weißen Steine, zu dem man einen kleinen Abstecher machen sollte. Steinmännchen zeigen den Weg zwischen den weißlichen Granitblöcken der Gletschermoräne nach oben.

Der See wird vom beeindruckenden Piedras Blancas-Gletscher gespeist, der von den Ostflanken von Fitz Roy (3405 m), Mermoz (2732 m) und Guillaumet (2579 m) herunterkommt.

Wieder auf dem Hauptweg geht es über ausgewaschene Uferböschungen und Kiesbänke am Río Blanco stromaufwärts, bis man auf das **Campamento Base Río Blanco** (700 m) trifft, das den Kletterern im Nationalpark vorbehalten ist. Von dort kann man zum Fitz Roy aufsteigen.

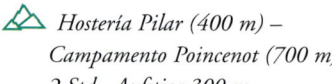 *Hostería Pilar (400 m) –
Campamento Poincenot (700 m)
2 Std., Aufstieg 300 m*

Die hübsche Hostería Pilar (Tel.: 02962-49-3002) liegt mitten im Wald auf der Südseite der Ruta 23, ein wenig südlich der **Brücke** über den **Río Blanco**. Von ihr führt ein Weg am Ostufer des Río Blanco durch prächtige Wälder nach Südwesten. Nach etwa zwei Stunden leichten Aufstiegs erreicht man den Hauptweg zum Fitz Roy unweit des in nordwestlicher Richtung gelegenen **Campamento Poincenot**.

 Cerro-Fitz-Roy-Weg
*El Chaltén – Campamento Poincenot –
Laguna Torre de los Tres
11 km, 4 Std., Höhendifferenz 750 m
Seitenweg Laguna Sucia: 5 km, 2 Std.*

Ganz im Norden von El Chaltén beim **Zeltplatz Madsen** geht ein mit einer Hinweistafel gut bezeichneter Weg durch Bergwald stramm bergauf. Nach ungefähr einer halben Stunde erreicht man einen ersten Aussichtspunkt, von dem man schon abschätzen kann, welches Wetter sich weiter westlich zusammenbraut. Nach einer weiteren halben Stunde führt ein Seitenweg 500 m nach Süden zu der **Laguna Capri**, dem Capri-See, an dem sehr schöne Zeltplätze zu finden sind. Der Los Glaciares-Nationalpark ist voll von kleinen Gletscherseen, auf denen sich Enten und Gänse tummeln. Der Hauptweg führt weiter nach Westen durch Südbuchenwälder, an weiteren kleinen Seen vorbei, und trifft dann auf den Verbindungsweg zu den Lagunas Madre y Hija und zum Cerro-Torre-Weg. Man wandert weiter nach Westen, quert zwei Zuflüsse des Chorillo el Salto und kommt zur Abzweigung des

östlichen Río-Blanco-Weges. Der Hauptweg führt über sumpfiges Gelände zum geschützt im Wald liegenden **Campamento Poincenet**. Man überquert den Río Blanco auf einer Brücke und hält sich an der Weggabelung links. Der Weg nach rechts ist der westliche Verbindungsweg nach Norden zum Río Electrico. Nach einer Viertelstunde erreicht man das im Wald versteckte **Río-Blanco-Camp**. Es ist Bergsteigern vorbehalten, die den Cerro Fitz Roy erklimmen wollen.

Vom Camp geht es noch 400 Höhenmeter steil bergauf, bis der Aussichtspunkt am **Glaciar de los Tres**, dem Gletscher der Drei (an der Erstbesteigung Beteiligten) erreicht ist. Vom Aussichtspunkt sieht man die Laguna de los Tres, den See der Drei, die Gipfel der Aguja Saint-Exupéry (2558 m) und des Cerro Poincenot (3002 m) und mit Glück auch den des alle anderen überragenden Cerro Fitz Roy (3405 m). Der Gipfelbereich des Fitz Roy ist meist in Wolken gehüllt, die von den vorherrschenden brachialen Westwinden zerzaust werden. Windgeschwindigkeiten von 100 oder 150 Stundenkilometern sind hier ganz normal und halten das Vergnügen beim Klettern in senkrechten Wänden in Grenzen. Nur etwa drei Dutzend Kletterer wagen sich pro Jahr an diesen schwer verdaulichen Brocken. Von den Bergriesen fließt der Río-Blanco-Gletscher, der den gleichnamigen Fluss speist. Marschiert man noch etwa 200 m vom Aussichtspunkt nach Süden, kann man dessen Gletschersee, die **Laguna Sucia**, sehen. Der Name des Sees bedeutet Schmutziger See, eine reine Beleidigung. Wahrscheinlich war gerade Sudelwetter, als der See seinen Namen bekam. Wer zur Laguna Sucia laufen möchte, geht auf dem gleichen Weg zurück bis zum Río Blanco. Etwa 40 m nordwestlich der Brücke über den Fluss geht ein Weg ab, der dem kiesigen Flussbett des Río Blanco folgt. Nach etwa 45 Minuten Marsch erreicht man die Endmoräne und den dahinter liegenden See.

 Verbindungsweg nach Süden zum Cerro-Torre-Weg
Cerro-Fitz-Roy-Weg (700 m) – Lagunas Madre y Hija – Cerro-Torre-Weg (600 m)
2 Std., 100 m Abstieg

Von der oben beschriebenen Abzweigung am Hauptweg zum Cerro Fitz Roy, etwa 1 km südöstlich des **Campamento Poincenot**, geht man am Ostufer des Auslaufs der Laguna Madre nach Süden. Der Weg erreicht bald die **Laguna Madre**, den Muttersee. Dort führt der Pfad etwas nach Osten, um Sumpfstellen auszuweichen. Dennoch können einzelne Passagen sehr feucht sein. Am Südende des Muttersees schließt sich die **Laguna Hija**, der Tochtersee, und schließlich auch noch die **Laguna Nieta**, der Enkelinsee, an. Man läuft zwischen Tochter und Enkelin durch und erreicht trockeneres, waldiges Gelände. Nach einer dreiviertel Stunde Marsch steigt man ins Tal des Río Fitz Roy hinunter, wo man auf den Hauptweg zum Cerro Torre trifft.

 Cerro-Torre-Weg
El Chaltén (350 m) – Campamento Bridwell bzw. d´Agostini (600 m) – Laguna Torre (650 m)
10 km, 3 Std., Aufstieg 400 m, Abstieg 100 m
Seitenweg: Mirador Maestri hin und zurück 5 km, 2 Std., Höhenunterschied 50 m

Wenn das Wetter gut aussieht, sollte man diese Tour zuerst gehen, denn der Cerro Torre ist noch seltener frei zu sehen als der Cerro Fitz Roy. Zu diesem beliebten Weg führen drei mit Hinweistafeln bezeichnete Zubringerwege, einer im Süden, einer in der Mitte und einer im Norden des Ortes. Westlich von El Chaltén, nach etwa 45 Minuten Gehzeit, treffen sich diese Pfade. Es gibt jedoch eine Trennung in Fußgänger- und Reiterwege. Wer sich vertut und auf dem Reiterweg landet, wird vielleicht mal durch Matsch müssen, aber trotzdem zum Ziel gelangen. Der Weg führt nach kurzem Anstieg ohne große Steigung über Feuchtwiesen und durch Südbuchenwälder. Nach 90 Minuten Wanderung steigt man auf einen abgerundeten Hügel, der einen ersten Blick auf den Granitturm des Cerro Torre ermöglicht. Eine halbe Stunde später erreicht man die beschilderte Abzweigung zum oben beschriebenen Weg zur Laguna Madre. Erst durch alte Lenga-Wälder, dann durch buschig bewachsene Schwemmlandschaft am Río Fitz Roy geht man bis zur Seitenmoräne des Glaciar Torre, des Torre-Gletschers. Im Wald am Fuß der Torre-Moräne liegt der Zeltplatz **Campamento Bridwell** oder d´Agostini. Man steigt auf die Moräne und hat einen potenziell herrlichen Blick auf die **Laguna Torre**, den Torre-See und die Felsnadeln von Cerro Torre (3102 m), Aguja Egger (2900 m) und Cerro Standhardt (2800 m). Der Glaciar Torre und sein Seitenarm, der Glaciar Grande, der vom südlich gelegenen Cerro Grande (2751 m) kommt, ist auf dem Rückzug. Das Schmelzwasser fließt in die Laguna Torre, die meist mit Rieseneiswürfeln gut gefüllt ist.

Pfade führen südlich und nördlich um den See herum und weiter zum Torre-Gletscher. Einige Trekkingfirmen bieten Exkursionen mit Steigeisen auf dem Gletscher an. Auf der Südroute wird der Río Fitz Roy mithilfe einer „Tirolesa", einer Einseilbrücke, überquert, dann marschiert man auf der Moräne am Südufer

Auf dem Weg zur Loma del Pliegue Tumbado – der gemütliche Eindruck täuscht, wegen des extremen Windes konnte sich der Wanderer kaum auf den Beinen halten.

der Laguna Torre zum Gletscher. Die klassische Fortsetzung des Cerro-Torre-Wegs ist jedoch der Aufstieg zum Mirador Maestri. Man geht auf der großen Moräne nordwestlich halb um den See herum. Nach 30 Minuten erreicht man das aufgelassene **Refugio Maestri**, eine Biwakschachtel inmitten von niedrigen Südbuchen. Dieses Refugio diente früher Kletterern als Basislager. Heute verbietet die Parkverwaltung dort die Übernachtung, Notfälle natürlich ausgenommen. Hinter dem Refugio führt der Weg aus dem Wald heraus und quert in weiteren 30 Minuten einen Schotterhang hinauf zum unmarkierten **Aussichtspunkt Maestri**. Vom Aussichtspunkt blickt man direkt auf die senkrechte Ostwand des Cerro Torre, über die Torre- und Grande-Gletscher und die ganze zwischen dem Torre und dem Grande liegende Bergkette, den Cordón Adela. Man kann noch weiter am Gletscher ent-

langgehen und bekommt dann Ausblicke auf den Cerro Fitz Roy im Norden. Weiter über den Gletscher und auf den Cerro Torre, das ist eine Unternehmung für die ganz Harten. Oft harren sie Wochen oder gar Monate aus, bis die Wetterbedingungen gut genug für einen Gipfelsturm sind.

◢ *Der Südweg: Loma del Pliegue Tumbado*

El Chaltén (350 m) – Loma del Pliegue Tumbado (1298 m)
10 km, 4 Std., Höhendifferenz 950 m

Eine attraktive Tagestour führt von El Chaltén auf den Aussichtsberg **Loma del Pliegue Tumbado**, von dem man Cerro Fitz Roy und Cerro Torre zusammen sehen kann. Man geht ganz im Süden von El Chaltén über die breite Straßenbrücke über den Río Fitz Roy bis zum Büro der Nationalparkverwaltung. Hier kann man sich gutes Informationsmaterial und aktuelle Neuigkeiten über den Zustand des Weges holen. Die Wanderung folgt erst einem Bach, der zum Río Fitz Roy führt, stromaufwärts. Das umliegende Gebiet wurde als Weide genutzt und weist nur niedrige Sekundärvegetation auf. Erst in höheren Gefilden wächst wieder der ursprüngliche Hochwald. Der Weg ist wenig bezeichnet, aber im Wald leicht zu finden. Etwas schwieriger sieht es auf der morastigen Hochfläche aus, die auf den Wald folgt. Dort muss man vorausschauen und nach den sporadischen Stangen der Wegmarkierung suchen. Nach diesem Feuchtbiotop steigt der Pfad sanft an und kommt an eine mit Wegweiser markierte Gabelung. Geradeaus führt ein Weg zum Río Túnel und folgt ihm bis zum **Lago Toro**, dem Stier-See, mit gleichnamigem **Refugio** und Zeltplatz (siehe 2.2.4 Circuito Grande, Tag 5). Nach Norden geht es mehr oder weniger weglos über eine steinige Hochfläche hinauf zum Aussichtsberg **Loma del Pliegue Tumbado** (1298 m), was auf Geologendeutsch

so ungefähr Bergrücken der umgekippten Geländefalte heißt. Der Weg führt sanft bergauf, aber der Wind kann hier so stark sein, dass normales Gehen unmöglich wird. Im Gipfelbereich hält sich der Schnee sehr lange und auch im Sommer kann es Neuschnee geben. Man bekommt einen kleinen Eindruck von dem, was die Profis weiter oben in den Steilwänden erwartet. Potenziell hat man vom Gipfel einen sagenhaften Rundblick auf den Monte Fitz Roy, den Cerro Torre und den Lago Viedma.

2.2.4 Circuito Grande – Die große Gletschertour auf dem südlichen Eisfeld

Kartenhinweis
• Patagonian South Ice Field, 1:50 000, Zagier & Urruty

Die Umrundung der Cerro-Fitz-Roy- und Cerro-Torre-Massive auf dem patagonischen Inlandeis gehört zu den **schwierigsten Trekks** Argentiniens. Sechs und mehr Tage (je nachdem, wie lange man durch Sturm im Zelt festhängt) müssen für die Tour eingeplant werden. Nur wer fit ist und auch bei widrigsten Wetterbedingungen Spaß hat, sollte sich auf den Circuito Grande begeben. Nur bestens ausgerüstete Trekker mit viel Gletschererfahrung sollten diesen Weg alleine gehen. Zwar sind die technischen Schwierigkeiten dieser Tour nicht allzu groß, aber es ist jederzeit mit übelsten Stürmen und Sichtweiten unter ein Meter zu rechnen. Es müssen unbedingt Schlechtwettertage eingeplant werden. Als **beste Trekkzeit** gilt der Frühling, wenn die Gletscher verschneit sind und die ganze Strecke auf Ski zu bewältigen ist. Schlechteste Zeit ist der Herbst, da kaum Schnee auf dem Eis liegt und es viele Gletscherspalten gibt. Der Circuito

Internet

Cerro Torre im Internet
de.wikipedia.org/wiki/Cerro_Torre
www.weltderberge.de/samerika/cerrotor.htm
www.bergfieber.de/weltberge/magic/cerro.htm
www.nationalgeographic.de/php/magazin/
topstories/2000/03/topstory1.htm
www.expe.com/montagne/ams/patagonie/
torre/
www.bergsteigen.at/de/Bericht.aspx?ID=684

Cerro Fitz Roy im Internet
de.wikipedia.org/wiki/Fitz_Roy
www.weltderberge.de/samerika/fitz.htm
http://www.peakware.com/peaks.html?pk=82
gosouthamerica.about.com/library/blArg-
pixCerroFitzroy.htm
www.patagonia.com.ar/santacruz/elchalten/
fitzroy.php
www.radiobremen.de/magazin/reisen/
patagonien/bildergalerie.html

Grande wird weltweit von Trekkingunternehmen angeboten, am günstigsten sind die argentinischen Veranstalter vor Ort (siehe Infoblock El Chaltén).

 Tag 1: *Río Electrico-Brücke (400 m) – Westufer Lago Electrico (550 m) 11 km, 5 Std., Aufstieg 150 m*

Wegbeschreibung siehe 2.2.3, S. 107

 Tag 2: *Lago Electrico (550 m) – Marconi-Gletscher (1500 m) 15 km, Gehzeit 7–9 Std., Aufstieg 950 m*

Dieser Tag ist der technisch und konditionell schwierigste des Circuito Grande. Zunächst geht es mühsam über die enorme **Endmoräne** des Marconi-Gletschers nach oben. In dem sich ständig verändernden Gelände muss jedes Mal ein neuer Weg gesucht werden. Auf dem Eis angelangt, wird das Gehen leichter. Der **Gletscher** ist meist recht flach, nur zwischen 1000 und 1200 m gibt es ein Steilstück, für das Steigeisen benötigt werden. Es gibt eine

Auf dem Weg zum Fitz Roy – mal wieder Regen und Graupel

Reihe enger Gletscherspalten auf dem Gletscher, Vorsicht ist geboten. Die Eisbegehung an sich wäre nicht sonderlich problematisch, aber der fast ständig wehende Westwind droht die Trekker vom Gletscher zu blasen. Der zweiarmige Marconi-Gletscher ist wie ein großes Ypsilon, dessen unteres Ende zum Lago Eléctrico zeigt. Er wird auch liebevoll „**el embudo**", der Trichter, genannt, denn er sammelt wie ein gigantischer Trichter die enormen Luftmassen, die vom Pazifischen Ozean kommend über den patagonischen Eisschild brausen. Die Trekker steigen quasi durch den Trichterausgang gegen die Windrichtung auf. Die letzten 300 Höhenmeter vor dem **Marconi-Pass** sind wieder flacher. Schließlich ist der Pass (49° 10.81′ S 73° 07.84′ W) erreicht und man kann in Ruhe die gigantische Rundsicht genießen. Im Süden sind die Felstürme des Cerro Fitz Roy und die 800-m-Steilwand des Torre Pier Giorgio zu bewundern, im Norden zeigt sich der Vulkan Lautaro. Etwas unterhalb des Passbereiches gibt es gute Zeltmöglichkeiten. Wegen des Windes müssen die Zelte unbedingt gut eingegraben werden.

 Tag 3: *Paso Marconi (1500 m) – Circo de los Altares (1350 m) 15 km, 6–8 Std., Abstieg 150 m*

Hat man Glück mit dem Wetter, bringt der heutige Tag den optischen Höhepunkt der Tour. Der Blick geht über das riesige Hielo Patagonico Sur, das südliche patagonische Inlandeis bis zur eisbedeckten Bergkette Mariano Moreno, den höchsten Gipfeln des südlichen Eisfeldes. Vom **Marconi-Pass** wählt man eine Route nach Süden, die einen halben bis ganzen Kilometer westlich des Cordon Marconi auf dem Eis verläuft. Ob sich für die insgesamt 25 km Eisfeld die Mitnahme von

Schneeschuhen, Skis oder Pulkas lohnt, muss jeder für sich entscheiden. Wer sie bis jetzt mitgeschleppt hat, kann das Eisfeld auf jeden Fall mehr genießen. Bei Schlechtwetter ist auf diesem Streckenabschnitt die Gefahr fehlzugehen oder in eine Gletscherspalte zu fallen, groß. Man sollte daher darauf vorbereitet sein, auch mehrere Tage im Zelt abzuwarten. Manche Trekker ziehen an einem Tag bis zum südlichen Eisrand durch, doch meistens wird im **Circo de los Altares**, dem Kreis der Altäre, am Fuß der legendären Westwand des Cerro Torre, eine Nacht verbracht. Südlich des Cerro Rincón (2465 m) wendet man sich auf dem Eisfeld nach Osten (etwa 49° 16.96′ S 73° 11.31′ W) und erreicht das legendäre **Campamento Circo de los Altares** (49° 16.84′ S 73° 08.57′ W). An diesem fantastischen Ort wird Camp 3 aufgeschlagen. Die Gipfelrunde aus Cerro Rincón, Cerro Domo Blanco, Aguja Bifida, Cerro Standhardt, Aguja Egger und Cerro Torre gilt vielen Bergfreunden als das schönste natürliche Amphitheater der Welt.

🔺 *Tag 4: Circo de los Altares (1350 m) – Laguna de los Esquiés – Refugio Paso del Viento (1200 m)*
15 km, 7–8 Std., Abstieg 150 m, danach Aufstieg 300 m

Man verlässt den **Circo de los Altares** in westlicher Richtung und nimmt dann wieder Kurs nach Süden. Der Cerro Torre verschwindet langsam aus dem Blickfeld, dafür zeigt sich die stark vergletscherte Adela-Kette. Der südöstliche Abfluss des südlichen patagonischen Inlandeises ist der breite Viedma-Gletscher, der sich in den riesigen Viedma-See wälzt. Von Osten kommt vom Cerro Grande ein Seitengletscher, der sich mit dem **Viedma-Gletscher** vereint. Südlich dieser Stelle verlässt man den

patagonischen Eisschild und bekommt auf der Seitenmoräne des Viedma-Gletschers wieder geröllhaltigen Boden unter die Füße. Auch dieser Wegabschnitt verändert ständig seine Gestalt. Im Tal östlich der Gletschermoräne haben sich einige Seen gebildet, an denen campiert werden kann. Wenn das Wetter gut ist, kann man das Zelt an der **Laguna de los Esquiés**, dem Skisee, aufschlagen (49° 22.90′ S 73° 09.11′ W). Schlechtwetteroptionen sind das **Bivac Ferrari** (49° 23.48′ S 73° 07.90′ W) und das einfache **Refugio Paso del Viento** (49° 25.51′ S 73° 06.25′ W). Letzteres liegt bereits südlich des Passes an einem See. Aber selbst im Refugio ist man nicht vor Wettereinflüssen sicher. Bei starken Regenfällen tritt der See vor der Hütte über die Ufer und die Trekker müssen zu den Hochbetten waten.

🔺 *Tag 5: Refugio Paso del Viento (1200 m) – Paso del Viento (1500 m) – Campamento Lago Toro (650 m)*
13 km, 6–7 Std., Aufstieg 300 m, Abstieg 850 m

Vom **Refugio Paso del Viento** steigt ein gut durch Steinmännchen markierter Weg 4 km hinauf zum **Pass des Windes** (49° 23.70′ S 73° 06.68′ W) auf 1500 m Höhe. Warum der Pass so heißt, dürfte nach dieser Tour jeder wissen. Sein Spitzname ist „la tobera patagonica", die patagonische Düse. Der Passbereich ist breit, es gibt sogar einige kleine Seen. Der Ausblick ist noch einmal spektakulär. Im Westen sieht man den Viedma-Gletscher, im Norden Cerro Grande, Cerro Solo und Agujas de Río Túnel, und im Osten blickt man in das malerische Toro-Tal, das Stiertal. Zwei große Gletscher, Glaciar Quervain und Glaciar Río Túnel kommen von der Nordseite des Toro-Tales herunter und schieben auf der Südseite ihre Moränen auf. Beim Abstieg über steile Schutthalden hält man sich auf der südlichen Seite. Nach einer Stunde erreicht man die etwa 100 m hohe **Moräne** des Río-Túnel-Gletschers. Man umgeht die höchsten Moränenhänge, indem man ein Stück nach Westen ausweicht, steigt dann auf die Schotterwand und wandert ostwärts über die flache Gletscherzunge des **Glaciar Río Túnel**. Nach Überquerung der östlichen Moräne erreicht man die südlichen Ufer des Río Túnel und des Lago Toro. Der eiskalte **Río Túnel** muss durchwatet werden. Früher gab es auch eine „Tirolesa", eine Einseilbrücke, doch wurde diese vom Hochwasser zerstört. Es gibt zwei gute Stellen für die Flussüberquerung. Üblicherweise durchwatet man den Einlauf des Sees, der nur knietief ist, aber schnell strömt, und wechselt auf die Nordseite des Sees. Man kann aber auch auf der landschaftlich schöneren Südseite des Sees bleiben und dann den ruhigen, aber hüfttiefen Ablauf des Sees queren. Das sehr einfache **Refugio Lago Toro** befindet sich beim Ostende des Sees in einem Wäldchen, daneben kann auch gezeltet werden (49° 23.40′ S 73° 02.62′ W, 650 m).

△ *Tag 6: Campamento Lago Toro (650 m) – El Chaltén (350 m)*
15 km, 6 Std., Aufstieg 350 m,
Abstieg 650 m

Ein breiter Weg führt in etwa zwei Stunden flussabwärts zu einer Wellblechhütte, dem **Puesto Río Túnel**, einer Außenstation der gleichnamigen Estancia. Hier wendet sich der Pfad nach Norden und steigt zu einem Pass unterhalb des Loma del Pliegue Tumbado auf. Der weitere Weg nach **El Chaltén** durch hügeliges Wald- und Sumpfland ist in 2.2.3 unter „Der Südweg" beschrieben (siehe S. 110). Wer den letzten Tag bequemer gestalten will, kann sich

Lago Viedma

vor Beginn der Tour Packpferde zum Lago Toro bestellen.

Trekkingunternehmen bieten vom Refugio Paso del Viento auch eine folgende andere Rückkehrvariante nach El Chaltén.

△ *Variante Tag 5: Refugio Paso del Viento (1200 m) – Paso Huemul (1300 m)*
8 km, 7 Std., Aufstieg 200 m,
Abstieg 100 m

Diese Route folgt in südöstlicher Richtung dem Weg des **Viedma-Gletschers** zum gleichnamigen **See**. Sie führt über die Flanken des Cerro Huemul (2750 m), des Bergs des Andenhirsches, der fast umrundet wird. Man läuft über andine Wiesen an kleinen Seen vorbei bis zum Camp am **Paso Huemul**. Vom Zeltplatz hat man einen schönen Blick über den Viedma-Gletscher.

△ *Variante Tag 6: Campamento Paso Huemul (1300 m) – Lago Viedma (700 m)*
5 km, 2 Std., Abstieg 600 m

Am letzten Tag steigt man bis zum **Lago Viedma** ab. In der Bahia Cabo dos Hornos, der Bucht Kap Hoorn, ist eine Bootsanlegestelle.

Das Boot HUEMUL gehört Patagonia Aventura und bringt Trekker nach Vorbestellung über den See nach Bahia Túnel, der Bucht des Lago Viedma, in die der Río Túnel mündet. Die letzten 14 km nach **El Chaltén** werden mit dem vorbestellten Fahrzeug auf der Straße zurückgelegt.

2.2.5 Weitere Touren von El Chaltén

Wasserfall Chorillo del Salto

Wenn es in den oberen Etagen gar zu übel aussieht, gibt es immer noch die Möglichkeit, mit dem Bus oder Taxi den riesigen Lago Viedma (14 km südlich des Orts) zu besuchen oder zum Wasserfall Chorillo del Salto (1 Std. Fußweg, an der Straße Richtung Norden) zu spazieren. Auf dem Weg zum Wasserfall sieht man oft Schwärme von Smaragdsittichen (Enicognathis ferrugineus), die sich ziemlich ungerührt vom Klicken der Kameras über reife Früchte und Samen hermachen.

Lago del Desierto

Etliche Busunternehmen fahren zum schön gelegenen Lago del Desierto, dem Wüsten-See (30 km nördlich des Orts). Chile und Argentinien haben sich lange um dieses Grenzgebiet gestritten. Erst seit 1995 gehört der 12 km lange See ganz zu Argentinien. Wer nicht nur eine Tagestour machen will, kann vom Ende der Straße am Südende des Sees an dessen Ostufer bis zur Gendarmería am Nordufer wandern. Bei diesem Grenzposten gibt es kostenlose Zeltplätze. Viele Trekker warten schon sehnsüchtig darauf, dass es eines Tages von hier eine reguläre Verbindung nach Villa O´Higgins am Ende der spektakulären chilenischen Südstraße, der Carretera Austral, geben wird. Bislang ist die Verbindung sehr mühsam. Man meldet sich bei der argentinischen Gendarmería ab und marschiert über die chilenische Grenze. Zwei Tage geht es in nördlicher Richtung bis zur Estancia Candelario Mancillo. Von dieser isolierten Viehstation fährt unregelmäßig und nur selten ein Boot über den Lago O´Higgins nach Villa O´Higgins.

Seekajaktour von El Chaltén nach El Calafate

Wer das Besondere liebt, kann in fünf Tagen mit dem Kajak von El Chaltén nach El Calafate zurückpaddeln. Zunächst muss man für die Bootstour eine Erlaubnis der Nationalparkverwaltung einholen. Dann geht es zum Einbooten zur Bahia del Tunél 14 km südlich von El Chaltén am Lago Viedma. Von dort fährt man in die Bahia Cabo de Hornos und weiter bis an den Glaciar Viedma. Von der 3 km breiten und bis 70 m hohen Gletscherfront ist respektvoller Abstand zu halten. Zwar kalbt er nicht so häufig wie der Ventisquero Perito Moreno, aber die Fallwinde vom Inlandeis mit den resultierenden hohen Wellen können sehr unangenehm werden. Vom Gletscher fährt man nach Süden, passiert die Isla de los Carneros und wendet sich dann nach Osten. Da der Wind in Patagonien fast immer von Westen kommt, wird nun das Paddeln wesentlich einfacher. Ein windgeschütztes Plätzchen ist die Bahia Pernambuco am Südufer des Sees. Am Ostende des Lago Viedma liegt sein Abfluss, der Río La Leona, der Löwinnenfluss. Begleitet von der Ruta 40 fließt dieser Fluss nach Süden in den Lago Argentino. Nur 7 km weiter südlich ist der Abfluss des Lago Argentino, der Río Santa Cruz, der 300 km weiter östlich in den Atlantik mündet. Nach El Calafate oder weiter in den südlichen Teil des Nationalparks Los Glaciares geht es nun wieder gegen den Wind nach Westen.

Südpatagonien

2.3 Nationalpark Torres del Paine

2.3.1 Der chilenische Nachbar auf dem Eis

Der Nationalpark Torres del Paine, Türme von Paine, liegt in Chile, soll aber dennoch in diesem Buch kurz besprochen werden, denn viele Trekker besuchen ihn in Verbindung mit dem direkt auf der argentinischen Seite der Grenze anschließenden Los Glaciares-Nationalpark. Der 242 242 Hektar große Torres del Paine-

Nationalpark wurde 1959 gegründet und steht seit 1978 auf der Liste der UNESCO-Biosphärenreservate. Er wurde viel gerühmt und reichlich mit Superlativen wie „schönster Nationalpark" oder „bestes Trekkinggebiet" Südamerikas versehen. Das hat ihn in den letzten Jahren so populär gemacht, dass die Gefahr besteht, dass es ihm geht wie vielen bekannten Alpenzielen und er zu Tode geliebt wird. Wegen des hohen Besucherdrucks von mittlerwei-

---

Info Punta Arenas

115 000 Einwohner, Meereshöhe, Tel.: 061

Nationales Fremdenverkehrsamt SERNATUR
Waldo Seguel 689, Tel.: 24-1330
www.sernatur.cl

Städtisches Fremdenverkehrsamt
Plaza Muñoz Gamero, Tel.: 20-0610

Nationalparkverwaltung
Parque Nacional Torres del Paine
Corporación Nacional Forestal (CONAF)
José Menendez 1146
Tel.: 22-3841

Es gibt zwei Konzessionäre für die **Unterkünfte** im Nationalpark Torres del Paine, die Firma Andescape in Puerto Natales (siehe dort) und
Hostería Las Torres/Fantástico Sur
Magellanes 960, Punta Arenas
Tel.: 22-6054
www.lastorres.com
Wer in der Hochsaison ein Bett haben will, sollte unbedingt vorbuchen.

Busbahnhof
Gibt es nicht. Jede Gesellschaft hat ihr eigenes Büro, was für eine Stadt dieser Größe ziemlich ätzend ist. Da es vom Süden Chiles keine Straßenverbindung innerhalb des Landes nach Norden gibt, fahren alle Fernbusse über Argentinien, in der Regel über die Ruta 3 an der Atlantikküste.

Hier nur die Gesellschaften, die nach Puerto Natales, in Richtung des Nationalparks Torres del Paine, fahren:
Buses Fernández, Armando Sanhueza 745,
Tel.: 24-2313, 22-1812
Buses Pacheco, Colón 900, Tel.: 24-2174, 24-1162
Bus Sur, Menéndez 565, Tel.: 24-4464
Buses Transfer, Puerto Montt 966, Tel.: 22-9613

Fährlinien und Kreuzfahrten
Vom Tres Puentes-Fährhafen im Norden der Stadt fahren Schiffe der Transbordardora Austral Broom, Bulnes 5075, Tel.: 218100 (www.tabsa.cl) etwa nach Porvenir auf Feuerland, zur Isla Magdalena und nach Puerto Williams, der südlichsten Siedlung der Welt, auf der Insel Navarino.
Turismo COMAPA, Magallanes 990, Tel.: 20-0200 (www.comapa.cl) organisiert unter anderem Luxuskreuzfahrten mit dem Schiff Mare Australis durch die Cordillera de Darwin bis nach Ushuaia und von dort weiter bis nach Kap Hoorn.

Fluglinien
LanChile, Lautaro Navarro 999, Tel.: 24-1100
Aerovias DAP, O'Higgins 891, Tel.: 22-3340

Punta Arenas im Internet
www.turismochile.com/guia/punta_arenas/
www.chileaustral.com/scott/city.html
www.interpatagonia.com/puntaarenas/serviciosturisticos.html
www.chilecontact.com/es/conozca/puntaArenas.php
www.moon.com/planner/argentina/mustsee/punta_arenas.htm

---

le 80 000 Touristen pro Jahr erwägt die Nationalparkverwaltung in der Hochsaison im Januar und Februar Eintrittsbeschränkungen einzuführen. Die Wege zu den Torres del Paine werden von vielen Ungeübten begangen und auch bewältigt, aber man sollte sie dennoch nicht unterschätzen. Auch im Sommer kann es im Park schneien und das Gehen und die Wegfindung dadurch mühsam werden. Starke Winde können zu Stürzen führen. Und es soll schon um die wenigen heißen Duschen auf den Campingplätzen zu ernsten Rangeleien gekommen sein.

2.3.2 Anreise über Punta Arenas und Puerto Natales

Punta Arenas

Punta Arenas ist die größte Stadt Südpatagoniens und einer der wichtigsten Verkehrsknotenpunkte. Wer nicht mit der NAVIMAG-Fähre direkt nach Puerto Natales reist, kommt in der Regel durch Punta Arenas. Für Trekker interessant ist ein Besuch des Salesianermuseums, Av. Bulnes 374, mit Ausstellungen über den Bergsteigerpriester Alberto de Agostini und die indigene Bevölkerung der Region.

Puerto Natales

Das geschäftige Städtchen liegt am optimistisch benannten **Seno Ultima Esperanza**, dem Meerbusen der letzten Hoffnung. Für die Herkunft des Namens gibt es zwei Deutungen, entweder kommt er von Spaniern aus dem 17. Jahrhundert oder er wurde der Meerenge 1892 während der Reise des deutschen Kapitäns Hermann Eberhard durch die chilenischen Fjorde gegeben. Auf jeden Fall hatte sich ein Seefahrer in dem Gewirr der Inseln und Kanäle so verfranst, dass der Meerbusen seine letzte

Hoffnung war, auf Festland zu stoßen. Eine belegte Großtat von Hermann Eberhard war die Entdeckung der Cueva del Milodon, der Höhle des Riesenfaultiers, 25 km nordwestlich von Puerto Natales. Das Mylodon war ein 4 m großer Pflanzenfresser, der Ende des Pleistozäns ausgerottet wurde. Eberhard fand gut erhaltene Fell- und Knochenreste in der Höhle, die zum Großteil ins British Museum in London gebracht wurden. Ein Fellfitzel des Mylodons landete jedoch in der Vitrine der Großeltern des Reiseschriftstellers Bruce Chatwin und inspirierte ihn zu jener Patagonienreise, die er unter dem Titel „In Patagonia" literarisch verarbeitet hat. Geschichten wie diese erfährt man im Museo Histórico, Bulnes 285. Noch heute gibt es eine Möglichkeit, nach Art der alten Seefahrer in den Seno Ultima Esperanza zu gelangen. Die NAVIMAG-Fähre MS Puerto Edén fährt von Puerto Montt durch die fantastischen chilenischen Fjorde, Kanäle und Inseln nach Puerto Natales. Die Tour wird mit der Hurtig-Route entlang der Fjorde Norwegens oder der Inlandpassage durch den Alexanderarchipel Alaskas verglichen. Die Fähre braucht vier Tage und drei Nächte für eine Strecke. Das Schiff wurde nach dem 200-Seelen-Ort Puerto Edén auf der Insel Wellington, einem der isoliertesten Orte auf der Welt, benannt. Die sehr beliebte Reise ist im Sommer stark gebucht, baldige Reservierungen sind ratsam. Es ist in der Regel leichter, einen Platz für die Rückfahrt von Puerto Natales nach Puerto Montt zu bekommen.

Service-Adressen

NAVIMAG
In Puerto Natales:
Costanero Pedro Montt 380, Puerto Natales,
Tel.: 061-411-421
in Puerto Montt: Tel.: 065-43-2360
in Santiago de Chile: Tel.: 02-442-3120
www.navimag.com

Südpatagonien

Südpatagonien

Puerto Natales ist die wichtigste Basis für Touren in den Torres del Paine-Nationalpark. Die gut organisierte Tourismusindustrie der Stadt bietet Nationalparkexkursionen in vielen Varianten an.

Für betuchte Reisende gibt es Komfortpakete mit Bergführer, dem Transport von Personen und Gepäck mit Pferden und Booten und Übernachtungen in Berghotels und Berghütten. Für die unabhängigen Trekker werden Transfers und Campingplatzreservierungen angeboten. Wer nur über eine unvollständige Ausrüstung verfügt, braucht nicht zu verzweifeln. In Puerto Natales gibt es alles Notwendige, seien es nun Zelte, Schlafsäcke, Isomatten, Jacken oder Kocher, zu mieten und natürlich auch zu kaufen. Puerto Natales bietet über 70 Unterkunftsmöglichkeiten, auch für schmale Geldbeutel.

Eine sympathische Pension mit Familienanschluss und Gepäckaufbewahrung während des Trekkings ist Residencial Geminis, Phillipi 653, Puerto Natales, Tel.: 061-41-2081, 41-5889.

Info Puerto Natales

20 000 Einwohner, Meereshöhe, Vorwahl 061

Nationales Fremdenverkehrsamt SERNATUR
Ecke Costanero Pedro Montt und Philippi, Tel.: 41-2125

Städtisches Fremdenverkehrsamt
Im Museo Histórico, Bulnes 265, Tel.: 41-1263

Nationalparkverwaltung
Parque Nacional Torres del Paine
Corporación Nacional Forestal (CONAF)
Büro in Puerto Natales
O´Higgins 584, Puerto Natales, Tel.: 41-1438
Hauptverwaltung – Sede administrativa – am Lago del Toro, dem Stier-See, mitten im Nationalpark,
Tel.: 691931, E-mail: torres_paine@hotmail.com.

Es gibt zwei Konzessionäre für die **Refugios** im Nationalpark Torres del Paine: Hostería Torres/Fantástico Sur in Punta Arenas (siehe dort) und
Andescape
Eberhard 599, Puerto Natales, Tel.: 41-2877

Wer in der Hochsaison ein Bett haben will, sollte unbedingt vorbuchen.

Busbahnhof
Gibt es nicht. Jede Gesellschaft hat ihr eigenes Büro. Wichtigste Haltestelle ist die Kreuzung Valdivia und Baquedano.
Da es vom Süden Chiles keine Straßenverbindung innerhalb des Landes nach Norden gibt, fahren alle Fernbusse über Argentinien, in der Regel über die Ruta 3 an der Atlantikküste.

Hier nur die Busgesellschaften, die in den Torres del Paine-Nationalpark und nach Punta Arenas fahren:
In den Nationalpark Torres del Paine fahren, meist zweimal täglich
Andescape, Eberhard 599, Tel.: 41-2877
Buses Fernández, Eberhard 555, Tel.: 41-1111
http://www.busesfernandez.com/index-in.html
Buses Gomez/Fortaleza, Arturo Prat 234, Tel.: 41-1971, www.busesgomez.com/
Buses JB, Arturo Prat 258, Tel.: 41-2824, busesjb@hotmail.com
Bus Sur, Baquedano 500, Tel.: 41-1859, 24-4464, www.bus-sur.cl/
Buses Maria José, Bulnes 36, Tel.: 41-4312, juan_lasa@hotmail.com
Buses Transfer, Buses Sur und Buses Fernández fahren auch drei- bis achtmal täglich nach Punta Arenas. Ebenfalls nach Punta Arenas fahren
Buses Pacheco, Baquedano 500, Tel.: 41-4513, 41-4800, www.busespacheco.com/servicios.htm

Fluglinien
LanChile, Tomás Rogers 78, Tel.: 41-1236
Aerovias DAP, Bulnes 100, Tel.: 41-5100

Puerto Natales im Internet
www.aventurarse.com/turismo/puertonatales.html
www.turismochile.com/guia/puerto_natales/
www.chilecontact.com/es/conozca/ptoNatales.php
www.enjoy-chile.org/chile/puerto-natales-museos-hospitales-chile.php

2.3.3 Tourorganisation

Versorgung

In der Regel wird man sich vor der Abreise in den Nationalpark in den gut bestückten und günstigen Supermärkten von Puerto Natales mit ausreichendem Proviant eindecken. In Trekkingläden und „ferretarias", Eisenhandlungen, kann man Gaskartuschen und „bencina blanca", Waschbenzin, für die Kocher erstehen. Wer nicht viel tragen möchte und über genügend Kleingeld verfügt, kann jedoch auch im Torres del Paine-Nationalpark in zwölf „almacenes", kleinen Läden, Essbares erstehen oder sich gleich vom Küchenpersonal in Hotels und Herbergen warm verköstigen lassen.

Unterkunft während des Trekkings

Der Torres del Paine-Nationalpark verfügt entlang seines großen Wegenetzes über vielfältige Unterkunftsmöglichkeiten. An den Zubringerstraßen gibt es Hotels unterschiedlicher Ausstattung, an den Wanderwegen Berghütten, Campingplätze mit Duschen und WCs und auch einfache Zeltplätze, meist mit Wasserversorgung und Plumpsklos. Nur Letztere sind kostenfrei. Wenn einige lange Wandertage nicht gescheut werden, können die Torres-del-Paine-Trekks so organisiert werden, dass nur in den Refugios geschlafen wird und kein Zelt getragen werden muss. Dabei gibt es aber zwei Risiken: das Schlechtwetter- und das Überfüllungsrisiko. Man sollte zumindest einen Biwaksack mitnehmen und in der Hochsaison die Hütten unbedingt bei einem der in den Infoblocks für Punta Arenas und Puerto Natales genannten Konzessionäre vorbuchen.

Informationen über Unterkünfte bei

www.lastorres.com/, www.andescape.cl oder www.torresdelpaine.com/secciones/03/a/directorio.asp

Anreise zu den Touren

Bus

Alle Busse befahren die 116 km lange Strecke von Puerto Natales über Villa Cerro Castillo zum **Eingang Laguna Amarga** am südöstlichen Ende des Nationalparks, aber nur manche fahren von dort noch die 29 km bis zur Nationalparkverwaltung am **Lago Toro**. Von diesen beiden Haltestellen verteilen Minibusse die Touristen weiter zu Unterkünften, Bootsanlegestellen und Einstiegen in die Wanderwege. Es gibt ein halbes Dutzend Busgesellschaften und eine Vielzahl von Ticketvariationen, auch abhängig von der Übernachtungsart. Beim Kauf des Tickets oder der Reservierung von Unterkünften sollte man sich genau erkundigen, welche Transfers im Preis enthalten sind. Wegen der Vielzahl der Möglichkeiten, überlegt man sich am besten schon in Puerto Natales, welche Route man gehen will und erkundigt sich erst dann nach Transfers. Die Busse von Puerto Natales fahren zwischen 7.00 und 14.30 Uhr und benötigen drei Stunden zum Parkeingang. Zurück geht es ab etwa 12 Uhr. Die Adressen und Telefonnummern der Busgesellschaften stehen im Infoblock für Puerto Natales.

Boot

Teurer, aber unvergleichlich interessanter ist die Anreise mit Booten. Von Puerto Natales schippert man 60 km durch den tief ins Gebirge eingeschnittenen **Seno Ultima Esperanza** nach Nordwesten in den **Nationalpark Bernardo O'Higgins**, mit über 3,5 Millionen Hektar der größte Chiles. 4 km nördlich von Puerto Natales liegt Puerto Bories mit den Überresten eines riesigen Fleisch- und Wollverarbeitungskomplexes der Sociedad Exploradora de Tierra del Fuego aus dem Jahr 1913. Im Fjord fühlen sich Seelöwen und Kormora-

Südpatagonien

ne sehr wohl. Die Fahrt führt am Balmaceda-Gletscher vorbei, der vom Cerro Balmaceda (2035 m) herunterfließt, bis zur Bootsanlegestelle **Puerto Toro**. Von hier führt eine kurze Wanderung über eine Moräne zum Gletschersee des **Glaciar Serrano**, der oft voller kleiner Eisberge ist. Bei gutem Wetter kann man schon vom Fjord die Spitzen der Paine-Berge sehen. Vom Torres del Paine-Nationalpark kommt der **Río Serrano**, der in den Seno Ultima Esperanza mündet. Mit Schlauchbooten fährt man diesen Fluss stromaufwärts. Wer in die Wildnis am Lago Tyndall will, muss am Zusammenfluss von Río Serrano und Río Tyndall aussteigen. Die Route der Boote führt weiter bis zum Salto Río Serrano, wo der Fluss über Felsen stürzt. Diese Stelle wird umtragen, und man erreicht schließlich die Mole am Campingplatz Río Serrano, von dem Minibusse auf unbefestigten Straßen zu den Einstiegsstellen für die klassischen Trekkingrouten fahren. In umgekehrter Richtung beginnt die Tour an der Sede administrativa CONAF, der Nationalparkverwaltung, am Lago Toro. Der Tourbeginn ist jeweils um 8 Uhr, das Tourende gegen 17 Uhr.

Service-Adressen

Buchungen in Puerto Natales
Onas Patagonia
Eberhard 599, Tel.: 061-41-2707
E-mail: onas@chileaustral.com
Turismo Cutter 21 de Mayo
Eberhard 554, Tel.: 061-41-1978, und
Ladrilleros 171, Tel.: 061-41-1176
E-Mail: 21demayo@chileaustral.com

Fähren auf den Seen im Nationalpark
Von Oktober bis April fährt ein- bis dreimal täglich ein Katamaran vom **Refugio Pudeto** über den **Lago Pehoé** zum **Refugio Lago Pehoé**. Diese schöne 30- bis 40-minütige Fahrt erspart zum Beispiel den 5-stündigen Marsch vom Refugio Lago Pehoé zur Nationalparkverwaltung am Lago Toro.

Zweimal täglich, um 9 Uhr und um 15 Uhr, fährt im Sommer ein Boot von der Hostería Lago Grey zur Albergue und Campamento Grey am Nordufer des Sees. Auf dieser Fahrt wird auch ein Abstecher zur Gletscherfront gemacht. Die Tickets kann man beim Einsteigen kaufen. Vorbuchung bei: Hielos Patagónicos, Tel.: 061-22-6054 oder in Reisebüros.

Offizielles
Der **Eintritt** in den Park ist **kostenpflichtig**. Am Parkeingang wird jeder Wanderer registriert und nach der geplanten Route befragt. Theoretisch werden Einzelwanderer nicht eingelassen. Wer allein unterwegs ist, soll sich deshalb schon im Bus um eine Gruppe bemühen, die ihn für kurze Zeit adoptiert. Wegen des großen Besucherdrucks sind Teile des Parks für Trekker gesperrt worden. Dies betrifft jedoch nicht die beliebtesten Routen. In der Hochsaison kann es aber wegen Überfüllung **Zugangsbeschränkungen** geben.

Die Verhaltensvorschriften im Park sind im Prinzip genau so streng wie unter Nationalpark Los Glaciares beschrieben, allerdings gibt es allein schon wegen der höheren Besucherzahlen mehr Umweltprobleme.

Internet-Service

Der Torres del Paine-Nationalpark im Internet
de.wikipedia.org/wiki/Torres_del_Paine
www.turismochile.cl/parques_nac2/
    delpaine.htm
www.torresdelpaine.com/secciones/04/d/
    directorio.asp
www.visitingchile.com/paquetes-turisticos/
    patagonia/torres-paine-lago-grey4/
    torres-paine-lago-grey4.php
www.torresdelpaine.com/secciones/
    01/d/preguntas.asp
www.moon.com/planner/argentina/mustsee/
    pn_torres_paine.html

Das Gebiet des Torres del Paine-Nationalparks hat in seiner Geschichte immer wieder beabsichtigt oder unbeabsichtigt vom Menschen verursachte Waldbrände erlebt. 2005 kam es zu einem weiteren traurigen Höhepunkt. Bedingt durch die Unachtsamkeit eines Trekkers brannten 10 % der Fläche des Parks ab.

2.3.4 Das „W" der Torres del Paine

Kartenhinweis
• National Park Torres del Paine Trekking Map, 1:100 000, Luis Bertea Rojas
• Torres del Paine Trekking Map, 1:100 000, JLM Mapas
• Parque Nacional Torres del Paine, 1:100 000, CONAF, Gratiskarte der Nationalparkverwaltung
• Torres del Paine, 1:100 000, infotrekking

Die beliebteste Tour im Nationalpark ist das „W". Sie heißt so, weil die Abfolge der gelaufenen Wege auf der Karte an ein W erinnert. Das „W" ist mit fünf Tagen nicht so lang wie der Rundweg und man ist auf dieser Tour vor allem wesentlich unabhängiger vom Wetter. Bei Schneefall bleibt man einfach in niederen Gefilden. Es gibt viel Diskussion darüber, ob man das „W" von links oder von rechts laufen soll. Die hier skizzierte Variante von Osten hat den Vorteil, dass man bei Bedarf im Abstand von fünf Tagen zweimal auf den Torres-Aussichtspunkt kann. Nicht selten sind die berühmten Türme nämlich gar nicht oder nur schemenhaft zu sehen.

 Tag 1: Puerto Natales – Parkeingang Guardería Laguna Amarga – Hostería Las Torres (100 m) – Campamento Torres (700 m)
9 km, 4 Std., Aufstieg 600 m

Man fährt mit einem frühen Bus von **Puerto Natales** zum **Parkeingang** Guardería Laguna Amarga und erledigt bei den Rangern die Formalitäten. Ein Minibus fährt weiter zum Hotel und Informationszentrum **Hostería Las Torres**. Vom Hotel folgt man den Wegweisern zu den Torres. Der Weg geht zunächst bis zum **Río Ascencio**, der auf einer Hängebrücke gequert wird. Nach der Brücke teilen sich der Los Cuernos-Weg entlang des Lago Nordenskjöld und der Torres-Weg. Über eine Moräne geht es in nordwestlicher Richtung bergauf. Der Weg führt im Tal des Río Ascencio durch dichten Lenga-Wald. Nach etwa zwei Stunden geht ein Seitenpfad nach Osten zu einer weiteren Hängebrücke, und man erreicht die Herberge und den Campingplatz **Chileno**. Noch eine Stunde Marsch sind es bis zum Rangerposten **Guardería Avanza de Torres** und dem gleichnamigen Zeltplatz. Kurz vor dem Camp passiert man einen Wegweiser und den Pfadanfang zum Mirador Torre. Der Zeltplatz liegt schön in dichtem Südbuchenwald und verfügt über Wasser und eine Toilette. Wenn das Wetter gut ist, kann man am selben Tag zum **Aussichtspunkt Torres** aufsteigen, am schönsten präsentieren sich die Türme aber im Licht des Sonnenaufgangs.

 Tag 2: Campamento Torres (700 m) – Aussichtspunkt Torres del Paine (1050 m) – Campamento Los Cuernos (100 m) 27 km, 7–8 Std., Aufstieg 350 m, Abstieg 950 m

Wer den klassischen Ausblick auf die Torres haben will, muss eine Stunde vor Sonnenuntergang los. Man geht ein kurzes Stück zum Wegweiser zurück und biegt in den Mirador Torres-Weg ein. Der mit orangefarbenen Farbklecksen markierte Weg folgt einem Bächlein durch Geröll und Felsen. Nach knapp einer Stunde Aufstieg erklimmt man die Endmoräne des kleinen **Torres-Sees**, in den der Torres-Gletscher fließt, und steht vor den drei weltberühmten Batholith-Türmen Torre Norte (2600 m), Torre Central (2800 m) und Torre Sur (2850 m), auch Torre de Agostini genannt. Hat man die Zeit richtig getroffen, erstrahlen sie erst rosa, dann glühend orange im warmen Morgenlicht unseres Fixsterns. Oder es schneit oder es ist total neblig und man sieht überhaupt nichts. Die Rückkehr zum **Camp** erfolgt auf dem gleichen Weg. Die meisten Trekker steigen nun wieder ins Tal ab. Wer seine Ruhe will, kann dem Río Ascencio weiter an seinem Westufer stromauf folgen. Der Weg überquert eine Halde mit Moränenschutt und führt dann wieder in den Wald. Nach einer Stunde ist das Campamento Japonés, das vor allem bei Kletterern beliebt ist, erreicht. Von dort kann man weiter den Oberlauf des Río Ascencio und das anschließende Valle del Silencio, das Tal der Stille, erforschen. Wieder unten in Ufernähe des Lago Nordenskjöld angelangt, geht man nicht nach Osten zur Brücke über den Río Ascencio, sondern biegt nach Westen auf den gut markierten **Los-Cuernos-Weg** ein. Der Weg führt oberhalb des Lago Nordenskjöld durch niedrige Vegetation. Bevor das Gebiet zum Nationalpark erklärt wurde, wurde im unteren Bereich viel Holz eingeschlagen und vor allem große Feuer gelegt, um Weideland zu schaffen. Da die Regeneration in diesen Breiten sehr langsam ist, wird es noch eine Weile dauern, bis sich der Wald wieder erholt hat. Der Weg kreuzt mehrere Wildbäche, die von den Hängen des Cerro Paine Chico Sur herunter in den Lago Nordenskjöld fließen. Wenn es stark regnet oder wenn es sehr heiß ist, sodass oben am Berg die Gletscher abschmelzen, kann die

Querung dieser Bäche problematisch sein. In der Regel erreicht man jedoch ohne Schwierigkeiten die Herberge und den Campingplatz **Los Cuernos**. Heute schläft man direkt unter den drei Hörnern Cuerno Norte (2400 m), Cuerno Principal (2600 m) und Cuerno Este (2200 m), die beinahe so berühmt sind wie die Torres. Die Postkartenfotos der Cuernos werden allerdings vom gegenüberliegenden Ufer des Lago Nordenskjöld gemacht.

 Tag 3: Refugio Los Cuernos (100 m) – Campamento Italiano (150 m) – Campamento Britanico (750 m) – Aussichtspunkt Valle del Francés (850 m) – Campamento Italiano (150 m) 6 km, 6–7Std., Aufstieg 750 m, Abstieg 700 m

Nach zwei Stunden Wanderung entlang des Seeufers kommt man zum Zeltplatz **Italiano**, der als Basis für Wanderungen in das Valle del Francés, das Tal des Franzosen, dient. Nach Aufschlagen des Zeltes geht man ohne Gepäck entlang des Río del Francés nach Norden. Der Pfad folgt einer bewaldeten Seitenmoräne zum **Glaciar Frances**, dem Franzosengletscher. Dieser spektakuläre Gletscher fließt von der Paine-Grande-Gruppe ins Tal. Der Pfad nähert sich der Stelle, wo der Río Francés durch eine Engstelle tost. Hier kann man über das Geröll der Seitenmoräne bis zu einem kleinen Gletschersee hinuntersteigen. Das Gletschereis hängt an vielen Stellen im Berg über und man sieht häufig Lawinen oben in der Wand abgehen. Der Hauptgipfel der Berggruppe, der Paine Grande Cumbre Principal, ist mit 3050 m der höchste Berg des Nationalparks. Man geht zum Weg wieder zurück und folgt ihm durch herrlichen Lenga-Wald. Nach zwei Stunden Aufstieg erreicht man den Zeltplatz **Británico**.

Von diesem Platz geht ein Fußweg ab, auf dem man nach 15 Minuten einen **Aussichtspunkt** erreicht. Von diesem Mirador sieht man, falls es nicht gerade regnet, schneit oder graupelt, im flammenden Abendlicht die Westseite der Torres. Die Rückkehr erfolgt auf dem gleichen Weg zum Zeltplatz **Italiano**.

Tag 4: Campamento Italiano (150 m) – Refugio Lago Pehué (50 m) – Refugio Grey (50 m) 20 km, 6 Std., Anstieg 400 m, Abstieg 500 m

Beim Zeltplatz **Italiano** führt eine Hängebrücke über den Río del Francés. Man läuft in südöstlicher Richtung zunächst oberhalb des Franzosen-Flusses, der in den Lago Nordenskjöld mündet, dann oberhalb einiger kleinerer Seen. Nach etwa eineinhalb Stunden erreicht

man den **Lago Skottsberg** und folgt dessen Westufer. Nach einer weiteren halben Stunde ist die logistische Basis am **Lago Pehué**, mit Herberge, Campingplatz, Laden und Bootsanlegestelle erreicht. Hier zweigt der Weg zum Grey-Gletscher, der „Sendero Grey", nach Norden ab. Man erreicht die kleine **Laguna Los Patos**, den Entensee, und passiert sie am Ostufer. Zur Rechten des Weges ragt das Cerro-Paine-Grande-Massiv auf, zur Linken liegt der große Grey-See. Der Sendero Grey erreicht nach etwa drei Stunden einen Sattel, von dem es steil durch morastiges Gelände im dichten Wald Richtung Seeufer hinuntergeht. Einige schwierige Stellen sind mit Eisengeländern versehen. Nach dem Abstieg geht es auf einfachen Pfaden weiter. Man quert den Río Olguin auf einer Brücke und erreicht schließlich die Herberge und den Campingplatz **Grey**, der über warme Duschen, Restaurant und ei-

Aufwärmen im Campamento Italiano

Abendlicher Trekkertreff am Grey-Gletscher

 Tag 5: *Refugio Grey (100 m) – Albergue Lago Pehoé (50 m) – Guardería Lago Pehoé (50 m) – Puerto Natales 13 km, 4 Std., Aufstieg 400 m, Abstieg 400 m*

Man kehrt auf dem Sendero Grey zum **Lago Pehoé** zurück. Von hier fährt ein Boot ein- bis dreimal täglich in einer Dreiviertelstunde über den See zur Anlagestelle bei der Rangerstation **Guardería Lago Pehoé**. Von dieser Bootsanlegestelle führt ein kurzer Weg zum Aussichtspunkt **Mirador Cuernos**, von dem man über den Lago Nordenskjöld auf die Cuernos del Paine sehen kann. Von der Anlagestelle des Bootes fahren Minibusse zum Parkausgang und von dort Busse zurück nach **Puerto Natales**. Wer am Anfang des „W" bei den Torres Wetterpech hatte, kann jetzt einen zweiten Versuch wagen.

 Alternative Route: *Refugio Grey (50 m) – Albergue Lago Pehoé (100 m) – CONAF, Lago Toro (50 m) 28,5 km, 9 Std., wenig Höhenunterschiede*

nen kleinen Laden verfügt. Von verschiedenen Aussichtspunkten hat man herrliche Ausblicke auf den Grey-Gletscher. Bei gutem Wetter sollte man wegen der Aussicht noch ein Stück nach Norden in Richtung Zeltplatz **Los Guardas** gehen. Am Campamento Grey schwimmen die Eisberge bis an den Strand vor den Zelten. Ein beliebter kurzer Weg führt vom Campingplatz zu einem Felsen am See direkt gegenüber der Gletscherfront. Hier treffen sich die Trekker, um den Eisbergen zuzuschauen und die Abendstimmung zu genießen.

Von der Pier am Campingplatz fährt auch zweimal täglich das Boot über den Lago Grey ab. Wer früh auf den Beinen war, kann noch am Nachmittag das Boot nehmen, das in drei Stunden über den Lago Grey zum Hotel Lago Grey fährt. Beim Hotel gibt es Minibusse, die zurück zum Parkausgang fahren. In der Regel wird jedoch am Grey-Gletscher übernachtet.

Wenn das Boot wegen Sturm oder einer Panne nicht fahren kann oder wenn man sich noch etwas bewegen möchte, läuft man von der Bootsanlegestelle weiter nach Süden, am Westufer des **Lago Pehoé** entlang. Nach etwa 45 Minuten erreicht man einige Inselchen im See. Von dort bietet sich bei gutem Wetter die bekannte Postkartenperspektive für Fotos über den Lago Pehoé auf die Cuernos del Paine. Der Weg verlässt bald danach das Ufer des Lago Pehoé und folgt dem Ostufer des Río Grey bis zum Zeltplatz **Las Carretas**. Eine Carreta ist ein zweirädriger Wagen, wie ihn die frühen Siedler gerne benutzt haben. Vom Zeltplatz sind es noch knapp zwei Stunden durch die

Südpatagonien

Flussebene bis zur Nationalparkverwaltung CONAF am **Lago Toro**. Auch von hier bestehen Minibus-Verbindungen zum Parkeingang.

2.3.5 Der Rundweg Sendero Circuito de la Cordillera del Paine

> **Kartenhinweis**
> • National Park Torres del Paine Trekking Map, 1:100 000, Luis Bertea Rojas
> • Torres del Paine Trekking Map, 1:100 000, JLM Mapas
> • Parque Nacional Torres del Paine, 1:100 000, CONAF, Gratiskarte der Nationalparkverwaltung
> • Torres del Paine, 1:100 000, infotrekking

Der 9–10 Tage dauernde Rundweg ist die klassische Torres del Paine-Tour. Seine Durchführung ist viel wetterabhängiger als die des W, denn die Route führt über den John-Garner-Pass (1230 m), der gerne mal zuschneit. Ab einer bestimmten Schneehöhe sperrt die Nationalparkverwaltung den Pass. Der Rundweg wird meist gegen den Uhrzeigersinn gelaufen, um einen sanften Passanstieg zu haben.

 Tag 1: Puerto Natales – Guardería Laguna Amarga – Hostería Las Torres (100 m) – Puesto Serón (200 m) 16–20 km, 4–5 Std., Aufstieg 100 m

Von Puerto Natales fährt man zum Parkeingang **Guardería Laguna Amarga**. Die erste Startmöglichkeit zum Sendero Circuito ist von der Straße, die Richtung Hostería Las Torres führt. Man biegt nahe der Brücke über den Río Paine nach Norden in den mit orangefarben markierten Sendero Circuito ab. Der Weg führt zunächst ein gutes Stück westlich des Flusses, nähert sich dann dem Ufer und vereint sich im letzten Drittel mit dem Weg, der vom Camping Las Torres kommt. Letzterer ist

bei Trekkern beliebter. Zum einen ist er 4 km kürzer, zum anderen kann man – wie beim „W" beschrieben – vor Beginn des Rundweges einen Abstecher zu den Torres del Paine machen. Vom Parkeingang lässt man sich im Minibus bis zum Campamento bzw. dem Refugio Las Torres fahren, etwa 1 km vor der Hostería Las Torres. Hinter dem Refugio zeigt ein Wegweiser den Beginn des Rundweges an. Erst über grasbewachsene Moränen, dann durch eine kleine Schlucht führt der Weg sanft in die Höhe. Dort liegt altes Weideland und die Berghänge sind daher nur von niedriger Vegetation bewachsen. Der Weg folgt streckenweise Viehzäunen. Über Blumenwiesen steigt man in das Tal des Río Paine ab und trifft auf den Weg, der vom Parkeingang kommt.

Der Paine-Fluss fließt nordwestlich durch das sogenannte **Valle Encantado**, das verzauberte Tal. Man muss zwei Bächlein überqueren und erreicht schließlich über weite Uferwiesen den bewirtschafteten Campingplatz **Puesto Serón**.

 Tag 2: Puesto Serón (200 m) – Refugio Lago Dickson (200 m) 19 km, 6 Std., Aufstieg 400 m, Abstieg 400 m

Ohne größere Höhenunterschiede führt der Weg zunächst entlang des **Río Paine**. Auf der oft teilweise überschwemmten Flussebene weiden gerne Wildgänse. Nach einer Dreiviertelstunde Marsch biegt der Weg nach Nordwesten ab und führt durch Südbuchenwälder bergauf. Bald wird ein kleiner See, die **Laguna Alejandra**, erreicht. Man folgt dem Südufer des Seeleins und steigt dann auf eine Anhöhe hinauf. Von diesem **Aussichtspunkt** hat man einen schönen Blick auf den Lago Paine im Norden und die steil aufragenden Berge, den

Cerro Ohnet (1929 m) und den Cerro Paine Chico (1971 m), im Westen. Nun geht der Weg langsam wieder abwärts. Die Nordseite des Tals ist nicht nur der Sonne, sondern auch starken Winden ausgesetzt, sodass sich meist nur niedrige Dornbuschvegetation oder kümmerliche Wälder entwickeln. Nach etwa drei Stunden erreicht man das Westende des **Lago Paine**. Dort, wo der Río Paine in den See fließt, befindet sich das **Campamento Coirón**, das aber offiziell geschlossen wurde. Man geht weiter nach Westen, möglichst ein Stück oberhalb der morastigen Schwemmwiesen des Río Paine. Immer besser kommen die Berge in Sicht, etwa der Cerro Trono Blanco (2197 m) oder der Cerro Aleta de Tiburón (1717 m) im Südwesten. Der Weg steigt die Moräne hinauf, hinter der sich der Lago Dickson ausdehnt. Im Norden sieht man den Dickson-Gletscher, der vom Inlandeis herunterkommt. Am Südende des **Lago Dickson** liegt das gleichnamige Campamento, das heiße Duschen, Wasserklosetts und warme Mahlzeiten bietet.

Tag 3: *Refugio Lago Dickson (200 m) – Campamento Los Perros (550 m)*
9 km, 4 Std., Aufstieg 350 m

Vom **Lago Dickson** folgt man dem Río de los Perros, dem Hundefluss, der zunächst in südöstlicher Richtung mäandert. Der Legende nach sind hier die Hütehunde eines Schäfers beim Versuch, den schnell fließenden Fluss zu überqueren, ertrunken. Nach etwa zwei Stunden erreicht man den **Río Cabeza del Indio**, den Indianerkopf-Fluss, der nach einer Felsformation benannt ist. Man quert diesen Fluss auf einer Holzbrücke. Ab hier verläuft das Tal des **Río de los Perros** in südwestlicher Richtung. Nach einer halben Stunde Marsch erreicht man den **Salto de los Perros**, den Was-

serfall des Hundeflusses. Durch Lenga-Wald geht es flussaufwärts bis zu einer Hängebrücke. Man quert die Brücke und kommt bald zu einer Moräne. Dieser natürliche Damm staut den Gletschersee am Fuß des Glaciar de los Perros, des Hunde-Gletschers. Dieser Gletscher fließt zwischen den Bergen Punta Negra, Cerro Catedral, Cerro Ostrava und Cerro Blanco Sur, alle 2100 oder 2200 m hoch, zu Tal. Man folgt noch eine Weile der Endmoräne und erreicht dann über eine Flussebene den **Campingplatz Los Perros**.

Tag 4: *Campamento Los Perros (550 m) – Paso John Garner (1230 m) – Campamento Paso (430 m)*
12 km, Gehzeit bei regulären Verhältnissen 6 Std. Aufstieg 680 m, Abstieg 800 m

Der heutige Tag ist der potenziell problematischste der Tour, denn er führt weit oberhalb der Baumgrenze über den Pass John Garner. Wenn es kräftig schneit, was auch im Hochsommer vorkommen kann, wird der Pass ohne zusätzliche Ausrüstung unpassierbar und daher von den Parkrangern gesperrt. Man kann dann entweder abwarten und Tee trinken oder man läuft den gleichen Weg wieder zurück. Von **Los Perros** führt der Weg durch oft sehr sumpfiges Gelände im niedrigen Wald weiter talaufwärts. Nach einer Stunde Marsch quert man den Oberlauf des **Río de los Perros**, des Hundeflusses. Man folgt dem Fluss bis zur Baumgrenze und orientiert sich dann an kleinen Steinpyramiden, die den Weg nach Westen auf alpinem Grasland markieren. Der Pfad steigt nun stärker an, führt über ein Wildbächlein und kaum bewachsene Felsen. Im Norden zeigt sich der Cerro Amistad, der Freundschaftsberg, von dem ein kleiner Gletscher fließt. Der Weg zum **Pass John Garner** ist mit

Stangen und Farbsymbolen markiert. Oben angelangt, blickt man auf die riesige Eismasse der Grey-Gletschers, der sich vom südlichen patagonischen Inlandeis in den Grey-See schiebt. An diesem exponierten Ort hat man gute Chancen, den stärksten Wind der gesamten Tour genießen zu dürfen. Wenn man sich genug durchgeblasen fühlt, steigt man in die Zone der niederen „Latschen"-Südbuchen ab. Der Wald wird mit geringerer Höhe wieder mächtiger, man erreicht die Zone der immergrünen Ñire-Bäume. Ein sehr steiler und nach Regenfällen unangenehm rutschiger Pfad führt zum alten Paso-Garner-Zeltplatz. Der neu eingerichtete **Paso-Zeltplatz** liegt etwa 40 Minuten Weges weiter südlich hinter einer Holzbrücke über einen Bach.

Wenn die Passtour gut gelaufen ist und noch genügend Tageslicht bleibt, erledigen viele Trekker das Programm von Tag 5 gleich mit

und laufen in weiteren drei Stunden bis zum Zeltplatz Los Guardas oder noch eine Stunde weiter zur Herberge und zum **Campingplatz Grey**.

 *Tag 5: Campamento Paso (430 m) – Refugio Grey (50 m)*
10 km, 4 Std., Abstieg 380 m

Man läuft in südöstlicher Richtung durch den Wald, bis man eine kleine Schlucht erreicht, durch die ein Wildbach fließt. Bei hohen Wasserständen ist die Querung dieses Baches nicht ungefährlich. Der Weg führt auf den steilen Hängen über dem Grey-Gletscher auf und ab, bis der **Zeltplatz Los Guardas** erreicht ist. Dort gibt es einen kleinen Wasserfall mit gutem Trinkwasser. Ein kurzer unmarkierter Weg führt zu einem **Aussichtspunkt** über dem Grey-Gletscher. Der Grey-Gletscher teilt sich

Südpatagonien

Am Lago Grey

Anna und ihre legendäre „pasta improvvisata"

Eine **Variante** des Circuito führt zunächst östlich des Río Paine zur **Laguna Azul**, dann über die **Laguna Cebolla** zum **Refugio Paine** am Nordufer des Lago Paine. Von dort geht der Weg nördlich des Río Paine zum **Lago Dickson**, dessen Ausläufer auf einer kleinen Fähre gequert werden muss. Es wird dringend empfohlen, vor dem Abmarsch zu fragen, ob die Fähre funktionsbereit ist. Ab dem Refugio Dickson ist man dann wieder auf Normalkurs.

2.3.6 Weitere Touren im Nationalpark

Im Torres del Paine Nationalpark gibt es noch eine Reihe anderer lohnenswerter Trekks.
Sehr beliebt ist die einfache **Zweitagestour** von der mit Minibussen oder dem Boot erreichbaren Hostería Grey am Südende des Lago Grey entlang des Südufers des Río Pingo zum **Campamento Zapata**, wo übernachtet wird. Von unweit des Zeltplatzes gelegenen Aussichtspunkten kann man den Lago Pingo und den Zapata-Gletscher sehen. Zurück geht es auf dem gleichen Weg.
Ein Tagesausflug beginnt an der Straße zwischen dem Lago del Toro und dem Lago Pehué, etwa 2,5 km nördlich des Informationszentrums am Lago Toro, und führt zur **Laguna Verde**, dem Grünen See. Dort befinden sich ein Refugio, ein Campingplatz und ein Rangerposten, und es besteht Straßenanschluss.
Auch die Río Pingo- und Lago Verde-Routen sind auf der Karte der Nationalparkverwaltung eingetragen und einfach zu finden.
Selten besucht und noch echte Wildnis ist dagegen die Region um den **Lago Tyndall**, dem man sich am einfachsten über die Bootsverbindung auf dem Río Serrano nähert (siehe 2.3.2).

durch einen Nunatak, einen Inselfelsen, in zwei Zungen und fließt schließlich in den Lago Grey. Der 200 m starke Gletscher kalbt regelmäßig in den See und bringt auch große Findlinge mit sich. Der Weg hinunter zur Herberge und zum **Campingplatz Grey** verläuft im Wald. Vom Hauptweg gibt es mehrere kleine Pfade zu erhöhten Punkten, von denen man den Gletscher gut sehen kann. Der weitere Weg zum Campingplatz Lago Grey (siehe Beschreibung des „W") ist gut ausgeschildert.

 Tage 6–9: Nun wird das „W" in umgekehrter Richtung gelaufen. Am letzten Tag kommt man wieder bei der Hostería Las Torres an, von der Minibusse zum Parkeingang fahren.

Südpatagonien

3.1 Ushuaia – Inselhauptstadt am Ende der Welt?

Wer nicht mit dem Flugzeug in den äußersten Süden Argentiniens reist, sondern sich die 3000 km von Buenos Aires nach Feuerland im Bus oder Auto ersitzt, wer die topfebene windgepeitschte patagonische Wüste auf der an Eintönigkeit kaum zu überbietenden Route der Nationalstraße Nr. 3 durchquert, dem erscheint die Südhälfte der großen Insel am Ende aller Straßen wie eine Oase der Sinne. Endlich verschwindet das Graugelb der Ebene, endlich erscheinen wieder Berge, wieder Bäume, wieder grüne Wiesen. Statt des Brausens des Windes ertönen Vogelstimmen. Man schmeckt wieder das Wasser klarer Bäche und riecht schließlich auch die Nähe des Meeres. Die Provinzhauptstadt Ushuaia ist die touristi-

sche Basis für die meisten Ausflüge in die wilde Natur Feuerlands. Sie liegt an einer Bucht des Beagle-Kanals vor einem natürlichen Amphitheater aus von Gletschern zerschürften, fast 1500 m hohen Gipfeln. Ushuaia ist ein Wort der Yámana-Indianer, das verschieden übersetzt wird. Die einen sagen, es bedeute Bucht, die sich nach Westen zieht, die anderen, es hieße Bucht, die nach Osten sieht. Beides kommt wohl aufs Gleiche hinaus, und auf jeden Fall haben nur wenige Städte auf dieser Welt eine so schöne Lage. Ushuaia bezeichnet sich stolz als die südlichste Stadt der Erde, was allerdings nur stimmt, wenn man das chilenische Puerto Williams auf der südlichen Seite des Beagle-Kanals als Dorf definiert. Als Mit-

Historischer Lagerplatz der Yámana-Indianer, Feuerland-Nationalpark

Die seefahrenden Indianer am Ende der Welt

Die letzten Gebiete der Erde, die Homo sapiens auf seinem Eroberungszug um den Erdball besiedelte, waren Feuerland und die chilenischen Fjorde. Indianer der Stämme der Yámana (Yaghanes) und der Kaweskar (Alacalufes) kamen vor 7000 bzw. 8000 Jahren in diese Regionen und passten sich erfolgreich an die dort herrschenden extremen Umweltbedingungen an. Sie bauten Rindenkanus, wurden zu Seefahrern und besiedelten die Inseln am äußersten Ende Südamerikas bis hin zum Kap Hoorn. Die Indianer verbrachten den Großteil des Tages auf ihren Booten und waren den Unbilden der Witterung voll ausgesetzt.

Erstaunlicherweise trugen diese Menschen kaum Kleidung. Nur Umhänge aus zusammengenähten Robbenhäuten schützten sie gegen das schlimmste Wetter. Meist gingen die Indianer völlig nackt, schmierten sich allerdings gegen Wärmeverlust dick mit Robbenfett ein. Fett hatte den Vorteil, dass der Regen abperlte, während er Kleidung bald völlig durchnässt hätte. Um sich warm zu halten, unterhielten die Indianer ständig ein Feuer. Selbst in ihren Booten brannte auf einem Sand- oder Lehmbett ein offenes Feuer. Da feuchtes Holz stark qualmt, waren diese Feuer weithin zu sehen. Sie fielen auch dem portugiesischen Entdecker Fernão Magalhães auf, der im Auftrag des spanischen Königs Karl I. die Westpassage nach Asien suchte. Er nannte diesen nasskalten Teil der Erde „a terra do fogo", woraus seine spanische Mannschaft „la tierra del fuego" und die deutschen Übersetzer Feuerland machten.

In den Kanus, die aus einem Spantengerüst und drei großen, mit Seelöwen- oder Walsehnen und Knochennadeln vernähten Baumrindenbahnen bestanden, saß meist eine ganze Familie, bis zu zehn Personen, mitsamt ihren Hunden. Das Familienoberhaupt nahm im Bug Platz, dann kamen die Kinder und Hunde und im Heck hatte die Mutter das Steuer in der Hand. Jedes Familienmitglied hatte seine Aufgaben. Der Mann versuchte mit Harpune und Lasso Seelöwen oder Pinguine zu erlegen. Die Kinder kümmerten sich um das Feuer und schöpften eindringendes Wasser aus dem Boot. Die Frau paddelte, lenkte und fischte mit Angel und Netz. Ein ganz wichtiger Bestandteil der Ernährung waren Muscheln und Schnecken, nach denen ausschließlich die Frauen in dem oft nur vier oder fünf Grad warmen Wasser tauchten. Die männlichen Stammesmitglieder gingen einer kuriosen Tradition folgend nicht ins tiefe Wasser. Sie lernten nie schwimmen und waren beim Kentern eines Kanus dem Tod geweiht.

Die amphibische Lebensweise der Indianer formte ihre Körper auf besondere Art. Durch das ständige Paddeln entwickelten sie mächtige Oberkörper und muskulöse Arme. Die Beine wurden dagegen so gut wie nicht genutzt. Den ganzen Tag im Boot und einen Teil des Abends in der Hütte hockten sie auf ihren Hacken. Diese Haltung ist an sich sinnvoll, denn dadurch wird weniger Wärme als beim Stehen oder Liegen abgegeben und der Torso gerät nicht in Kontakt mit feuchtem Untergrund. Da die Indianer aber den Großteil ihres Lebens so hockten, verkrümmten und verkümmerten ihre Beine. Die Haut über den Knien dehnte sich so, dass sie in aufrechter Haltung in Falten über dem Gelenk stand.

Gegen Abend landete eine Indianerfamilie in einer geschützten Bucht an und baute sich rasch einen Unterschlupf aus dürren Ästen, die mit Grassoden oder Robbenfellen notdürftig nach oben abgedichtet wurde. Geschlafen wurde einfach auf dem Boden um das Feuer.

An Land ging die Nahrungssuche weiter. Frauen und Kinder sammelten Beeren und Pilze in Körben, die sie aus Junco, einer Sauergrasart, flochten. Die Männer gingen mit den Hunden auf die

Jagd. Die flinken Vierbeiner erlegten Nutrias und Fischotter und spürten mit ihren guten Nasen Aas auf. Das größte Glück der Indianer war ein gestrandeter Wal. Wenn Kormorankolonien in der Nähe waren, wurde auch nachts gejagt. Dabei seilten sich die Indianer mit Seilen aus Pflanzenfasern bis in die Brutfelsen hinunter ab, blendeten die Vögel mit Fackeln und töteten sie durch einen Biss in den Nacken.

Die Indianer waren Anhänger von Naturreligionen und ehrten die Geister, die in der belebten und unbelebten Natur zu Hause waren. Die Kaweskar glaubten etwa an den Schöpfergott Xolas, an Mwongo, den Geist der Geräusche, den im Sumpf wohnenden Ayayema, der Naturkräfte wie Wind und Regen beherrschte, und an Kawtcho, den furchterregenden Nachtgeist, der tagsüber unter der Erde umging. Zur Geburt und bei Krankheit wohnten die Indianer längere Zeit auf bestimmten Inseln. Kam es dabei zu Todesfällen, wurden Zeichen hinterlassen, dass dort böse Geister wohnten, eine sinnvolle Hygieneregel. Charles Darwin, der 1832 mit dem Forschungsschiff Beagle nach Feuerland kam, entgingen diese Dinge, mit europäischer Arroganz nannte er die Indianer „subhumane Wesen ... ohne spirituelles Leben."

Bei der Durchführung heiliger Riten kamen die normalerweise sehr verstreut lebenden Menschen in größerer Anzahl zusammen. Sehr wichtig war Kalakai, der Initiationsritus der Knaben, der von den Großvätern geleitet wurde. Die Jungen wurden am ganzen Körper bemalt, mit Albatrosfedern geschmückt und in den Regeln des Stammes unterrichtet. Zum Zeichen des Erwachsenseins bekamen sie ihren ersten Hund. Bei solchen Zusammenkünften wurde natürlich auch nach Partnern Ausschau gehalten. Geheiratet wurde bald nach der Geschlechtsreife, bei den Jungen mit 15 oder 16, bei den Mädchen mit 13 oder 14 Jahren.

Für das junge Paar wurde bald ein eigenes Kanu gebaut. Solange es in einer Gegend genug Nahrung gab, kehrten die Familien abends zum gleichen Unterschlupf zurück. Versprach die nächste Bucht bessere Jagd, baute man eben dort eine neue Hütte. Da die Zahl günstiger Lagerplätze begrenzt war, benutzten die Indianer über Generationen immer wieder die gleichen Orte. Dort sammelte sich die Asche der Lagerfeuer und Müll an. Die organischen Bestandteile verrotteten zu Humus, aber die Kalkgehäuse von Schnecken und Muscheln blieben erhalten. Im Laufe der Jahrtausende entstanden richtige Hügel aus Asche und Kalkschalen.

Die Lagerplätze an den Küsten sind fast das Einzige, was von diesen unglaublich lebenstüchtigen Menschen geblieben ist. Als die Weißen kamen, war ihr Schicksal besiegelt. Die Neuankömmlinge brachten bislang unbekannte Krankheiten wie Masern, Diphtherie, Typhus und Tuberkulose mit, gegen die die Indianer keine Abwehrkräfte hatten.

Das Ende der Yámana kam dann durch wohlmeinende Missionare. Ende des 19. Jahrhunderts konzentrierte die britische South American Missionary Society die Reste der vormals sehr isoliert von anderen Menschen lebenden Indianer in Missionsstationen. Dort wurde ihnen das Tragen züchtiger Kleidung befohlen. Sie vertrugen jedoch weder die oft nasse Kleidung noch das ungewohnte Essen. Durch das enge Beisammensein konnten sich aus Europa eingeschleppte Krankheiten schnell ausbreiten. Die Indianer starben wie die Fliegen. Die Yámana zählten 1860 noch etwa 2500 Menschen. 1869 wurde die Mission von Ushuaia eingerichtet. 1893 lebten noch 300, um 1900 starben die letzten auf Feuerland. Nur auf der Insel Navarino haben einige Yámana-Mestizen überlebt.

Die chilenischen Kaweskar zählten um 1850 noch 4000 Menschen, um 1900 waren es weniger als 100. 2004 lebten nur noch zwei Handvoll reinblütiger Indianer in den entlegensten Gebieten Südchiles.

teleuropäer, den endlose, leere Weiten oft ängstigen oder auch nur langweilen, fühlt man sich hier gleich zu Hause. Selbst das Klima ist etwas erträglicher als in anderen patagonischen Regionen. Eigentlich hat man sich „the uttermost part of the earth" wie Charles Darwin auf seiner Reise mit der Beagle die Gegend nannte, viel schlimmer vorgestellt. Doch man muss sich vor Augen halten, dass die großen Entdecker, angefangen mit Magellan im 16. Jahrhundert, mit dem Schiff unterwegs waren. Und die brutalen Stürme, brodelnden Seen und gefährlichen Strömungen der Region sind selbst heute noch eine Herausforderung für gute Seeleute.

Die **Indianer**, die Feuerland seit Tausenden von Jahren besiedelten, befuhren in fragilen Rindenkanus die Meeresstraßen zwischen den vielen Inseln der Region (siehe Textkasten: Die seefahrenden Indianer am Ende der Welt, S. 132). Sie konnten unter schwierigsten Umweltbedingungen überleben, hatten aber den weißen Eroberern, die ihre Nahrungsgrundlagen plünderten und neue Krankheiten einschleppten, nichts entgegenzusetzen.

Um seinen Anspruch auf Feuerland zu demonstrieren, gründete Argentinien 1884 die Stadt Ushuaia, die zunächst hauptsächlich von Sträflingen und ihren Aufpassern besiedelt wurde. Neben gewöhnlichen Kriminellen wurden auch politische Gefangene in den fernen Süden geschickt. Die **Sträflingskolonie** existierte bis 1947.

Seit den 1950ern ist die Stadt eine wichtige Militärbasis, die zweimal den Ernstfall erlebte. 1978 standen sich Argentinier und Chilenen hoch gerüstet auf beiden Seiten des Beagle-Kanals gegenüber. Es ging mal wieder um die Grenzziehung. Beide Staaten beanspruchten die kleinen Inseln Lennox, Nueva und Picton im Kanal. Der Vatikan intervenierte und verhinderte das Schlimmste. Die **Grenzstreitigkeiten** wurden 1984 beigelegt und nur einige verminte Zonen sind als Andenken an den Konflikt geblieben. Eine reguläre Verbindung zwischen Ushuaia und dem chilenischen Puerto Williams gibt es jedoch bis heute nicht. Nicht so glimpflich ging die Geschichte 1982 im Falkland- bzw. Malvinas-Krieg aus. Um von innenpolitischen Schwierigkeiten abzulenken, hatte die argentinische Militärjunta unter General Leopoldo Galtieri die britische Inselgruppe besetzen lassen. Margret Thatcher schickte postwendend die Royal Navy. Nach nur 74 Tagen Krieg kapitulierten die argentinischen Militärs und dankten zugunsten einer Zivilregierung ab. Für die Gefallenen des Krieges wurde am Hafen von Ushuaia ein Denkmal errichtet.

In den letzten zwei Jahrzehnten entwickelte sich die Stadt zu einem Zentrum der Elektroindustrie und baute ihre Stellung als Touristenhauptstadt Feuerlands und Basis der Antarktiskreuzfahrer aus. Die Spannbreite der **touristischen Infrastruktur** ist groß. Vom unbewirtschafteten Zeltplatz bis zum Fünfsternehotel, von Linienbussen bis zu Charterflugzeugen, jeder findet etwas für seinen Geldbeutel. Ushuaia wirbt zwar im Übermaß mit dem romantischen Prädikat „Ende der Welt", doch ist der ständig wachsende 50 000-Seelen-Ort eine eher kühle und für argentinische Verhältnisse teure Geschäftsstadt, die gut von Industrie, Militärbasen, Handel und vor allem vom Tourismus lebt. Die hohen Löhne locken Argentinier aus ärmeren Landesteilen und Einwanderer, meist aus Osteuropa, in den äußersten Süden. Im Stadtzentrum kann man die prächtigen Villen derer besichtigen, die es geschafft haben. Am Stadtrand, oft halb im Wald gelegen, sieht man dagegen die armseligen Hütten und Zelte der sozialen Verlierer.

3.2 Umgebung von Ushuaia

3.2.1 Anreise über Ushuaia

Beim flüchtigen Blick auf die Landkarte fällt es gar nicht auf, aber spätestens am Schlagbaum kommt das Erwachen – der argentinische Teil der Insel Feuerland ist auf dem Landweg nur über chilenisches Territorium zu erreichen. Die Magellanstraße wird bei Punta Delgada oder bei Punta Arenas mit Fähren überquert. Die **Grenzkontrollen** zwischen Argentinien und Chile sind zeitaufwendig, aber meist harmlos. Aus Gründen des Seuchenschutzes dürfen nach Chile keine frischen Lebensmittel, aber auch keine Souvenirs aus Holz, Fell oder Federn mitgenommen werden. An manchen Grenzübergängen wird deshalb das gesamte Gepäck durchleuchtet.

Um mit dem **Bus** nach Ushuaia zu gelangen, muss man zunächst entweder nach Río Gallegos in Argentinien oder nach Punta Arenas in Chile fahren. Von Río Gallegos fahren mehrere Busgesellschaften über Punta Delgada nach Río Grande; Auskünfte Terminal de Ómnibus Río Gallegos, Tel.: 02966-44-2042. Von Río Grande fahren vier Linien nach Ushuaia (siehe Infoblock Ushuaia). Auf der Alternativroute von Punta Arenas fahren Tecni Austral (in Ushuaia durch Tolkar repräsentiert) und Pacheco (in Ushuaia durch Tolkeyen repräsentiert); Auskünfte bei Tecni Austral, Punta Arenas,

Südpatagonien

Warum die Bäume ihre Blätter verlieren – eine Legende der Yámana-Indianer

Es begab sich zu der Zeit, als die Bäume auf Feuerland noch das ganze Jahr über Blätter trugen. Ein Knabe vom Stamm der Yámana sollte während seiner Initiationsriten Mut beweisen und mehrere Tage allein im Wald verbringen. Nach der verabredeten Zeit kam er jedoch nicht zurück. Viele Monde vergingen und alle dachten, er sei in der Wildnis umgekommen. Doch eines schönen Tages marschierte er ins Dorf und erzählte von großen Abenteuern in einem Land weit im Norden. Dort seien die Wälder viel größer und die Bäume viel höher als auf Feuerland. Außerdem würden die Bäume jedes Jahr ihre Blätter verlieren. Da lachten die Dorfbewohner den Jungen aus und sagten, er sei nicht mehr ganz gescheit und würde Unsinn erzählen. Tief beleidigt lief dieser davon. Erst im nächsten Herbst kam er wieder. Er hatte sich in einen Papagei verwandelt. Seine Oberseite war grün wie die Blätter, aber seine Brust war feuerrot. Wenn er sich auf einen Baum setzte, färbten sich dessen Blätter rot und fielen dann zu Boden. Da gerieten die Indianer in große Aufregung und dachten, alle Bäume würden sterben. Nun hatte der Knabe in Pagageiengestalt etwas zu lachen. Er rief den Dörflern zu: „Ihr Dummköpfe, wartet nur bis zum Frühling, dann kommen die Blätter schon wieder." Und seit diesem Ereignis verlieren auch auf Feuerland viele Bäume im Herbst ihre Blätter.

Lautaro Navarro 971, Tel.: 0056-61-22-3205/22-2078 und Pacheco, Punta Arenas, Avenida Colon 900, Tel.: 0056-61-242174. Vor allem während der Hauptsaison sollten

Busplätze im Voraus gebucht werden. Die Fähren über die Magellanstraße betreibt die Transbordardora Austral Broom, www.tabsa.cl. Auf der Webseite www.ushuaia.com.ar/

Info Ushuaia

50 000 Einwohner, am Meer gelegen, Vorwahl 02901

Fremdenverkehrsamt der Provinz
Av. Maipú 505, Tel.: 42-1423/3340

Städtisches Fremdenverkehrsamt
San Martín 674, Tel.: 43-2000/42-4550, in Argentinien auch gebührenfrei 08003331476,
E-Mail: muniush@speedy.com.ar

Nationalparkverwaltung
Parque Nacional Tierra del Fuego
San Martin 1395, Tel.: 42-1315,
E-Mail: tierradelfuego@apn.gov.ar.

Andenclub
Club Andino Ushuaia (CAU)
Fadul 50, 9410 Ushuaia
Tel.: 42-2335
E-Mail: cau@tierradelfuego.com.ar
www.clubandinoushuaia.com.ar

Der Club Andino Ushuaia führt einmal im Monat kostenlose Tagestouren durch, die unter der Rubrik „caminatas abiertas" auf der Webseite angekündigt werden. Er vermittelt Bergführer und vertreibt ein spanisches Buch mit Tourenbeschreibungen für Trekker, Bergsteiger und Mountainbiker: Luis Turi: Guia de Sendas y Escaladas de Tierra del Fuego, ISBN 987-43-5430-5. Wer auf Feuerland schwere Touren plant, sollte sich aus Sicherheitsgründen vor Tourbeginn beim Club Andino Ushuaia abmelden.

Museen
Von den Museen der Stadt ist für Trekker das Yámana-Indianer-Museum ein absolutes Muss. Man sollte dieses Museum mit seinen hervorragenden Dioramen besucht haben, bevor man auf den Beagle-Kanal oder in den Feuerland-Nationalpark fährt. Man wird danach die Landschaft und vor allem die alten indianischen Lagerstätten mit ganz anderen Augen sehen. Museo Yámana, Rivadavia 56, Ushuaia. In der gleichen Straße liegt das Museo del Fin del Mundo, das Museum des Endes der Welt, Ecke Maipú und Rivadavia, das man auch virtuell besu-

chen kann:
http://tierradelfuego.org.ar/museo/virtual.htm

Ein informeller **Trekkertreff** ist das Hostel Cruz del Sur von Sebastian Mair, Delqui 636, Ushuaia, Tel.: 42-3110, E-Mail: ibar72@yahoo.com

Busbahnhof
Gibt es nicht. Die beiden erstgenannten Firmen fahren nach Punta Arenas, alle vier steuern Río Grande an.
Tolkar/Tecni Austral, Roca 157, Tel.: 43-1407/43-1412
Tolkeyen/Pacheco, Maipú 237, Tel.: 43-7073
Lider LTD, Gobernador Paz 921, Tel.: 43-6421
Transporte Montiel, Magallanes 2433, Tel.: 43-7134

Fahr-, Flug- und Fährenpläne unter
www.ushuaia.com.ar/Transportes.htm
Auf diesen Seiten stehen auch die Schiffe, die gerade im Hafen liegen. Vielleicht braucht ja eines einen Leichtmatrosen.
Fähren und Kreuzfahrten siehe Infoblock Punta Arenas und Absatz 3.2.5.
Obwohl schon lange geplant, gibt es noch keine Fährverbindung zwischen Ushuaia und Puerto Williams auf der Insel Navarino. Anscheinend trauen sich Argentinien und Chile am Beagle-Kanal immer noch nicht über den Weg.

Fluglinien
Aerolineas Argentinas, Roca 116,
Tel.: 42-1091/42-1218/43-1291/43-6444
Aeropuerto: Tel.: 42-1265
LADE, San Martín 542 Local 4, Tel.: 42-1123
Transportes Aeronavales, Tel.: 42-1607, TAPSA,
Sán Martín 342, Tel.: 42-2441/42-1139
Vuelos Charter Transtam, Tel.: 0299-15-581-3409
Aeroclub Ushuaia, Tel.: 42-1892

Ushuaia im Internet:
www.welcomeargentina.com/ushuaia/paseos.html
www.tierradelfuego.org.ar/ushuaia
www.ushuaia.com.ar
www.e-ushuaia.com
www.patagonia.com.ar/tdelfuego/ushuaia/
www.argentinaturistica.com/ushiresenia.htm

Transportes.htm stehen die Adressen der Transportgesellschaften in Ushuaia, die Fahrpläne der Busse und der Fähren nach Feuerland.

3.2.2 Feuerland-Nationalpark

Kartenhinweise
- Ushuaia Trekking Map, 1:50 000, Zagier & Urruty
- Parque Nacional Tierra del Fuego, APN, kostenlose Karte der Nationalparksverwaltung

Der Nationalpark Tierra del Fuego ist leicht und preiswert mit Kleinbussen zu erreichen. Zwischen 9 und 18 Uhr fahren diese mehrmals täglich in der Nähe von Ushuaias Touristenhäfen, Ecke Maipú und 25 de Mayo, ab. Man kann Besichtigungstouren oder nur den reinen Transport buchen. Das Ticket für die Rückfahrt gilt auch noch an den folgenden Tagen. An den Abfahrtsstellen der verschiedenen kleinen Unternehmen informieren Schilder über Fahrpläne und Preise. Wem die Buszeiten nicht passen, der kann auch relativ günstig mit dem Taxi in den Park fahren. Eine dritte Variante ist eine Fahrt mit dem Touristenzug „El Tren del Fin del Mundo", dem Zug am Ende der Welt, dem allerdings erst 8 km westlich der Stadt losfährt. In allen Fällen muss am Parkeingang Eintritt bezahlt werden.

Der Parque Nacional Tierra del Fuego, der Feuerland-Nationalpark, wurde 1960 gegründet, um die subantarktischen Wälder und die Feuchtgebiete dieser Region zu schützen. Von den 63 000 Hektar des Parks sind nur 2000 Hektar für Touristen zugänglich, der große Rest gilt als strenges **Schutzgebiet**. Wildes Campen ist verboten. Wer im Feuerland-Nationalpark übernachten will, hat eine Auswahl von sechs Campingplätzen (siehe Tourenbeschreibung). Nur der Platz am Lago Roca, 9 km vom Eingang entfernt, ist bewirtschaftet und kostenpflichtig. Wasser ist reichlich vorhanden, die Parkverwaltung empfiehlt jedoch, das Wasser des Lago Roca und des Río Lapataia abzukochen oder chemisch zu behandeln. Die **Ruta 3**, hier nur noch ein schmale, staubige Piste, führt quer durch den Park und endet, über 3000 km von Buenos Aires entfernt, in der Lapataia-Bucht. Ein Wegenetz von etwa 30 km Länge führt zu den typischen Landschaftsformationen der Region. Die **Wanderwege** sind kurz und gut beschildert und eher für den Tagesausflügler als für den Trekker gedacht. In der Regel wird man daher mehrere Wege für eine Tagestour kombinieren.

Die Wanderwege sind in der Nationalparkbroschüre des Fremdenverkehrsamts von 1 bis 9 durchnummeriert. Diese Einteilung wird bei der folgenden Beschreibung übernommen. Im Bereich des Lapataia-Flusses und der Lapataia-Bucht gehen die durchnummerierten Wege links und rechts von der Ruta 3 ab. Man muss einige Male kürzere Strecken auf der Schotter-

Internet

Nationalpark Tierra del Fuego im Internet:
www.parquesnacionales.gov.ar/03_ap/
  37_tfuego_PN/37_tfuego_PN.htm
www.tierradelfuego.org.ar/pntf/
www.patagonia.com.ar/tdelfuego/ushuaia/
  parquenactierra.php
www.patagonia-argentina.com/e/content/
  parques/parques9.htm
www.argentinaxplora.com/activida/parques/
  parc/tfuego.htm
www.welcomeargentina.com/parques/
  tfuego.html
www.ushuaia.com.ar/PlanoParqueNac.htm
www.lahueya.com.ar/index/parques/
  tierradelfuego.htm
www.enjoy-patagonia.org/patagonia/
  ushuaia-destinos-ushuaia-parque-nacio-
  nal-tierra-del-fuego.php
www.patrimonionatural.com/HTML/
  provincias/tierradelfuego/tierradelfuegopn/
  tierradelfuegopn.asp

Südpatagonien

straße laufen, um zum nächsten Weg zu gelangen. Es ist sinnvoll, die Wege 3 und 4 an einem und die übrigen am anderen Tag abzulaufen. Der Weg 4 zum Cerro Guanaco, dem Guanako-Berg, ist der einzige, bei dem größere Höhenunterschiede zu bewältigen sind. Dort besteht auch das größte Wetterrisiko. Falls also mal die Sonne scheint, sofort rauf auf den Cerro Guanaco.

 Weg 1: *Senda Pampa Alta – Cañadon del Toro – Abstieg bis Bahia Enseñada 6 km, 2,5 Std.*

Etwa 3 km vom Parkeingang entfernt biegt von der Ruta 3 ein Weg nach rechts in Richtung **Pampa Alta**, der hohen Pampa, ab. Nach etwa 2,5 km Wanderung entlang des Piloto-Baches stößt man auf eine Biberburg. In den 50er-Jahren des letzten Jahrhunderts wurden etwa 50 Biber aus Kanada eingeführt. Sie fanden auf Feuerland ideale Lebensbedingungen ohne natürliche Feinde vor. Aus den 50 Pionieren sind heute 120 000 geworden. Die großen Nager erfreuen die Touristen, aber bereiten den Ökologen Bauchgrimmen, denn natürlich verändern die genialen Wasserbauer massiv die ursprünglichen Lebensräume. 500 Hektar Wald fallen ihnen alljährlich zum Opfer. Andererseits öffnen sie die Landschaft, machen sie vielfältig und schaffen durch ihre Dämme wahre Paradiese für Wasservögel.

Von der Biberburg geht man weitere 2,5 km bis auf den Gipfel eines 300 m hohen Hügels. Von hier aus hat man eine gute Sicht über den westlichen Teil des Beagle-Kanals mit den Inseln Redonda, Navarino und Hoste. Zurück nimmt man entweder den gleichen Weg, oder man steigt zum **Cañadon del Toro**, der Stierschlucht, durch die der Río Pipo fließt, ab. Von dort geht man auf dem Fahrweg, der zur

Schlucht führt, zur Ruta 3 zurück. Wer noch einen Schlenker nach Norden machen möchte, kann auf dem Fahrweg bis zur **Cascada Río Pipo**, dem Wasserfall des Pipo-Flusses, und dem gleichnamigen Campingplatz gehen. Die Rückkehr erfolgt auf dem gleichen Weg. Bei allen Varianten quert man dann die Ruta 3 und geht nach Süden weiter. Die Wege treffen sich am Meer an der **Bahia Enseñada** und dem gleichnamigen Campingplatz wieder. Von dort kann man mit dem Boot einen Ausflug zur Insel Redondo machen, bevor man sich auf den Küstenwanderweg (Weg 2) begibt.

 Weg 2: *Senda Costera 7 km, 3 Std.*

Von der **Bahia Enseñada** folgt der Weg lange Zeit der landschaftlich sehr abwechslungsreichen Küstenlinie. Immer wieder stößt man dort auf Hügel, die im Sommer dicht mit Löwenzahn bewachsen sind. Löwenzahn liebt nährstoffreiche Böden und um diese handelt es sich in der Tat. Hier lagerten einst die Yámana-Indianer und düngten den Boden mit der Asche ihrer Lagerfeuer und ihren Essensresten. An Aufschlüssen im Hügel kann man bis heute die mit Muschelschalen vermengte Asche sehen. Der Wald reicht an vielen Stellen bis zum Meer. Von Wind und Wellen modellierte Felsformationen, Muschelbänke und Seetangbetten bieten gute Fotomotive. Nach knapp 5 km wendet sich der Weg nach Norden und führt durch dichten Wald wieder zur Ruta 3 zurück. In diesem Teil des Nationalparks findet man sehr viele auffällige orangefarbene Kugeln an den Bäumen. Es handelt sich um die essbaren Fruchtkörper von Baumpilzen, die „Pan del Indio", Indianerbrot, oder Darwinpilze genannt werden. Nach Erreichen der Ruta 3 folgt man dieser bis zur Straßenkreuzung am Río Lapataia. Nach links geht es zu den drei Cam-

Senda Costera, Feuerland-Nationalpark

pingplätzen auf der Lapataia-Insel und einigen sehr kurzen Wanderwegen, nach rechts zum **Lago Roca** mit dem bewirtschafteten Campingplatz. Im Camping Lago Roca gibt es heiße Duschen, ein Restaurant, einen kleinen Laden und eine Bushaltestelle. Wer früh gestartet ist und noch gut zu Fuß ist, kann sich die Wege 5 bis 9 noch am gleichen Tag ansehen.

⚠️ *Wege 5–9: Feuchtgebiete am Ende der Ruta 3*
7 km, 2,5 Std. (Zeit für Vogelbeobachtungen einrechnen)

Weg 5: Paseo de la Isla, Inselspaziergang

Dieser Weg führt parallel zur Ruta 3 über die **Lapataia-Insel** mit schönen Buchten und den drei Campingplätzen **Las Bandurrias** (die Ibisse), **Laguna Verde** (Grüner See) und **Los Cauquenes** (die Magellangänse). Wie die Namen

der Campingplätze schon sagen, findet man am Fluss sehr viele Vögel.

Weg 6: Laguna Negra, Schwarze Lagune

Ein kurzer Abstecher führt zur **Laguna Negra**. Hier kann man schön die Bildung eines Moores beobachten. Der See verlandet langsam und wird eines Tages ganz von Sphagnum-Moosen bedeckt sein.

Weg 7: Paseo del Mirador, Spaziergang zum Aussichtspunkt

Weg 7 überquert den Río Ovando und führt hinunter zur herrlichen **Lapataia-Bucht**, die auch das Ende Ruta 3 darstellt. Von der Aussichtsplattform kann man oft sehr viele Vögel, Ibisse, Kiebitze und verschiedene Gänsearten, beobachten. Von Weg 7 läuft man ein Stück die Ruta 3 nach Westen, bis rechts Weg 8 abbiegt.

Auf dem Gipfel des Cerro Guanaco

Südpatagonien

Weg 8: *Paseo del Turbal, Moorspaziergang*

„Turbal" bedeutet Torfmoor. Wie der Name schon sagt, durchquert man auf diesem Weg eine der für Feuerland typischen Moorlandschaften. Auch verlassene Biberburgen sind zu sehen. Am Ende von Weg 8 hält man sich links und mündet in Weg 9 ein.

Weg 9: *Castorera, Biberburg*

Auf Weg 9 trifft man auf eine Reihe bewohnter Biberburgen. Die großen Nager sind allerdings dämmerungs- und nachtaktiv, sodass man nur mit viel Glück einen zu Gesicht bekommt. Weg 9 führt wieder zurück zur **Bahia Lapataia**. Von hier nimmt man entweder einen Minibus oder ein Taxi zurück in die Stadt – die letzten Busse fahren in der Regel um 19 Uhr ab – oder man läuft zurück auf einen der Campingplätze und übernachtet im Park.

 Weg 3: *Senda Hito XXIV, Grenzstein XXIV*
10 km, 3 Std.

Vom Camping Lago Roca führt ein Weg entlang des nördlichen Seeufers bis zum **Hito XXIV**, dem Grenzstein Nr. 24. Da sich Argentinien und Chile nicht sonderlich grün sind, was territoriale Fragen angeht, sollte man davon absehen, über die grüne Grenze zu marschieren. Der Weg bietet schöne Ausblicke über die Pirámide-Bergkette und den Roca-See.

 Weg 4: *Senda Cerro Guanaco, Guanako-Berg*
8 km, 7 Std., Höhendifferenz 950 m

Weg 4 beginnt wie Weg 3, biegt jedoch nach der Querung des ersten Baches nach rechts ab. Zunächst läuft man durch dichten Südbuchenwald. In dieser Gegend hält sich gerne der Magellanspecht auf, ein schwarzer Specht mit feuerrotem Kopf. Nach dem Passieren der Baumgrenze erwarten den Trekker sumpfige Wiesen und schließlich Schneefelder, für deren Querung gutes Schuhwerk anzuraten ist. Die Gipfelregion sieht hochalpin aus, felsig und vereist, und fühlt sich auch so an, meist braust hier oben ein mächtiger Wind. Kaum zu glauben, dass man sich auf dem Gipfel nur 970 m über dem Meeresspiegel befindet. Wenn das Wetter mitspielt, hat man eine fantastische Sicht auf den Beagle-Kanal, die Inseln Hoste und Navarino und den Cañadon del Toro, die Stierschlucht. Die Rückkehr erfolgt auf dem gleichen Weg.

Man kann die Wege 3 und 4 gut kombinieren, wobei man zuerst auf den Guanako-Berg steigt und danach noch ein Stück am See entlangläuft.

3.2.3 Cordón Vinciguerra und Montes Martial

Kartenhinweise
- Ushuaia Trekking Map, 1:50 000, Zagier & Urruty
- Parque Nacional Tierra del Fuego, APN, kostenlose Karte der Nationalparksverwaltung

Gleich hinter der Bucht von Ushuaia erheben sich die **Montes Martial**, die ein beliebtes Ausflugsziel für Einheimische und Touristen darstellen.

 Von Ushuaia zum Gletscher des Monte Martial
Ushuaia Skilift (300 m) – Aussichtspunkte am Monte Martial (800 – 900 m)
3–4 Std., Aufstieg 500–600 m

Mit dem Stadtbus oder Taxi fährt man zur Talstation des Skilifts von Ushuaia 7 km außerhalb der Stadt. Von dort führt ein Weg durch die Vegetationsstufen Hochwald, Strauchzone und hochalpine Wiese. Wenn man aus dem Wald herauskommt, gabelt sich der Weg. Nach links folgt man einem Gletscherbach in einem breiten Tal bis hinauf zum Gletscherrand. Weiter auf den Gipfel des Monte Martial (1319 m) geht es nur mit Pickel und Steigeisen. Nach rechts führt ein Weg durch ein enges, steiles Tal zu einem Pass, der in den Cañadon Negro, die schwarze Schlucht, führt, eine Verbindung zum breiten Andorra-Tal, das hinter der Martial-Kette liegt. Vom Gletscher wie vom Pass hat man bei gutem Wetter eine schöne Sicht über Ushuaia, den Beagle-Kanal und die Inseln Navarino und Hoste.

Cordón Vinciguerra und Umrundung der Montes Martial
Da bei der Umrundung der Montes Martial der östliche Teil des Feuerland-Nationalparks durchquert wird, muss vor Tourbeginn eine Erlaubnis der Intendencia del Parque Nacional Tierra del Fuego, San Martin 1395, Ushuaia, Tel./Fax: +54-2901-421315, pnt@tierradelfuego.org.ar eingeholt werden.

 Tag 1: *Turbera Valle Andorra (200 m) – Laguna Encantada (550 m) – Cierro La Esfinge (1275 m) – Laguna Encantada (550 m)*
Mit Gipfelbesteigung 7–8 Std., Aufstieg 1100 m, nur Laguna Encantada 3 Std., Aufstieg 350 m

Mit dem Taxi fährt man erst 5 km auf der Ruta 3 nach Nordosten und dann knapp 10 km auf der Straße, die ins Valle de Andorra führt, nach Nordwesten. Die öffentliche Straße endet am Tor der **Turbera Valle Andorra**, einem Unternehmen, das die reichen Torfvorräte im Andorra-Tal abbaut. Dort beginnen die Wege in den Cordón Vinciguerra und ins Andorra-Tal. Wer nur die Umrundung der Montes Martial machen will, kann bei Tag 3 weiterlesen.

Man betritt das Firmengelände der Turbera Valle Grande durch das Fußgängertor und geht bis zu den Gebäuden am Südufer des Arroyo Grande, des großen Baches. Hier watet man durch den meist sehr ruhigen Bach und wendet sich am anderen Ufer nach Westen. Der Beginn eines Wegs, der über die Baumgrenze führt, ist leicht erkennbar. Er besteht aus parallel liegenden alten Eisenbahnschwellen, die einst zu einer Schmalspurbahn gehörten, die mit Ochsenkraft Bäume aus den Bergwäldern ins Tal zur Sägemühle transportierte. Die Schienen gehörten zur Ushuaia-Gefängnisbahn, die in den 40er-Jahren des letzten Jahrhunderts zusammen mit der Strafanstalt aufgelöst wurde. Durch Schwemmwiesen, auf denen gerne Ibisse und Gänse speisen, führt der Weg stromaufwärts bis zu einem Südbuchenwald (GPS 54° 45.352′ S, 68° 18.798′ W, alle GPS-Daten dieser Tour von Lindenmayer). Man geht durch den Wald bergauf, bis man auf einen Bach trifft, den Abfluss der **Laguna Encantada**. Nach der Querung des Baches wendet man sich nach rechts und steigt den Hang hinauf. Auf etwa 330 m Höhe gabelt sich der Weg. Nach Nordwesten geht es zur Laguna de los Tempanos, dem See der Eisberge, nach Nordosten zur Laguna Encantada, dem verwunschenen See. Man nimmt die Abzweigung in nordöstlicher Richtung, läuft erst durch Lenga-Wald, dann über offenes Gelände. Etwa eine Stunde nach der Weggabelung erreicht man die **Laguna Encantada** auf 550 m Höhe. Auf der Westseite des Sees sind gute

Zeltmöglichkeiten. Will man den **Cerro La Esfinge** (1275 m), den Sphinx-Berg, besteigen, muss man ostwärts weiterwandern. Man quert Schwemmland, das von Guanako-Pfaden durchzogen ist, bis man einen gut sichtbaren Hügel erreicht. Von dort führt ein Bergkamm nach Norden zu einem weiteren Kamm, der zum Gipfel führt. Der Gipfel ist von unten lange nicht sichtbar. Erst wenn man den nächsten Hügel erklommen hat, sieht man den Cerro La Esfinge. Die einfachste Route führt um den Gipfel herum und dann nach oben. Die maximale technische Schwierigkeit ist der II. Grad. Falls man etwas sieht, ist es dort oben wunderschön. Wer vom Gipfel kommt, wird in der Regel an der Laguna Encantada übernachten.

Wer nur zu den Seen will, wird von der Laguna Encantada am gleichen Tag zur **Laguna de los Tempanos** weiterlaufen (siehe Tag 2).

 Tag 2: Laguna Encantada (550 m) –
Laguna de los Tempanos (710 m)
5–6 Std., Abstieg 700 m, Aufstieg 400 m

Man geht auf dem gleichen Pfad wie unter Tag 1 beschrieben zurück, bis man zur Weggabelung auf 330 m kommt, und wendet sich dort nach Nordwesten. Der Weg durch Lenga-Wald ist etwas schlammig, aber leicht zu finden. Er wendet sich graduell nach Norden und führt in ein kleines Seitental. Man steigt durch das Tal auf und trifft auf den Río de Leche, den Milchfluss (530 m). Man folgt dem Fluss ein Stück stromaufwärts, quert ihn und steigt durch Moränenschutt zur **Laguna de los Tempanos** (710 m) auf. Der Gletscher des Cerro Vinciguerra fließt in diesen See und gelegentlich schwimmen Eisflöße auf dem trüben Wasser. Zurück geht es auf dem gleichen Weg bis hinunter zur **Turbera**. Wer die Umrundung der

Südpatagonien

Montes Martial anschließen möchte, sollte vom Moor noch eine Stunde auf dem unter Tag 3 beschriebenen unbefestigten Fahrweg nach Westen ins Tal des Arroyo Grande laufen. Am Ende dieses Wegs finden sich gute Zeltplätze auf einer Wiese (GPS 54° 45.358′ S 68° 21.003′ W).

 ***Tag 3:** Turbera Valle Andorra (200 m) – Oberlauf Arroyo Grande – Laguna del Caminante (600 m)*
5–6 Std., Aufstieg 400 m

Nach dem Tor der **Turbera** biegt man nach links auf den Fahrweg ein, der ins Tal hinauf führt. In diesem Bereich kann man den Abbau und die Trocknung des Torfs sehen. Der Fahrweg endet auf einer Wiese, wo früher Holz aus den Bergen zum Abtransport gestapelt wurde. Dort gibt es einige gute Zeltplätze. Von der Lichtung führt ein schmaler Pfad, der mit gelben Stängchen markiert ist, weiter flussauf. Man stößt bald auf einen Bach, der vom Cañon Negro herunterfließt. Dort teilt sich der Weg. Nach rechts geht es zurück zum Moor, nach links weiter hinauf ins Tal. Man hält sich links und läuft den Bach ein Stück in Richtung Westen entlang, muss ihn dabei mehrfach queren. Wenn sich der Bach nach Südwesten wendet, muss man sich nordwestlich halten, sonst endet man im Cañon Negro. Der Weg vermeidet die sumpfigen Niederungen, folgt aber im Prinzip dem Südufer des Arroyo Grande. Weiter flussaufwärts trifft man auf einen von Nordwesten in den Arroyo Grande einmündenden Bach. Oberhalb des Zusammenflusses wird der Arroyo Grande nun **Arroyo del Caminante**, Bach des Wanderers, genannt. Unweit der Einmündung (GPS 54° 45.228′ S, 68° 25.152′ W) quert man auf das Nordufer des Arroyo Grande/Caminante

und erreicht gutes Campgelände. Der Weg wendet sich nun Richtung Süden und wird etwas steiler. Man quert wieder den Arroyo del Caminante, der hier oben schneller fließt und etliche Wasserfälle bildet, auf einer improvisierten Brücke. Eine Viertelstunde nach der Brücke teilt sich der Weg (GPS 54° 45.765′ S, 68° 25.908′ W). Nach Süden geht es hinauf zum Paso de la Oveja, dem Schafspass, nach Westen zur **Laguna del Caminante**, dem See des Wanderers. Man läuft erst nach Westen, dann am Fuß von steilen Felsen nach Nordwesten. Man sollte den Wald vermeiden und eine hohe Route mit wenig Vegetation wählen. Man erreicht ein grasiges Plateau, von dem ein steiler Pfad zum See hinunterführt. Am Südufer des Sees sind schöne Zeltplätze. Alternativ kann man vom grasbewachsenen Plateau aus noch 20 Minuten weiter nach Südwesten zur **Laguna Superior**, dem Oberen See, gehen und dort campen. Beim Kochen ist zu beachten, dass es streng verboten ist, im Nationalpark Feuer zu machen. Nur Campingkocher sind erlaubt.

 ***Tag 4:** Laguna del Caminante (600 m) – Paso de la Oveja (800 m) – Cañadon de la Oveja – Hauptstraße nach Ushuaia (80 m)*
8–9 Std., Aufstieg 300 m, Abstieg 820 m

Von der **Laguna del Caminante** steigt man wieder zur Weggabelung ab, wendet sich nach Süden und folgt dem Ufer des kleinen Baches, der vom Paso de la Oveja, dem Schafspass, kommt, bis man eine Markierungsstange erreicht. Hier quert man den Bach und steigt an seinem Ostufer auf. Je höher man kommt, desto mehr verengt sich das Tal zu einer schottergefüllten Rinne. Schließlich erreicht man den **Paso de la Oveja**, der mit einem brustho-

Südpatagonien

hen Steinhaufen markiert ist. Der Pass liegt unter den Spitzen des Cerro Tonelli. Im Norden kann man den Cordón Vinciguerra und im Süden das Massiv des Cerro Francisco Segui sehen. Auf dem Pass geht man zunächst ein Stückchen nach Westen, dann in südwestlicher Richtung hinunter in den **Cañadon de la Oveja**, die Schafsschlucht. Dabei quert man einen Bach, der vom Cerro Tonelli kommt. Man folgt diesem Bach an dessen Ostufer bis hinunter in die Schotterhalden über der Strauchlinie zu einer Routengabelung (GPS 54° 47.062′ S 68° 26.846′ W). Von dort aus folgt man entweder am Talgrund weiter dem Ostufer des Baches, was wegen des dichten Waldes und des oft schlammigen Geländes mühsam sein kann, oder man hält sich während der nächsten 3 km oberhalb der Baumgrenze. Weiter unten im Tal vereinen sich diese Wege wieder. Der obere Weg ist sporadisch markiert, im oberen Bereich mit Steinpyramiden, weiter unten mit gelben Stangen oder gelben Farbklecksen. Man umrundet den Fuß des Cerro Tonelli, hält sich dabei immer am östlichen Rand des Tals und steigt, kurz bevor ein Bach von der Südflanke herunterkommt, zu einem Felsvorsprung auf (GPS 54° 47.203′ S, 68° 26.227′ W). Die Route quert nun einen langen Schutthang in südöstlicher Richtung auf etwas über 500 m Höhe. Auf der westlichen Talseite erhebt sich das Massiv des Cerro Francisco Segui bis auf über 1200 m. Von den Bergflanken stürzen Wasserfälle hinunter. Westlich des Cerro Bridges, wo sich das letzte große Geröllfeld vor dem Schluchtausgang in den Wald hineinzieht, geht man wieder hinunter zum Bach und trifft auf den Weg, der am Bachufer entlangführt. Nun ist das Vorwärtskommen leichter. Ein breiter, von Pferden genutzter Weg führt durch den Wald nach Süden. Am Ende der Schafsschlucht ist der Weg durch ein Tor (GPS 54° 49.207′ S 68° 24.718′ W) verschlossen. Ein Wirtschaftsweg führt weiter nach Südosten. An einem Bauernhof vorbei geht man bis zu einem weiteren Tor in der Nähe des Autodromo Ushuaia. Bis zur im Süden verlaufenden **Ruta 3** sind es von dort noch 200 m. Zurück in die Stadt geht es mit Bus oder Taxi. Pessimisten organisieren sich den Rücktransport vor Abfahrt.

> **Internet**
>
> Cordón Vinciguerra und Montes Martial im Internet:
> www.tierradelfuego.org.ar/glaciarmartial/ ?s=ubicacion
> www.razzetti.com/contents/South%20America/ Tierra%20Del%20Fuego/

3.2.4 Wassertouren

Wo die Berge aufs Meer treffen, sollte man auch das feuchte Element nicht zu kurz kommen lassen. Feuerland bietet für jeden Wasserfreund etwas, von der gemütlichen Ausflugsfahrt bis zur extremen Seekajaktour.

Ein schöner Beginn eines Ushuaia-Aufenthalts ist eine **Bootsfahrt auf dem Beagle-Kanal**. Dieser 200 km lange Fjord wurde nach der Beagle, dem Forschungsschiff Charles Darwin, benannt, die ihn 1843 durchsegelte. Die Standard-Rundtouren von drei bis vier Stunden Dauer beginnen an der Touristenpier (Muelle Turistico, Romero 514) im Hafen und führen zu Seelöwen- und Vogelinseln und zum Les Eclaireur-Leuchtturm. Ein halbes Dutzend Ausflugsboote unterschiedlicher Größe konkurrieren um Kunden. Aktuelle Informationen über die Touren erhält man beim Fremdenverkehrsamt. Die kleineren und teureren Boote kommen etwas näher an die Tiere heran und landen kurz auf einer der Inseln an. Wer den Lieben zu Hause etwas zeigen möchte, kann sich vom Bordsteward einen Pass-Stempel mit dem Breitengrad des Beagle-Kanals, 55 Grad Süd, geben lassen. Dabei sollte man auch darüber nachdenken, was für ein freundlicher Strom denn unser Golfstrom ist. Auf 55 Grad nördlicher Breite erstrecken sich die Badestrände von Sylt, und zwischen Westerland und List wälzen sich höchstens beleibte Badegäste, aber keine Gletscher ins Meer.

Wer etwas Kleingeld übrig hat, kann auch **längere Fahrten** buchen und etwa im Katamaran nach **Chile** zu den Gletschern der Darwin-Berge oder bis **Kap Hoorn** fahren. Oder man leert die Portokasse gleich richtig. Schließlich nennt man Ushuaia nicht umsonst das Tor zur **Antarktis**. Von der Hafenpier bis zur antarktischen Halbinsel sind es nur noch 1000 km. Die Standard-Touren auf einem der zahlrei-

chen Kreuzfahrtschiffe dauern zwischen 9 und 14 Tagen, wobei 4 Tage für die reine Seefahrt auf der sogenannten **Drake-Passage** benötigt werden. Wer zeitlich flexibel ist und ein bisschen Glück hat, kann Antarktis-Touren in Ushuaia auch Stand-by zu relativ günstigen Tarifen ab 2000 US-Dollar bekommen. Auf längeren Kreuzfahrten werden auch die Inselgruppen von Kap Hoorn, der Falklands/Malvinas, Süd-Shetlands und – vielleicht der beste Ort für Tierbeobachtungen im Südatlantik – Süd-Georgiens besucht.

Wer es den alten Kap-Hoorn-Umseglern nachtun möchte, kann sich für um die 1000 US-Dollar einen Platz auf einem der etwa ein Dutzend privater Segeljachten in Ushuaia, die Chartertrips anbieten, reservieren. Hobbysegler, die zu Seekrankheit neigen, sollten sich jedoch derlei Unterfangen zweimal überlegen. Wir befinden uns schließlich im Bereich der

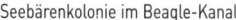

Seebärenkolonie im Beagle-Kanal

Südpatagonien

Internet

Informationen über Kreuzfahrten
www.tierradelfuego.org.ar/antartida/
cruceros/buque.php?id=43
www.gochile.cl/spa/Cruise/
Chile-Tierra-del-Fuego.asp
www.crucerosnet.com/ports/56/argentina/
crucero-ushuaia.html
www.comapa.cl
www.internationalms.com/australis/
www.kreuzfahrten.de/kreuzfahrt_detail.php?
kreuzfahrt_id=58419

„Roaring Forties" und „Screaming Fifties" (siehe 1.2), abgesehen von den antarktischen Sechzigern, die so schlimm sind, dass sie noch nicht einmal einen Spitznamen haben. Wer einen Bericht von einem der letzten echten Kap Horniers lesen möchte, besorge sich von William F. Star, „Das letzte Mal ums Horn", Verlag Mare, 2003. Informationen über Segeltörns ums Horn bei www.victory-cruises.com.

Feuerland und **Kap Hoorn** sind schon lange klassische Tummelplätze für Seekajak-Sportler der wetterfesten Sorte. Auch deutsche Eisbart-

Legenden wie Hans Memminger, Michael Vogeley oder Arved Fuchs haben sich dort schon ordentlich die Mütze vollregnen lassen. Im Pantheon der Berufsabenteurer kann man damit heute allerdings keinen Blumentopf mehr gewinnen. Die letzten Herausforderungen liegen weiter südlich. Arved Fuchs bezeichnete seinen Kajakausflug zum Kap Hoorn denn auch als „Training für die Antarktis". Wo die Entwicklung hingeht, zeigten die Herren Charles, Waters und Jones aus Neuseeland, die 2001 an die 1000 km antarktische Küstenlinie mit dem Seekajak befuhren. Auch wenn es entgegen landläufigen Meinungen in der Antarktis keine gefährlichen Eisbären, sondern nur putzige Pinguine gibt, sorgten doch Sturm, Treibeis und extremer Mangel an geeigneten Lande- und Campingplätzen für ausreichende Unterhaltung.

Weniger robuste Naturen sollten sich erst einmal an einen der Kanureiseveranstalter in Ushuaia wenden und unter Führung die schönen Seen **Fagnano** oder **Escondido** befahren oder im Feuerland-Nationalpark vom **Roca-See** zur **Lapataia-Bucht** paddeln. Bei den häufig blasenden Starkwinden werden Kanuten schnell feststellen, dass sich so ein Boot auch ohne Mast zum Segeln eignet, allerdings nicht immer in die gewünschte Richtung fährt.

Lapataia-Bucht, Feuerland-Nationalpark

Internet

Informationen über Kajaktouren
www.tierradelfuego.org.ar/funcardio/
futfot3.htm
www.aventurarse.com/red/relatos/
basombrio1.html
www.rumbosur.com.ar/espanol/barcos/
aurora.htm

3.3 Valle de Tierra Mayor

3.3.1 Anreise über die Nationalstraße 3

Da die Ruta 3 durch das Valle Tierra Mayor führt, kann man die Ausgangpunkte für Trekkingtouren mit dem Bus erreichen. Neben den Busgesellschaften, die die Langstrecken bedienen (siehe Infoblock Ushuaia), gibt es auch Transporte Pasarela (Tel.: 02901-42-1735, Ecke Maipu und 25 de Mayo), die täglich zum Lago Fagnano fahren, und natürlich Taxis, die in Argentinien sehr erschwinglich sind.

Ausgangpunkte für die Touren zum **Lago Esmeralda**, zum **Glaciar Albino** und zum **Cerro Bonete** sind die Skizentren Altos del Valle oder Solar del Bosque. An der Hostería Terra Mayor startet man zur Cascada Este, zur Cascada Oeste und zum Cerro Alvear sowie zum Cerro Blanco. Der Weg über den Paso Tristen zur Laguna Margerita beginnt kurz vor der Brücke über den Río Tristen.

3.3.2 Touren im Bereich des Valle de Tierra Mayor

Kartenhinweise
• Ushuaia Trekking Map, 1:50 000, Zagier & Urruty
• Übersichtskarte in Turi, Luis: Guia de Sendas y Escaladas de Tierra del Fuego, Iacompania, 2002

Dieses Tal liegt zwischen vergletscherten Bergen, abgeschirmt von den relativ warmen Wassermassen des Lago Fagnano und des Beagle-Kanals. Daher ist es immer kühl dort, was die Wintersportler freut. Es gibt eine ganze Reihe von Skizentren, die teilweise auch im Sommer für Trekker geöffnet sind. Wachsender Beliebtheit erfreuen sich **Hundeschlittenrennen**. Auch im Sommer kann man im Gelände Hundegespanne sehen, denn die tierischen Athleten brauchen das ganze Jahr über ihr Training.

◭ *Laguna Esmeralda – Glaciar Ojos de Albino*
8–9 Std., Auf- und Abstieg 600 m

Man fährt zunächst von Ushuaia zum Wintersportzentrum **Altos del Valle**. Der Wanderweg ist die Verlängerung der Einfahrtsstraße zum Sportzentrum, an dem man links vorbeigeht. Die ersten zehn Minuten läuft man im Wald, ein kurzes Stück parallel zu einem Bach, der von den Ausläufern der Cerros Cinco Hermanos, den fünf Brüdern, kommt. Bald öffnet sich das Gelände. Loipen und Hundeschlittenbahnen kreuzen aus verschiedenen Richtungen, die Wegfindung ist auf dem ersten Kilometern etwas schwierig. An einer Weggabelung führt ein unbefestigter Fahrweg nach rechts zum Refugio Solar del Bosque und wieder zurück zur Ruta 3. Man hält sich links, quert einen Bach auf einer Brücke aus Baumstämmen und geht weiter nach Norden. An einer weiteren Abzweigung, auf etwa 250 m Höhe, geht ein markierter Weg nach rechts zurück nach Nunatak an der Ruta 3. Man hält sich links und geht zunächst über Feuchtwiesen, dann durch offenen Wald erst nach Nordwesten, dann auf etwa 300 m Höhe nach Westen. Der Weg trifft nun auf die Sumpfgebiete am Río Esmeralda. Beim Kreuzen offener, wegloser Flächen ist es nützlich, für den Rückweg die Wiedereintrittsstelle in den Wald zu

Südpatagonien

markieren oder einen GPS-Wegpunkt zu speichern. Nun wird es ziemlich feucht; Biber sind im Tal aktiv und gestalten die Landschaft nach ihrem Gusto. Der Weg geht im Flusstal nach Norden, bis nach insgesamt zwei Stunden Wanderung der **Lago Esmeralda** auftaucht. Die weißen Kieselstrände und das schöne Blaugrün des Wassers laden zum Verweilen ein. Wildgänse, Schwäne und Enten haben hier ihr Revier. Am Nordostufer des Sees gibt es gute Zeltplätze.

Um zum Gletscher **Ojos de Albino**, den Auge des Albino, zu gelangen, geht man erst am Ostufer des Sees entlang und folgt dann einem nördlichen Zufluss des Sees. An der Strauchgrenze im Talschluss ist ein großer Felsen, der auch als Biwak dient. Über Moränenschutt steigt man an der Westflanke des Cordón Toribio weiter nach Norden. An einem grauen Felsen auf 840 m Höhe (GPS 54° 40.344′ S, 68° 07.840′ W) wendet sich die Route nach Westen. Man kann bis zu einem Felsvorsprung am Rande des Gletschers aufsteigen. Das Eis am Gletscherrand ist spaltenfrei, wer möchte, kann dort noch etwas spazieren gehen. Weiter über den Gletscher zu den Seen am Nordende des Eisfeldes geht es aber nur mit adäquater Ausrüstung.

Weitere Touren im Bereich des Valle de Tierra Mayor

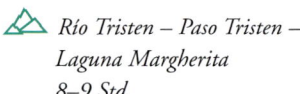 *Río Tristen – Paso Tristen – Laguna Margherita*
8–9 Std.

Der Weg beginnt hinter der Piedra Barco, dem Schiffsfelsen, an der Nordseite einer scharfen Rechtskurve der Ruta 3. Man quert die Gaspipeline und folgt einem alten Forstweg, der am Westufer des Río Tristen entlangführt. Der Weg endet nach etwa zwei Stunden Marsch bei einer heruntergekommenen Hütte mit einigen Pferchen. Dieser Ort heißt Tipi. Man folgt weiter dem Westufer des Flusses, bis er einige Mäander bildet, und quert dann hinüber auf dessen Ostseite. Dort treffen sich zwei Täler, eines kommt von Nordwesten, das andere von Norden. Man geht erst in nordöstlicher, dann in nördlicher Richtung weiter und erreicht den Paso Tristen. Auf der Hochfläche sind mehrere kleine Seen, auf denen sich oft Wasservögel tummeln. Vom höchsten Punkt des Passes sieht man die Laguna Margarita und den Lago Fagnano. Die Route hinunter zur Laguna Margerita ist weglos und sehr steil; man muss einige Felsabbrüche und Wasserfälle östlich umgehen. Am Nordende der Laguna Margarita finden sich Zeltplätze, von dort erreicht man dann die Straße, die am Lago Fagnano entlangführt. Da dort sehr wenig Verkehr herrscht, sollte der Rücktransport vorher organisiert werden. Die komplette Querung dauert acht bis neun Stunden. Alternativ übernachtet man oben bei einem der kleinen Seen und läuft den gleichen Weg zurück.

Gipfeltouren

Auf der Nordseite des Valle de Tierra Mayor gibt es einige Berge, die in langen Tagestouren zu besteigen sind. Sie sind technisch relativ leicht, aber erfordern Gletscherausrüstung und Erfahrung in Schnee- und Eiskletterei. Der **Cerro Bonete** (1218 m) ist am einfachsten zu packen, für Besteigung und Rückweg sind acht bis neun Stunden zu rechnen. Drei Routen führen zum **Cerro Alvear** (1406 m), vom Tal aus sind sie in 12 bis 13 Stunden zu bewältigen. Die Normalroute zum **Cerro Blanco** ist sehr ausgesetzt und erfordert daher besondere Vorsicht bezüglich der Wetterbedingungen, Tourdauer ab Valle de Tierra Mayor 11 bis 12 Stunden. Der schöne Berg, an

Südpatagonien

dem man auf dem Weg ins Valle de Tierra Mayor westlich vorbeifährt, ist der **Monte Olivia** (1326 m). Der Erstbesteiger dieses Bergs war Padre Alberto de Agostini (siehe Textkasten). Ausgangsbasis für Besteigungen des Monte Olivia ist die Hostería Faldeo del Olivia, die bei Las Goteras an der Ruta 3 liegt. Der Monte Olivia ist nur etwas für erfahrene Bergsteiger (Routen im Schwierigkeitsbereich IV–VI).

Padre Alberto de Agostini

Kein Bericht über Feuerlands Berge wäre komplett ohne eine Würdigung des Bergsteigers und Entdeckers Alberto de Agostini. Alberto wurde 1883 in Italien geboren und entschied sich nach der Schule für die Priesterlaufbahn. 1909 wurde er von den Salesianern geweiht und 1910 als Missionar nach Feuerland geschickt. Das Leben im damals noch winzigen und extrem isolierten Ushuaia bot wenig Reize, und so begann der sportliche Alberto, die Berge der Umgebung zu erforschen. Er kletterte als erster Europäer auf die höchsten Spitzen der Martial-Kette hinter Ushuaia und arbeitete sich dann im Laufe der Jahre durch die Andenkette bis zur Sierra Valdivieso am Lago Fagnano vor.

Als Erster bestieg Padre Alberto den bis dahin als unersteigbar geltenden Monte Olivia (1326 m), scheiterte allerdings 1913 und 1915 am Monte Sarmiento (2404 m), der „Eissphinx" der feuerländischen Anden. Er erforschte Geologie, Geografie, Gletscher, Bevölkerung und Klima der Südspitze Südamerikas und fertigte die erste wissenschaftliche Karte der Region an. 1930 bewältigte er mit einem Expeditionsteam die erste erfolgreiche Ost-West-Querung des südlichen patagonischen Inlandeises. Ihm gelangen Erstbesteigungen in den Gebieten des Nahuel-Huapi-Nationalparks, der Torres del Paine und des Fitz Roy. Die Krönung seines Bergsteigerlebens war aber die Erstbesteigung des 3706 m hohen Monte San Lorenzo im Jahr 1943 zusammen mit Alex Hemmi und Heriberto Schmoll aus Bariloche (siehe auch Kapitel III Nordpatagonien, 6.4.1).

Doch Zeit seines Lebens wurmte es ihn, dass er den Monte Sarmiento nicht gepackt hatte. Schließlich reiste er 1956, immerhin schon im 73. Lebensjahr, mit einem starken Team wieder zum immer noch unbestiegenen Monte Sarmiento. Diesmal hatte der Berg keine Chance. Alberto selbst schaffte es zwar nicht ganz bis nach oben, aber eine Seilschaft aus der Expeditionsmannschaft, Carlo Mauri und Clemente Maffei, erreichte den Ostgipfel (der Westgipfel wurde erst 1986, auch von Italienern, bestiegen). Seine letzten Jahre verbrachte Alberto de Agostini in der Heimat, er starb 1960 in Turin. Der Padre war auch ein begabter Fotograf und Schriftsteller und hat seine Erlebnisse in Patagonien in vielerlei Publikationen verarbeitet. Über seine Jahre in Feuerland berichtet er in seinem Buch „I miei viaggi nella Terra del Fuoco", Turino 1923. Sein Hauptwerk ist sein bis heute lesenswertes und in vielen Sprachen erschienenes Buch über die patagonischen Anden „Ande Patagoniche", Milano, 1949. Ein kurzer Abriss seiner großen Taten steht in Jill Neate's „Mountaineering in the Andes" von 1994.

3.3.3 Sierra Valdivieso

Kartenhinweise
- Ushuaia Trekking Map, 1:50 000, Zagier & Urruty
- Parque Nacional Tierra del Fuego, APN, kostenlose Karte der Nationalparksverwaltung

Touren im Bereich der Sierra Valdivieso

Östlich der chilenischen Grenze und südlich des Lago Fagnano erstreckt sich die Sierra Valdivieso. Ihr westlicher Teil liegt im Feuerland-Nationalpark und ist entweder für Trekker gesperrt oder nur mit Genehmigung zugänglich. Der östliche Teil kann auf zwei Routen, die über die Pässe **Paso Beban** bzw. **Paso Cinco Lagunas** führen, gequert werden. Über einen weiteren Pass, den **Paso Mariposa**, kann man die beiden Touren zu einem Rundweg verbinden. Clem Lindenmayer und John Biggar (siehe Literaturliste) beschreiben diese Variante ausführlich unter dem Namen **Sierra Valdivieso Circuit**. (Siehe dazu im Internet: http://members.virtualtourist.com/m/tt/6327f/#TL)

Eine andere Möglichkeit ist, im Anschluss an eine Querung der Sierra Valdivieso den Lago Fagnano mit dem Seekajak oder dem Motorboot zu befahren. Wer keine Bootsbesitzer vor Ort kennt, muss sich an Reiseveranstalter in Ushuaia wenden.

Ausgangs- bzw. Endpunkt für **die Querung der Sierra Valdivieso** ist das große Moor am Zusammenfluss der Flüsse Río Olivia und Río Esmeralda. Für Touren ins Tal des Río Olivia, das **Valle Carvajal** genannt wird, lässt man sich vom Bus oder Taxi in der Nähe der **Posada del Peregrino**, der Herberge des Pilgers, 13 km östlich von Ushuaia, absetzen. Auf Karten heißt der Ort Mosca Loca, die verrückte Fliege. Die Route quert den Río Olivia und folgt dessen Westufer bis zum **Lago Arco Iris**, dem

Regenbogensee. Dort wechselt sie ans Ostufer. Der Fluss wendet sich nach Westen, und der Weg bleibt parallel zum Ufer, bis sich – an der Ostgrenze des Nationalparks – ein Seitental öffnet. In diesem Tal geht es in nördlicher Richtung weiter, zunächst zum **Lago Paso Valdivieso**, dann weiter zu den **Cinco Lagunas**, den fünf Seen. Der größte der fünf Seen heißt **Lago Mariposa**, der Schmetterlingssee. Nach Osten geht es von dort über den **Paso Mariposa** (1000 m) zur **Laguna Azul**. Über die Beban-Route kann man zur Ruta 3 zurückkehren. Geht man dagegen nach Norden über den **Paso Cinco Lagunas**, den Pass der fünf Seen, erreicht man die Bahia de los Renos, die Bucht der Rentiere, am **Lago Fagnano**.

Die **zweite Querungsmöglichkeit** der Sierra Valdivieso beginnt bei km 17 an der Ruta 3, im schon beschriebenen **Valle Tierra Mayor**. Der Weg beginnt dort, wo gelbe Tafeln mit der Aufschrift „Peligro", Gefahr, darauf hinweisen, dass an dieser Stelle die Gaspipeline unter der Straße hindurchführt. Die Route führt nach Norden, zunächst zur **Berghütte Bonete**, dann in die Schlucht des Beban-Flusses. Das Tal teilt sich im oberen Bereich, man folgt dem Seitental, das sich in nordwestlicher Richtung erstreckt. Am Talschluss steigt man erst zum **Paso Beban Este**, dann zum etwas höheren **Paso Beban Oeste** (850 m) auf. Beim Abstieg passiert man die **Laguna Lola** und geht weiter in nordwestlicher Richtung zur **Laguna Azul**. Wer den Rundweg entgegen der Uhrzeiger geht, steigt dort zum Paso Mariposa auf. Wer die Querung vollenden will, wendet sich nach Norden, dann nach Nordosten. Man erreicht die **Laguna de las Yeguas**, den Stutensee, und schließlich die **Bahia Torito**, die Bucht des kleinen Stiers, am **Lago Fagnano**. Weiter geht es mit dem Boot zum Ostufer des Lago Fagnano und über die Ruta 3 wieder zurück nach **Ushuaia**.

NORDPATAGONIEN

Wasserfälle unterhalb des Manso-Gletschers, Monte Tronador

1.1 Warum die Schweizer nicht nach Nordpatagonien wollen

Nordpatagonien ist kein geografischer Begriff, bildet aber aus touristischer Sicht eine eigene Einheit. Über die Schwierigkeiten bei der Definition Patagoniens wurde bereits im letzten Kapitel berichtet. Ganz im Norden der Provinz **Neuquén** befinden sich die südlichsten Ausläufer der Hochanden Mittelargentiniens. Der einsam gelegene **Vulkan Domuyo** (4709 m) ist theoretisch der höchste Berg Patagoniens. Geologen würden ihn aber wohl eher noch zum Cuyo rechnen. Südlich des Domuyo folgen Regionen mit eher niedrigen Bergen. Dadurch schaffen es mehr Regenwolken vom Pazifik über die Anden, die Landschaft wird nach Süden hin zunehmend grüner. Eine Vielzahl von Flüssen speisen große und kleine Seen, die von einer starken Vergletscherung in früheren Erdzeitaltern zeugen. Doch nur wenige Berge sind hoch genug, um heute noch in Nordpatagonien Gletscher zu bewahren. Die Eismützen der Vulkane **Lanín** bei San Junín de los Andes (3776 m) und **Tronador** (3554 m) bei San Carlos de Bariloche sind weithin sichtbare Landmarken. Das Gebiet zwischen dem Río Colorado und dem Vulkan Lanín wird **Araukanien** genannt, die südlich anschließende Zone der **Seenbezirk.** Für viele Reisende sind diese Gebiete das landschaftliche Filetstück Argentiniens. Der Süden der Provinz Río Negro heißt **Comarca Andino,** und noch weiter südlich kommen menschenleere Zonen ohne viele Namen, die in diesem Buch behelfsweise Mittelpatagonien genannt werden. Der Norden des geografisch definierten Patagoniens ist viel entwickelter,

landschaftlich lieblicher, klimatisch weit angenehmer und kulturell reicher als der äußerste Süden. Viele Bergwanderer verschmähen es gerade deshalb. Wie ein Schweizer Pärchen bemerkte: „Was sollen wir denn da? Dort sieht es ja aus wie bei uns zu Hause." Nun haben nicht alle Trekker die Schweizer Berge vor der Haustür, und nicht alle lieben es, wenn ihnen der Wind Tag um Tag die Ohren flattern lässt und es ihnen mitten im Südsommer Regen, Graupel und Schnee ins Gesicht schlägt, wie das in Südpatagonien oft der Fall ist. Wer gepflegte sommerliche Alpentouren mitten im europäischen Winter machen möchte, ist in Nordpatagonien gerade richtig.

Auf der Nahuel-Huapi-Traverse

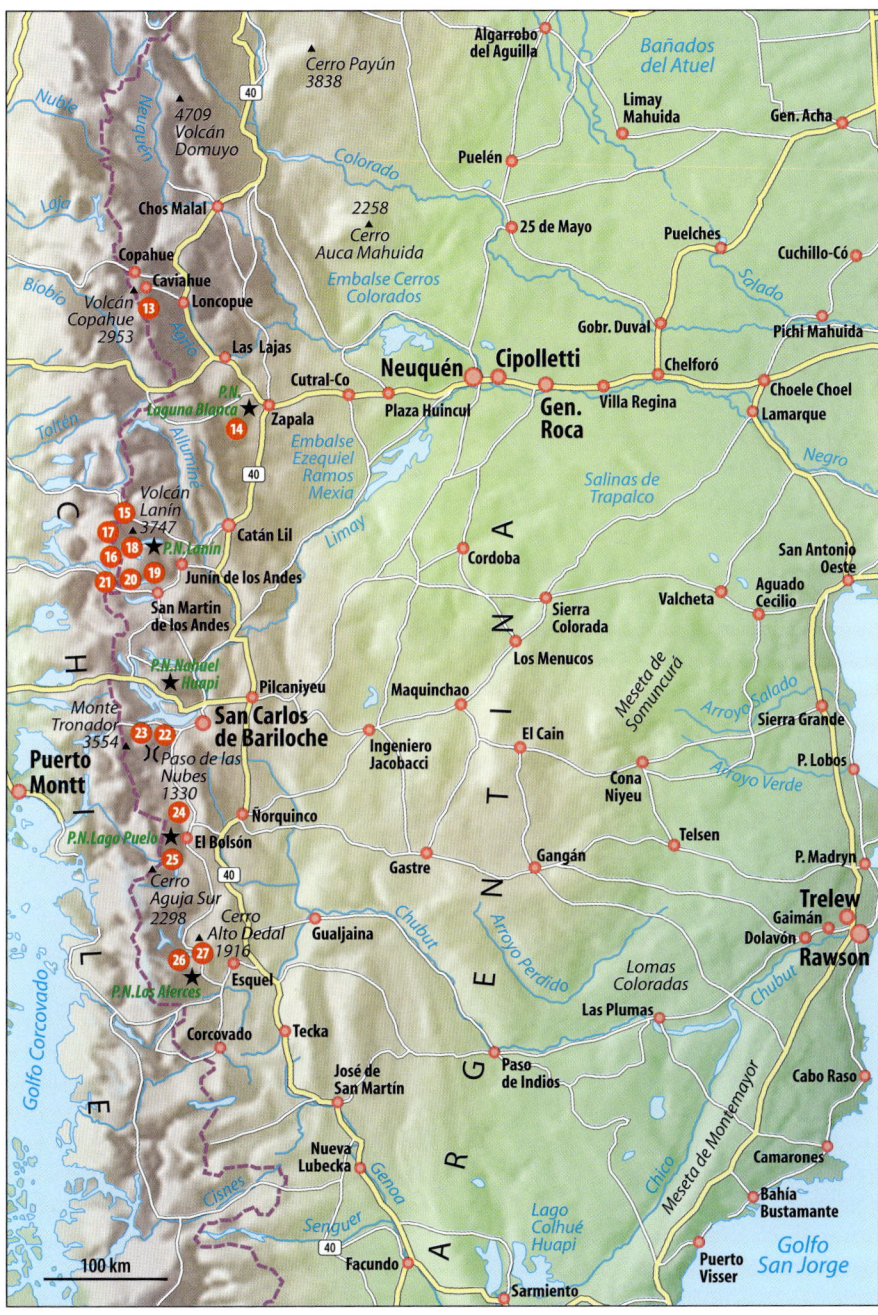

1.2 Klima und Reisezeit

Die Trekkinggebiete Nordpatagoniens haben ein **kontinentales Klima** mit kurzen, heißen Sommern und kalten Wintern. Die Verhältnisse im Gebirge sind subalpin bzw. alpin. Regen fällt meist im Frühjahr und Herbst. Die Schneefallgrenze liegt dann für Trekker unangenehm niedrig, oft nur bei 1000 m. Da der Regen vom Pazifik kommt und die Wolken an den Anden abregnen, ergeben sich die für Patagonien typischen steilen Niederschlagsgradienten. Nahe der chilenischen Grenze fallen mancherorts 4500 mm Niederschlag, nach Osten hin sinken die Niederschläge schnell auf unter 1000 mm ab. Die patagonische Trockensteppe erhält meist nur 200 bis 250 mm Niederschlag. Auch wenn es im frühen Frühjahr und späten Herbst Schönwetterperioden geben kann, soll-te man sein Glück nicht auf die Probe stellen und seine Touren in dieser Region zwischen November und April einplanen. Je höher es hinaufgehen soll, desto enger wird das Zeitfenster. Lagen über 2000 m sind mit hoher Sicherheit nur im **Januar** und **Februar** schneefrei.

Diese beiden Monate sind allerdings auch die Haupturlaubsperiode der Argentinier. Der Seenbezirk ist nach der Küste um Mar-del-Plata das beliebteste Ferienziel der Argentinier. Zwischen Weihnachten und Ende Februar ist mit der Überfüllung beliebter Ferienorte, Berghütten und Wanderwege zu rechnen.

Vor allem im Januar treten bei heißem Wetter massenhaft „tábanos", große Bremsen, und aggressive Wespen auf. In diesem Monat sollte man sich besser in hohe Lagen zurückziehen.

Der Monte Tronador spiegelt sich im Lago Mascardi.

Nordpatagonien

2.1 Araukanier und Araukarien

500 Jahre vor Christus kamen die Vorfahren der **Mapuche** in die Seenregion im großen Mitteltal Chiles. Mapuche bedeutet „Menschen der Erde". Die Mapuche und ihre Nachbarn, die Picunche im Norden und die Huiliche im Süden, hatten eine gemeinsame Sprache, das Mapundungun. Als im 16. Jahrhundert die Spanier kamen, nannten sie diese drei Völker Araukanier, die Region, in der sie lebten, Araukanien, und den dort häufigen Nadelbaum, dessen Samen für die Indianer ein wichtiges Grundnahrungsmittel darstellte, Araukarie. Die exotisch aussehenden Araukarien können 2000 Jahre alt werden. Sie sind zweihäusig, das heißt, es gibt männliche und weibliche Bäume. Die nährstoffreichen Früchte der Aurakarie, eine Art überdimensionaler Pinienkerne, heißen auf Mapundungun „ngülla", auf Spanisch „piñones". Sie bildeten die Lebensgrundlage vieler Ureinwohner und werden auch heute noch von der Bevölkerung in erheblichen Mengen verspeist. Die Spanier kamen allerdings nicht wegen der leckeren Zapfenfrüchte zu den Mapuche, sie suchten fruchtbares Land und Sklaven, die es für sie bewirtschaften sollten. Die Mapuche verteidigten sich lange erfolgreich gegen die Eindringlinge, doch im 17. Jahrhundert wurde der militärische Druck der Spanier so stark, dass sich große Indianergruppen nach Osten über die Anden ins heutige Argentinien zurückzogen. Dort trafen sie auf einheimische Stämme, etwa die Pehuenches, Puelches und Poyas im heutigen Neuquén, die Picunche des Cuyo und die Techuelche der Pampas. Die Mapuche konnten als dominante Gruppe die anderen Völker akkulturieren. Die schwäche-

Araukarie (Auracaria araucana)

ren Stämme nahmen die Sprache, die soziale Organisation und die Sitten und Gebräuche der Mapuche an. Die vereinten Stämme wehrten sich 350 Jahre lang vehement gegen die spanischen Eroberer. In dem „Guerra de Arauco" genannten Krieg starben 50 000 Spanier. Die indianischen Toten wurden nie gezählt, sie gehen wahrscheinlich in die Hunderttausende. Heute leben noch etwa eine halbe Million Mapuche, 90 000 in Argentinien, der große Rest auf der chilenischen Seite. Ihre inoffizielle Hauptstadt ist Temuco. Die Indianer können auch in den Nationalparks einige kleine Teile ihrer angestammten Gebiete auf traditionelle Art nutzen. Die wichtigsten Indianersiedlungen im Lanín-Nationalpark sind Rucachoroi und Curruhuinca.

Nordpatagonien

2.2   Vulkan Copahue

2.2.1   Ein Vulkan als Zentralheizung

Araukanien ist eine Region intensiver vulkanischer Aktivität. Die spektakuläreren Vulkane liegen auf der chilenischen Seite, doch hat auch Argentinien Hobbyvulkanologen einiges zu bieten. Obwohl die gesamte nähere Umgebung zu Chile gehört, sind die östlichen Hänge des **Vulkans Copahue** (2928 m, andere Angabe 2990 m, 37° 51.30′ S 71° 11.00′ W) argentinisch. Die Grenze zwischen beiden Ländern folgt gemäß der Richtlinie von Perito Moreno immer den höchsten Gipfeln. Bei Copahue ergab sich dadurch eine blinddarmähnliche Grenzausstülpung. Der Vulkan Copahue ist hoch aktiv, der letzte Ausbruch war im Jahr 2000. Eine Rauchsäule von 600 m Höhe stand über dem Berg, Asche fiel auf die Orte Copahue und Caviahue und schwefelreiches Wasser vom Berg färbte den Lago Caviahue grün.

Das Heilwasser aus den Quellen am Berg und die Thermalbäder von Copahue sind in Argentinien und Chile sehr beliebt. Ein Highlight der Kur in Copahue ist ein Besuch des blubbernden Schlammpools Laguna del Chancho, des Schweinesees. Manche Touristen werden sich an den letzten Island-Urlaub erinnert fühlen, wenn sie das Vapoducto, die Wasserdampfleitung, zischen hören, die vom geothermischen Feld 3 km außerhalb von Copahue in den Ort führt. Jedes Frühjahr sickert nach der Schneeschmelze Wasser allmählich durch poröses Gestein bis in eine Tiefe von 1300 m. Dort erhitzt es sich, verdampft schließlich und tritt in dem 1,2 km² großen geothermischen Feld 200° C heiß an die Oberfläche. Der Dampf wird zum Heizen und zur Elektrizitätsgewinnung genutzt. Im Copahue-Gebiet befindet sich eine wichtige biogeografische Grenze. Der zumindest vor Ankunft der europäischen Siedler geschlossene Waldgürtel Südargentiniens erreicht in dieser Region seine nördlichste Ausdehnung. Die Anden steigen nun rapide an und lassen kaum noch Regenwolken vom Pazifik durch. Der Cuyo und die Puna im Norden bestehen aus Halb- und Vollwüsten.

2.2.2   Anreise über Neuquén, Caviahue und Copahue

Neuquén, die Hauptstadt der gleichnamigen Provinz liegt mitten in der patagonischen Trockensteppe. Sie ist ein wichtiges Verwaltungs- und Handelszentrum für regionale Agro-, Wasserkraft-, Öl-, und Bergbauindustrien. Für den Trekker ist sie als einer der wichtigsten Verkehrsknotenpunkte des Südens fast unumgänglich.

Im Sommer fährt einmal täglich ein Bus von Neuquén über Zapala und den Skiort **Caviahue** nach **Copahue**, das als Thermalbad bekannt ist. Von Copahue (2030 m), der Ruta 26 und dem Ort Caviahue (1600 m) führen Wege verschiedener Länge zur Laguna Termal bzw. auf den Vulkan Copahue. Auf der argentinischen Seite des Vulkans gibt es drei von Grenzpolizei und Militär errichtete Biwakschachteln, die aber in schlechtem Zustand und allenfalls als Notunterkunft zu gebrauchen sind. Wegen der guten Straßenanbindung können alle Touren so organisiert werden, dass man am Abend wieder am Ausgangsort ist.

Info Neuquén, Caviahue und Copahue

NEUQUÉN
240 000 Einwohner, Höhe 265 m, Tel.: 0299

Fremdenverkehrsamt der Provinz
Félix San Martín 182
Tel.: 442-4089, 443-2438
E-Mail: turismo@neuquen.gov.ar.

Städtisches Fremdenverkehrsamt
Gimnasio Parque Central, Tel.: 442-4803

Busbahnhof
Solalique y Ruta 22, Tel.: 445-230

Fluglinien
Aerolineas Argentinas, Santa Fé 52,
Tel.: 0-810-222-86527, 442-2409
Southern Winds, San Martín 107, Tel.: 442-0124
Patagonia Express, Tel.: 443-5718
LADE Brown 163, Tel.: Aeropuerto 444-0817, 443-1153
American Jet Aeropuerto, Tel.: 444-0068/1085
Vuelos Charter Transtam, Santa Fé 645 – E/piso Of 12,
Tel.: 448-0424, Tel.:15-581-3409

Neuquén im Internet
www.turismo.gov.ar/esp/atra/tour/MAPAS/NEU.HTM
www.welcomeargentina.com/neuquen/paseos.html
www.e-mountain.com.ar/Neuquen/INDEXNQN.htm
www.visitingargentina.com/esp/neuquen/neuquen.php
www.patagonia.com.ar/neuquen/index.php
www.interpatagonia.com/neuquen/serviciosturisticos.html

CAVIAHUE UND COPAHUE
Fremdenverkehrsamt Caviahue
Bungalows 5º y 6º Tel.: 49-5036, 49-5024 / 32 / 120

Copahue und Caviahue im Internet:
www.welcomeargentina.com/caviahue/index.html
www.welcomeargentina.com/copahue/index.html
www.patagonia.com.ar/neuquen/copahuecaviahue/activi-
    dades.php
www.enargentinaturismo.com.ar/sp/neuquen/turismo_e
    n_argentina_copahue_provincia_de_neuquen.php
www.turismocopahue.com.ar/pistasesqui.htm
www.argentinaturistica.com/caviresenia.htm
www.argentinaxplora.com/activida/salud/termas/copa-
    hue.htm

2.2.3 Von Copahue zur Laguna Termal am Vulkan Copahue

Kartenhinweise
• ChIGM 3745-7100 (G-44), Volcán Copahue, 1:50 000
• IGM 3772-IV, Andacollo, 1:250 000

 Copahue (2030 m) – Laguna Termal (2750 m) – Copahue (2030 m)
8 Std., 25 km, Höhenunterschied 700 m, (bei Fahrzeugtransport bis an den Fuß des Vulkans nur 3 Std. Marsch)

Eine beliebte Route vom Ort Copahue zur Laguna Termal beginnt beim Hotel **Valle del Volcán**. Der Weg quert eine Fußgängerbrücke, steigt kurz an, passiert eine Marienstatue und führt dann problemlos und gut erkennbar über eine vegetationsarme Ebene zum **Paso de Copahue** (2013 m) hinauf. Etwa 200 m vor

dem Pass erreicht man das Nordufer des westlichen der **Melliza-Seen** und folgt ihm in Richtung Südosten. Wer möchte, kann vorher noch nach Westen bis zum Pass mit einem orangefarbenen „Hito", einer Grenzmarkierung, weiterlaufen und die Sicht nach Chile ins Tal des Río Queuco genießen. Am Nordufer des Sees gibt es einige hübsche Stellen, die zum Verweilen einladen, grüne Wiesen, sprudelnde Quellen und schwarze Vulkanstrände. Am Ende des Sees erreicht man das in 2.2.1 beschriebene Vapoducto, die Dampfleitung.
Man furtet nun den Bach, der vom westlichen Melliza-See kommt, folgt dem Ostufer des Sees und steigt dann in südwestlicher Richtung über Feuchtwiesen bis zu einer unbefestigten Straße auf. Man folgt dieser Straße nach Westen. Der Fahrweg wendet sich bald nach Süden, führt durch eine staubige vulkanische Mondlandschaft und endet schließlich unter

Nordpatagonien

einem kleinen Gletscher an der Ostflanke des Copahué-Vulkans.

Variante: Wer nicht so viel laufen möchte, kann mit dem Linienbus ein Stück auf der Ruta 26 bis zur Einfahrt zum geothermischen Kraftwerk am östlichen der Mellizas-Seen fahren und dann gleich auf der unbefestigten Straße Richtung Berg gehen. Noch einfacher ist es, sich ein einigermaßen geländegängiges Taxi zu nehmen, das bis zum Ende der Stichstraße fährt. Auch wer eine der in Copahue und Caviahue angebotenen organisierten Touren bucht, wird direkt bis an die Ostflanke des Vulkans gefahren.

Vom Ort Caviahué (1600 m) aus führen ebenfalls Wanderwege zum Vulkan, diese sind allerdings deutlich länger und haben 1150 Höhenmeter Steigung zu überwinden.

Alle Wege führen in diesem Fall nicht nach Rom, sondern bis zum Ende der beschriebenen Bergstraße. Von hier geht es über felsenbedeckte Hänge in südwestlicher Richtung aufwärts. Man quert drei mineralienhaltige Schmelzwasserbäche, die zum Teil deutliche Schwefelkrusten haben. Vom dritten Bach führt der Weg hinauf auf einen Bimssteinausläufer des Vulkans, der auf der internationalen Grenze liegt. Man folgt diesem Kamm, bis er sehr steil wird, und quert dann nach rechts den Hang hinauf bis zu einer Scharte, die einen zur Laguna Termal bringt. Vom Ende der Straße bis zum See geht man etwa 90 Minuten.

Die spektakuläre **Laguna Termal** (2750 m) füllt den östlichen Krater des Vulkans Copahué. Die heißen Wasser des Sees schmelzen den Gletscher ab, der vom Gipfel kommt.

Vom Rand des Thermalsees hat man gute Ausblicke auf die Umgebung, etwa die Seen Trolope und Caviahué in Argentinien und die Sierra Veluda und den Vulkan Antuco in Chile. Besonders an windigen Tagen werden erhebliche Mengen Schwefeldioxidgase über den See getragen. Diese Verbindungen greifen die Atemwege an und sollten nicht unterschätzt werden. Im See sollte daher auch nicht gebadet werden.

Erfahrene Bergwanderer und Bergsteiger können von der Laguna Termal auf mehreren Routen den **Gipfel** des Vulkans auf 2930 m Höhe (37° 51.30′ S 71° 11.00′ W) erreichen. Der einfachste Weg führt die Südostflanke des Berges hinauf. Die meiste Zeit des Jahres werden für einen sicheren Aufstieg Eispickel und Steigeisen benötigt. Weitgehend eisfrei ist der Aufstieg im Sommer von Mitte Januar bis März. Der höchste Punkt liegt am Ostende des Gipfelplateaus. Für den Weg zum Gipfel und zurück müssen etwa drei Stunden gerechnet werden.

Zurück nach Copahué oder Caviahue geht es auf den gleichen Wegen.

Wer länger in der Gegend verweilen möchte, kann von Caviahue noch eine **Tagestour zur Cascada Escondida** und dem **Lago Escondido**, dem versteckten Wasserfall und dem versteckten See, machen.

Internet
www.patagonia.com.ar/neuquen/copahue-caviahue/volcan.php
www.welcomeargentina.com/copahue/paseos.html
www.e-mountain.com.ar/Copahue/indexcopahue.htm

2.3 Nationalpark Laguna Blanca

2.3.1 Wie die Barsche die Schwäne vertrieben

Die Laguna Blanca, der weiße See, bekam ihren Namen, weil sie einst so voll von Schwarzhalsschwänen (Cygnus melancoryphus) war, dass sie weiß erschien. Heute gibt es kaum noch Schwäne. 1964 wurde eine Barschart eingesetzt, die alles frisst, was irgendwie verdaulich ist. Die Schwäne bekamen zum einen Nahrungskonkurrenz, zum anderen wurden sie von den Barschen ständig in die Füße gebissen, sodass ein Großteil von ihnen die Laguna Blanca verließ und auf Seen ohne aggressive Fische auswich. Die endemischen Frösche, Rana de Laguna Blanca genannt, konnten lei-

der nicht fliehen und wurden fast alle aufgefressen.

Leider gibt es in Argentinien viele Beispiele für die schädlichen Auswirkungen eingeführter oder unwissentlich eingeschleppter Arten. Die aus Europa und Nordamerika eingeführten Forellen wachsen in den Gewässern Patagoniens zu wahren Monstern heran und haben vielerorts die meist kleinwüchsigen heimischen Fische ausgerottet. Die von Siedlern als Gartenzierpflanze mitgebrachte Hundsrose ist verwildert und bildet nun große undurchdringliche Verhaue, die nur sehr mühsam zu bekämpfen sind. Europäische Kaninchen verdrängen die Maras, die Pampashasen. Die größten ökologischen Schäden verursachen je-

Nordpatagonien

Horstgras-Steppe vor der Laguna Blanca

doch die Millionen von Schafen, die auf den zwar riesigen, aber doch sehr empfindlichen Weiden der Halbwüstengebiete stehen. Schafe haben im Gegensatz zum einheimischen Guanako, das ein Sohlengänger ist, scharfe Hufe, die Pflanzen schädigen, und sie scheren Gras nicht sauber ab, sondern rupfen ihr Fressen oft zusammen mit der Wurzel aus. Im Gegensatz zu Nordamerika, Afrika und Australien, wo in kargen Steppengebieten zunehmend einheimische Wildtiere gehalten werden, gibt es in Argentinien noch kaum solche Versuche.

Tito Leiva und sein Prachtgefährt

2.3.2 Anreise über Zapala

Zapala ist ein kleiner verschlafener Wüstenort, der seine besten Tage hinter sich hat. Die Kohleminen sind geschlossen, die Schafzucht wirft nur noch wenig ab, allzu viel zu tun gibt es in der Gegend nicht mehr. Zapala hat einige einfache Unterkünfte, ein paar Supermärkte und Restaurants sowie ein mineralogisches Museum gleich neben dem Busbahnhof, das allerdings 2005 wegen Renovierung geschlossen war. Es gibt eigentlich nur zwei Gründe, nach Zapala zu kommen, zum einen der nahe gelegene Nationalpark Laguna Blanca, zum anderen der Karneval, der mit unglaublichem Einsatz der Bevölkerung „im brasilianischen Stil" gefeiert wird.

Nordpatagonien

Info Zapala

35 000 Einwohner, Höhe 1200 m, Tel.: 02942

Städtisches Fremdenverkehrsamt
Av. San Martin und Almirante Brown, Tel.: 02942-42-1132

Nationalparkverwaltung
Parque Nacional Laguna Blanca
Ejercito Argentino 260
Q8340EMF, Zapala
Tel.: 02942-43-1982
lagunablanca@apn.gov.ar
lagunablanca@poraire.net

Busbahnhof
Ecke Etcheluz und Uriburu, Tel.: 15-66-1540

Busverbindungen
Zapala ist mehrmals täglich mit Bussen von Neuquén oder Junín bzw. San Martin de los Andes zu erreichen. Auch Verbindungen mit Temuco in Chile bestehen. Dreimal wöchentlich fahren Busse von Zapala ins Anglerparadies Aluminé und kommen dabei auch an der Laguna Blanca vorbei.

Überlandtaxi
Eine Alternative zum Bus sind die preisgünstigen Überlandtaxis. Einer der heißesten Taxler Argentiniens ist Zapalas Original Tito Rafael Leiva, der seine Kunden in einem dreißig Jahre alten Straßenkreuzer herumfährt und ihnen Geschichten aus allen Lebensbereichen erzählt. Tito Rafael Leiva, Tel.: 0299-156-9848, E-Mail-Kontakt über Hugo Hector Isola: hugoisola@hotmail.com.

Eisenbahn
Eine Eisenbahnlinie nach Lonquimay in Chile befindet sich im Bau.

Fluglinie
LADE, Uriburu 371, Tel.: 43-0134

Zapala im Internet
www.zapala.com.ar/
www.welcomeargentina.com/zapala/paseos.html
www.patagonia.com.ar/neuquen/villapehuenia/zapala.php
www.interpatagonia.com/zapala/serviciosturisticos.html

2.3.3 Touren rund um die Laguna Blanca

Kartenhinweis
• Parque Nacional Laguna Blanca, kostenlose Übersichtskarte der Nationalparkverwaltung

Inmitten der trockenen Steppe liegen einige schöne Seen, deren größter die Laguna Blanca ist. Ein Besuch ist vor allem für Vogelfreunde interessant. Im Nationalparkzentrum am See informieren freiwillige Helfer über den aktuellen Aufenthaltsort der verschiedenen Vogelarten. Man kann gut am Ufer des nur 10 m tiefen Sees entlangwandern. Auf der Nordseite des Sees, in der Schlucht des Arroyo del Llano Blanco, kann man indianische Felsmalereien sehen. In der Region der Laguna Blanca erheben sich 32 Vulkane. Die nahe des Sees liegenden Cerro Mellizo Sur (1723 m), Cerro Laguna (1459 m), Cerro Morado (1500 m) und Cerro Cancino (1800 m) sind leicht zu besteigen und bieten herrliche Ausblicke über Seen und Steppe. In der Ferne zeigt sich stolz der höchste Berg der Region, der Cerro Chachil

(2839 m), der schon zu den Voranden gehört. Im Norden der Laguna Blanca liegen viele kleine Seen. Über einen Rundweg, der in weitem Bogen um die Laguna Blanca führt, kann man die Laguna Verde und den dortigen Mirador, einen Aussichtspunkt, erreichen. Um zu den anderen Seen, deren größten die Laguna del Overo, die Laguna del Hoyo und die Laguna Blanca Chica sind, zu gelangen, muss man vom Weg ein bis 3 km durch die Steppe laufen. Die hübsche Laguna Cata Lil liegt in Straßennähe außerhalb des Nationalparks. In ihr gibt es keine Barsche, daher wird sie nun von den Schwänen bevorzugt.

Internet
Nationalpark Laguna Blanca im Internet
www.parquesnacionales.gov.ar/03_ap/17_lblanca_PN/17_lblanca_PN.htm
www.patagonia-argentina.com/i/content/parques/parques1.htm
www.argentinaxplora.com/activida/parques/parc/lablanca.htm
www.welcomeargentina.com/parques/lagunablanca.html
www.patagonia.com.ar/neuquen/villapehuenia/lagunablanca.php

Nordpatagonien

2.4 Domuyo und Tromen im nördlichen Araukarien

Kartenhinweis
• IGM 3772-11, Las Ovejas, 1:250 000

Zwei isolierte Vulkane, **Domuyo** (4709 m, 36° 38.15′ S 70° 25.57′ W) und **Tromen** (3978 m, 37° 08.24′ S 70° 03.00′ W) dominieren die Sicht ganz im Norden der Provinz Neuquén. Die Anreise in diese extrem einsame Gegend erfolgt über den Ort Chos Malal, das täglich mit Bussen von Zapala erreichbar ist. Von dort benötigt man einen Geländewagen.

Der Aufstieg ist nicht schwierig, aber die logistischen Probleme einer Besteigung sind erheblich. Fumarolen, Geysire und Thermalquellen gehören zu den Attraktionen der Touren. Die Gehzeiten sind fünf bis sechs Tage für den Domuyo und vier Tage für den Tromen.

Internet
www.andeshandbook.cl/cerro.asp?codigo=191
www.aventurarse.com/red/relatos/loscerbo1.html -
www.turismoaventura.com/infotur/infotur28/infotur28-4.shtml

3.1   Die Schönheitskönigin

Der **Vulkan Lanín**, der dem 1937 gegründeten Nationalpark seinen Namen gab, markiert die Grenze zwischen Araukanien im Norden und der sogenannten Seeregion, die sich im Süden bis San Carlos de Bariloche anschließt.

Die vielen Wasserflächen in diesen Breitengraden Argentiniens und Chiles bildeten sich, als nach dem Ende der letzten Eiszeit die Gletscher auf den Andenhängen abschmolzen. Die Seeregion gilt vielen als die reizvollste Landschaft der Südanden und wird mit vielerlei Kosenamen wie zweite Schweiz, Filetstück oder Schönheitskönigin belegt.

Um diese wunderbare Landschaft zu erhalten, wurden große Schutzgebiete ausgewiesen. Der **Lanín-Nationalpark** (3790 km²) und der sich im Süden anschließende **Nahuel-Huapi-Nationalpark** (7580 km²) auf argentinischer Seite und die **Nationalparks Vicente Pérez Rosales** (2510 km²) und **Puyehue** (1070 km²) in Chile bilden eine große zusammenhängende Schutzzone.

Sowohl die argentinische als auch die chilenische Seite des Seenbezirks sind für Trekker äußerst attraktiv und zudem für südamerikanische Verhältnisse sehr gut erschlossen. Das bedeutet, man hat als Besucher die Qual der Wahl. Berge und Gletscher, Flüsse und Seen, wilde Schluchten und hübsche Siedlungen sind in so reicher Auswahl vorhanden, dass ein Urlaub nicht ausreicht, um auch nur annähernd alles zu sehen.

Rinderweide vor dem Vulkan Lanín

3.2 Vulkan Lanín

3.2.1 Der Schönheitskönig

Der perfekte Konus des Vulkans Lanín dominiert die Landschaft im weiten Umkreis. Die Argentinier halten ihn für den attraktivsten Vulkan des Landes. Trotz seiner imposanten Erscheinung ist der Lanín auf der Normalroute im Trekkingstil zu besteigen. Dementsprechend beliebt ist der Berg.
Über 2000 Leute besteigen ihn pro Saison, von November bis März. Es wären wesentlich mehr, wenn die Parkverwaltung die Besucherzahlen nicht begrenzen würde. Der Name Lanín kommt von den Mapuche und wird verschieden interpretiert. Zum einen soll Lanín toter Stein bedeuten, viel lustiger ist aber die zweite Variante, die Lanín mit „Der, der an Magenüberladung gestorben ist" übersetzt. Ein Rätsel bleibt, an was sich der schöne Berg wohl überfressen hat.

3.2.2 Anreise über San Martin de los Andes oder Junín de los Andes

Argentinische Touristen bevorzugen als Urlaubsort und als Basis für Ausflüge in den Lanín-Nationalpark meist **San Martin de los Andes**, das wegen seines Waldreichtums und seiner Lage am Lacar-See, vor allem aber wegen seiner Holz- und Naturstein-Architektur so etwas wie „alpines Flair" verbreitet und auch dem anspruchsvollen Reisenden alle Annehmlichkeiten bietet. San Martin de los Andes ist Anfangs- oder Endpunkt der malerischen **Ruta de los Siete Lagos**, der Straße der Sieben Seen. Bei Windstille kann man am Stadtstrand

oder besser an einem der mit Bus oder Boot erreichbaren Strände im Nationalpark ein Sonnenbad nehmen. Zum entspannten Schwimmen ist der auf 650 m Höhe liegende und bis zu 277 m tiefe **Lago Lacar** leider zu kalt.
Sehr interessant sind die bizarren Lavasäulen in einigen Uferbereichen, die dem See seinen Namen gegeben haben. „Larcadu" heißt auf Mapundungun, der Sprache der Mapuche, „heruntergefallene Sache". Einen schönen Blick über Stadt und See hat man vom **Mirador Bandurrias**, dem Aussichtspunkt der Ibisse, der etwa 30 Minuten vom Stadtzentrum entfernt liegt.
Europäer, die sich nicht länger an einem größeren Ort aufhalten wollen, sind oft besser beraten, im weit kleineren **Junín de los Andes** abzusteigen. Das Städtchen wurde erst 1883 als Militärposten während der sogenannten Campaña del Desierto, des Wüstenfeldzugs, gegründet. Unter Leitung des Kriegsministers und späteren Präsidenten General Julio Argentino Roca wurde in den letzten Jahrzehnten des 19. Jahrhunderts ein Vernichtungskrieg gegen die letzten freien Indianervölker geführt. Riesige Gebiete im Andenvorland und in der Steppe wurden dabei ethnisch gesäubert und so für die europäische Kolonisation sicher gemacht.
Junín de los Andes liegt in der Steppe und ist nicht so schick wie San Martin, hat aber alle notwendige Infrastruktur, ist billiger und für die meisten Exkursionen in den Park günstiger gelegen. Junín hat außerdem gute Museen und einen Skulpturenpark, die über die Mapuche-Kultur und den Wüstenkrieg informieren. Für **Fliegenfischer** ist Junín de los Andes ein Wall-

Nordpatagonien

Info San Martin de los Andes und Junín de los Andes

SAN MARTIN DE LOS ANDES
27 000 Einwohner, Höhe 650 m, Tel.: 02972

Städtisches Fremdenverkehrsamt
Av. San Martín y J.M. de Rosas
Tel.: 42-7347, 42-7695
E-Mail: munitur@smandes.com.ar.

Nationalparkverwaltung
Parque Nacional Lanín
Emilio Frey 749, Tel.: 42-7233

Busbahnhof
Villegas, Tel.: 42-7044

Fluglinien
Aerolineas Argentinas, Capitán Drury 876,
Tel.: 0-810-222-86527/42-7003
Vuelos Charter Transtam, Tel.: 0299-15-581-3409
Patagonia Express, Tel.: 0299-443-5718
L.A.D.E., Villegas 231 – L. 3, Tel.: 42-7672

San Martin de los Andes im Internet
www.smandes.gov.ar/
www.welcomeargentina.com/sanmartindelosandes/
index.html
www.interpatagonia.com/sanmartindelosandes/
sanmartindelosandes.com/

smandes.org/
www.patagonia.com.ar/neuquen/sanmartindelosandes/
index.php

JUNÍN DE LOS ANDES
11 000 Einwohner, Höhe 800 m, Tel.: 02972

Städtisches Fremdenverkehrsamt
Padre Milanesio 596
Tel./Fax: 49-1160, 49-2575
E-Mail: turismo@jandes.com.ar

Nationalparkverwaltung
Parque Nacional Lanín
Paseo Artesanal - L. C, Tel.: 49-1160

Andenclubs
Club Andino Junín de los Andes
Padre Milanesio 590 – Local 12, Tel.: 49-1637
und
Asociación Amigos de la Montaña
Avda. Neuquén y Cacace, Tel.: 49-1223

Busbahnhof
Ecke Olavarría und F. San Martín, Tel.: 49-2038

Junín de los Andes im Internet
www.Juníndelosandes.gov.ar

fahrtsort erster Güte, daher auch die forellen-
förmigen Straßenschilder. Ansehen kann man
sich leicht beide Orte, sie liegen nur 41 km
auseinander und haben häufige Busverbindungen.

Der Reisende trifft in diesem Teil der Welt auf
eine bestens organisierte Tourismusindustrie.
San Martin de los Andes und Junín de los Andes haben Touristeninformationen sowohl in
den Busbahnhöfen als auch in der Innenstadt,
Büros der Lanín-Nationalpark-Verwaltung
und Andenclubs.

Für alle möglichen **Outdoor-Aktivitäten,** von
der Besteigung des Vulkans Lanín über Reit-
ausflüge, Rafting- und Seekajaktouren bis zum

Fliegenfischen gibt es eine Vielzahl von Agen-
turen, an deren Adressen und Broschüren man
über die Touristeninformation oder übers Internet kommt. Auch die Buchläden und Kioske sind gut organisiert, Führer und Karten, etwa von Sendas y Bosques, sind problemlos erhältlich.

San Martin oder Junín de los Andes werden
mehrmals täglich von Bussen aus Neuquén im
Norden und Bariloche im Süden angefahren.
Auch nach Valdivia in Chile gibt es täglich
Verbindungen. Es bestehen Flugverbindungen
von Buenos Aires, Neuquén, Zapala, Bariloche
und den Städten an der Atlantikküste zum
Chapelco-Flughafen, den sich beide Städte
teilen.

3.2.3 Besteigung des Vulkans Lanín

Kartenhinweise
ChIGM G-114, Paimún, 1:50 000
IGM 3972-28, Volcán Lanín, 1:100 000
Übersichtskarte Parque Nacional Lanín 1:200 000,
Mapas Sendas & Bosques, ISBN 987-20080-1-9

Allgemeines

Die Besteigung des Laníns (3776 m, andere Angaben 3740 m, 39° 38.15′ S 71° 30.09′ W) nimmt insgesamt 3 Tage Zeit in Anspruch (25 km, Höhenunterschied 2570 m).
Wer den Vulkan Lanín besteigen will, nimmt den täglich um 6.00 Uhr von **San Martin de los Andes** abfahrenden Bus, der auf der Ruta 60 über Junín de los Andes zur Grenzstation Paso Maimul Malal fährt. Dieser Bus erreicht die Guardaparques der Sección **Río Turbio** etwa um 7.30 Uhr. Alle Trekker müssen sich bei den Guardaparques zur **Registrierung, Ausrüstungs- und Fitnesskontrolle** melden.

Die **Pflichtausrüstung** umfasst:
• Steigeisen
• Eispickel
• VHF-Radio (Frequenz 155675)
• für Eis und Schnee geeignetes Schuhwerk
• Kleidung für das Hochgebirge
• Handschuhe
• Gletscherbrille
• Kopflampe und Batterien
• Erste-Hilfe-Set
• Schlafsack
• ein Kocher pro vier Personen

Fehlende Ausrüstung kann in Junín oder San Martin de los Andes geliehen werden. Manchmal wird von den Rangern geprüft, ob die Gipfelstürmer mit Steigeisen und Eispickel umgehen können.

2005 betrug der Eintritt in den Lanín-Nationalpark 12 Pesos, etwa 3,30 Euro. Das Ticket ist eine Woche gültig.

Die Parkverwaltung hat die Anzahl der Trekker pro Tag auf 60 beschränkt. Es gibt keine Voranmeldung. Wer zu spät kommt, den bestraft das Leben, lässt ihn aber immerhin auf dem nahen Campingplatz auf eine neue Chance warten. Ist die Route stark frequentiert, weisen die Ranger auch die Schlafplätze zu. Es gibt drei Refugios, einfache Schutzhütten mit Betonboden, ohne Betten und ohne Bewirtschaftung. Wenn die Gipfelstürmer wie Sardinen geschichtet werden, fassen die Refugios zusammen die 60 Leute, die eine Genehmigung erhalten haben. Wer zur Hochsaison im Januar und Februar aufsteigt und nicht gerne in einer Sardinenbüchse schläft, sollte überlegen, ein Zelt mitzunehmen.

 Tag 1: *Rangerstation Río Turbio (1200 m) – Refugio CAJA (2600 m) 6–7 Std., Aufstieg 1400 m*

Von der Gendarmería Nacional führt eine Straße ein kurzes Stück zu einem Parkplatz am **Río Turbio**. Hier beginnt der Weg auf den Lanín. 2005 war nur ein Weg offen, der gut markierte sogenannte **Camino de Mulas**, der Weg der Mulis. Die kürzere Alternative „Espina de Pescado", Fischgräte, wurde durch einen Bergrutsch verschüttet. Der Muliweg ist lang, aber einfach. In fünf bis sieben Stunden werden die Schutzhütten erreicht. Auf 2300 m liegt das **Refugio BIM 6**, benannt nach dem Batallón de Ingenieros de Montaña, einer Pioniereinheit des Militärs (BIM 6, 39° 36.59′ S 71° 28.49′ W). Einen kleinen Umweg muss man zum **Refugio RIM 26**, benannt nach dem Regimento de Infantería Montaña 26, dem 26. Gebirgsjä-

Nordpatagonien

Nordpatagonien

Lanín-Südwand

gerregiment, machen. Es liegt am Ende der verschütteten Fischgrätenroute auf 2450 m (RIM 26, 39° 37.32′ S, 71° 28.41′ W). Am beliebtesten, da es die beste Ausgangsposition für den Gipfel bietet, ist das **Refugio CAJA**, benannt nach dem Club Andino Junín de los Andes. Die kleinste der drei Schutzhütten liegt auf 2600 m (CAJA, 39° 37.17′ S, 71° 29.18′ O) und hat schon bessere Tage gesehen.

Tag 2: CAJA (2600 m) –
Lanín-Gipfel (3776 m)
9–11 Std., Auf- und Abstieg 1170 m

Vom **Refugio CAJA** folgt man den Markierungen westlich eines Schneefeldes in Richtung Gipfel. Nach zwei Stunden erreicht man ein Tal, das im Sommer wegen der Steinschlaggefahr an den Seiten begangen werden sollte. Die Wand am Talschluss wird rechterhand umgangen. Dieser Teil ist der steilste der

Strecke. Bei gutem Wetter ist die Wegfindung kein Problem. Anders kann es bei Nebel, Regen oder gar Schneefall aussehen. Bei schlechten Sichtbedingungen sollten nur erfahrene Trekker mit guten Navigationsfähigkeiten aufsteigen. Die Steigeisen werden im Sommer, wenn überhaupt, nur auf einem Schneefeld zwischen 2400 und 3000 m gebraucht, sonst ist die Route meist schneefrei. Der Weg auf den **Gipfel** (39° 38.15′ S 71° 30.09′ W) dauert etwa sechs bis sieben Stunden, für den Abstieg bis zum Refugio Caja sind drei bis vier Stunden zu rechnen. Der Blick vom Lanín zeigt das ganze großartige Panorama von Araukanien und dem Seenbezirk. Im Norden sieht man den Vulkan Llaima und die Seen Tromen und Quillén, im Westen die Vulkane Villarica und Quetrupillán und im Süden die Seen Huechulafquen, Paimún und Epulafquen, bei guter Sicht auch den Vulkan Osorno und den Cerro Tronador. Der Gipfelbereich des Lanín ist vergletschert. Eine Gletscherzunge geht in nordöstlicher Richtung nach Chile bis auf 1800 m hinunter, eine andere führt direkt nach Süden bis hinunter auf 1500 m.

Tag 3: CAJA (2600 m) –
Ruta 60 (1200 m)
3–4 Std., Abstieg 1400 m

Wegen der oft überfüllten Lager machen viele den Abstieg bis zur Straße noch am Gipfeltag. Ein lohnender Spaziergang nahe der Rangerstation ist der Wanderweg zum **Lago Tromen**. In drei Stunden wandert man durch den Wald nahe der chilenischen Grenze zum See und geht dann am Strand zurück.

Internet

www.thehighrisepages.de/bergtouren/
tour_055.htm

3.3 Im Seengebiet südlich des Vulkans Lanín

3.3.1 Wo ist Nessi?

Südlich des Vulkans Lanín liegen die drei Seen **Huechulafquen**, **Paimún** und **Epulafquen**. Lafquen heißt auf Mapundungun „See". Eigentlich ist es ein einziger See, aber die beiden westlichen Arme des Huechulafquen haben eigene Namen bekommen. In der sehr fantasievollen Naturmythologie der argentinischen Indianer gibt es zwar reichlich Waldungeheuer, aber einen auffallenden Mangel an Seeungeheuern. Obwohl der Lago Huechulafquen 105 km lang und satte 500 m tief ist und somit weit mehr Platz für eine Population von Plesiosauriern bieten könnte als das Loch Ness mit seinen 36 km Länge und 230 m Tiefe,

wurde dort noch nie ein Ungeheuer gesichtet – vielleicht sollten die Argentinier einmal einen schottischen Tourismusmanager engagieren. Reich ist die Provinz Neuquén dagegen an terrestrischen **Dinosaurierfossilien**. Jedes Kind kennt T. rex, Brontosaurus und Triceratops. Das liegt vor allem daran, dass die US-Amerikaner Weltmeister im Marketing sind. Nur Insider wissen, dass in Argentinien Saurier lebten, gegen die die US-Dinos wie hühnerbrüstige Halbstarke wirken. Argentinosaurus huinculensis, dessen Überreste in der Río-Limay-Formation gefunden wurden, war das größte Tier, das je an Land gelebt hat. An die 8 m hoch, 37 m lang und stramme 100 Tonnen schwer, stapfte dieser Pflanzen fressende Riese

Abendstimmung am Lago Huechulafquen

Nordpatagonien

Nordpatagonien

in der Kreidezeit, vor rund 100 Millionen Jahren, durch Südamerika. Der Brontosaurus brachte es zum Vergleich „nur" auf 20 m Länge und 33 Tonnen Gewicht. Wie der große, böse Bruder des Tyrannosaurus rex sah der ebenfalls rund 100 Millionen Jahre alte Giganotosaurus carolinii aus. Mit 18 m Länge und 9 Tonnen Gewicht ist dieser erst 1995 bei El Chocón entdeckte Dino der größte bekannte Raubsaurier.

Paläontologen brüteten lange über der Frage, warum die Evolution gerade in Südamerika solche gigantischen Formen hervorgebracht hat. Die derzeit gängige Theorie beginnt mit dem Auseinanderbrechen des Urkontinents Pangaea. Auf diesem Riesenkontinent herrschte ein extremes Kontinentalklima, das allen Lebensformen an Land zu schaffen machte. Lange Perioden völliger Dürre wechselten mit Dauerregen und Überschwemmung während der Jahreszeit des sogenannten Megamonsuns. Im Erdzeitalter des Jura, vor 200 bis 145 Millionen Jahren, brach der Urkontinent Pangaea auseinander, zunächst nur in einen Nord- und einen Südkontinent, Laurasia und Gondwana, später in etwa in die Kontinente, wie wir sie heute kennen. Dadurch lagen viel mehr Landgebiete am Meer, das Klima wurde ausgeglichener. In dem Teil des Urkontinents, der zu Südamerika und Afrika wurde, Westgondwana, herrschten besonders günstige Umweltbedingungen – Pflanzen und Pflanzenfresser konnten sich gut entwickeln. Da die größten Individuen unter ihnen nicht von den damals existierenden Fleischfressern überwältigt werden konnten, wurde eine Selektion in Richtung Körpergröße gefördert. Doch bald entwickelten sich auch bei den Raubsauriern größere und damit erfolgreichere Jäger. Es kam es zu einer Art Wettrüsten, das im Laufe von Jahrmillionen zu den bekannten Riesenformen

führte. Mehr zu den Dinos gibt es in Kapitel IV, Der Cuyo 3.2.1 und ausführlich bei

Internet
www.argentinanview.com/english/novedades18-4.asp
www.enchantedlearning.com
www.dinosauricon.com
www.dinodata.net
www.intelradio.com.ar/dinosaurios

3.3.2 Anreise über San Martin de los Andes oder Junín de los Andes

Näheres zu San Martin de los Andes und Junín de los Andes ist in 3.2.2 nachzulesen. Das Essen für die Tour besorgt man am besten in diesen gut mit Supermärkten ausgestatteten Städtchen. Manchmal kann man von den Mapuche im Park das eine oder andere, ein paar Eier oder ein Stück Fleisch, kaufen, aber darauf sollte man sich nicht verlassen.

Jeden Spätnachmittag, 2005 um 17.30 Uhr, fährt ein Bus vom Busbahnhof in Junín de los Andes auf der Ruta 61 nach **Puerto Canoa** und bis zum **Camping Piedra Mala** am Lago Paimún. Im Nationalpark gibt es eine Reihe von Übernachtungsmöglichkeiten, von der Hostería „Refugio del Pescador" über Gästebetten bei Mapuche-Familien bis zu Campingplätzen verschiedenster Kategorien. Für den Trekker kommt in der Regel nur Zelten infrage. An den Ufern der drei Seen Huechulafquen, Paimún und Epulafquen gibt es eine reiche Auswahl an Campingplätzen, die teilweise der Nationalparksverwaltung, teilweise den ansässigen Mapuche-Indianern gehören. Der Standard der Einrichtungen ist sehr unterschiedlich, manchmal gibt es nur drei Steine als Feuerstelle und irgendwo ein Plumpsklo, manchmal fließend Wasser oder sogar richtige Nasszellen. Manche Campingplätze sind kostenfrei, wildes Campen ist aber im Park generell verboten. Über die aktuelle Lage bei den Zeltplätzen informieren die sehr freundlichen Parkwächter am Parkeingang am Ostufer des Huechulafquen-Sees, bei denen man auch den Parkeintritt (2005 12 Pesos) entrichten muss. Auch in Puerto Canoa gibt es einen Rangerposten, bei dem man Auskünfte einholen kann.

Für die meisten Touren ist es praktisch, das Zelt auf einem Campingplatz am Ende der Straße am Ostufer des Lago Paimún zu haben. Eine Ausnahme bildet die etwa achtstündige Wanderung vom nördlichen Ufer des Lago Huechulafquen (830 m) auf den Aussichtsberg El Chivo (2064 m) und zurück. Dazu muss man bereits an einem der Campingplätze in der Nähe des Touranfangs aussteigen. Sowohl Ranger als auch Busfahrer helfen, die richtige Unterkunft zu finden.

3.3.3 Von La Unión bis zu den Thermen von Lahuen-co

Kartenhinweise
- ChIGM G-114, Paimún, 1:50 000
- IGM 3972-34, Paimún, 1:100 000
- Parque Nacional Lanín 1: 200 000, Mapas Sendas & Bosques, ISBN 987-20080-1-9

Nicht vergessen: Wer einen bequemen **Rücktransport** wünscht, muss für diese Tour schon in Junín de los Andes eine Rückfahrgelegenheit, ein Taxi oder einen Platz in einem Tourbus, bestellen.

 Tag 1: *La Unión (800 m) – Paso Rimeco (1135 m) – Don Aila (800 m) 6 Std., 16 km, Auf- und Abstieg 350 m*

Die Busse aus Junín de los Andes fahren bis zu dem Örtchen **La Unión** mit seinem hübschen Kirchlein, der zwischen Puerto Canoa und Piedra Mala am See liegt. Auf dem Weg hat man schöne Ausblicke auf den Vulkan Lanín, besonders von der Pampa de Rucu Leufu westlich von Puerto Canoa. Am Seeufer von La Unión findet man ein Schild „Camping Ecufué" und ein Metallstück mit Klöppel. Man klingelt, und wenn man Glück hat, wird man erhört, und es kommt jemand mit dem Boot und setzt einen über den hier sehr schmalen See. Der Weg zur Hacienda von Don Aila folgt zunächst dem Bach Ecufué, steigt kräftig bis zur Wasserscheide zwischen dem Cerro Huemules (1841 m) und dem Cerro Cantala (1925 m) an. Höchster Punkt ist der **Paso Rimeco** (1135 m), von dem es aber leider keine Aussicht gibt. Von dort läuft der Weg, der hier oft feucht oder gar schlammig ist, durch Bambusdickichte und prächtige Buchenwälder im Tal des Arroyo Rimeco hinunter zum Weiler **Don Aila**. In Absprache mit den Mapuches kann man hier seinen Zeltplatz suchen.

 Tag 2: *Don Aila (800 m) – Ruta 62 (1100 m) – Thermen von Lauen-co (900 m) Bis zum Straßenanschluss 5 Std., 12 km, Aufstieg 300 m, Abstieg 200 m*

Von **Don Aila** läuft man zwei Stunden auf einem breiten Weg am Seeufer entlang nach Locomóvil, benannt nach einer alten Dampfmaschine, die die Gatter eines Sägewerks antrieb. Die Spuren der menschlichen Aktivitäten sind auch heute noch gut sichtbar. Holz- und Viehwirtschaft haben offene Flächen in einer Region geschaffen, die ursprünglich fast vollständig bewaldet war. Am Südende des Paimún-Sees erreicht man **Pampa Linda**, die hübsche

Nordpatagonien

Pampa. Der nach Westen abzweigende und um den Pamún-See zur Guardería Paimún führende Weg war 2005 wegen Instandsetzungsarbeiten gesperrt. Man hält sich an der Abzweigung links und läuft in einem breiten Tal nach Süden. Die Vegetation ist dort sehr dicht. Der Bambus schlägt streckenweise über dem Pfad zusammen, sodass man wie in einem Tunnel läuft. Es finden sich viele Pflanzen des Valdivianischen Regenwalds. Typisch ist der Maniu hembra (Saxegotha conspicua), der an seinen steifen, großen Blättern erkennbar ist.

Das letzte Teilstück des Weges führt nach Südwesten und trifft unweit des **Paso Carirriñe**, der die argentinisch-chilenische Grenze markiert, auf die **Ruta 62**. Leider gibt es auf dieser Strecke keinen öffentlichen Transport. Wer kein Taxi bestellt hat, kann die fehlenden 6 km auf der Straße zu den Thermen von **Lahuen-co** laufen und dort auf dem Campingplatz übernachten. Von Junín de los Andes fahren in der Sommerzeit Tourbusse zu den Thermen, die, wenn Platz ist, auch weitere Passagiere aufnehmen. Auch diese Art von Rücktransport sollte im Voraus vereinbart werden.

8 km hinter den Thermen passiert die Ruta 62 El Escorial, den erkalteten Lavafluss des Vulkans Achen Ñiyeu. Von dort kann man in etwa zwei Stunden entlang der Lava zum **Epulafquen-See** und dann an dessen Ufer weiter zur Engstelle, die als Grenze zwischen dem Epulafquen- und dem Huechulafquen-See gilt, gehen. Unentwegte können in zwei Tagen auch das ganze Südufer des Huechulafquen-Sees ablaufen und kommen dann wieder zur Ruta 61.

> **Internet**
> www.parquesnacionales.gov.ar
> www.guiaverde.net/trekking
> www.welcomeargentina.com/paseos/
>   cabalgatas_sma2/
> www.interpatagonia.com/paseos/
>   senda_lahuenco/

3.3.4 Weitere Touren im Drei-Seen-Gebiet

> **Kartenhinweise**
> • Parque Nacional Lanín 1: 200 000, Mapas Sendas & Bosques, ISBN 987-20080-1-9
> • ChIGM G-114, Paimún, 1:50 000
> • IGM 3972-34, Paimún, 1:100 000
> • IGM 3972-28, Volcán Lanín, 1:100 000
> • Parque Nacional Lanín, Lago Huechulafquen, kostenlose Karte der Nationalparkverwaltung

Bootstour von Puerto Canoa

Zur Einstimmung auf die Trekkingtouren ist es bei gutem Wetter sehr empfehlenswert, von Puerto Canoa aus eine Bootsfahrt auf den **Seen Huechulafquen** und **Epulafquen** zu machen. Vom Boot aus sieht man in südlicher Richtung den Cerro los Angeles (2098 m), in nördlicher Richtung den Vulkan Lanín mit den Resten seiner Gletscher. Wie stark die Vergletscherung einmal war, zeigt die Ausdehnung des Huechulafquen-Sees, der bis in die patagonische Trockensteppe reicht. Diese fjordartigen Gletscherseen sind oft sehr tief, der Huechulafquen erreicht 300 m Tiefe. Vom Epulafquen-See aus sieht man sehr gut den Vulkan Achen Ñiyeu und seinen mächtigen, bis ins Wasser reichenden Lavafluss.

Tagestour zur Südflanke des Lanín

> **Kartenhinweis**
> • IGM 3972-28, Volcán Lanín, 1:100 000

 Puerto Canoa (850 m) –
Fuß des Lanín (1850 m)
7–8 Std., 8 km, Auf- und Abstieg 1000 m

Von **Puerto Canoa** geht unweit des Rangerhauses ein gut markierter Pfad hinauf zur Südflanke des Vulkans Lanín. Man hat von dort eine gute Sicht auf die mächtigen Gletscher der sonnenabgewandten Seite des Berges. Dieser Weg ist keine Trekkingroute auf den Gipfel. Besteigungen von der Südseite sind mit Eiskletterei verbunden. Es ist notwendig, sich vor und nach der Tour beim Rangerposten in Puerto Canoa zu registrieren. An der Tür hängt ein entsprechendes Formular.

Tagestour zur Rangerstation am Lago Paimún

Kartenhinweis
• ChIGM G-114, Paimún, 1:50 000
• IGM 3972-34, Paimún, 1:100 000

 Camping Piedra Mala (830 m) – Guardaría Paimún (830 m) – Camping Piedra Mala (830 m)
6–8 Std., kaum Höhenunterschiede

Vom **Camping Piedra Mala** führt ein Weg durch den Buchenwald an der Nordseite des **Paimún-Sees** zum Rangerposten **Paimún**. Kurz nach dem Campingplatz gibt es eine Abzweigung zu den Wasserfällen **El Saltillo**. Wer die Wasserfälle sehen will, muss für Hin- und Rückweg zwei Stunden einplanen. Ab der Gu-

Mutisia sp.

ardaría Paimún war der Weg weiter nach Westen 2005 für Trekker offiziell gesperrt, was die früher beliebte Umrundung des Sees unmöglich machte. Eine Instandsetzung und Wiedereröffnung des Pfads von der Guardería Paimún bis Locomóvil ist geplant.

Colo Huincul

Kartenhinweis
• IGM 3972-34, 1:100 000

 8 Std.

An der Ruta 62, 31 km von Junín de los Andes entfernt, liegt der **Lago Curruhué Chico**, der bei Hobbyornithologen beliebt ist. Dort gibt es auch einen Campingplatz, der als Basis für eine Besteigung des Aussichtsbergs **Colo Huincul** im Süden dienen kann. Der Aufstieg beginnt südlich des Wegs, der zum See führt. Es gibt keine Wegmarkierung, aber die wenig bewachsenen Hänge ermöglichen eine leichte Orientierung. Nach zwei Stunden ist ein falscher Gipfel erreicht, der auch schon gute Ausblicke ermöglicht. Der echte Gipfel ist breit, verschiedene Aussichtspunkte erlauben Blicke in alle Himmelsrichtungen. Der höchste Punkt (2146 m) wird nach vier bis fünf Stunden erreicht. Für den Abstieg benötigt man etwa drei Stunden.

3.3.5 Vom Lago Lolog ins Drei-Seen-Gebiet

Kartenhinweis
• ChIGM G-114, Paimún, 1:50 000
• IGM 3972-34, Paimún, 1:100 000
• IGM 4172-5, 1:100 000
• Parque Nacional Lanín 1: 200 000, Mapas Sendas & Bosques, ISBN 987-20080-1-9

Nordpatagonien

Diese Wanderung gehört zu den interessantesten im Lanín-Nationalpark. Die Wegführung ist jedoch nicht immer klar, es müssen Flüsse gekreuzt werden und die Route führt durch zwei Jagdgebiete. Wegen hoher Wasserstände im Frühjahr sollte die Passage erst ab November gegangen werden. Das Gebiet zwischen den Seen Huechulafquen und Lolog ist wegen der Jagdsaison von März bis Mai für Trekker gesperrt – dieses Verbot unbedingt beachten, Lebensgefahr! Die Höhenunterschiede auf dieser Tour sind moderat, die Seen liegen auf etwa 800 m Höhe, der höchste Punkt, der Auquinco-Pass, auf etwa 1470 m.

 Tag 1: *Puerto Arturo – Playa Bonita – Refugio Auquinco*
5 Std.

Von San Martin de los Andes fahren im Sommer täglich Busse auf der Ruta 62 zum Ostufer des Lago Lolog. Die Wanderung beginnt in **Puerto Arturo**. Der Weg führt in dichtem Wald oberhalb des Nordufers des Sees in Richtung Westen. Vom Cerro de las Planicies (1732 m) und dem Cerro La Peninsula (2051 m) kommen eine ganze Reihe Bäche herunter, die sich zum Teil tiefe Schluchten gegraben haben. Das Queren kann dort etwas mühsam sein. Nach zwei Stunden ist die **Playa Bonita**, der hübsche Strand, am Lago Lolog erreicht. Am Sandstrand kann man gut rasten. Der weitere Weg führt etwas oberhalb des Sees im Wald nach Westen. Wieder müssen Bäche gequert werden. Nach einer halben Stunde Marsch öffnet sich der Wald, der Boden wird sandiger. Der Weg steigt nun langsam an, und von einem sanften Bergrücken hat man schon Ausblicke auf das Programm des nächsten Tages, das Tal des **Río Auquinco** und den Pass, der nach Norden führt. Man geht nun hinun-

ter in die von Pampasgras bewachsene Flussebene. Der Río Auquinco, im Sommer etwa 80 cm tief, muss durchwatet werden. Nach der Flussdurchquerung sind die Wege etwas konfus. Man muss nach gelben Markierungen suchen und erreicht einen Mallín, eine Feuchtwiese, mit einer Wegkreuzung. Der Weg nach Norden führt zum Rincón de los Pinos, der Weg nach Westen zum Tagesziel, dem **Refugio Auquinco** bei der Mündung des Río Auquinco in den Lago Lolog. Die Hütte liegt unterhalb der Ruinen eines verlassenen Einödhofs und wird gerne von Fischern frequentiert, die mit Booten anreisen. Es ist eine gute Idee, ein Zelt oder zumindest eine Plane für ein Biwak mitzunehmen, falls die Hütte voll sein sollte.

Vom Refugio Auquinco geht ein wenig begangener und teilweise überwachsener Weg weiter nach Westen zur Einmündung des **Arroyo El Boquete** ganz im Westen des Sees. Nach der Durchwatung des hüfttiefen Baches trifft man auf eine Weggabelung. Nach Südwesten geht es in etwa acht Stunden nach **Hua Hum** an der Ruta 48, nach Osten führt ein Weg durch landwirtschaftlich genutztes Gelände am Südufer des Sees zurück bis zum Straßenanschluss nahe der **Bahia Guerrero** und der Ruta 62 nach San Martin de los Andes.

 Tag 2: *Refugio Auquinco – Rincón de los Pinos*
5–6 Std.

Vom **Refugio Auquinco** geht man fünf Minuten des Wegs des Vortags zurück bis zur Feuchtwiese und folgt dem mit gelben Pfeilen markierten Weg bis zum **Río Auquinco**, der wieder durchwatet werden muss. Im nächsten Wegstück liegt der Fluss westlich. Man geht durch eine Pampa de Coirónes, eine Pampa mit hohem Pampasgras, in der sich der Weg

Nordpatagonien

leicht verliert. Man kann sich an dem Bergrücken im Osten orientieren. Die Richtung ist Nordnordwest. Nach etwa zwei Stunden Wegs überquert man den von Osten kommenden Arroyo Pedregoso und nach einer weiteren Stunde zum zweiten Mal an diesem Tag den Río Auquinco. Am westlichen Ufer zeigt sich ein breiter Weg, der weiter nach Westen führt. Diesen Weg darf man nicht(!) nehmen. Der richtige Pfad ist schmal und führt nach Norden. Er entfernt sich bald vom Fluss und steigt sanft durch Lenga-Wald zu einem Aussichtspunkt hinauf, einem südlichen Ausläufer der Sierra de Huanquihue. Noch eine halbe Stunde Marsch, und man erreicht die Biwakschachtel **Rincón de los Pinos**, die mit einfachen Bettgestellen und einem kleinen Ofen ausgestattet ist.

 Tag 3: Rincón de los Pinos – Portezuelo de Auquinco – Laguna Verde
6–7 Std.

Vom **Bivaco Rincón de los Pinos** führt der Weg weiter am Westufer des Río Auquinco nach Norden. Nach etwa 20 Minuten erreicht man **Las Mellizas**, die Zwillinge, eine gegabelte Araukarie, die als beliebtes Fotomotiv, aber auch als Landmarke dient. Weiter flussauf wird es nun bald bitter oder besser gesagt schlammig. Je nach Jahreszeit und Niederschlägen steht man in den Feuchtwiesen knöchel- oder knietief in der Pampe. Wer gute hohe Gamaschen dabei hat, kommt meist einigermaßen trocken durch. Die Alternativmethode ist, kurze Hosen und ein paar leichte Turnschuhe mitzunehmen und der nackten Haut ein bisschen Fango zu gönnen. Nach etwa 4 km quert der Weg ein letztes Mal den Río Auquinco. Dieser ist im Oberlauf nur noch ein Bächlein. Hier sollte man die Wasserfla-

schen auffüllen, denn die Erde, die gerade noch zu feucht war, wird nun bald zu trocken sein. Die Route steigt langsam Richtung Norden an und ist mit zunehmender Höhe besser zu erkennen. Man orientiert sich am Einschnitt zwischen zwei Felsgipfeln. Je höher man steigt, desto trockener und unwirtlicher wird die Landschaft. Der Weg führt über kaum bewachsene schwarze Lavahänge, Überbleibsel früherer Eruptionen des Vulkans Achen Ñiyeu. Man erreicht die Öffnung zwischen den beiden Bergen, den 1470 m hohen **Auquinco-Pass**. Der Pass war in früheren Zeiten stark frequentiert. Die Pehuenche-Indianer benutzten ihn ebenso wie die Jesuiten, die nach Süden zum Lago Nahuel Huapi zogen. Überschreitet man den Pass, zeigen sich die Vulkane Lanín und Vulkans Achen Ñiyeu und die Seen Verde und Epulafquen. Etwa 1500 m westlich des Passes befindet sich ein Wasserfall, die **Cascada del Portezuelo**, den man ohne Schwierigkeiten erreichen kann. Der Escorial, der große Lavafluss, der sich vom Vulkan Achen Ñiyeu bis in den Lago Epulafquen erstreckt, erscheint sehr jung, denn er ist kaum bewachsen. Er ist jedoch schon über 1000 Jahre alt und zeigt, wie langsam in diesem schon recht rauen Klima biologische Prozesse ablaufen. Der Weg vom Pass führt hinunter ins Tal des **Arroyo Escorial** und quert den Bach das erste Mal. Anfangs ist der Wegverlauf gut ersichtlich, weiter unten verliert er sich manchmal im Buschwerk. Ab und zu sieht man Markierungen, im Prinzip orientiert man sich am Lavafluss, der immer westlich des Wegs liegen muss. Im unteren Bereich des Lavaflusses quert der Weg den Arroyo Escorial ein zweites Mal und führt in nordöstlicher Richtung zur Laguna Verde. Noch ein Stückchen weiter und die **Ruta 62**, die zwischen Laguna Verde und Lago Curruhué Grande verläuft, ist erreicht.

Nordpatagonien

Nordpatagonien

An beiden Seen gibt es Zeltplätze. Wer noch nicht zurück nach San Martin oder Junín de los Andes fahren will, geht 6 km auf der Straße nach Westen und erreicht die Brücke über den Lavastrom und den Einstieg in den Wanderweg, der das gesamte Südufer der Seen Epulafquen und Huechulafquen entlanggeht.

> **Internet**
>
> Infos zur Tour Lago Lolog – Laguna Verde:
> www.smandes.gov.ar/caminataLagoLolog.htm
> www.sanmartinandes.com/trekking/
> lagololog.htm
> www.deportsalud.com/eco132.htm
> www.extremonline.com/seccion/edicion8/
> nota8_3.htm

3.3.6 Weitere Touren im südlichen Teil des Lanín-Nationalparks

> **Kartenhinweis**
> • Parque Nacional Lanín 1:200 000, Mapas Sendas & Bosques, ISBN 987-20080-1-9

Dem südlichen Teil des Lanín-Nationalparks fehlen die großen Sensationen, er wird daher von Trekkern weniger frequentiert. Das heißt aber nicht, dass man dort keine schönen Touren finden könnte. Neben den eher europäisch alpin anmutenden Seen und Flüssen sind vor allem die bizarren Erosionslandschaften der patagonischen Steppe mit ihren „Western-Kulissen" für Wanderer und Fotografen interessant. Die schönsten Felsgebilde finden sich nördlich der sogenannten Confluencia, des Zusammenflusses der Flüsse Traful und Limay und im Valle Encantado, dem verzauberten Tal des Río Limay. Diese Region ist bereits außerhalb des Nationalparks, und man muss sich vorher erkundigen, wie die privaten Landbesitzer es mit Besuchern halten. Der Süden des

Lanín-Nationalparks wird oft im Rahmen der sogenannten Sieben-Seen-Touren mit dem Minibus bereist. Diese Bustouren können durchaus interessant sein, denn es wird immer wieder an landschaftlich schönen Stellen angehalten, und zum Teil werden auch kleinere Wanderungen unternommen. Man kann sich dabei Anregungen für längere Touren holen. Für Bergsteiger bietet der Süden des Lanín-Nationalparks wenig. Immerhin weist der **Cerro Falkner** (2330 m, nach anderen Angaben 2290 m, 40° 29.45′ S 71° 32.09′ W) einige technisch anspruchsvolle Routen auf.

 Von Hua Hum zur Cascada Chachin, dem Lago und den Termas de Queñi

> **Kartenhinweis**
> • IGM 4172-4, 1:100 000

Der Lago Queñi liegt schon im Bereich des Valdivianischen Regenwaldes und ist vor allem für Pflanzenliebhaber eine sehr empfehlenswerte Destination. Man fährt mit dem täglich verkehrenden Bus von San Martin de los Andes auf der Ruta 48 nach **Hua Hum**. Gleich nach dem Zollgebäude überquert man die Brücke über den Río Hua Hum und entrichtet bei den Parkrangern den Eintritt für den Nationalpark. Es gibt keinen öffentlichen Transport in dieser Gegend. Wer ohne Fahrzeug zum **Lago Queñi** will, muss auf der Straße oder auf einer der Abkürzungen laufen. Die Tour ist aber bei Einheimischen sehr beliebt, sodass man in der Saison gute Chancen hat, mitgenommen zu werden. Von der Brücke sind es 3 km bis zu einer Weggabelung. Man hält sich rechts und erreicht nach etwa 2,5 km die Abzweigung nach links zur **Cascada Chachin**. Die Hauptstraße führt weiter 7 km zum Westufer des Sees und an diesem entlang bis zu einem kostenlosen Campingplatz. Von dort kann man über den **Arroyo Queñi** waten und weiter am Westufer des Sees entlang in etwa 1,5 Stunden zu den Thermen von Queñi gelangen. Vom Südende des Sees geht man noch ein Stückchen auf ausgetretenen Pfaden nach Süden und trifft dort auf ein Warmwasser-Badebecken ohne Infrastruktur. Die Rundtour vom Campingplatz aus dauert etwa drei Stunden. Eine uralte Verbindung nach Chile stellt der **Paso de Ilpela** (1324 m) im Westen des Lago Queñi dar. Pehuenche-Indianer, spanische Eroberer, Viehhirten und Schmuggler frequentierten diesen Pass. In jüngerer Zeit wurde der Pass durch die Flucht Pablo Nerudas 1949 aus Chile und seine literarische Verarbeitung dieser Erlebnisse in „Confieso que he vivido" („Ich gestehe, dass ich gelebt habe") bekannt. Man kann in vier Stunden vom **Lago Queñi** die 500 Höhenmeter zum Pass aufsteigen. Weiter auf den chilenischen Verbindungsweg darf man aber offiziell nicht, denn der Pass ist kein anerkannter Grenzübergang.

 Internet
www.patagonia-argentina.com/e/actividades/
    trekneu.htm
www.sanmartinandes.com/trekking/queni.htm
www.interhabit.com/interhabit/
    indexprestacion.asp?ID=738/10403/1/9/2

Von Quila Quina nach Hua Hum

Kartenhinweis
• IGM 4172-4, 1:100 000

⟁ **Tag 1:** *Quila Quina – Lago Escondido*
3–4 Std.

Von San Martin de los Andes fahren Busse bis Quila Quina an der Südseite des **Lago Lacar**. Schöner ist die Anreise mit der stündlich von

Pataguas am Lago Lacar

11 bis 17 Uhr verkehrenden Fähre. Das Seeufer ist mit den spektakulären Patagua-Bäumen (Myrceugenia exsuca) bestanden. Die Stämme sehen aus wie aus dicken weißen Tauen gedreht und stehen, wie der Name „Fuß im Wasser" sagt, oft im flachen Wasser. Von der Straße nach San Martin de los Andes geht bei einigen Häusern der Mapuche-Siedlung **Curruhuinca** ein beschilderter Fahrweg entlang des Ostufers des Arroyo Grande nach Süden. Der Weg überquert den Bach und wendet sich nach Westen. Der letzte Bauernhof an dieser Straße gehört – Frauen aufgepasst! – Don Casanova. Der Weg führt weiter nach Westen und erreicht einen nach Norden abgehenden, durch ein Schild gekennzeichneten Pfad (siehe Tag 2). Dort folgt man weiter dem Fahrweg, der nun stark ansteigt, und kommt auf die **Pampa de Llao Llao**, die den Zugang zum Ostufer des **Lago Escondido**, des versteckten Sees, ermöglicht. Eine alte Holzfällerstraße führt am Nordufer des Sees entlang. Der Versteckte See liegt im Tal zwischen der Piedra de Ruca Nire (1694 m), dem Felsen des Fuchsbaus, und dem Cerro Escondido (1984 m), dem versteckten Berg. Die in den 1950ern und 1970ern ausgebeuteten Regenwaldbestände erholen sich langsam wieder. Am See befinden sich gute Zeltplätze.

Nordpatagonien

Lenga-„Bonsai" im Herbst

⚠️ ***Tag 2:*** *Lago Escondido – Pucará –*
Hua Hum
8–10 Std.

Vom **Lago Escondido** geht man zurück zur beschriebenen Abzweigung nach Norden. Von dort steigt ein Pfad zur **Laguna Vizcacha** auf. Nach etwa 40 Minuten erreicht man diesen kleinen See, der gerne von Wildtieren zum Trinken aufgesucht wird. Vielleicht findet man im Uferschlamm sogar den Abdruck einer Pumatatze. Sehen lässt sich aber höchstens ein Füchslein. Vom See geht es im Zickzack durch 60 bis 70 cm hohe Farnbestände hinunter bis zum **Lago Lacar**. Hier kann man sich am feinen Sandstrand etwas erholen. Der weitere Weg führt immer in der Nähe des Südufers des Lago Lacar entlang. Einzelne Mapuche lassen ihr Vieh in dieser Gegend weiden. Mancherorts können Zugangswege und Kuhpfade etwas verwirren, im Zweifelsfall hält

> **Internet**
> www.parquesnacionales.gov.ar/i/03_ap/
> 19_Lanín_PN/19_Lanín_PN.htm
> www.aventura.com.ar/notasASPcompleta.asp
> ?ID=16&area=Disciplinas
> www.liveargentina.com/NeuquenSan
> MartindelosAndesacuaticoslAGOLACAR.htm -
> www.smandes.gov.ar/paseos_lacustres
> Lacar.htm

man sich nahe am Seeufer. Man überquert den Arroyo Ruca Nire und kommt zum ehemaligen Sägewerk **Ruca Nire**. Von dort sind es noch zwei Stunden Weg bis zum Straßenanschluss im Weiler **Pucará**, wo es auch eine Rangerstation gibt. Die Halbinsel Pucará ist wunderschön, man sollte eine Nacht auf dem dortigen Campingplatz einplanen. Vielleicht gelingt es in Pucará eine Mitfahrgelegenheit mit einem Touristen, Holzfäller oder Ranger zu ergattern. Sonst müssen die restlichen 9 km auf der Straße nach **Hua Hum** auf Schusters Rappen zurückgelegt werden. Langstreckentrekker können von Hua Hum eine Querung zum Lago Lolog anschließen.

Cerro Colorado

> **Kartenhinweis**
> • IGM 4172-5, 1:100 000

⚠️ *5 Std., 10 km, Höhendifferenz 770 m*

Man fährt mit dem zweimal täglich verkehrenden Bus von San Martin de los Andes auf der Ruta 48 Richtung Hua Hum und steigt nach 13 km beim Hinweisschild gegenüber der **Piedra de Trompul** (1244 m), dem Stein von Trompul, aus. Der rote Gipfel des **Cerro Colorado** (1774 m) ist von der Straße aus sichtbar. Der Weg ist teilweise durch Stangen markiert. Der Aufstieg durch Lenga-Wald auf den Gipfel dauert etwa drei Stunden. Bei guter Sicht hat man schöne Ausblicke über die Seen bis zum Vulkan Lanín.

> **Internet**
> www.interpatagonia.com/turismo-
> aventura/trekking.html
> www.redargentina.com/MiPais/regiones/pata-
> gonia/reservasnaturales.asp
> www.hieloazulaventura.com/agenda.php

4.1 Perito Morenos Geschenk

Seit den Unabhängigkeitskriegen gab es Grenzstreitigkeiten zwischen Chile und Argentinien. Lange Zeit versuchte man die Grenzziehung an den Wasserscheiden, dem Prinzip des „divortum aquarum continental", zu orientieren. Francisco Pascasio Perito Moreno, der legendäre Entdecker großer Teile Patagoniens für die europäischen Argentinier und langjähriger Leiter des Museo de la Plata, ließ jedoch in dem Ort in Patagonien, der heute nach ihm Perito Moreno heißt, den Río Fénix von Westen nach Osten umleiten. Er beanspruchte damit nicht nur dieses Gebiet für Argentinien, sondern bewies auch, dass die Grenzziehung nach den Wasserscheiden nichts Endgültiges ist. Perito Moreno – Perito ist ein Ehrenname, der Sachverständiger bedeutet – löste das Problem des Verlaufs der argentinisch-chilenischen Grenze, indem er vorschlug, sich an den höchsten Berggipfeln zu orientieren. Diese Methode führte zu einigen wilden Schlenkern der Grenze wie etwa beim Vulkan Copahue und wurde nicht konsequent angewandt, so befindet sich etwa der Aconcagua allein auf argentinischem Gebiet, aber im Großen und Ganzen hat sie sich bewährt und trug viel zum Frieden zwischen den beiden bis heute Rücken an Rücken lebenden Nationen bei. Ärger gab es immer dort, wo es keinen klaren Verlauf von Bergketten gab. Noch 1978

Mit Extremo Sur unterwegs auf dem Río Manso

Nordpatagonien

Nordpatagonien

Blick vom Cerro Catedral auf den Monte Tronador

gab es fast einen Krieg zwischen Argentinien und Chile wegen drei kleiner Inseln im Beagle-Kanal. Über die Grenzziehung auf dem südlichen patagonischen Eisfeld beim Cerro Fitz Roy wurde am längsten gestritten und erst 1998 eine Einigung erreicht.

Perito Moreno erhielt für seine Dienste in der argentinischen Grenzkommission 1903 ein großes Stück Land im Seenbezirk geschenkt. Er gab dieses Land dem Staat zurück, unter der Bedingung, dass es zum Nationalpark erklärt wurde. Aus diesem Grundstock entstand 1934 der erste Nationalpark des Landes, seinerzeit erst der dritte der Welt. Er wurde **Nahuel Huapi** getauft, was sich von einem

Mapuche-Ausdruck, der „Insel des Tigers" bedeutet, herleitet. Es handelt sich dabei natürlich nicht um den asiatischen Tiger, sondern den Jaguar, der in Südamerika auch „tigre" genannt wird. Das Verbreitungsgebiet des Jaguars erstreckte sich einst bis in den Norden Patagoniens. Heute ist die schöne Großkatze in Argentinien fast ausgerottet und kommt nur noch in wenigen Urwaldgebieten ganz im Norden des Landes vor.

Kernstück des Nationalparks ist der gleichnamige 557 km² große und fast 100 km lange Gletschersee, dessen fjordähnlichen Arme bis 454 m tief sind. Leider erreicht der See, der auf 765 m Höhe liegt, nur selten Badetemperatur. Daneben gibt eine ganze Reihe weiterer herrlich gelegener Seen. Die bestimmenden Bergmassive sind die des **Cerro Catedral** (2405 m) und des **Monte Tronador** (3554 m). Der schönste Fluss im Park ist der **Río Manso**, der auch bei Wildwassersportlern sehr beliebt ist.

Obwohl es auch im Nord- und Südteil des Nahuel-Huapi-Nationalparks etliche interessante Berge gibt, bevorzugen die meisten Trekker die klassischen Touren um die großen Gipfel, die **Nahuel-Huapi-Traverse** am Cerro Catedral und den Trek über den **Paso de las Nubes**, den Wolkenpass, beim Monte Tronador. Beide Trekks kann man auch zu einer großen Rundtour verbinden.

Perito Moreno hat im Nahuel-Huapi-Nationalpark seine letzte Ruhestätte gefunden. Er starb zwar 1919 in Buenos Aires, aber sein Leichnam wurde 1944 auf die kleine Insel Centinela im Nahuel-Huapi-See überführt. Von dort kann zumindest sein Geist über den See blicken und das wunderbare Bergpanorama genießen.

4.2 Gebiet des Cerro Catedral

4.2.1 Hausberge für die ganze Familie

Gleich hinter **Bariloche** ragen unübersehbar die Gipfel des **Cerro-Catedral-Massivs** in den patagonischen Himmel. Zusammen mit den umliegenden Seen bilden sie ein landschaftliches Ensemble, das grandiose Aussichten und eine Vielzahl von Betätigungsmöglichkeiten bietet. Von leichten Wanderungen, deren Ausgangspunkte mit Liften erreicht werden können, bis hin zu Extremkletterei an den Felsnadeln der Gipfelregion, von sommerlichen Trekkingtouren bis zum Alpinski-Zirkus des Südwinters, vom Hüttenremmidemmi zur Hauptsaison bis zur völligen Einsamkeit in versteckten Seitentälern: Diese Region bietet für fast jeden Geschmack etwas. Wie in vielen Alpenregionen besteht auch beim Gebiet des Cerro Catedral die Gefahr, dass es zu Tode geliebt wird. Wem es zeitlich möglich ist, sollte dort die Nebensaison für einen Besuch nutzen.

4.2.2 Anreise über San Carlos de Bariloche

Fast alle Wege im Seenbezirk führen über **San Carlos de Bariloche**. Der Ort hat viele Kosenamen, Hauptstadt des Bergtourismus, Schokoladenhauptstadt oder Hauptstadt der argentinischen Schweiz. Die Stadt liegt am Ostufer des schönen **Lago Nahuel Huapi**, schon im gleichnamigen Nationalpark, umrahmt von schneebedeckten Bergen. Ein blitzsauberes Stadtzentrum mit langen Ladenzeilen und dem großen Centro Cívico, vor dem im Sommer Straßenkünstler und Musikgruppen Unterhaltung bieten; „Schweizer" Schokoladenmanufakturen, deutsche Cafés mit Namen wie Tante Frieda, Häuser im Chaletstil, Hotels, die Edelweiß oder Tirol heißen, ausgezeichnete Restaurants und leibhaftige Bernhardiner mit einem Rumfässchen um den Hals empfangen den Besucher. Nach einigen Wochen in der Einsamkeit der patagonischen Steppe oder den Anden bei Maté und Tütensuppe bekommt man in Bariloche leicht einen Kulturschock.

Dem Puristen mag die Stadt auf den ersten Blick ätzend touristisch erscheinen, aber all die europäischen Attribute sind nicht Fassade für Besucher aus dem Ausland im Sinne von „man spricht deutsch". Bariloche wurde von Deutschen gegründet, als Vater der Stadt gilt Karl Wiederhold. Auch Schweizer siedelten in der Region „Colonia Suiza", die Schweizer Kolonie, liegt nicht weit. Die Slowenen Bariloches sind besonders hervorzuheben, sie haben einen eigenen Bergverein, der viel zur Erschließung von Trekkingrouten beigetragen hat, und stellen einen wanderfreudigen Pfarrer. Bariloches Tourismusindustrie lebt nicht primär von den „Gringos" wie Ushuaia oder El Chaltén, sondern von den Argentiniern. Man fühlt sich als Besucher weit weniger als Maus in der Touristenfalle als weiter im Süden.

Viele der Deutschen, die nach Bariloche auswanderten, wollten wirtschaftlicher Not – etwa während der Weltwirtschaftskrise – entkommen oder ein gottgefälliges Leben in religiösen Gemeinden führen. Nach der Machtergreifung der Nationalsozialisten in Deutschland flohen etliche deutsche Juden nach Argentinien. Sie trafen jedoch auch dort auf straff organisierte Naziverbände. Unter den deutschen Argentiniern gab es sehr viele, die Hitler unterstützten und verehrten, aber auch eine Minderheit überzeugter Antifaschisten. Die argentinische Regierung unter Juan Domingo Perón war lange hitlerfreundlich und erklärte erst am 20. März 1945 auf alliierten Druck hin Deutschland den Krieg. So war es kein Wunder, dass nach dem Zweiten Weltkrieg eine große Anzahl zum Teil hochrangiger Nationalsozialisten in Argentinien eine neue Heimat fand. Bariloche war damals einer der beliebtesten Zufluchtsorte. Betagte Deutschargentinier erinnern sich noch

heute, wie der damalige Oberst Hans-Ulrich Rudel, der im Krieg ein Bein verloren hatte, trotz seiner Behinderung auf den Skipisten der Umgebung unterwegs war. Noch 1994 entdeckte ein amerikanischer Journalist ehemalige Nazis in Bariloche und erreichte, dass der SS-Offizier Erich Priebke wegen Kriegsverbrechen nach Italien ausgeliefert wurde.

Von 1976 bis 1983 litt Argentinien unter einer Militärdiktatur. Während des sogenannten Schmutzigen Kriegs, der Guerra Sucia, wurde überall im Land nach angeblichen Kommunis-

Info San Carlos de Bariloche

110 000 Einwohner, Höhe 770 m, Tel.: 02944

Städtisches Fremdenverkehrsamt
im Centro Civico im Zentrum am Hauptplatz
Tel.: 42-2122, 42-3022, 42-6784
E-Mail: secturismo@bariloche.com.ar
www.bariloche.com

Fremdenverkehrsamt der Region Río Negro
Av. 12 de Octubre 605
Tel.: 42-3188, 42-3188
Intend. Parque Nac. Nahuel Huapi
San Martín 24 Tel.: 42 3121/11, Fax: 42-2989

Fremdenverkehrsamt am Cerro Catedral
Base Cerro Catedral, Tel.: 46-0158

Nationalparkverwaltung
Parque Nacional Nahuel Huapi
San Martin 24
Tel.: 42-3111, E-Mail: pnint@bariloche.com.ar
www.parquesnacionales.gov.ar/03_ap/27_nhuapi_PN/27_nhuapi_PN.htm

Der **Andenclub** von Bariloche soll der größte ganz Südamerikas sein:
Club Andino Bariloche (CAB)
20 de Febrero 30
Tel.: 42-4531, 52-7966, 42-2266
www.clubandino.com.ar

Verband der argentinischen **Bergführer** – Asociacón Argentina de Gíuas de Montana (AAGM)

Neumayer 60
Tel.: 452-5248, 42-2567, www.aagm.com.ar

Museo de la Patagonia, im Centro Civico, eines der besten Museen des Landes
Tel.: 42-2309

Busbahnhof und Bahnhof
Ganz im Osten der Stadt an der RN 237, Tel.: 42-6999
Businformationen über www.bariloche.com
Neben dem Busbahnhof liegt der Zugbahnhof. Die Eisenbahn fährt noch zweimal wöchentlich nach Viedma.

Informationen über die Boote auf den Seen der Umgebung gibt Catedral Turismo, Tel./Fax: 02944-427143/44, 42-5444, Perito Moreno, www.catedralturismo.com oder der Club Andino Bariloche (s.o.).

Fluglinien
Aerolineas Argentinas, Mitre 185,
Tel.: 0-810-222-86527 / 42-3759
Vuelos Charter Transtam, Tel.: 0299-15-581-3409
LADE, Bartolomé Mitre 531 – 1º P, Tel./Fax: 42-3562
Lan Argentina, Aeropuerto, Tel.: 42-6162/0810-999-9526
Lan Argentina, Av. Mitre 534, Tel.: 42-7755/0810-999-9526
Patagonia Express, Tel.: 0299-443-5718
SoutheRn Winds, Mitre esq. Quaglia, Tel.: 42-3704

Weitere Seiten über San Carlos de Bariloche im **Internet**
www.bariloche.org
www.interpatagonia.com/bariloche/
www.patagonia.com.ar/rionegro/bariloche/index.php
www.welcomeargentina.com/bariloche/index.html

ten und Umstürzlern gesucht. Viele Tausende verschwanden in geheimen Gefängnissen, wurden gefoltert oder umgebracht. Auch Deutschstämmige in Bariloche waren von der Hatz gegen Oppositionelle betroffen und mussten in die alte Heimat fliehen.

Heute sind die Deutschen in Bariloche nur noch eine kleine Minderheit. Der wirtschaftliche Erfolg der Stadt zieht Argentinier aus allen Landesteilen an, und die Stadt wächst immer weiter am Seeufer entlang und die Berghänge hinauf.

Anreise in die Trekkinggebiete und Hüttenbuchungen

Die Einstiege zu den Touren im Nahuel-Huapi-Nationalpark sind gut per **Linien- oder Tourbus**, manche auch per Boot zu erreichen. Bushaltestellen sind unter anderem am Busbahnhof, an der Perito-Moreno-Straße und gegenüber der Nationalparksverwaltung, San-Martin-Straße, im Zentrum. Die Frequenz des Busbetriebs richtet sich nach Saison und Besucheraufkommen. Den jeweils aktuellen Stand kann man in der Touristeninformation im Centro Civico erfragen.

Wer sich in der Hauptsaison in dieser Gegend tummelt und kein Zelt dabei hat, sollte unbedingt die **Hütten** vorbuchen. Das Gleiche gilt für die **Seepassagen**, etwa die sehr beliebte Cruze de los Lagos nach Chile bzw. in umgekehrter Richtung die Rückkehr von der Paso de los Nubes-Tour.

Service-Adressen

Hüttenbuchungen direkt über das Hostal Alaska, Lilinquen 328, Tel.: 02944-46-1564, info@alaska-hostel.com, das die Radioverbindung zu den Hütten hält, oder indirekt über den Andenclub in Bariloche, Club Andino Bariloche (CAB), 20 de Febrero 30, Bariloche, Tel.: 02944-42-4531, -52-7966, -42-2266, www.clubandino.com.ar

In den Berghütten kann man komplette Mahlzeiten bekommen. In Touristenzentren wie Villa Catedral und Pampa Linda gibt es kleine Kioske. Für die Eigenversorgung mit Essen stehen in Bariloche reichlichst ausgestattete Supermärkte und Lebensmittelläden zur Verfügung.

Internet

www.parquesnacionales.gov.ar/03_ap/
27_nhuapi_PN/27_nhuapi_PN.htm
www.aventurarse.com/turismo/
nahuelhuapi.html
www.sendasybosques.com.ar/nahuelhuapi/
info.htm -
es.wikipedia.org/wiki/Parque_Nacional_
Nahuel_Huapi
www.welcomeargentina.com/parques/
nahuelhuapi.html
www.argentinaxplora.com/activida/parques/
parc/nhuapi.htm
tresparques.com.ar/nahuelhuapi/
www.bariloche.org/elparque.shtml

Offizielles

Wer den Park durch ein offizielles Eingangstor betritt, muss Eintritt bezahlen, etwa nach Pampa Linda, zum Río Manso Inferior oder zum Lago Steffen. Kostenlos ist der Zugang, wenn er über eine öffentliche Straße erfolgt, etwa nach Villa Catedral, Colonia Suiza, Llao-Llao oder zum Río Manso Frontera. 2005 betrug der Eintritt in den Nahuel-Huapi-Nationalpark 12 Pesos, etwa 3,30 Euro. Im Unterschied zum Lanín-Nationalpark ist der Eintritt nicht eine Woche gültig, sondern muss nach jedem Verlassen des Parkgebietes wieder neu entrichtet werden.

Auf der Nahuel-Huapi-Traverse muss man vor einer Querung vom Refugio San Martin (Jakob) zum Refugio Segre (Italia) in der erstgenannten Hütte ein Formblatt ausfüllen und in der zweitgenannten wieder abgeben. Der Hüttenwirt im Refugio San Martin informiert den

Nordpatagonien

im Refugio Segre per Funk über die Anzahl der Trekker.

Vor längeren Touren ab Pampa Linda, auf den Tronador oder über den Paso de los Nubes muss man sich bei der Intendencia im Verwaltungszentrum von Pampa Linda registrieren lassen. Man bekommt ein Formular, das man bei der Rückkehr entweder in Pampa Linda oder Puerto Blest wieder bei der Parkverwaltung abliefern muss.

4.2.3 Nahuel-Huapi-Traverse

> **Kartenhinweise**
> • San Carlos de Bariloche, 1:50 000, infotrekking & CAB
> • Monte Tronador, Paso de las Nubes, 1:50 000, infotrekking & CAB
> • San Carlos de Bariloche, Parque Nacional Nahuel Huapi, 1:100 000, Sendas y Bosques, ISBN 987-96191-0-2

Die klassische Traverse der Hausberge von San Carlos de Bariloche dauert durchschnittlich vier bis fünf Tage. Man legt dabei 37 bis 40 km zurück und bewältigt insgesamt einen Aufstieg von 2500 bis 3000 m. Es gibt jedoch eine ganze Reihe von Varianten.

Auf der Bariloche-Seite stehen fünf Zustiege zur bzw. Abstiege von der Traverse, auf der Tronador-Seite deren drei zur Auswahl. Die Wege sind meist gut bezeichnet. Eine Ausnahme macht die Strecke zwischen Refugio San Martin und Refugio Italia, die in der Regel am dritten Tag gegangen wird. Sie ist nicht durchgehend markiert und erfordert leichte Kletterei (II. Grad) im ausgesetzten Fels. Um nicht abklettern zu müssen, wird die Traverse in der Regel von Süden nach Norden begangen. Bei Schlechtwetter muss auf Alternativrouten abgestiegen werden.

Der **Ausgangspunkt** für die Nahuel-Huapi-Traverse in der beschriebenen Variante ist der Skiort **Villa Catedral**, 20 km von Bariloche entfernt. Im Sommer fahren tagsüber Busse der Linien Codao del Sur und Ómnibus 3 etwa stündlich nach Villa Catedral.

 Tag 1: Villa Catedral (1000 m) –
Refugio Frey (1700 m)
Variante 1 über Arroyo van Titter:
12 km, 5 Std. Gehzeit, Aufstieg 700 m
Variante 2 über Piedra del Condor:
8,5 km, 4 Std. Gehzeit, Aufstieg 150 m,
Abstieg 350 m

Der Tag beginnt mit einer Gewissensentscheidung. Steigt man politisch korrekt vom Parkplatz in Villa Catedral 12 km und 700 Höhenmeter mit eigener Kraft auf oder lässt man sich von einer schnöden Seilbahn bzw. einem Skilift mitten im Nationalpark von 1000 auf 1759 oder gar 2042 Höhenmeter heben? Wer montags losgeht, hat schon entschieden, dann fährt nämlich die Gondel nicht.

Variante 1:

Montagswanderer und Menschen reinen Gewissens marschieren vom Parkplatz der Seilbahn zwei Stunden in südlicher Richtung durch eine Zone, die 1999 vermutlich von Brandstiftern abgefackelt wurde. Im Prinzip ist der Weg mit gelber Farbe markiert. 2005 waren allerdings in diesem Bereich Straßenbauarbeiten im Gange, durch die der Wanderweg teilweise verschüttet war. Im Tal des Arroyo van Titter hören die verkohlten Baumleichen auf und der Weg gabelt sich. Nach links geht es hinunter zum **Lago Guitiérrez**, nach rechts bzw. nach Nordwesten hinauf zum **Refugio Piedritas**, der Hütte der Steinchen. Der Weg schlängelt sich durch schönen Lenga-Wald.

Nordpatagonien

Felstürme auf dem Cordón Catedral

Den Wildbach Arroyo van Titter quert man bequem auf einer Fußbrücke. Nach einer Stunde ist das Refugio erreicht, das dem lokalen slowenischen Andenclub gehört. Das niedliche Hüttchen wurde an einen überhängenden Felsen gebaut und bietet acht Personen Platz. Oberhalb der Hütte werden die Lengas niedriger und verstrauchen, zunehmend bieten sich Blicke über den zackengespickten Cordón Catedral. Ganz in der Nähe des **Refugio Frey** auf 1700 m, dem man sich nach weiteren eineinhalb bis zwei Stunden Marsch nähert, finden sich viele Felsnadeln und Türmchen, die Kletterer aus der ganzen Welt begeistern. In der malerisch an der **Laguna Tonček**, dem See des kleinen Anton, gelegenen zweistöckigen Hütte können bis zu 40 Personen schlafen. Im Sommer reicht dieser Raum oft

nicht aus, doch auf der Südseite des Sees finden sich schöne Plätze zum Zelten. Das Gewässer wurde nach dem verstorbenen slowenischen Andinisten Tonček Pangrec benannt.

Variante 2:
Menschen nicht ganz so reinen Gewissens fahren von Villa Catedral mit dem Sessellift auf den Piedra del Condor (1759 m), dem Kondorfelsen, oder gleich mit einer Seilbahn-Sessellift-Kombination zum **Refugio Lynch** (2042 m) hoch, was noch mal eine halbe Stunde Aufstieg spart. Von der Berghütte ist es nur ein kurzer Weg bis zur **Punta Nevada**, der Schneekoppe. Dort hält sich der Schnee oft bis in den Sommer. Von oben kann man bis zum Monte Tronador schauen. Der gut mit Farbtupfern markierte Weg führt nun abwärts bis

zu einem kleinen Sattel. Man quert ein Geröll-feld und wandert um die Felstürme der Punta Princesa. Nach rechts fällt das Gelände steil zum Arroyo Rucaco ab. Dieser Wildbach mä-andert zwischen Mooren und Felsen, bis er in einer Schlucht verschwindet. An manchen Stellen muss man die Hände zu Hilfe nehmen, um Felsen, die den Weg versperren, zu über-klettern.

Nach einer Stunde Gehzeit vom kleinen Sattel erreicht man die **Cancha de Fútbol**, den Fuß-ballplatz. Außer für Ballspiele eignet sich die kleine Hochfläche auch für Blicke auf den Tor-re Principal (2405 m), den Hauptgipfel des Cerro Catedral, den Cerro Catedral Sur (2388 m), den Südgipfel, und den Monte Tro-nador (3554 m), den Donnerberg, in der Fer-ne. Hier teilt sich der Weg. Auf Felsen sind in roter Farbe die Namen der Refugios „Frey" und „Jakob" aufgepinselt. Man biegt nach Os-ten in Richtung **Refugio Frey** ab. Es geht steil durch einen felsigen Hohlweg zur **Laguna Schmoll**, einem flachen See auf einer spärlich bewachsenen Terrasse, hinunter. Hinter dem See steigt man über schottrige Hänge ab und erreicht nach etwa einer Stunde die Berghütte an der **Laguna Tonček.**

 **Tag 2:** *Refugio Frey (1700 m) – Refugio San Martin alias Jakob (1600 m) 9 km, 7 Std., Aufstieg 750 m, Abstieg 850 m*

Wer mit der Sesselbahn gefahren ist, kennt den Weg bis zum Fußballplatz schon. Heute führt er natürlich steil bergauf. Am Rand der Cancha de Fútbol weist ein Pfeil Richtung „Jakob". Jakob ist der Name des Sees, aber auch der zweite Name des Refugios San Martin. Man folgt den roten auf Felsen gemal-

Sonnenaufgang beim Refugio Frey, Cerro Catedral

Wegweiser zum Refugio Jakob, im Hintergrund Monte Tronador

ten Punkten Richtung Westen in einen langen, sehr steilen und staubigen Abstieg über loses Geröll, der alle Wackelknie jubilieren lässt. Als Belohnung gibt es unten schönen Lenga-Wald, saftig grüne Feuchtwiesen und einen guten Schluck aus dem munter dahinplätschernden Arroyo Rucaco. In dieser Idylle befindet sich auch ein offizieller Zeltplatz.

Nun geht es durch dichtes Ñire-Buschwerk talaufwärts. Man sieht den Wasserfall des Rucaco am Hang des Cerro Tres Reyes im Norden. Der Weg steigt auf einem breiten felsigen Kamm in die Höhe. Die Zwergbäume, die sich hier noch halten, würden auch einem japanischen Bonsai-Garten zur Ehre gereichen. Ein Blick zurück zeigt die beeindruckende Nordwestfront des Cerro Catedral.

Ein letzter steiler Anstieg über losen Fels bringt den Wanderer auf den **Paso Brecha Ne-**gra, den Pass der schwarzen Bresche, auf fast 2000 m. Von hier kann man schon das **Refugio San Martin** und die **Laguna Jakob** im Südwesten sehen. Nun geht es wieder elend steil einen rutschigen und losen Geröllhang hinunter. Erst 350 Höhenmeter weiter unten wird der Pfad wieder zivilisiert und führt durch Wald und über Feuchtwiesen bis zum **Arroyo Casa de Piedra**, dem Bach am Steinhaus. Der Bach wird auf Trittsteinen gequert, und bald darauf erreicht man den Weg, der dem Bach hinunter zum Lago Perito Moreno folgt. Man hält sich links und erreicht das wieder malerisch am See gelegene **Refugio San Martin** alias Jakob. In der Hütte können bis zu 100 Personen übernachten. Zeltplätze gibt es im Wald oberhalb der Hütte. Trinkwasser holt man sich am besten vom Wasserhahn an der Hütte. Abgehärtete Naturen können sich beim Bad im See vergnügen.

Tag 3: *Refugio San Martin alias Jakob (1600 m) – Cordón de los Inocentes – Cerro Navidad (2160 m) – Refugio Segre alias Italia (1650 m)*
9 km, 8 Std. Gehzeit, Aufstieg 950 m, Abstieg 900 m

Wieder ein Tag der Entscheidung. Gibt es noch Eis und Schnee auf der Route, sodass Pickel und Steigeisen notwendig sind? Wird das Wetter gut werden? Im Zweifelsfall fragt man den Hüttenwirt. Auf jeden Fall sollte man sich die in der Hütte ausliegenden Fotos über den Routenverlauf ansehen.

Abstiege: Wer lieber absteigen will, hat die Wahl zwischen drei Routen ähnlicher Länge. In vier bis fünf Stunden Gehzeit steigt man 11 bis 13 km und 800 bis 850 Höhenmeter ins Tal ab.

Abstieg nach Nordosten entlang des Arroyo Casa de Piedra zur Ruta 79:
Die einfachste Abstiegsmöglichkeit ist der viel begangene Pfad entlang des Arroyo Casa de Piedra. Über diese Route gehen auch die Packpferd-Karawanen, die das Refugio versorgen. Ein Highlight dieses Wegs ist die Hängebrücke über den Wildbach, die nach etwa zwei Stunden Marsch erreicht wird. Nach weiteren zwei Stunden trifft man auf die Ruta 79, auf der die Busse 10 und 11 nach Bariloche verkehren.

Abstieg nach Südosten zum Lago Mascardi und zur Ruta 258:
Alternativ kann man am Ostufer der Laguna Jakob den Weg zum Lago Mascardi nehmen. Der Pfad führt zwischen den Bergkämmen des Cerro Constructores und des Cerro Cella in das Tal des Arroyo Fresco hinein. Man folgt diesem Bach hinunter bis fast zur Mündung in den Lago Mascardi. Auf der Straße geht es ein kurzes Stück in östlicher Richtung weiter bis zur Ruta 258. Auf dieser Straße fahren viele Busse, Tourbusse und Privatfahrzeuge nach Bariloche im Norden oder auch nach El Bolsón im Süden.

Abstieg nach Südwesten zum Brazo Tronador:
Ein dritter Abstieg geht über den Paso Suizo und das Tal des Arroyo Casalata zum Brazo Tronador des Lago Mascardi (siehe Absatz Verbindungswege nach Pampa Linda).

Aufstieg: Falls jedoch alles im grünen Bereich ist und man die anspruchsvolle Tour angehen will, folgt man auf der Nordseite der Laguna Jakob dem Weg in Richtung Laguna de los Tempanos. Am Westende des Sees erreicht man die Abzweigung, die nach Nordwesten zum Refugio Italia führt. Die Felsen in diesem Bereich sind besonders stark von Gletschern abgeschliffen und zerkratzt worden. Bevor man dort hinaufsteigt, kann man noch – ohne Gepäck – einen Abstecher zur Laguna de los Tempanos, dem Eisberg-See, machen. Dazu geht man noch ein Stückchen auf dem Weg Richtung Paso Schweitzer in südöstlicher Richtung weiter und biegt dann nach Norden zur Südspitze der **Laguna de los Tempanos** ab. Viele Eisberge schwimmen im Sommer hier nicht, aber der See liegt wie gemalt in einem natürlichen steinernen Amphitheater. Man geht wieder zurück bis zur Abzweigung nach Nordwesten. Man sollte sich an dieser Stelle den Routenverlauf von unten gut ansehen. Der vom **Refugio Jakob** gut zu sehende Bergzacken heißt passenderweise Pico Refugio (2050 m) und dient in diesem Abschnitt als Wegweiser. Die Route führt zwischen dem Pico Refugio und dem Pico des los Inocentes (2050 m), dem Berg der Unschuldigen, hindurch. Man steigt den zunehmend steileren Hang hinauf, bis man ein Felsband unter einer

Blick von Paso Brecha Negra auf die Laguna Jakob

senkrechten Wand erreicht. Auf diesem geht man etwa 50 m nach links – weg vom Pico Refugio – und erreicht den „berüchtigten" **Couloir**. Diese Rinne kann recht feucht oder mit Schnee bedeckt sein. Auf jeden Fall ist sie voller loser Steine. Etwa 200 Höhenmeter sind nun mit Kletterei im II. Grad im ausgesetzten Fels zu überwinden. Wegen der Steinschlaggefahr sollte man an den Rändern des Couloirs klettern, wo der Felsen fester ist.

Am Ende der Rinne erreicht man einen Kamm und folgt diesem nach links in nordwestlicher Richtung. Ein markanter Felsturm wird rechtsseitig umgangen. Man hält sich in den mit Grobschotter und Blöcken bedeckten Hängen östlich des Grates des **Cordón de los Inocentes**. Man kann sich das Ganze auch wie eine an einer Seite zerbrochene Schüssel vorstellen, auf deren intaktem Rand man fast einen Halbkreis beschreibt. Am Hang orientiert

man sich an einer auffälligen Scharte auf dem gegenüberliegenden Bergkamm, die über einer Partie gelben Gesteins liegt. Um dorthin zu gelangen, steigt man in einer Rinne etwa 50 m auf ein flaches Felsband ab. Dieses Band führt bequem in die Nähe des gelben Gesteins, wo man bis zur Scharte aufsteigt. Vom Sattel ist ein beeindruckender Talschluss, in dem die Laguna Navidad, der Weihnachtssee, liegt, zu sehen. Auf der gegenüberliegenden Seite erhebt sich der Cerro Navidad, der Weihnachtsberg. Der Weg führt erst nordwestlicher, dann in nördlicher Richtung über steile Geröllfelder, die mit unangenehm wackeligen Blöcken gespickt sind. Man hält sich wie gehabt immer östlich des Cordón de los Inocentes, bis sich die Bergkette etwas absenkt und der **Pass** zwischen dem Cerro Inocentes und dem Cerro Navidad erreicht ist. Links des Kammes des **Cerro Navidad** führt ein Pfad die letzten

Nordpatagonien

500 m zum Weihnachtsgipfel. Nach fünf Stunden harter Arbeit darf man nun im Panaroma schwelgen. Von 2160 m Höhe sind der riesige Lago Nahuel Huapi im Osten und der Monte Tronador im Westen zu sehen.

Vom Gipfel des Cerro Navidad steigt man 400 m in nördlicher Richtung ab. Im Westen liegt das imposante Tal des Arroyo de la Chata. Der weitere Weg führt jedoch nach Nordosten in die Schlucht des **Arroyo Navidad**. Mehr unangenehmer Schotter, grobes Geröll und möglicherweise auch noch Schneefelder müssen überwunden werden, bevor das Weihnachtsbächlein erreicht ist, dem man nun in Richtung Tal folgt. Der Bach ändert seinen Lauf mit jedem Frühjahrshochwasser und muss an manchen Stellen gequert werden. Wo das Gelände flacher wird, führt der Weg durch Wald und über sumpfige Wiesen. Insgesamt müssen 850 Höhenmeter abgestiegen werden, bevor der breite Weg, der von Colonia Suiza zum **Refugio Segre** (Italia) hinaufführt, erreicht ist. Der Arroyo Navidad fließt dort in den von der Laguna Negra kommenden Arroyo Goye.

Um zum Refugio Segre zu gelangen, wendet man sich nach links und folgt den deutlich roten Farbmarkierungen durch Lenga-Buschwerk. Noch eine Stunde muss man an diesem langen Tag steil aufsteigen. Aufmunternd wirken die schönen Wasserfälle. Der Arroyo Goye stürzt hier über bis zu 300 m hohe Wände. Der Weg wendet sich nach Westen und erreicht eine felsige Erhebung, von der die Laguna Negra, der schwarze See, und der dahinter liegende Cerro Negro (2001 m), der schwarze Berg, sichtbar wird. Im Norden erhebt sich der Cerro Bailey Willis (1850 m). Das Refugio Segre (Italia) liegt am Seeufer auf 1650 m Höhe. Etwa 60 Leute passen in die bunkerähnliche Betonkonstruktion. Zeltplätze sind im Busch etwas oberhalb der Hütte vorhanden.

Abstiege:

Abstieg vom Cerro Navidad in das Tal des Arroyo de la Chata und die Laguna Lluvu – Pampa Linda-Route:

Canyoning-erprobte Trekker, die weiter zur Laguna Lluvu und nach Pampa Linda wollen, können vom Cerro Navidad nach Westen in das völlig unberührte Tal des **Arroyo La Chata** absteigen. Im Tal geht es nur im Flussbett weiter. Die Wasserfälle auf halber Strecke werden mühsam im Latschendickicht umgangen. Dort, wo der erste breite Bach von Osten in den Arroyo La Chata fließt, kommt der sporadisch markierte Wanderweg vom Refugio Italia herunter. Vom Westufer des Arroyo La Chata führt dieser Weg zunächst durch Bambusdickicht, dann durch steiles offenes Gelände nach oben bis zur CAB-Hütte (1500 m) an der Laguna Lluvu. Die wilde La Chata-Route, die bei hohen Wasserständen unpassierbar werden kann, ist keinesfalls als alternativer Weg zum Refugio Italia zu sehen, der Aufstieg nach Nordosten führt wie mit dem Lineal gezogen durch steilstes Gelände nach oben und ist zudem schlecht markiert.

Abstieg vom Arroyo Navidad entlang des Arroyo Goye nach Colonia Suiza:

Wer am Ende der Arroyo-Navidad-Strecke genug hat und absteigen will, folgt auf dem klar markierten und sehr angenehm zu gehenden Weg entlang des Arroyo Goye hinunter in den Ort **Colonia Suiza**. Der fröhlich murmelnde Wildbach und der prächtige Wald garantieren gute Erholung nach der Plackerei auf losem Schotter. Im unteren Bereich des Flusstals trifft der Weg auf eine Feldstraße. Beide führen hinunter zur Ruta 79. Der markierte Wanderweg biegt an einem Tor in nordöstlicher Richtung vom Fahrweg ab, steigt zunächst noch einmal an, bevor er dann steil zur Ruta

Blick vom Cordón Navidad auf den Lago Nahuel Huapi

79 hinunterführt. Von der Mündung des Arroyo Navidad bis zur Straße geht man etwa vier Stunden. Nun muss man nur noch einige Minuten nach Osten bis ins Zentrum von Colonia Suiza laufen, von wo man mit den Bussen Nr. 10 oder 11 nach Bariloche zurückfahren kann.

Wer diese Route zum Aufstieg von Colonia Suiza zum Refugio Segre (Italia) nutzen will, nimmt den beschilderten Weg am schwarzen Tor 400 m östlich der Brücke über den Arroyo Goye.

 Tag 4: *Refugio Segre alias Italia (1650 m) – Refugio López (1600 m) 8 km, 5 Std. Gehzeit, Aufstieg 700 m, Abstieg 750 m*

Von der **Segre-Hütte** folgt man dem Weg entlang des Ost- und Nordufers der Laguna Negra. Die Bergflanken fallen steil zum See hinab. Wo der Weg über Felsen geht, muss man auch mal zum sicheren Weiterkommen die Hände einsetzen. Am nordwestlichen Ende des Sees quert man ein Bächlein und steigt einen breiten steinigen Hang zum **Pass** zwischen Cerro Negro und Cerro Bailey Willis auf. Der markierte Weg führt nach Norden den Grat Richtung Cerro Bailey Willis hinauf. Ein Seitenweg führt in westlicher Richtung steil hinunter ins Tal des Arroyo La Chata und weiter zur **Laguna Lluvú** (siehe Tag 5 Verbindungswege).

Man quert die Geröllhänge unterhalb des Cerro Bailey Williams und erreicht nach einer Stunde Marsch von der Hütte aus einen Einschnitt an der Südseite des Berges. Von dort kann man schön die Laguna Negra und hinter ihr den Cerro Catedral sehen. Von den Hängen des Cerro Bailey Willis ist auch oft der

Blick nach Westen auf die Laguna Lluvú und die großen Vulkane Tronador, Osorno und Puntiagudo frei. Weitere 20 Minuten weiter in nördlicher Richtung kommt man wieder auf einen kleinen Pass. Von dort geht es hinunter zu einem Zeltplatz im Tal eines Seitenarms des Arroyo Goyes. Hier ist das Gebiet sumpfig und der Pfad weniger deutlich. Man muss etwas vorausschauen, um Steinmännchen oder rote Farbmarkierungen auszumachen. Nach dem Zeltplatz geht der Weg über eine feuchte Lichtung und durch Ñire-Gebüsch, dann durch niedrige Vegetation hinauf nach Nordosten in einen steilen Geröllhang. Der vom Frost in große, scharfe Trümmer zerlegte lose Fels ist beim Laufen sehr unangenehm.

Endlich ist der Pass zwischen dem Pico Turista und dem Cerro Lopez erreicht. Ein Abstecher zum **Pico Turista**, der insgesamt eine Stunde dauert, ist sehr empfehlenswert, denn von diesem Gipfel bietet sich eine der besten Aussichten nach Norden über die Seen Perito Moreno und Nahuel Huapi bis zum Vulkan Lanín. Vom Pico Turista kann man direkt zum **Brazo de la Tristeza** des Lago Perito Moreno, dem Seearm der Traurigkeit, absteigen und, sich am See rechts haltend, bis zur Ruta 79 laufen. In der Regel kehrt man jedoch zum Pass zurück und folgt farbigen Pfeilen nach Nordosten in einen Gletscherkessel, der **La Hoya**, die Grube, genannt wird. Hier hält sich bis spät in den Sommer Schnee bzw. ein kleiner Schmelzwassersee. Gut ausgeschilderte Wege führen zum **Refugio López** auf 1600 m. In dieser sehr beliebten Hütte können 100 Trekker übernachten. Gute Zeltplätze gibt es erst 15 Minuten unterhalb der Hütte an einem grasigen Platz in der Nähe eines Wasserfalls.

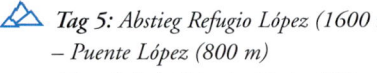 ***Tag 5:*** *Abstieg Refugio López (1600 m) – Puente López (800 m)*
4 km, 2 Std. Gehzeit, Abstieg 800 m

Unterhalb der Terrasse des Refugios führt ein Pfad durch niedriges Buschwerk nach unten. Bald verbindet sich dieser Pfad mit einem breiten Weg, der von rechts kommt. Man quert zwei Zuflüsse des Arroyo López und erreicht die Straße, die nach Colonia Suiza hinunterführt. Schöner als auf der Straße geht man auf dem Wanderweg, der hinter dem Parkplatz links steil in den Ñire-Wald hinabführt. Man kreuzt die Straße noch zweimal an Haarnadelkurven und folgt dann dem Ostufer des Arroyo López. Den Wegen, die nach rechts abgehen, sollte man nicht folgen, sonst kommt man auf der Straße zwischen Puente López und Colonia Suiza heraus. Der Wanderweg führt bis zum Kiosk und der Bushaltestelle in **Puente López**. Von dort fahren Busse der Linien 10 und 11 zurück nach Bariloche.

Verbindungswege vom Cerro-Catedral-Gebiet zum Monte Tronador:

Wer Teile der Nahuel-Huapi-Traverse mit der Paso de las Nubes-Tour verbinden möchte, hat die Wahl zwischen zwei Verbindungswegen.

Refugio Italia – Laguna Lluvu – Laguna Juyjuy – Laguna Ilon – Pampa Linda
Refugio San Martin – Lago Mascardi – Laguna Callvu – Pampa Linda

Diese Verbindungswege sind schlecht bis gar nicht markiert, da die Bergführer von Bariloche nicht ganz arbeitslos werden wollen. Mit den neuen topografischen Karten des CAB ausgerüstet, können diese Routen aber von unabhängigen, gut ausgerüsteten Trekkern auch alleine begangen werden.

Nordpatagonien

4.3   Gebiet des Monte Tronador

4.3.1   Der Donnerberg

Der Monte Tronador (3554 m, andere Angaben 3470 m, 3478 m, 41° 09.39′ S 71° 53.15′ W) beherrscht weithin sichtbar die Bergwelt der Seenregion. Seine von einer 60 km² großen Gletscherkappe bedeckte Spitze überragt die anderen Gipfel der Gegend um 1000 Höhenmeter. Dieser mächtige Berg ist im Gegensatz zum Cerro-Catedral-Massiv vulkanischen Ursprungs. Sein Name, der „Donnerberg" bedeutet, kommt jedoch nicht von Vulkanausbrüchen, sondern von den Aktivitäten seiner Gletscher. Die Eismassen auf dem Gipfel schieben sich langsam über die steilen Wände, immer wieder brechen unter Donnerhall Stücke ab und fallen in die Tiefe. Besonders bekannt ist die Manso-Eiszunge, die über der fast senkrechten 750 m hohen Ostwand des Berges einen spektakulären hängenden Gletscher bildet. Während der Eisschmelze im Sommerhalbjahr stürzt das Wasser in vielen Kaskaden in die Tiefe, am schönsten ist der Salto Garganta del Diablo, der Teufelsrachenfall. Auf seinem Weg durch 1000 Höhenmeter von der Abbruchkante bis zum Bergfuß nimmt das Wasser schwarze Gesteinspartikel mit. Unter der am weitesten nach Südosten ragenden Gletscherzunge des Tronador gefriert dieses Gemisch zum Ventisquero Negro, dem Schwarzen Gletscher. Der abschmelzende Schwarze Gletscher speist schließlich den Río Manso.

Nordpatagonien

Monte Tronador

4.3.2 Anreise über San Carlos de Bariloche

Der wichtigste Ausgangspunkt für Touren am Tronador ist **Pampa Linda**, die hübsche Pampa. Sie kann, wie im vorhergehenden Kapitel beschrieben (siehe 4.2.2), vom Cerro-Catedral-Gebiet zu Fuß erreicht werden. Einfacher geht es mit dem Linienbus oder einer organisierten Tour. Die Haltestelle der Linienbusse ist gegenüber des Club Andino Bariloche (CAB), 20 de Febrero 30, Tel.: 02944-42-4531, -52-7966, -42-2266, www.clubandino.com.ar

Veranstalter von organisierten Touren zum Tronador findet man im Zentrum Bariloches an jeder Straßenecke. Umfassende Informationen gibt es im Tourismusamt oder über www.bariloche.com.

4.3.3 Monte Tronador und Paso de las Nubes

Kartenhinweise
- Monte Tronador, Paso de las Nubes, 1:50 000, infotrekking und CAB
- San Carlos de Bariloche, Parque Nacional Nahuel Huapi, 1:100 000, Sendas y Bosques, ISBN 987-96191-0-2
- IGM 4172-22, Llao Llao, 1:100 000

Die Tour zum Paso de las Nubes (3 Tage, 39 km, Aufstieg 1600 m, höchster Punkt 2000 m) verbindet das Gebiet des Monte Tronador mit dem Brazo Puerto Blest des Lago Nahuel Huapi. Eine beliebte Ausflugsfahrt mit Tourbussen führt von Bariloche am Lago Guitiérrez und Mascardi entlang zum Río Manso Medio, dem mittleren Manso-Fluss. Über den Lago Hess geht es bis zur Cascada de los Alerces, wo der Río Manso in die Tiefe stürzt. Hier trifft man nicht selten adrenalinsüchtige Ka-

jaksportler, die den Wasserfall hinunterfahren. Der Tourbus folgt dann dem Fluss stromaufwärts bis zur Pampa Linda, der hübschen Pampa, und schließlich bis in sein Quellgebiet am Salto Garganta del Diablo und Ventisquero Negro unterhalb der Wand des Monte Tronador. Wer mit einem Tourbus zur Pampa Linda anreist, hat bis zum Nachmittag Programm und übernachtet daher in der Regel auf der Pampa im Zelt oder im Hotel. Der Linienbus, der nur zur Hochsaison fährt, kommt dagegen bereits am Morgen an.

Tag 1: Pampa Linda (850 m) – Refugio Otto Meiling (1920 m) – Gletscherrand (etwa 2000 m) 11 km, 5 Std. Gehzeit, Anstieg 1150 m

Von **Pampa Linda** folgt man einer beschilderten unbefestigten Straße Richtung Norden. Der Weg führt durch Südbuchenwälder, die von kleinen Lichtungen unterbrochen werden. Nach etwa 3 km erreicht man den Río Castaño Overo, der auf einer Fußbrücke gequert wird. Nach der Brucke gabelt sich der Weg das erste Mal. Nach rechts geht es Richtung **Paso de las Nubes**, nach links in vielen Serpentinen zum **Refugio Otto Meiling** hinauf. Man erreicht eine weitere beschilderte Weggabelung. Nach links geht es zum Abbruch des Castaño-Overo-Gletschers, hin und zurück nimmt dieser Weg etwa eine Stunde Zeit in Anspruch. Nach rechts führt der Hauptweg weiter zum Refugio. Nach knapp drei Stunden erreicht man den als **La Almohadilla** (1402 m), das Sattelkissen, bekannten Kamm. Von hier aus hat man bereits eine gute Aussicht. Ein gut markierter Fußpfad führt in nordwestlicher Richtung weiter nach oben. Es bieten sich schöne Ausblicke auf den Glaciar Castaño Overo und die Gipfel des Monte Tronador.

Das letzte Wegstück geht über felsigen Untergrund. Der Weg ist mit Steinpyramiden und Stäben gekennzeichnet. Das nach Otto Meiling, einem der Gründerväter des Club Andino de Bariloche, benannte Refugio liegt auf einer Anhöhe. Es bietet über 60 Personen Platz. Auch Zeltplätze gibt es, doch ist mit starken Winden zu rechnen. Von der auf 1920 m Höhe liegenden Berghütte blickt man auf Paso de las Nubes, Pampa Linda und Cerro Catedral. Man kann noch bis zum Rand des Eises auf etwa 2000 m spazieren, doch weiter nach oben geht es nur mit Steigeisen und Pickel, die auch in der Hütte ausgeliehen werden können. Eine lange Tagestour führt zum argentinischen Gipfel des **Monte Tronador**. Die Gletscherquerung ist technisch problemlos, nur kurz unter dem Gipfel gibt es ein Stück mit leichter Eiskletterei. Der chilenische Gipfel, der von Westen erreicht wird, ist technisch anspruchsvoller.

 Tag 2: Refugio Otto Meiling (1920 m) – Campamento Río Alerce (1000 m) 12 km, 5 Std. Gehzeit, Anstieg 100, Abstieg 1000 m

Man geht den gleichen Weg bis zur Gabelung kurz vor der Brücke über den Río Castaño Overo zurück und biegt nach links ab. Die alte Straße verläuft zunächst in südöstlicher, dann in östlicher Richtung und trifft bald auf den Río Alerce. Man geht nun am Westufer des Flusses nach Norden und trifft nach eineinhalb Stunden auf den **Zeltplatz Río Alerce** am Rande eines Mallíns, eines Sumpfes, wo das Lager aufgeschlagen wird.

Vom Camp kann man einen Ausflug zur **Laguna del Alerce** unterhalb des Alerce-Gletschers machen. Vom Hauptweg führt an der Südseite der vom Gletscher kommenden Schmelzwasserkaskade ein bezeichneter Sei-

tenweg nach Westen. Ein steiler Anstieg führt zum kleinen moränengefüllten Tal des Río Alerce, dem man bis zum See unter dem hängenden Glaciar Alerce folgt. Hin und zurück benötigt man für diesen Abstecher zwei Stunden.

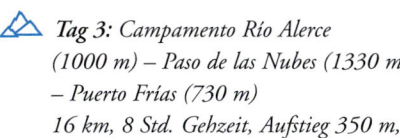 *Tag 3: Campamento Río Alerce (1000 m) – Paso de las Nubes (1330 m) – Puerto Frías (730 m) 16 km, 8 Std. Gehzeit, Aufstieg 350 m, Abstieg 600 m*

Vom Zeltplatz läuft man wieder nach Norden und furtet den hier noch kleinen Río Alerce unterhalb eines beeindruckenden Wasserfalls. An diese Übung muss man sich gewöhnen, denn auf der heutigen Strecke sind einige Bäche und Feuchtgebiete zu queren. Der Weg führt zunächst durch Wald, dann steigt er an und verlässt die hohe Vegetation. In steilen Kehren geht es weiter durch Strauchwerk und andine Matten hinauf zum **Paso de las Nubes** (1330 m), dem Wolkenpass. Am Pass selbst ist die Sicht noch verdeckt, aber während des sehr steilen Abstiegs ergeben sich von kleinen Aussichtsfelsen wunderbare Blicke auf das Tal des Río Frías, die oft düstere Laguna Frías und den spektakulären, immer wieder in Talrichtung kalbenden Glaciar Frías und seine von der Abbruchkante herunterstürzenden Wasserfälle. Für den Aufstieg zum Pass sind zwei, für den Abstieg bis in den Wald eine Stunde zu rechnen. Nach Eintritt in die Waldzone quert man einen Bach und erreicht den **Zeltplatz Río Friás**.

Der Weg führt nun etwas oberhalb des oft sumpfigen Flusstals durch feuchten, moosbedeckten Urwald. Hier haben sich ehrwürdige Alerce-Bäume, die 60 oder 70 m hoch werden können, erhalten. Bambus, Kletter- und Auf-

Nordpatagonien

Urwaldpilze

sitzerpflanzen erinnern an subtropische Gefilde. Der Weg ist gut präpariert, doch oft müssen umgestürzte Bäume und sumpfige Stellen umgangen werden. Nach drei Stunden Marschzeit erreicht man wieder das Ufer des Río Frías. Nach 10 Minuten überquert man den nun recht tiefen Fluss auf einer improvisierten Brücke. Auf einem Fahrweg erreicht man schließlich die **Laguna Frías** (770 m). Der See liegt herrlich in einem ehemaligen Gletschertrog. Die filmreife Szenerie mit dem See und den steil ansteigenden Wänden der umliegenden Berge erinnert an einen Fjord. Am Südwestufer des Sees liegt **Puerto Frías** mit einem Posten der Gendarmería Nacional, wo vor einer Weiterreise nach Chile die argentinischen Grenzformalitäten erledigt werden. Unweit des Bootsstegs kann gezeltet werden.

Rück- bzw. Weiterfahrt

In Puerto Frías muss man sich entscheiden, ob man in Argentinien bleiben oder nach Chile queren will. Ein Touristenboot fährt täglich gegen 15 Uhr über die Laguna Frías nach Puerto Alegre. Von dort geht es mit dem Bus 3 km nach Puerto Blest am Lago Nahuel Huapi. Katamarane fahren bis nach Puerto Pañue-lo, wo wieder häufig Anschluss mit Bussen der Linie 20 nach Bariloche besteht. Diese Boot-Bus-Kombination kann vor Ort oder beim Club Andino oder in Reisebüros in Bariloche gebucht werden.

Wer nach Chile will, muss sich von den Grenzbeamten in Puerto Frías den Pass abstempeln lassen. Im Sommer fährt ein teurer Touristenbus auf den 26 km zwischen der Laguna Frías und dem chilenischen Ort Puella am Lago Todos los Santos, dem Allerheiligen-See. Wer sparen muss, nimmt Schusters Rappen. Auf jeden Fall muss man in der chilenischen Grenzstation hinter dem Grenzpass Pérez Rosales in Casa Pangue halten und sich einen Einreisestempel geben lassen. Von Puella fährt täglich gegen 15 Uhr eine Fähre über den Lago Todos los Santos nach Petroé. Diese Bootsfahrt erlaubt bei gutem Wetter fantastische Ausblicke über Wasser, dichten Regenwald und schneebedeckte Berge. Zu sehen sind der Cerro Puntiagudo, der Monte Tronador und der perfekte Kegel des Vulkan Osorno.

Die Kombination der beschriebenen Bus-Boots-Fahrten mit der Überquerung des Lago Nahuel Huapi und der Laguna Frías in Argentinien und des Lago Todos los Santos in Chile wird Cruze de Lagos, **Seenkreuzfahrt** (www.cruzdelagos.cl), genannt und gerne von „Normaltouristen" als Pauschaltour gebucht, um auf landschaftlich reizvolle Art von Bariloche nach Puerto Montt an der Pazifikküste zu kommen.

Internet

Monte Tronador im Internet
www.parquesnacionales.gov.ar/03_ap/
   27_nhuapi_PN/27_nhuapi_PN.htm
www.acampemos.com/parques/nahuelhuapi/
   tronador.htm
www.altastierras.com/galeria.htm

4.4 Weitere Touren im Nahuel-Huapi-Nationalpark

Circuito Chico

Sehr beliebt ist eine 60 km lange Rundfahrt von Bariloche über Llao-Llao, Bahia Lopez und Colonia Suiza, der sogenannte Circuito Chico. Er wird von vielen Reiseveranstaltern angeboten, aber kann auch mit öffentlichen Bussen, dem Leihfahrrad und teilweise zu Fuß absolviert werden. Zwischen Bariloche und Puerto Pañuelo (Endpunkt des Paso de los Nubes-Trek) fahren mehrmals stündlich Busse der Linie 20, zwischen Bariloche und Colonia Suiza häufig die Linien 10 und 11. Einige der 10er- und 11er-Busse fahren über Puente Lopez (Endpunkt der Nahuel-Huapi-Traverse) auch weiter bis Puerto Pañuelo, sodass man den ganzen Rundweg mit öffentlichen Bussen machen

kann. Die Frequenz des Busbetriebs richtet sich nach Saison und Besucheraufkommen. Den jeweils aktuellen Stand kann man in der Touristeninformation im Centro Civico erfragen. 18 km westlich von Bariloche liegt die Talstation der Seilbahn auf den Cerro Campanario, von dessen Spitze (1052 m) man schon herrliche Ausblicke über die Seenplatte sammeln kann. Über Llao-Llao, „Indianerbrot" (Cyttaria sp.), kommt man zum Hafen Puerto Pañuelo. Von dort fahren Boote auf die Insel Victoria, zum „Nationalpark im Nationalpark", dem Parque Nacional Los Arrayanes auf der Halbinsel Quetrihué (www.islavictoriayarrayanes.com) und zum Hafen Puerto Blest auf der Seenroute in Richtung Chile. Hier liegt auch die wohl be-

Río Limay – der klare Fluss

Nordpatagonien

rühmteste Nobelherberge Argentiniens, das Hotel Llao-Llao. Am kleinen See hinter dem Hotel tummeln sich ohne Scheu Ibisse, Kiebitze und Wildgänse.

Wanderwege

Ein hübscher Wanderweg führt oberhalb des Lago Morenos zum **Lago Escondido**, dem versteckten See. Wer mit dem Linienbus kommt, steigt am Hotel Llao-Llao aus, geht zum Hafen hinunter, folgt der Straße entlang des Golfplatzes, bis nach etwa 800 m ein Wanderweg nach links abgeht. Nach etwa 4 km trifft man wieder auf die Straße, folgt ihr 400 m nach links bis zum Forsthaus und biegt dann nach rechts auf einen Weg, der zum See führt, ab. Nach insgesamt 8 km ist der Lago Escondido erreicht. An dessen Ostufer ist eine Bushaltestelle, von der man über Colonia Suiza nach Bariloche zurückkommt. Eine andere beliebte leichte Wanderung ist die knapp einstündige Besteigung des Hügels **Cerrito Llao Llao** (1012 m) von Villa Tacul aus, von dessen Mirador man schön die Seitenarme Blest und Tristeza des Nahuel-Huapi-Sees betrachten kann.

Cerro Otto

Den Ausblick vom städtischen Aussichtsberg Cerro Otto (1405 m) genießt man am besten im milden Licht des späten Nachmittags. Von Bariloche geht es zunächst 1 km auf der Avenida de los Pioneros stadtauswärts, bis man zu einer Tankstelle kommt. Dort zweigt eine unbefestigte Straße ab, die in zwei Stunden zum Gipfel führt. Teilweise läuft ein Wanderweg parallel zur Straße. Nicht ganz „by fair means", aber wesentlich schneller und staubärmer ist man oben, wenn man mit Bus oder Taxi zur Bodenstation der Teleférico Cerro Otto, der Kabinenseilbahn, bei km 5 der Avenida de los Pioneros fährt und sich auf den Gipfel tragen lässt.

Seen- und Flusstouren

20 Prozent des Nahuel-Huapi-Nationalparks sind von Wasser bedeckt, und nur Scheuklappen-Trekker werden es versäumen, sich auch in den herrlichen Fluss- und Seenrevieren zu tummeln.

Die Strecke der Ruta 234 zwischen Villa La Angustora und San Martin de los Andes, auf der auch Busse verkehren, ist als **Ruta de los Siete Lagos** bekannt geworden, denn sie führt an sieben Seen vorbei. Auf den Flüssen Río Meliquina und Hua Hum bei San Martin de los Andes wird gerafted. Schon bei der Paso de las Nubes-Tour beschrieben wurde die bekannte Cruze de Lagos die Bus-Boot-Verbindung zwischen Bariloche und Puerto Montt. Eine interessante Exkursion ist auch die Bootsfahrt auf die Insel Victoria im **Nahuel-Huapi-See**, wo die argentinische Nationalparkverwaltung ihre Ranger trainiert, und die Halbinsel Quetrihué mit dem Nationalpark Los Arrayanes (www.islavictoriayarrayanes.com). Natürlich ist der riesige Nahuel-Huapi-See mit seinen vielen Armen und seinen Inseln an windstillen Tagen ein herrliches Seekajak- und Kanu-Revier und an den häufigen windigen Tagen bei Seglern und Windsurfern beliebt. Der Lago Nahuel Huapi entwässert in den friedlich dahingleitenden, glasklaren Río Limay, der durch kargschöne Halbwüstenlandschaft bis zum Atlantik fließt. Das Valle Encantado, das verzauberte Tal, des Río Limay erinnert mit seinen bizarren Felstürmen an den Südwesten der USA. Der **Río Limay** ist ideal für entspannende Raft- und Kanutouren und ein sehr beliebtes Revier der Fliegenfischer.

Ein absoluter landschaftlicher Höhepunkt des Seenbezirks ist der **Río Manso**. Nur 80 km von der Halbwüste am Río Limay zeigt sich im Manso-Tal eine völlig andere Welt. Hier am Osthang der Anden fallen noch so viele Nie-

Mäander des Río Limay

derschläge, dass sich ein üppiger Bergwald halten kann. Die europäischen Entdecker des Flusses müssen während der Namensgebung einen sehr ruhigen Teil des Flusses besucht haben. Río Manso heißt paradoxerweise „zahmer Fluss", obwohl der Manso einer der wildesten Flüsse des Landes ist. Der Fluss nimmt einen kuriosen Verlauf: Von seinem Ursprung im schwarzen Gletscher des Monte Tronador wendet er sich erst nach Osten zum Atlantik hin und fließt in den Lago Mascardi. Aus diesem kommt er in exakt westlicher Richtung

Nordpatagonien

wieder heraus. Bei Los Alerces stürzt er spektakulär in die Tiefe und wendet sich erneut nach Osten. Er fließt durch den Lago Steffen und macht dann eine 300-Grad-Wendung. In wilden Schluchten bahnt er sich weiß schäumend seinen Weg durch die Anden nach Chile und endet schließlich im Pazifik. Keineswegs versäumen sollte man eine Raft- oder Kajak-Exkursion auf dem Río Manso Inferior, dem Unterlauf des Flusses zwischen dem Lago Steffen und dem Campamento El Torrentoso in Chile. In wilder Umgebung wird während ein- bis viertägiger Touren Wildwasser II bis IV befahren – ein herrliches Vergnügen. An der chilenischen Grenze, am Paso Leon oder in El Torrentoso, kann man auf Pferde umsteigen, die einen auf dem legendären **Gaucho-Trail** ins Valle de Cochamo und weiter bis zum Reloncavi-Fjord am Pazifik tragen. Diese Route über die Anden und durch den Valdivianischen Regenwald nahmen die Banditen Butch Cassidy und Sundance Kid (im gleichnamigen Film gespielt von Robert Redford und Paul Newman), um gestohlenes Vieh aus Argentinien an die chilenische Küste zu bringen.

Villa La Angustora und der Nationalpark Las Arrayanes

Das ehemals winzige Dorf Villa La Angostura hat sich zum Touristenzentrum auf der Nordseite des Nahuel-Huapi-Sees entwickelt. Maßgeblichen Anteil an diesem Aufschwung hatte die Entscheidung des argentinischen Fußballgottes Maradona, sich dort ein Anwesen zu kaufen, was zu vielerlei Nachahmungen und regelrechten Pilgerfahrten führte.

Von Villa La Angustora erreicht man den auf der Halbinsel Quetrihué inmitten des Nahuel-Huapi-Nationalparks liegenden Nationalpark **Los Arrayanes**, der zum besonderen Schutz der zimtfarbenen Arrayanes-Bäume, einem Myrtengewächs, eingerichtet wurde. Von Villa La Angustora führt ein 12 km langer Fußweg bis zur Spitze der Halbinsel, wo die schönsten Baumbestände sind. Dieser einfach El Bosque, der Wald, genannte Teil wird auch von den Ausflugsschiffen, die von Puerto Pañuelo (siehe Circuito Chico) kommen, angefahren. Auch vom 3 km vom Zentrum Villa La Angustoras entfernt liegenden Hafen fahren Boote zur Landspitze.

Service-Adressen

Ein sehr erfahrener Veranstalter für Touren am Río Manso und Río Limay ist der argentinische Spitzenkajaker Alejandro Rosales:
Extremo Sur
Morales 765
CP 8400 Bariloche
Tel./Fax: 02944-42-7301, -52-4365
Die abenteuerliche Andenquerung mit Rafts und Pferden kann man bei Volcano Discovery (www.volcanodiscovery.com) buchen.

Info Villa La Angostura

6000 Einwohner, Höhe 850 m, Tel.: 02944

Städtisches Fremdenverkehrsamt
Av. 7 Lagos 93, Tel./Fax: 49-4124
E-Mail: turismo@villalaangostura.net.ar.

Nationalparkverwaltung
Parque Nacional Los Arrayanes
Bv. Nahuel Huapi 2193, Tel.: 49-4152

Busbahnhof
Av. Siete lagos 26, Tel.: 49-4961

Villa La Angostura im Internet
www.welcomeargentina.com/villalaangostura/
www.laangostura.com/
www.villalaangostura.net.ar/
www.interpatagonia.com/villalaangostura/index_i.html
www.patagonia.com.ar/neuquen/laangostura/index.php

5.1 Wo der Wildbach rauscht

Die Comarca Andina del Paralelo 42, die argentinische Andenregion um den 42. Breitengrad, weist eine Reihe von zerklüfteten Bergketten von über 2000 m Höhe auf. Die höchste Erhebung ist der **Cerro Piltriquitrón** mit 2284 m (41° 58.48′ S 71° 26.30′ W). Kaum niedriger die **Cerros Hielo Azul** (2245 m), **Venzano** (2158 m) und **Lindo** (2115 m). Auf den Gipfeln der Berge halten sich die Reste der Gletscher, die einmal die tiefen Täler ausgeschürft haben, die sich vom Gebirge bis in die patagonische Steppe erstrecken. Berge, Wälder, Flüsse, wilde Klammen, Rindvieh auf der Weide – es ist leicht zu verstehen, warum sich in der Comarca Andina viele Europäer heimisch fühlen. Wären die Gauchos nicht, könnte man sich in den Alpen wähnen. Das viele satte Grün der Bergwälder und die herrlich klaren Bäche, in denen Eisvögel nach Fischlein tauchen, sind Labsal für die Seele derer, die längere Zeit in den kargen Weiten der Puna oder der patagonischen Steppe unterwegs waren. Wem das alles zu vertraut erscheint, der kann es sich ja aus der Reiter-Perspektive ansehen. Pferde sind wohlfeil zu mieten. Der Comarca Andina fehlen die ganz großen Sehenswürdigkeiten, was aber den Vorteil bringt, dass es dort etwas ruhiger zugeht als etwa im Nahuel-Huapi- oder im Los Glaciares-Nationalpark. Die beliebtesten Trekkingtouren befinden sich in den Regionen um den Oberlauf des Río Azul, des blauen Flusses, der an der argentinisch-chilenischen Grenze an den Flanken des Cerro Nacimiento del Azul (1955 m), dem Berg des Ursprungs des blauen Flusses, entspringt.

Nordpatagonien

5.2 Nördliche Comarca Andina

5.2.1 Hippies, Beerenobst und positive Erdenergie

Der Hauptort der Comarca Andina ist **El Bolsón**, was man mit „die große Tasche" übersetzen kann. Das Städtchen liegt wie auf dem Boden einer Tasche auf nur 300 m Höhe zwischen den Zweitausendern der Cerro Lindo- und der Piltriquitrón-Ketten (höchste Erhebung 2284 m, 41° 58.48′ S 71° 26.30′ W). Die Berge an der chilenisch-argentinischen Grenze sind hoch genug, um die Regenwolken, die vom Pazifik heranziehen, sehr effektiv abzufangen. Daher hat die Region von El Bolsón ein relativ trockenes, kontinentales Klima. Während es im Grenzgebirge 3000 mm im Jahr regnet, erhält das Tal des Río Quemquemtreu, in dem die Stadt liegt, nur 700 mm Niederschlag. Die Regenfälle sind aber gut verteilt, sodass sich die Region zu einem Anbauzentrum für „europäisches" Obst, wie Kirschen, Erdbeeren und Himbeeren, entwickeln konnte. Viele Mitteleuropäer haben sich in der Region niedergelassen, denn durch Sonderkulturen und Ökolandbau kann man hier auch mit wenig Fläche ein gutes Einkommen erzielen. El Bolsón hat wahrscheinlich die höchste Biobauerndichte des südamerikanischen Kontinents. Mehr an spiritueller Nahrung sind andere Bewohner des Tals interessiert. Angeblich sind die Energieströme der Erde um El Bolsón besonders positiv, und die Region galt daher im Laufe der letzten Jahrzehnte religiösen Gemeinden, Hippiekommunen, New-Age-Gruppen und verschiedenen „Zurück zur Natur"-Bewegungen als idealer Siedlungsgrund. Heute ist das Alternative jedoch oft nur noch ein Marketingargument im Tourismusgeschäft, von dem El Bolsón kräftig profitiert.

5.2.2 Anreise über El Bolsón

Busverbindungen

Ein halbes Dutzend Busgesellschaften verbinden den zentralen Busbahnhof von Bariloche mit dem von Esquel und passieren auf der Fahrt in beiden Richtungen El Bolsón. Kleinbusse der Gesellschaft Via Bariloche fahren in der Hochsaison tagsüber etwa alle zwei Stunden auch im Stadtzentrum von Bariloche, in der O´Nelli-Straße gegenüber dem NORTE-Supermarkt, in Richtung El Bolsón ab. Von El Bolsón verkehren häufig Busse auf der kurzen Strecke zum Ort Lago Puelo und dem gleichnamigen See. Ins Río-Azul-Gebiet muss man sich ein Taxi nehmen. Es gibt in El Bolsón keinen zentralen Busbahnhof, aber alle wichtigen Linien halten im Zentrum.

Versorgung für die Touren

In Bariloche oder Esquel gibt es große Supermärkte mit hervorragender Auswahl, aber

---

Info El Bolsón

22 000 Einwohner, Höhe 300 m, Tel.: 02944

Fremdenverkehrsamt
Ecke San Martin und Roca
Tel.: 49-2604, E-Mail: sec_turismo@elbolson.com

Club Andino Pilquitron (CAP)
Ecke Roca und Sarmiento
Tel.: 49-2600
Der Andenclub unterhält einige Berghütten, registriert Wanderer, die in die Berge gehen, und führt im Notfall Rettungsaktionen durch.

El Bolsón im Internet
http://www.elbolsonpatagonia.com.ar/index.php
www.welcomeargentina.com/elbolson/index.html
www.interpatagonia.com/elbolson/
www.bolsonturistico.com.ar/
www.argentinaturistica.com/blsiresenia.htm

---

auch El Bolsón ist gut versorgt. Die Hütten bieten zum Teil selbst hergestellte Grundnahrungsmittel wie Brot und Bier, aber auch komplettes warmes Essen an. Wer mit einer größeren Gruppe unterwegs ist und in den Hütten essen will, sollte die Hüttenwirte besser vorwarnen (siehe Tourorganisation in 5.2.3.)

5.2.3 Trekking am Oberlauf des Río Azul

Kartenhinweis
• IGM 4172-34, El Bolsón, 1:100 000
• Comarca Andina del Paralelo 42°, 1:120 000, infotrekking

Tourorganisation

Wer nicht gerade zum Konditionsaufbau knapp 15 km auf unbefestigten Straßen zum Tourbeginn laufen möchte, wird sich in El Bolsón ein Taxi nehmen, Kosten etwa 4 Euro. Wer mit eigenem Fahrzeug unterwegs ist, muss vom Stadtzentrum nach Westen auf die

Río-Azul-Straße und auf dieser genau nach Norden fahren. Sporadisch gibt es Schilder, die den Weg zum Cajón del Azul, der Schlucht des Blauen Flusses, zur Confluencia del Río Azul y Blanco, zum Zusammenfluss des Blauen und Weißen Flusses, oder zu den Refugios, den Hütten, weisen.

Der Beginn der beschriebenen je nach Variante drei bis fünf Tage langen Tour ist an der Proveeduria „San Esteban", dem Gemischtwarenladen der Familie Warton, Ecke Warton und Cerro Perito Moreno, Tel.: 02944-49-8026. Der Laden hält den Funkkontakt zu etlichen Berghütten und kann Schlafplätze und Essen reservieren.

Wer nur zu den **Refugios Cajón del Azul** und **Los Laguitos** will, kann sich dafür auch günstig Pferde mieten. Einige Gauchos warten meist mit ihren Pferden in der Nähe der Proveeduria „San Esteban". Es ist jedoch besser, die Pferde telefonisch vorzubestellen.

Das Tourende ist wieder am Ausgangsort oder am Camping Hue Nain (Tel.: 02944-1563-8490). Von diesen Orten kann man sich nach der Rückkehr ein Taxi rufen lassen.

Offizielles

Die meisten Trekks dieser Gegend gehen über Privatland. Camping ist ausschließlich(!) auf ausgewiesenen Plätzen neben den Berghütten gestattet. Vertreter des Andenvereins und der privaten Hüttenkonzessionäre registrieren jeden Wanderer und melden dessen Kommen an die Hüttenwirte weiter. Wenn jemand am Abend nicht in der Hütte, die er angegeben hat, erscheint, wird ein Suchtrupp losgeschickt. Dieses Verfahren dient zum einen dem Schutz der Wanderer und soll zum anderen die gefürchteten Waldbrände verhindern, die häufig durch unachtsame Camper verursacht werden.

Río-Azul-Tour

 Tag 1: *Warton-Ranch (400 m) – Hütte Cajón del Azul (600 m) 4–5 Std., Abstieg 100 m, Aufstieg 300 m*

Vom Kiosk geht man auf einer unbefestigten Straße nach Westen hinunter in das Tal des **Arroyo Encanto Blanco**, dem Bach des weißen Entzückens. Schilder zeigen die Lage der Hütten und die Gehzeiten an. Von wenigen etwas unklaren Teilabschnitten abgesehen ist die Tour durchgehend gut markiert. Unten im Tal fließen Río Azul und Arroyo Encanto Blanco zusammen. An dieser Stelle liegt die **Hostería Confluencia**, Zusammenfluss, bei der man auch campen kann. Alle Wanderer müssen sich an der Hängebrücke über den Arroyo Encanto Blanco registrieren lassen. Falls kein Offizieller zu sehen ist, soll man sich selbst in eine Liste, die in der kleinen Hütte am Westufer ausliegt, eintragen.

Nach der Überquerung des Arroyo Encanto Blanco teilt sich der Weg. Nach rechts führt ein Pfad in etwa vier Stunden Marsch über den Mirador Mallín zum **Refugio Dedo Gordo** auf 1300 m Höhe. Von dort kann man einige der knapp 2000 m hohen Gipfel des Massivs **Dedo Gordo** – dicker Finger – besteigen. Zum Río Azul wendet man sich nach links. Man verlässt den breiten Fahrweg und folgt einem beschilderten Pfad hinunter zum Zusammenfluss von Río Azul und Arroyo Encanto Blanco. Einige Meter flussaufwärts befindet sich eine Hängebrücke über den Río Azul, die wesentlich wackliger ist als die über den Arroyo Encanto Blanco. Man quert den **Río Azul** und folgt nun einer zunächst breiten unbefestigten Straße.

Nach etwa drei Stunden Gehzeit biegt links in südlicher Richtung ein kleiner Weg ab

Nordpatagonien

(41° 51.15′ S 71° 36.53′ W), der mit H. A. für Hielo Azul gekennzeichnet ist. Hier beginnt die Querung zur Hütte des Blauen Eises (siehe Tag 4). Wenig später führt der Fahrweg durch eine Furt des Río Azul. Wer keine nassen Füße bekommen will, geht auf dem mit roten Farbklecksen markierten Pfad am Südufer weiter.

Dieser Pfad ist eng und hat einige Passagen mittleren Schwierigkeitsgrads in felsigem Gelände, die zum Teil mit Holzleitern versehen sind. Der Río Azul hat sich hier eine tiefe Schlucht gegraben. Heftige Wildwasserpassagen wechseln mit wunderschönen, klaren Gumpen, in denen Eisvögel nach Fischen tauchen. An der engsten Stelle der Schlucht, kaum 3 m breit, führt eine stabile Holzbrücke über den 40 m tiefer fließenden Río Azul. Nun ist es nicht mehr weit zum **Refugio Cajón del Azul** (600 m). Der Hüttenwirt, Atilio

Sik, ist ein Original, das seit 15 Jahren hier im Wald lebt. Die Hütte hat eine Kapazität von 20 Personen, außerdem ist Zelten im eingezäunten Bereich gestattet.

Von der Hütte kann man einen schönen Spaziergang zu den kleinen Höhlen in der Nähe machen. Man folgt den Schildern mit der Aufschrift „Cuevas". Am sehenswertesten sind die von Vegetation umwucherten Höhleneingänge. Ist die Hütte Cajón del Azul überfüllt, was in den Ferienmonaten Januar und Februar passieren kann, oder man liebt es generell etwas einsamer, geht man auf dem rot markierten Weg nach der Hütte noch ein Stückchen am Nordufer des Río Azul nach Westen, bis man auf eine Abzweigung stößt, die durch ein Schild „Retamal" und gelbe Farbkleckse markiert ist. Nach einer halben Stunde erreicht man das Refugio Retamal, das auf 750 m Höhe liegt und weitere 15 Plätze bietet.

Hängebrücke über den Río Azul

Nordpatagonien

Tag 2: *Cajón del Azul (600 m) –*
Los Laguitos (1150 m)
6–7 Std., je nach Übernachtungsort
400 oder 550 m Aufstieg

Vom **Refugio Cajón del Azul** folgt man den roten Markierungen; vom Refugio Retamal zunächst einem gelb markierten Pfad. Beide vereinen sich nach einer halben Stunde Gehzeit wieder, die weiteren Markierungen sind rot. Nach einer weiteren Stunde Weg in westlicher Richtung erreicht man den **Puesto La Horqueta**, den Einödhof „Die Gabelung". Hier fließen der Río Azul und der Río Rayado zusammen. Ein Pfad kreuzt den Río Azul und führt an dessen Südufer entlang zu Wasserfällen und weiter in Richtung des Cerro Cigarro, des Zigarrenbergs, und der chilenischen Grenze. Dieser Weg ist nicht frei zugänglich und darf nur mit einem Führer aus einer der Hütten begangen werden.

Der Wanderweg nach Los Laguitos bleibt am Nordufer des Río Azul, kreuzt die Weiden und Pferche von La Horqueta und führt dann in nordwestlicher Richtung am Río Rayado entlang. Dort, wo sich am nordöstlichen Ufer die Felsen des Cañadon del Arroyo erheben, quert der Weg für Reiter ans andere Ufer. Die Wanderer bleiben an ihrer Uferseite. Einige mittelschwere Passagen im Fels sind wieder mit Holzkonstruktionen gesichert. Auf einer großen Feuchtwiese treffen sich beide Wege wieder. Dieses Gebiet trägt den schönen Namen Mallín de los Chanchos, was man mit Schweinesumpf übersetzen könnte.

Der Weg führt bald wieder durch hohen Wald und quert mehrere Bächlein. Eineinhalb Stunden nach dem Schweinesumpf erreicht man ein weiteres Sumpfgebiet. Die Reiter weichen diesem nach Norden an die Bergflanke aus, während die Fußgänger es auf Holzbohlen direkt durchqueren können. Nach dem Feuchtgebiet steigt der Weg in Serpentinen auf. Nach einer halben Stunde wird ein herrlicher Wald mit 3000 bis 4000 Jahren alten Alerce-Bäumen erreicht. Von dort bis zum **Refugio Los Laguitos** auf 1150 m Höhe ist es nun nicht mehr weit. Die Hütte der kleinen Seen liegt am Nordufer des Lago Lahuan und bietet bis zu 20 Gästen Platz.

Von dieser Hütte kann man in einer Tagestour die Seen weiter nördlich, Lago Soberania, Lago Epifano und Lago Montes, erkunden.

 Tag 3: *Los Laguitos (1150 m) –*
Cajón del Azul (600 m)

Die früher beliebte Rundwanderung von Warton über Los Laguitos zum großen Lago Escondido, von dessen Ostufer Straßenanschluss zur Hauptstraße Ruta 258 besteht, ist nicht mehr möglich. Der englische Milliardär Charles „Joe" Lewis, Besitzer der Hard Rock Café- und Planet Hollywood-Ketten, hat das gesamte Land um den Lago Escondido aufgekauft, insgesamt 14 000 Hektar, und den Durchgang für Einheimische wie Touristen gesperrt. Deshalb bleibt nur der Rückweg auf der gleichen Route wie an Tag 2 beschrieben. Die Übernachtung ist wieder in einer der beiden unteren Hütten. Wer nicht zum Cerro Hielo Azul will und gut zu Fuß ist, kann gleich bis zum Ausgangspunkt in Warton absteigen.

 Tag 4: *Cajón del Azul (600 m) –*
Refugio Hielo Azul (1300 m)
4–5 Std., Aufstieg 900 m, Abstieg 200 m

Wer genug gewandert ist, steigt heute nach Warton ab. Die Rückkehr erfolgt auf dem gleichen Weg wie für Tag 1 beschrieben und ist gemütlich in drei bis vier Stunden zu bewerkstelligen. Nur der letzte Teil, der Aufstieg von der Hängebrücke bis zur Straße, bereitet noch etwas Mühe.

Wer vom **Cajón del Azul** noch nicht nach Hause will, biegt in die unter Tag 1 beschriebene, mit H. A. gekennzeichnete Abzweigung (41° 51.15′ S 71° 36.53′ W) in Richtung Süden zum Refugio Hielo Azul ein. Durch Zypressenwälder führt der Pfad sehr steil in Serpentinen die Canyonwand hinauf. Weiter oben werden die Zypressen von Lenga-Südbuchen abgelöst. Bei etwa 1300 m Höhe flacht das Gelände ab. Die Vegetation wird niedriger, man läuft auf relativ offenen Hängen mit schönen Beständen des chilenischen Feuerbusches. Der Weg führt östlich an der Laguna Natación, dem Schwimmsee, vorbei. Wer trotz der oft matschigen Ufer dort schwimmen will, muss rund 100 Höhenmeter zum See aufsteigen. Auf einer großen Feuchtwiese steht ein entsprechender Wegweiser (41° 52.887′ S 71° 37.497′ W). Der Hauptweg führt an einem Wasserfall vorbei hinunter zum Río Teno, der auf einer improvisierten Brücke gequert wird. Dort trifft man auf den Weg, der von Osten aus dem Tal des Río Azul zum **Refugio Hielo Azul** hinaufführt. Die Markierungen in diesem Bereich sind gelb-rot. Ein Wegweiser „Area de acampe 500 mts" zeigt die letzte Abzweigung zur rustikalen Blockhütte (41° 53.292′ S, 71° 38.346′ W) unter dem Gletscher Hielo Azul. Bei Hüttenwirt Lucas

finden bis zu 30 Personen ein Schlafplätzchen. Von der Berghütte, die auf etwa 1300 m liegt, können in Tagestouren der **Cerro Barda Negra** (2150 m) und – nur mit Seil, Pickel und Steigeisen – über den Blaueis-Gletscher der **Cerro Hielo** Azul (2245 m) bestiegen werden.

 Tag 5: *Refugio Hielo Azul (1300 m) –*
Camping Hue Nain (300 m)
4–5 Std., Abstieg 1000 m

Der Rückweg verläuft zunächst entlang des Río Teno, folgt dann aber dem trockeneren Kamm südlich des Flusses. Nach etwa drei Stunden kommt man an eine Abzweigung vom Hauptweg in Richtung Süden. In etwa fünf Minuten kann man den Mirador del Raquel, einen ausgesetzten Aussichtspunkt über der tiefen Schlucht des Río Raquel erreichen. Wieder zurück auf dem gelb-rot markierten Hauptweg, passiert man bald einen großen Felsbrocken, die **Roca Grande**. Man quert einen Mallín, eine Sumpfwiese, und erreicht dann die Serpentinen, die durch den Bergwald steil hinunter ins Tal des Río Azul führen. Der Weg führt unten im Tal über **La Pampita**, die kleine Pampa, und dann auf einer der schon gut bekannten Hängebrücken über den Río Azul. Vom nahe gelegenen **Campingplatz Hue Nain** kann man sich ein Taxi rufen lassen und nach El Bolsón zurückfahren.

Alternativ kann man auf dem Campingplatz übernachten und am nächsten Tag die Wanderroute entlang des Arroyo Raquel, die bis zum Talschluss nahe der chilenischen Grenze führt, angehen. Auf diesem Weg gibt es keine Berghütte, ein Zelt ist daher anzuraten. Für Unentwegte gibt es in der Gegend noch Touren zu drei weiteren Berghütten, dem **Refugio Encanto Blanco** im Norden und den **Refugios Cerro Lindo** und **El Motoco** im Süden von El Bolsón.

Internet

www.patagonia.com.ar/rionegro/elbolson/
   cajonazul.php
www.elbolsonpatagonia.com.ar/turismo/
   excursiones.php
www.welcomeargentina.com/elbolson/
   photographs.html
www.argentinaturistica.com/informa/
   blsicircuitostur.htm
www.bolsonturistico.com.ar/excurs.htm

5.3 Nationalpark Lago Puelo

5.3.1 Klein, aber oho

Der nur 237 km² große Nationalpark Lago Puelo ist einer der kleinsten Argentiniens, aber unbedingt einen Besuch wert. Die Kulisse des azurblauen Sees, der von Valdivianischem Regenwald umrahmt und von dem prächtigen **Cerro Los Tres Picos** (2492 m) überragt wird, begeistert auch verwöhnte Geschmäcker. Im, auf und um den See kann man baden, Ausflüge mit dem Motorboot oder dem Seekajak unternehmen und natürlich wandern. Berühmt ist der See auch für seine Monsterforellen, die die Größe kleiner Haifische und 15 bis 20 kg Gewicht erreichen können. In den Sommerferien wird der See, der ja praktisch das Schwimmbad von El Bolsón ist, von so vielen Leuten besucht, dass es schwierig ist, eine Unterkunft zu bekommen, aber schon im März geht alles wieder seinen geruhsamen Gang.

5.3.2 Anreise über El Bolsón und Lago Puelo

Von El Bolsón (siehe 5.2.2) fahren mehrmals täglich Busse in den kleinen Ort Lago Puelo und zum nördlichen Ufer des Lago Puelo. Sie fahren wie die innerstädtischen Busse in der Av. San Martin in El Bolsón ab.

Blick über den Lago Puelo auf die Tres Picos

5.3.3 Touren um den Lago Puelo

Kartenhinweise
- IGM 4372-3, Cordón del Pico Alto, 1:100 000
- IGM 4372-4, Lago Puelo, 1:100 000
- Comarca Andina del Paralelo 42°, 1:120 000, infotrekking
- Parque Nacional Lago Puelo, kostenlose Karte der Nationalparkverwaltung

Leichte Tages- und Mehrtageswanderungen

Der Lago Puelo-Nationalpark eignet sich für Tagestouren von einem „Basislager" aus. Campen kann man am Nordufer des Sees in der Nähe der Mündung des – im letzten Kapitel beschriebenen – Río Azuls in den Lago Puelo und bei der Gendarmería Nacional, am Ostufer des Sees bei El Desemboque und an dessen Südufer bei der Rangerstation. Pensionen gibt es in El Puelo und Río Turbio.

In der Regel wird man Landtouren und Wassertransport kombinieren. Viele **Bootstouren** werden nur in der Hochsaison regelmäßig durchgeführt. Wenn sich mehrere Trekker zusammentun, ist es aber auch nicht sehr teuer, sich ein Boot zu mieten. Beliebte Überfahrten sind nach Los Hitos im Westen an der chilenischen Grenze und zum Südufer des Sees in der Nähe des Ortes Río Turbio. Auch das Camp El Desemboque am Ostufer kann mit einem kleinen Boot erreicht werden.

Im Sommer ist bei Argentiniern eine Wanderung oder eine kombinierte Boots-Wander-Tour am Nordufer des Sees nach Los Hitos an der chilenischen Grenze sehr beliebt. Der Arroyo las Lágrimas, der Tränenbach, wird auf einer Hängebrücke überquert. Wer unternehmender ist, kann eine Art südliche Cruze de Lagos machen. Von Los Hitos kann man zu Fuß oder mit Pferden über die chilenische Seenkette – Lagos Inferior, Las Rocas, Blanco und Totoral – oder entlang des Río Puelo bis zum Ort Llanada Grande gelangen. Von dort geht es mithilfe von Bussen und einer Fähre über den Lago Tagua bis nach Río Puelo Baja am pazifischen Reloncavi-Fjord. Kajakfahrer können auf dem Río Puelo vom Puelo-See bis zum Pazifik fahren. Bei solch grenzüberschreitenden Abenteuern darf man keinesfalls seinen Pass vergessen. Die argentinische Grenzstation befindet sich am Nordufer des Lago Puelo, die chilenische am Westufer des Lago Inferior. Leider wird die Río-Puelo-Region bald ihre Ursprünglichkeit verlieren. Von Llanada Grande in Chile bis nach Lago Puelo in Argentinien ist eine Straße geplant bzw. im Bau.

Aussichtsberg Cerro Currumahuida

Eine oft unternommene, fünf- bis sechsstündige Wanderung führt von der Parkinformation am Nordufer des Sees auf den Aussichtsberg Cerro Currumahuida (1161 m). Der Einstieg ist einige 100 m östlich der Mole an der Nordostspitze des Sees. Der Weg führt in etwa drei Stunden in vielen Kehren auf den Gipfel. Von oben sehen der See und die umliegenden Berge natürlich noch schöner aus.

El Turbio

Vom Örtchen Hoyo de Epuyen, 14 km südlich von El Bolsón und mit dem Bus erreich-

Nordpatagonien

Service-Adressen

Informationen über das Gebiet des Lago Puelo erteilt die Nationalparkverwaltung im Ort Lago Puelo unter Tel.: 02944-49-9923, – 49-9160, E-Mail: pnpuelo@red42.com.ar

Am Nordufer des Sees gibt es ein Centro de Informes, das zur Touristensaison von Rangern besetzt ist und sonst zumindest auf Informationstafeln Orientierung bietet.

Informationen über Bootstouren gibt es bei Juana de Arco, Tel.: 02944-49-3415, www.interpatagonia.com/juanadearco)

bar, kann man mit dem Taxi oder in gut drei Stunden zu Fuß (16 km) den Campingplatz El Desemboque erreichen. Von dort führt eine etwa sechsstündige Wanderung am Ostufer des Sees zum Bootssteg bzw. der Station der Parkranger am Südufer des Sees. Der Weg ist von vielen Pferden ausgetreten, denn er ist die einzige Landverbindung zu der südlich des Lago Puelo gelegenen Siedlung El Turbio. Man kann am Südende des Sees bei den Parkrangern zelten oder am selben Tag mit dem Boot – Abholtermin vorher vereinbaren – nach El Puelo zurückfahren. Eine dritte Alternative ist, auf einem Fahrweg noch ein bis eineinhalb Stunden nach Süden durch einen schönen Lenga-Wald in das Örtchen Río Turbio zu wandern und dort zu übernachten.

Lago Esperanza

Von Río Turbio gibt es weitere Tourmöglichkeiten. Beliebt ist die Wanderung zum Lago Esperanza. Dazu muss man sich von einem Dorfbewohner mit dem Boot über den Río Turbio setzen lassen. An dessen Westufer geht es nach Norden, bis man den Río Esperanza, auch Río Alerzal genannt, erreicht. In einiger Entfernung vom Südufer dieses Flusses führt ein Weg bis zum Lago Esperanza. An dessen Ostufer steht ein Refugio, in dessen Nähe man auch sein Zelt aufschlagen kann. Am zweiten Tag geht man auf dem gleichen Weg zurück oder quert den Río Esperanza und nimmt den Weg nördlich des Flusses nach Puerto Hube am Westufer des Lago Puelo. Dorthin muss man aber schon vor Tourbeginn ein Boot bestellen, um wieder in den Ort Lago Puelo zurückzukommen.

Cerro Plataforma

Vom Ort Río Turbio führt auch ein Weg nach Süden auf den Cerro Plataforma. Zunächst

Das schönste Lächeln von Lago Puelo

folgt die Route dem Río Turbio, bis dieser sich nach Westen wendet. Noch einige Zeit im Tal eines südlichen Zuflusses des Río Turbio, dann in zunehmend steilerem Gelände geht es auf den Cerro Plataforma, den Plattformgipfel. Auf dem Weg sind zwei kleine Schutzhütten. Für diese Tour sind zwei Tage zu veranschlagen.

Internet

www.parquesnacionales.gov.ar/03_ap/
  16_lpuelo_PN/16_lpuelo_PN.htm
www.welcomeargentina.com/parques/
  lagopuelo.html
www.chubutur.gov.ar/es/destinos/
  parque-nacional-lago-puelo.html
www.patagonia-argentina.com/e/content/
  parques/parques5.htm
es.wikipedia.org/wiki/Parque_Nacional_
  Lago_Puelo

Nordpatagonien

6.1 Der weiße Fleck

Von San Carlos de Bariloche nach Esquel führt eine hervorragende Straße, und das Städtchen am Rande der patagonischen Steppe ist überraschend modern und weist eine gute Infrastruktur auf. Doch südlich dieses letzten Außenpostens der Zivilisation wenden sich alle Hauptstraßen den Küsten zu. Nur noch die holprige Ruta 40 führt von Esquel an den Anden weiter nach Süden. Die nächste größere Ansiedlung, Perito Moreno, liegt 500 km weiter südlich und hat gerade mal 3000 Einwohner. Mittelpatagonien ist immer noch eine große, kaum besiedelte Leere und weitgehend ein weißer Fleck auf der touristischen Landkarte. Es gibt zwar zunehmend Reisende, die die Ruta 40 am Andenrand befahren, jeden zweiten Tag fährt dort auch ein Bus, doch Ausflüge in die Berge sind ohne eigenes Fahrzeug derzeit kaum möglich. Doch wie schon im Kapitel El Chaltén erwähnt, werden die Verkehrsverbindungen entlang des Andenrandes immer weiter ausgebaut. Es ist damit zu rechnen, dass in Zukunft auch südlich des Nationalparks Los Alerces Gebiete für den Trekkingtourismus erschlossen werden. Angebote von Estancias, die auf Tourismus setzen, gibt es bereits, allerdings meist im mittleren und oberen Preissegment.

6.2 Nationalpark Los Alerces

6.2.1 Die Herren des Waldes

Nur an wenigen, sehr regenreichen Stellen wachsen in Argentinien die mächtigen Alerce-Bäume, auch patagonische Zypresse (Fitzroya cupressoides) genannt. Die bis 70 m hohen Riesen beherrschen den **Valdivianischen Regenwald**, benannt nach der chilenischen Stadt Valdivia. Wegen ihres wertvollen Holzes wurden die Alercebestände bis an den Rand der Ausrottung ausgebeutet. Schöne Exemplare finden sich noch um Puerto Blest im Westen des Lago Nahuel Huapi, am Lago Puelo und im 2630 km² großen Nationalpark Los Alerces bei Esquel. Die sehr langsam wachsenden Bäume können Tausende von Jahren alt werden. Die ältesten Alerce im Nationalpark Los Alerces sind über 4000 Jahre alt. In Argentinien sind Alerces streng geschützt; nicht einmal Totholz darf genutzt werden. In Chile dürfen tote Alerces geerntet werden, was schlaue Leute darauf gebracht hat, lebende Bäume durch Ringeln zum Absterben zu bringen. Im Nationalpark Los Alerces werden drei Zonen, eine Nutzzone mit Chacras, kleinen Bauernhöfen, eine touristische Zone und eine strenge

Schutzzone unterschieden. Für Touristen ist nur sehr wenig Valdivianischer Wald zugänglich. Große Alerces sind nur auf einer kombinierten Boots- und geführten Wandertour im äußersten Nordwestzipfel des Parks am Lago Cisne zu sehen. Der **Lago Cisne** ist auch von großer Bedeutung für den aquatischen Artenschutz. In den Seen des Nationalparks haben eingesetzte Forellen fast alle ursprünglich dort vorkommenden fressbaren Tierarten verdrängt. Einheimische Fischarten haben nur im Lago Cisne überlebt, denn die gewaltigen Stromschnellen zwischen den Seen Cisne und Menéndez können selbst Forellen nicht überwinden.

6.2.2 Anreise über Esquel oder Lago Puelo

Das Steppenstädtchen Esquel wird mehrmals täglich von Bussen aus Bariloche und von der Atlantikküste angefahren. Auch ins chilenische Futaleufú bestehen Verbindungen, allerdings nur mit Umsteigen. Der **Busbahnhof** ist an der Ecke Libertad und Roca. In der Regel wird man vor einem Besuch im Nationalpark in Esquel übernachten müssen, denn der Bus der Gesellschaft Transportes Esquel (Alsina 1632, Tel.: 02945-45-3529) fährt nur einmal früh am Morgen durch das Gebiet des Nationalparks bis zum Lago Verde. In Esquel gibt es ausreichend günstige Unterkunftsmöglichkeiten, auch ganz in der Nähe des Busbahnhofs. Wer in der Hochsaison, in den Monaten Januar und Februar, von Norden kommt, braucht nicht nach Esquel, in dieser Zeit verkehren zweimal täglich Busse direkt zwischen Lago Puelo und Los Alerces. Auch Autofahrer müssen natürlich keinen Umweg über Esquel machen, sondern können auf der Ruta 15 direkt in den **Nationalpark Los Alerces** gelangen.

Der Bus von Transportes Esquel hält an den Parkeingängen, wo der Eintritt in den Park (etwa 3 Euro) entrichtet werden muss, und überall dort, wo Leute aussteigen wollen. Die Busfahrer geben gerne Ratschläge, wo man gut übernachten kann und zeigen, wo es zu den Fähren oder Wanderwegen geht.

Vor allem in der Hochsaison ist es empfehlenswert, die **Bootstouren** auf den Circuito Lacustre-Booten im Nationalpark, aber auch die Charterboote möglichst frühzeitig in einem der zahlreichen Reisebüros zu buchen.

Es gibt im Nationalpark Los Alerces einige **Einkaufsmöglichkeiten**, doch sollte man sich bei längeren Aufenthalten besser schon außerhalb mit Lebensmitteln eindecken.

Nordpatagonien

Info Esquel

37 000 Einwohner, Höhe 540 m, Tel.: 02945

Fremdenverkehrsamt
Ecke Sarmiento und Alvear, Tel.: 02945-45-1927, 45-3145
turiesquel@teletel.com.ar

Verband der Bergführer – Asociacion de Guías de Montaña
Av. Ameghino 98, Tel.: 45-0653/4711

Busbahnhof
Av. Alvear 1871, Tel.: 45-1584

Fluglinien
Aerolines Argentinas, Fontana 408,
Tel.: 0-810-222-86527/45-3614 /45-3614
LADE, Av. Alvear 1085, Tel.: 45-2124

Esquel im Internet
www.esquel.gov.ar/
www.welcomeargentina.com/esquel/index.html
www.esquelonline.com/
www.patagonia.com.ar/chubut/esquel/index.php
www.argentinaturistica.com/esqiresenia.htm

6.2.3 Vom Lago Futalaufquen zum Lago Krüger

Kartenhinweise
• IGM 4372-10, Lago Rivadavia, 1:100 000
• IGM 2372-16, Villa Futalaufquén 1 :100 000
• Parque Nacional Los Alerces, 1:120 000, infotrekking

Startpunkt für Wanderungen an den Seen Futalaufquen und Krüger ist das Centro de Informes der argentinischen Nationalparksverwaltung im Örtchen Villa Futalaufquen in der Südostecke des gleichnamigen Sees, Tel.: 02945-4710-15, -20, -23, E-Mail: infoalerces@apn.gov.ar. Die Busse aus Esquel oder Lago Puelo halten vor dem Informationszentrum. Für alle längeren Wanderungen im Nationalpark muss man sich dort registrieren lassen. Der Parkeintritt berechtigt auch zum Besuch des angeschlossenen Museums, das über Flora und Fauna der Region und die Geschichte des Parks informiert.
www.museosargentinos.org.ar/museos/museo.asp?codigo=481

In der Regel wird man die zweitägige Wanderung zum Lago Krüger (Aufstieg 450 m) mit einer Bootstour kombinieren. Im Januar und Februar fahren einmal täglich Boote des Unternehmens Circuito Lacustre von Puerto Limonao, etwa 3 km nördlich des Informationszentrums von Villa Futalaufquen gelegen, zum Refugio Lago Krüger am Südende des Sees, und zurück. Dieses Boot sollte zur Sicherheit schon in Esquel in einem Reisebüro reserviert werden. Außerhalb der Saison muss man ein Boot chartern, meist werden Transfers auf der kürzeren Strecke zwischen dem Refugio Lago Krüger und Punto Mattos am Nordufer des Sees gebucht. Von Punto Mattos hat man wieder Busanschluss nach Esquel. Auch das Charterboot sollte vor Abmarsch reserviert werden. Informationen beim Refugio Lago Krüger, Tel.: 02945-45-2997, -47-1044.

Zum Lago Krüger

Tag 1: *Villa Futalaufquen (600 m) – Pass (1050 m) – Playa Blanca (600 m) 5–6 Std., 14 km, Auf- und Abstieg 450 m*

Von **Villa Futalaufquen** läuft man auf der Uferstraße in Richtung des kleinen Hafens Puerto Limonao bis zu einer Seitenstraße, die nach links zu einem Parkplatz am Arroyo de los Pumas führt. Man kann diesen Weg natürlich auch in einem Taxi zurücklegen. Eine Fußgängerbrücke führt über den Arroyo de los Pumas. Ein Schild zeigt den Weg zu den Cinco Saltos, den fünf Wasserfällen. Diese Fälle können in einer Rundtour von etwa einer halben Stunde besichtigt werden. Der Weg zum Lago Krüger führt nördlich des Hotels Futalufquen am recht steilen, dicht bewaldeten Uferhang parallel zum Seeufer nach Nordwesten. Im Uferwald stehen viele Kordillerenzypressen (Austrocedrus chilensis) und eine Südbuchenart, die Coihue (Nothofagus dombeyi). Etwa eine Stunde nach der Brücke beginnt der Weg sich nach Westen zu wenden. Durch Bambusdickichte geht es in Serpentinen nach oben. Es eröffnen sich sehr gute Ausblicke auf das Cerro-Riscoso-Massiv (1930 m) und auf den Cerro Alto El Petiso (1748 m) nördlich des Lago Futalufquen. Der Weg wendet sich kurz nach Nordwesten und überquert ein Bächlein. Eine dicht mit niedrigem Bambus bewachsene Kuhle wird rechterhand am Rande des Lengawaldes (Nothofagus pumilio) umgangen. Nun erreicht die Route den höchsten Punkt, einen **Sattel** von etwa 1050 m Höhe. Von dort geht es nach Westen hinunter zu einer kleinen Bucht des **Lago Futa-lufquen**. Der Weg führt in Serpentinen über losen Untergrund nach unten. Nach einer kurzen Wanderung am Seeufer Richtung Südwesten erreicht man die malerische **Playa Blanca**, den weißen Strand. Hinter dem feinen Sandstrand stehen schöne Arrayanes-Bäume (Luma apiculata) mit der typischen roten, in Streifen herunterhängenden Rinde. Einen schöneren Campingplatz wird man selten finden.

△ *Tag 2: Playa Blanca (600 m) –*
Refugio Lago Krüger (600 m)
3 Std., 8 km

Der Weg führt vom mit Schilf bestandenen Westende der **Playa Blanca** wieder in den Wald. In der feuchten Umgebung unter den großen Coihues gedeihen viele Moose, Flechten und Pilze, aber auch Orchideen mit dem hübschen Namen Palomita, Täubchen. Man passiert oberhalb des Seeufers die Estrecho de los Monstruos, die See-Enge der Monster. Also scheint es wenigstens hier ein Nessi zu geben. Der Seearm südlich der Engstelle heißt Lago Krüger. Der Wanderweg führt zu einem schönen Kiesstrand an dessen südöstlichem Ende. Noch zehn Minuten Marsch und man erreicht den Campingplatz und das **Refugio Lago Krüger** (Tel.: 02945-45-2997, -47-1044) in der Nähe des Seeabflusses, des Río Frey. Vom Bootssteg beim Refugio gehen die Boote nach Puerto Limanao bzw. Punta Mattos zurück. Wer noch ein wenig wandern möchte, kann einen Tagesausflug entlang des Río Frey zum Lago Amutui Quimei im Süden anschließen.

Vom Refugio Lago Krüger zum
Lago Amutui Quimei
△ *6–7 Std. hin und zurück, 27 km,*
Auf- und Abstieg 100 m

Vom **Refugio Lago Krüger** geht man ein kurzes Wegstück nach Süden, bis man auf den alten, mittlerweile ziemlich überwachsenen Feldweg, der parallel zum Río Frey bis an den Lago Amutui Quimei führt, trifft. Der Río Frey hat viele fotogene Stromschnellen und ist ein beliebtes Ziel für Fliegenfischer. Hinweisschilder bezeichnen die kurzen steilen Wege, die zu bevorzugten Angelgumpen wie Las Gaviotas oder Las Palangas führen. Die unbefestigte Straße entfernt sich kurz vor dem **Lago Amutui Quimei** vom Río Frey und steigt leicht nach Südosten an. Vom höchsten Punkt der Straße, dem Mirador El Balcon auf 700 m Höhe hat man eine hervorragende Sicht über den See und die Berge an dessen Südufer. Der Feldweg führt nun hinunter zum Seeufer, wo ein Hügelchen wieder schöne Ausblicke erlaubt.

Der Rückweg zum Refugio Lago Krüger erfolgt auf derselben Route.

6.2.4 Weitere Touren im Nationalpark Los Alerces

Kartenhinweise
• IGM 4372-10, Lago Rivadavia, 1:100 000
• IGM 2372-16, Villa Futalaufquén 1:100 000
• Parque Nacional Los Alerces, 1:120 000, infotrekking

Bootstour zu den Riesenalerces

Auf verschiedenen Bootstouren kann man die einzelnen Seen bzw. Seenarme des Nationalparks Los Alerces kennenlernen. Abhängig von Saison und Wasserständen kann man von **Puerto Limonao** über den **Lago Futalaufquen** und den Río Arrayanes nach **Lago Verde** und weiter über den **Lago Menéndez** nach **El Alerzal** fahren. Bei Niedrigwasser muss man von Puerto Mermoud nach Puerto Chucao laufen.

Nordpatagonien

In der Nebensaison wird nur der Lago Menéndez befahren. Höhepunkt der Touren ist eine etwa einstündige Wanderung auf einem Naturlehrpfad durch herrlichen Valdivianischen Regenwald am Lago Cisne. Die älteste Alerce dieses Gebiets heißt El Abuelo, der Großvater, und ist über 4000 Jahre alt. Aufgrund der strengen Schutzbestimmungen ist dieser kurze Weg die einzige Möglichkeit, im Regenwald zu wandeln. Wer mehr davon sehen will, muss auf die chilenische Seite in den Nationalpark Pumalin (siehe 6.3)

Cerro Alto Petisco

Ein schöner Aussichtsberg im Nordteil des Parks ist der 1790 m hohe Cerro Alto Petisco. Der Aufstieg beginnt am Westufer des Lago Verde beim alten Farmhaus in Puerto Mermoud, führt über eine kleine Kuppe und folgt dann dem Arroyo Zanjón Honda bis zu seiner Quelle. Von dort geht es steil hinauf zum Gipfel, der Blicke auf die umliegenden Seen, Menéndez, Futalaufquen und Rivadavia, und den gletscherbedeckten Cerro Torrecillas bietet. Die Tour dauert hin und zurück sieben bis acht Stunden.

Cerro Alto Dedal

Einer der beliebtesten Tageswanderungen führt vom Centro de Informes in Villa Futalaufquen auf gut markierten Wegen auf den Gipfel des Cerro Alto Dedal (1916 m). Der Berg bietet weite Ausblicke auf den Lago Futalaufquen im Westen, die Laguna Larga im Osten und die Bergketten im Süden und Südwesten, den Cordon Cocinero und den Cordon de los Pirámides. Für den Ausflug sind sieben bis acht Stunden zu veranschlagen.

Refugio Cocinero

Vom Bus- oder Taxifahrer lässt man sich auf der Straße von Villa Futalaufquen nach Esquel an der Brücke über den Arroyo Rañinto absetzen. Der Weg führt erst am Südufer des Baches entlang nach Westen. Dann folgt man dem ersten größeren Zufluss nach Südwesten hinauf zu einer kleinen Schutzhütte, dem Refugio Cocinero. Von einem Aussichtspunkt kann man die Nord- und Südgipfel der Cerro-Cocinero-Gruppe und den kleinen, dazwischen liegenden Gletscher sehen. Diese Wanderung kann als Zweitages- oder lange Eintagestour durchgeführt werden. Nicht vergessen, das Taxi zur Rückkehr vorzubestellen.

Internet

www.chubutur.gov.ar/es/destinos/
parque-nacional-los-alerces.html
www.parquesnacionales.gov.ar/03_ap/
21_alerces_PN/21_alerces_PN.htm
www.welcomeargentina.com/parques/
losalerces.html
www.patagonia.com.ar/chubut/esquel/
losalerces.php
www.comarcadelosalerces.com.ar/parques.htm
www.argentinaxplora.com/activida/parques/
parc/alerces.htm
www.esquelonline.com/contenido.php?
op=parque
www.redanimal.org/INFORMACION/
Parques%20Nacionales/pnlosalerces/pnlo-
salerces.htm
es.wikipedia.org/wiki/Parque_Nacional_
Los_Alerces

Nordpatagonien

6.3 Die patagonische Küste

6.3.1 Besuchszeiten von Robben, Walen und Pinguinen

Fast alle Busse, die Nord- und Südpatagonien verbinden, fahren über die Küstenstraße Ruta 3. Sehr viele Touristen verbinden diese Fahrten mit einem Besuch in den Naturschutzgebieten am Atlantik. Die **Valdéz-Halbinsel**, **Punta Tombo** oder **Cabo dos Bahias** gehören zu den weltweit bekanntesten und besten Orten für die Beobachtung von Meeressäugern und Pinguinen (siehe Einführung I. 3.4). Der Kontrast zwischen der tristen, lebensfeindlichen Wüste an Land und dem von Leben nur so wimmelnden Ozean ist unglaublich.

Die Meerestiere und vor allem ihre Kinderstu-ben gehören zu den touristischen Hauptattraktionen Argentiniens. Um nicht vergeblich nach den gewünschten Tieren Ausschau zu halten, muss man wissen, wann und an welchem Ort sie an die Küste kommen.

Seelöwen sind das ganze Jahr über zu sehen, oft gar nicht weit von Städten entfernt. In der Nähe von Viedma, Puerto Madryn oder Ushaia sind sie zu sehen. In Mar-del-Plata haben sie sogar direkt am Hafenbecken eine Kolonie gegründet. Die Jungen kommen während des Südsommers von Ende Dezember bis Anfang März zur Welt.

See-Elefanten befassen sich schon früher im Jahr mit der Fortpflanzung. Die besten Beobachtungsmöglichkeiten sind im Südfrühling

See-Elefanten-Baby

von September bis November auf der Valdés-Halbinsel in Punta Norte und Caleta Valdés.

Südkaper kommen im Südfrühling zwischen Ende Juni und Anfang Dezember in geschützte Buchten an der argentinischen Küste, um ihre Jungen zu gebären und großzuziehen. Die besten Chancen, diese Wale zu sehen, hat man im September und Oktober im Golfo Nuevo, Golfo San José und vor allem um die Valdés-Halbinsel.

Jeder kennt wohl die spektakulären Fernsehbilder von **Orcas**, auch Schwert- oder wenig schmeichelhaft Killerwale genannt, die bei der Valdés-Halbinsel Seelöwen und See-Elefantenbabies jagen und sich dabei halb auf den Strand werfen. Das passiert aber nicht jeden Tag. Wer solche Szenen in natura sehen will, braucht enormes Glück oder viel Geduld. Als bester Beobachtungsplatz gilt die Seelöwenkolonie von Punta Norte auf der Valdés-Halbinsel von Ende Februar bis Anfang April. Die Orcas warten dann darauf, dass die noch unbeholfenen Seelöwenbabies das erste Mal ins Meer gehen.

Die akrobatischen, schwarz-weiß gezeichneten **Commerson-Delphine** zeigen sich von Dezember bis März in Puerto San Julián, Playa Unión und Puerto Deseado.

Magellanpinguine kann man von Oktober bis März an vielen Stellen entlang der Küste sehen. Die größte Brutkolonie befindet sich in Punta Tombo. Das Hauptbrutgeschäft läuft zwischen Dezember und Februar.

6.3.2 Naturschutzgebiete an der patagonischen Küste

Über **Puerto Madryn** (siehe Infoblock) erreicht man zwei Schutzgebiete. Die **Reserva Faunística Punta Loma** nur wenige Kilometer östlich der Stadt beherbergt eine stattliche Seelöwenkolonie. Von herausragender Bedeutung ist die **Reserva Faunística Península Valdés**, die zum UNESCO-Welterbe gehört. Auf und vor der Valdés-Halbinsel widmen sich – jahreszeitlich versetzt – Robben, Pinguine und Wale der Fortpflanzung und Aufzucht der Jungen. Die Kinderstube der Südkaper-Wale in den Buchten der Halbinsel wurde zum Monumento Natural Ballena Franca Austral, dem „Naturdenkmal des Südkaper", erklärt.

Das Gebiet der Valdés-Halbinsel hat schon die Fantasie von Antoine de Saint-Exupéry angeregt. Die Gestalt der Isla de los Pájoros, der kleinen Vogelinsel vor der Valdés-Halbinsel soll ihn zu der Zeichnung der elefantenverschlingenden Boa constrictor im Kinderbuch „Der kleine Prinz" inspiriert haben.

Die **Reserva Provincial Punta Tombo** südlich von Trelew (siehe Infoblock) ist bekannt für die größte Pinguinkolonie des südamerikanischen Festlands. Zur Brut kommen dort über eine halbe Million Tiere zusammen.

Das beim Örtchen Camarones, 280 km südlich der Stadt Trelew gelegene **Reserva Faunística Cabo dos Bahias** ist weit weniger von Touristen frequentiert als die Schutzgebiete weiter nördlich. Die dort reichlich vorkommenden Pinguine und Guanakos lassen sich daher in aller Ruhe betrachten. Manchmal schaut auch ein Wal vorbei. In die 1200-Seelen-Gemeinde **Camarones** (Fremdenverkehrsamt Tel.: 0297-496-3104) fahren an manchen Wochentagen Busse. Weiter ins Reservat Cabo dos Bahias kommt man nur mit dem Taxi. Ein verlässlicher Taxler in Camarones ist Abel Mancini, Tel.: 0297-496-3005.

Die Stadt Puerto Madryn wurde 1886 von walisischen Siedlern gegründet und nach Love Parry, Baron of Madryn, benannt. Sie liegt an der Hauptverkehrsader Ruta 3 und ist problemlos mit öffentlichen Verkehrsmitteln zu erreichen. Puerto Madryn lebt vom Warenumschlag im sehr geschützt gelegenen modernen Containerhafen von der Fischerei, dem Alumi-niumwerk Aluar und in immer größeren Ausmaße vom Tourismus.

Schon am Busbahnhof wird man mit einer Fülle von Angeboten für Unterkünfte und Ausflüge in die verschiedenen Naturschutzge-

Info Puerto Madryn und Trelew

PUERTO MADRYN
60 000 Einwohner, Tel.: 02965

Fremdenverkehrsamt Puerto Madryn
Julio A. Roca 223
Tel.: 45-3504, 45-2148,
E-Mail: municipio_madryn@cpsarg.com

Fremdenverkehrsamt Puerto Pirámides
Tel.: 49-5000, 49-5076

Vereinigung der Touristenführer
25 de Mayo 1016
Tel.: 45-3846

EcoCentro
Julio Verne 3784
Tel.: 45-7470

Dreimal täglich fahren Busse vom Fremdenverkehrsamt ins EcoCentro, das sich mit interaktiven Ausstellungen, Forschung und Umweltbildung an Schulen befasst. Dort kann man sich über die Tiere, die man in den Schutzgebieten zu sehen bekommt, hervorragend informieren. Wer es noch genauer wissen will, muss mit Wissenschaftlern der bekannten meeresbiologischen Fakultät der Universidad de la Patagonia einen Termin ausmachen.

Museo Oceanográfico y Ciencias Naturales (Museum für Ozeanografie und Naturwissenschaften)
Ecke Domecq Garcia und Menéndez
Tel.: 45-1139

Fundación Patagonia Natural
Marcos Zar 769
Tel.: 47-4363
Diese Umweltschutzorganisation befasst sich mit Umweltproblemen in Patagonien und wandelt ihre Räumlichkeiten bei Bedarf auch in eine Kranken- und Waisenstation für Tiere um.

Busbahnhof
Doctor Avila, zwischen Independencia und Necochea

Fluglinien
Aerolineas Argentinas, Belgrano, 175
Tel.: 0-810-222-86527, 47-1463
LADE, Julio A. Roca 119, Tel.: 45-1256
Vuelos Charter Transtam, Tel.: 0299-15-581-3409

http://www.welcomeargentina.com/puertopiramides/index.html

TRELEW
90 000 Einwohner, Tel.: 02965

Fremdenverkehrsamt
Mitre 837
Tel.: 42-6819

Museen
Eines der besten paläontologischen Museen Argentiniens ist das
Museo Paleontológico Edigio Feruglio
Ecke Fontana und Rawson
Tel.: 42-0012

Exponate über die Regionalgeschichte und den Eisenbahnbau zeigt das
Museo Regional Pueblo de Luis
Ecke Fontana und 9 de Julio
Tel.: 42-4062

Busbahnhof
Ecke Urquiza und Lewis Jones
Tel.: 42-0121

Fluglinien
Aerolineas Argentinas, 25 de Mayo 33,
Tel.: 0-810-222-86527, 42-0210
Transportes Aeronavales, Ruta 3 Km 1454,
Tel.: 42-3033, 42-3079
LADE, Sarmiento 282, Tel.: 43-5740

http://www.welcomeargentina.com/trelew/index.html

Nordpatagonien

biete eingedeckt. Wer dem mittäglichen Trubel in den Meerestierkolonien entgehen will, sollte sich einen Mietwagen nehmen und die Regionen frühmorgens oder spätabends besuchen. Die Walbeobachtungsboote starten von der kleinen Siedlung Puerto Pirámides auf der Valdés-Halbinsel. In Puerto Pirámides gibt es auch Übernachtungsmöglichkeiten.

Trelew heißt auf Walisisch Stadt des Lewis. Lewis Jones war einer jener walisischen Siedler, die die nasskalten Gestade an der Irischen See gegen die windigen Wüsten Patagoniens ein-

tauschten, um der englischen Vorherrschaft zu entrinnen. 1863 bekamen Waliser Nationalisten von der argentinischen Regierung eine Landkonzession im unteren Chubut-Tal zugesprochen. In den ersten Jahren herrschten katastrophale Zustände. Die Neusiedler hatten weder ausreichende Ernten noch richtige Häuser. Sie litten unter Hunger und heftigen Stürmen. Mithilfe der in der Region lebenden Tehuelche-Indianer entwickelten sie jedoch eine ausgeklügelte Bewässerungskultur und kamen zu bescheidenem Wohlstand.

Familienleben der Magellanpinguine

6.4 Nationalpark Perito Moreno und Monte San Lorenzo

6.4.1 Monte San Lorenzo

Kartenhinweise
- ChIGM 4700-7140, Cochrane, 1:100 000
- IGM 4772-27, Cerro Pico Agudo, 1:100 000

Das San-Lorenzo-Massiv erstreckt sich südöstlich des chilenischen Städtchens Cochrane entlang der chilenisch-argentinischen Grenze. Mit 3706 m Höhe ist **Monte San Lorenzo** (47° 35.30′S 72° 18.24′W) nach dem **Monte San Valentin** (4058 m) und dem **Volcan Lanín** (3770 m) der dritthöchste Berg Patagoniens. Die ausgedehnten Gletscher, die vielen Seen und schroffen Bergtürme machen das San Lorenzo-Massiv im Prinzip zu einem ähnlich attraktiven Trekkingziel wie die Regionen um Fitz Roy und Cerro Torre oder die Torres del Paine. Der Berg wurde erst 1943 vom legendären italienischen Bergsteiger und Entdecker Padre Alberto de Agostini (siehe Seite 147) zusammen mit Alex Hemmi und Heriberto Schmoll vom Andenclub Bariloche bestiegen. Der Salesianer-Padre zeigte damit auch, dass Jugend keine Frage des Alters ist, denn kalendarisch zählte er zu diesem Zeitpunkt schon 60 Lenze.

Die Region wird von der argentinischen Seite aus kaum besucht. Man könnte vielleicht meinen, so weit nördlich sei das Wetter vielleicht schon zu freundlich für echte Patagonienliebhaber. Das ist aber nicht der Fall. Der Cerro San Lorenzo liegt genau zwischen dem nördlichen und dem südlichen Eisschild und fängt mit seiner mächtigen Felsfront die feuchten Pazifikwinde, die durch diese Lücke pfeifen,

auf. Die Folge sind über 4000 mm Niederschläge in den höheren Regionen, die fast durchweg als Schnee fallen, und kräftige Lüftchen bis hinunter in die östlich anschließende Pampa. Der Grund für den mangelnden Zuspruch liegt in der sehr schwierigen Erreichbarkeit der Region. Von Argentinien aus benötigt man dafür – wenn man nicht gerade zu Pferd unterwegs ist – ein eigenes Fahrzeug mit großer Bodenfreiheit.

Auf der chilenischen Seite dagegen sind die Zugangsmöglichkeiten durch den Ausbau der Carretera Austral, der chilenischen Südstraße, verbessert, und auch die touristische Infrastruktur ist im Wachsen begriffen. Routenbeschreibungen für Trekking im chilenischen San Lorenzo-Gebiet und Berichte über die Besteigung des San Lorenzo finden sich in den Trekkingführern von Ralf Gantzhorn und Clem Lindenmayer (siehe Literaturverzeichnis).

www.alpinist.com/climbing-notes/note/10138/
www.andeshandbook.cl/cerro.asp?codigo=37
www.aventurarse.com/red/relatos/besser2.html

6.4.2 Nationalpark Perito Moreno und Estancia El Rincón

Kartenhinweise
- IGM 4772-32 y –33, Lago Belgrano, 1:100 000
- IGM 4972-3, Monte Tetris, 1:100 000

Im Süden des San Lorenzo-Massivs liegt der staatliche Nationalpark **Perito Moreno** (115 000 ha) und die heute im Besitz der privaten Naturschutzorganisation Patagonia Land Trust befindlichen **Estancia El Rincón** (14 000 ha).

Ziel der Schutzgebiete ist es, repräsentative Teile der andinen Wälder und der Übergangszone zur Steppe zu erhalten und Teile der Steppe, die unter massiven Erosionsproblemen durch Überweidung zu leiden hat, die Möglichkeit zur Regeneration zu geben.

Außerdem schützen die Parks Quellgebiete und acht große Seen. Andere Teile der Region sind strenge Schutzgebiete, in denen kein Tourismus erlaubt ist. Trekkingtouren beschränken sich meist darauf, Seeufern oder Flüssen zu folgen. Es gibt einige einfache Schutzhütten, etwa den Puesto del Nueve im Nationalpark oder die Río Lacteo-Hütte auf der Estancia El Rincón.

Info Nationalpark Perito Moreno und Estancia El Rincón

Nationalparkverwaltung in Gobernador Gregores am Ostufer des Lago Belgrano, Tel.: 02962-49-1477 Subsecretariá del Turismo, Santa Cruz, Tel.: 02966-42-2702, Fax: –43-8725, E-Mail: tur@spse.com.ar

Nationalpark Perito Moreno im Internet
www.parquesnacionales.gov.ar/03_ap/30_pmoreno_PN/30_pmoreno_PN.htm
www.redanimal.org/INFORMACION/Parques%20Nacionales/pnperitomoreno/pnperitomoreno.htm
www.argentinaxplora.com/activida/parques/parc/pmoreno.htm
www.welcomeargentina.com/parques/pmoreno.html
www.lahueya.com.ar/index/parques/peritomoreno.htm

Estancia El Rincón im Internet:
www.patagonialandtrust.org/
www.adventure-lifc.com/patagonia/pll01.php

Reiche Ausländer in Patagonien

Hinter der Gründung von privaten Naturschutzgebieten durch den Patagonia Land Trust steht die ehemalige Leiterin des Bekleidungs- und Ausrüstungsunternehmens Patagonia Inc., Kristine Tompkins. Sie ist die Ehefrau von Douglas Tompkins, dem ehemaligen Chef der Bekleidungsfirmen North Face und Esprit. Die Tompkins sind Vertreter der „Deep Ecology"-Bewegung, die auf den norwegischen Philosophen Arne Naess zurückgeht. Doug Tompkins kaufte mit einem Teil des Geldes, das er aus dem Verkauf von Esprit im Jahr 1990 erhalten hatte, in Südchile Waldgebiete mit einer Gesamtgröße von 3000 km^2. Sein einziges Ansinnen war, sie vor der Kettensäge zu retten und somit für künftige Generationen zu erhalten.

Doch solcherart altruistisches Verhalten verursachte in Chile große Unsicherheit. Man misstraute Tompkins zutiefst. Er wurde von chilenischen Nationalisten und Vertretern einer ungehemmten Ausbeutung des Landes auf das Übelste angegriffen und diffamiert. Man warf ihm alles Mögliche vor, unter anderem, dass er Chile zweiteilen wolle und argentinischen Gebietsansprüchen in die Hände spiele, dass er ein CIA-Agent sei und die US-amerikanische Vorherrschaft über Chile anstrebe (als ob dazu ein Naturschützer gebraucht würde ...), dass er die chilenischen Wasserressourcen plündern und teuer verkaufen wolle oder dass er das Land für das Weltjudentum kaufe, das in Chile ein zweites Israel gründen wolle. Der Rektor der Universität von Santiago de Chile, Antonio Elizarde, erklärte den Aufruhr wie folgt: „Unsere Gesellschaft hat keine Erfahrung mit Leuten, die transparent vorgehen und tatsächlich tun, was sie sagen. Tompkins ist darüber hinaus das Paradebeispiel eines philantropischen Unternehmers. Er fühlt sich gegenüber der Gesellschaft und der Natur verantwortlich, was in Chile etwas nie Dagewesenes ist."

Mittlerweile ist der Konflikt entschärft. Tompkins hat erreicht, dass auf seinem Land der Nationalpark Pumalin gegründet wurde, durfte aber seine Ländereien nicht arrondieren und muss den Bau von Straßen durch das Gebiet gestatten.

In Argentinien tritt offiziell nur Tompkins Frau Karen auf und Landkäufe werden über ihre Stiftung getätigt. Es gibt noch keinen Streit um die privaten Naturschutzgebiete östlich der Anden, denn die aufgekauften Flächen sind vergleichsweise klein und liegen in sehr abgelegenen und unfruchtbaren Regionen.

Die Liste der ausländischen Großgrundbesitzer in den dünn besiedelten Weiten Patagoniens ist lang. Während früher die Ausbeutung der Ressourcen oder Landspekulation im Vordergrund stand, gibt es heute eine Vielzahl von Motiven, Ländereien zu kaufen. Die Tompkins haben den radikalsten philanthropischen Ansatz, aber auch Medienmogul Ted Turner, der Gründer von CNN, der 70 000 Hektar bei Bariloche und Junín de los Andes besitzt, will in erster Linie die Natur für nachfolgende Generationen erhalten. Hollywood-Größen wie Sylvester Stallone, Christopher Lambert oder Michael Douglas haben sich ihren Grund vielleicht nur gekauft, um mal auf ein paar Tausend Hektar ohne nervige Fotografen ausspannen zu können.

Konflikte mit den Ausländern ergaben sich vor allem dann, wenn die neuen Besitzer der einheimischen Bevölkerung traditionelle Wegerechte entziehen und ihnen früher mögliche Landnutzung wie Holzeinschlag, Jagd und Fischerei verbieten. Die Rechtslage ist oft nicht eindeutig. Laut argentinischem Gesetz sind im Prinzip alle schiffbaren Gewässer, die einen Abfluss haben, der Allgemeinheit zugänglich. Wenn jedoch alles Land um einen See oder ein Flussstück privat ist und es keinen öffentlichen Weg zum Gewässer gibt, kann der Besitzer den Zugang verwehren. Auch

Trekker sind von der Sperrung von Wegen betroffen, wie die Fälle des Valle Encantado in der Nähe von Salta und des Lago Escondido bei El Bolsón (siehe Kapitel V Nordwesten 3.3.2 und Kapitel III Nordpatagonien 5.2.3) zeigen.

Die mit Abstand größten ausländischen Landbesitzer in Argentinien sind die italienischen Bekleidungskönige Luciano und Carlo Benetton. In der Provinz Chubut gehören ihnen 900 000 Hektar, auf denen sie versuchen, die Schafhaltung langfristig rentabel und das heißt auch ökologisch verträglicher zu machen.

Als eine Mapuche-Familie 2002 auf knapp 400 Hektar Land siedelte, das die Benettons gekauft hatten, kam es zu einem Streit, der weltweit unter Überschriften wie „Indianerfamilie gegen multinationalen Konzern" publiziert wurde. Die Benettons waren nach der argentinischen Jurisdiktion im Recht, wurden aber in den seit Jahrhunderten schwelenden Konflikt um die indigenen Landrechte in Lateinamerika hineingezogen. Wem gehört das Land? Denen, die es seit Jahrtausenden besiedelt haben und die sich als Teil des Landes fühlen, oder denen, die es mit Waffengewalt erobert haben und damit Geld machen wollen? In Australien und Nordamerika haben ähnliche Konflikte zu tief greifenden gesellschaftlichen Diskussionen über das Unrecht der Eroberung und der Kolonisierung und zur Rückgabe großer Ländereien an die indigene Bevölkerung geführt. In Lateinamerika, aber auch in Russland, sind solche Entwicklungen noch undenkbar. Die Firma Benetton löste ihren Streit mit den Indianern im Jahr 2006, indem sie 7500 Hektar ihres Landes an die Mapuche-Bevölkerung zurückgab.

DER CUYO

Laguna de los Horcones und Aconcagua

1.1 Mehr Wein als Wasser

Die Provinzen **Mendoza, San Juan** und teilweise auch **San Luis** und **La Rioja** werden Cuyo genannt. Der Name stammt vom Huarpe-Wort cuyum und bedeutet „sandige Erde". Die Region liegt im Regenschatten der höchsten Andengipfel und empfängt nur zwischen 200 und 250 mm Niederschlag, was einer Halbwüste entspricht. Glücklicherweise fällt aber noch so viel Schnee und Regen auf den Osthängen der Bergriesen, dass viele Bergflüsse gespeist werden. Schon die Huarpe-Indianer betrieben mit dem Wasser dieser Flüsse eine ausgetüftelte Bewässerungswirtschaft. Dieser Reichtum entging den spanischen Eroberern nicht. Sie kamen von Santiago de Chile über die Anden, unterjochten die Huarpe und gründeten „Encomiendas", große, mit Zwangsarbeitern betriebene Güter. Bis weit ins 19. Jahrhundert stand der Cuyo unter chilenischem Einfluss, was sich bis heute dadurch zeigt, dass die Einwohner ein relativ reines Spanisch ohne die typischen argentinischen Eigenheiten sprechen. Auch die sehr zentralisierten Besitzstrukturen haben sich erhalten. Bis heute gibt es riesige Betriebe, die von mächtigen Familien, aber zunehmend auch von Kapitalgesellschaften gemanagt werden. Heute werden im Cuyo besonders Wein, Oliven, Melonen und das Viehfutter Alfalfa gewonnen. Argentinien ist der fünftgrößte Weinproduzent der Welt. Drei Viertel der argentinischen Weintrauben wachsen allein in der Provinz Mendoza heran. Zur Traubenernte reisen Tausende von Wanderarbeitern aus den armen Nordprovinzen an. Zu dieser Zeit sind die Busse auf Wochen ausgebucht. Was diese fleißigen Hände für ganz geringen Lohn sammeln und verarbeiten, kommt zum Verkauf meist nach Mendoza, der Hauptstadt des argentinischen Weines. Es gibt über 1500 Bodegas, Weinkellereien, die vor allem Rotweine wie Cabernet, Pinot Noir, Malbec und Syrah, aber auch typische Weißweine, wie den Torrontés, offerieren. Bis vor etwa einem Jahrzehnt wurden simple Tischweine für den einheimischen Markt produziert, die in enormen Mengen konsumiert wurden – in den 60er-Jahren lag der Jahresverbrauch von Wein in Argentinien bei 25 Litern pro Nase. Heute trinkt der Argentinier mehr Bier und nur noch 10 Liter Wein im Jahr. Die Produktion ist mehr auf den Export und dadurch auch auf hohe Qualität ausgerichtet. Wer Anfang März in Mendoza ist, darf das Fest zur Weinlese, die Fiesta Nacional del la Vendimia, das mit seinen Umzügen und Musikveranstaltungen fast so farben- und lebensfroh wie in Brasilien der Karneval ist, nicht versäumen.

Der Cuyo

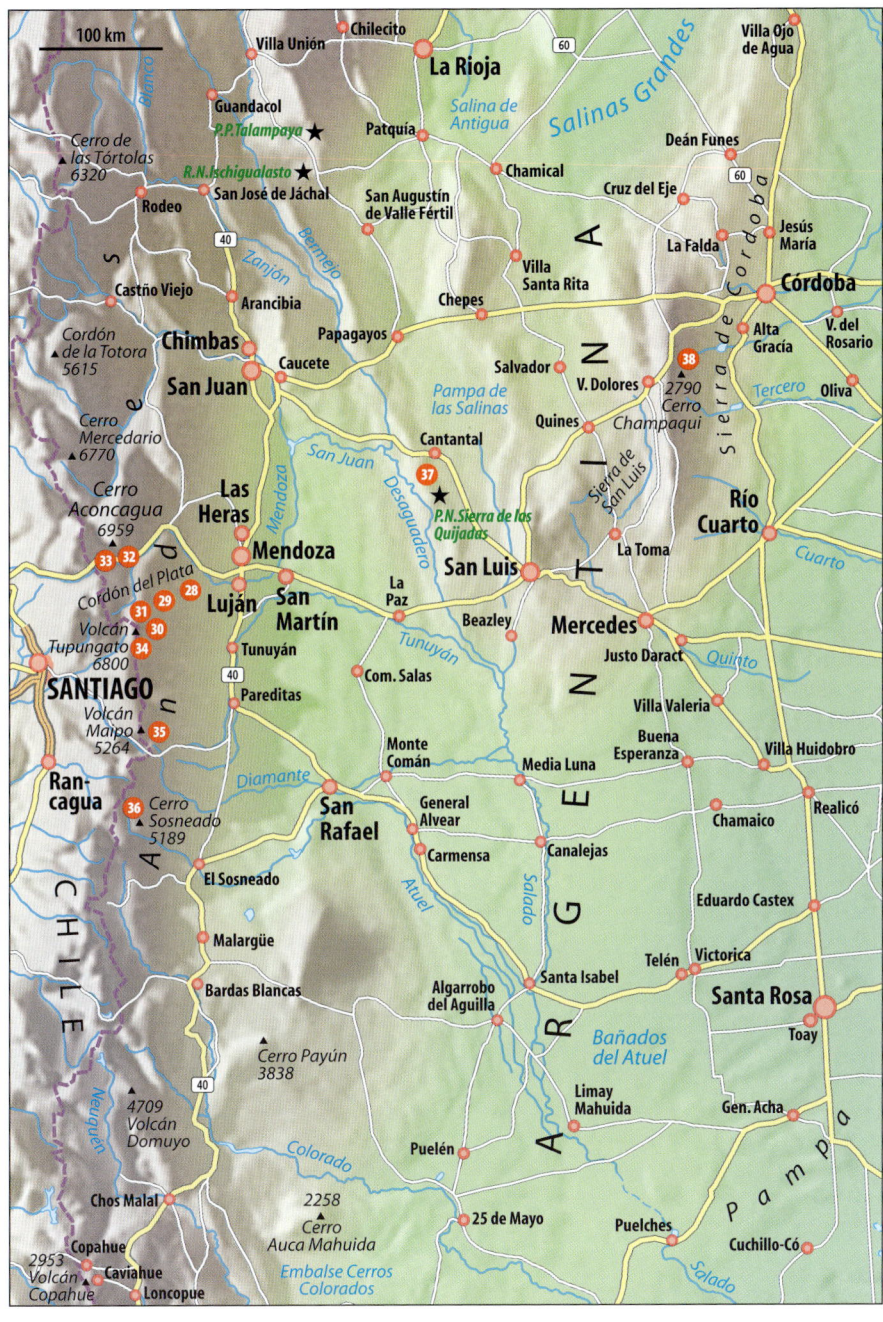

1.2 Klima und Reisezeit

„Land der Sonne und des guten Weines", nennt sich die Provinz **Mendoza**, bei 300 Sonnentagen und Rebenkulturen bis zum Horizont ein passender Name. Mit dem gleichen Recht könnte man Mendoza allerdings auch „Land der fallenden Eisklumpen" nennen, denn in kaum einer anderen Region der Welt treten so oft **Hagelstürme** auf. Der Hagel kommt auch selten in Linsengröße wie in Europa, sondern hat Taubenei- bis Golfballgröße. Die dicksten Schloßen wiegen um die 500 Gramm. Innerhalb einer Viertelstunde kann dort die ganze Traubenernte vernichtet und die im Freien stehenden Autos können im Knäckebrotdesign verziert sein.

Eine ganze Industrie bemüht sich um die Eindämmung der Schäden. Über die Reben werden kilometerlange starke Hagelnetze gezogen. Selbst in der Luft wird mit Hagelraketen und Flugzeugen gegen den Feind vorgegangen, dabei werden die Sturmwolken mit Silberjodid geimpft. Die Silbersalze wirken unterhalb von −5° C als Kondensationskerne bzw. Eiskeime. Es bilden sich statt der großen Eisgeschosse viele kleine Hagelkörner, die kaum Schaden anrichten können. Bei höheren Temperaturen werden andere Salze eingesetzt. Auch Asche und Rußteilchen eines Bodenfeuers können als Kondensationskerne wirken. Die traditionellen Regenmacher arbeiten nach dieser Methode. Das kontrollierte Abhageln bzw. Abregnen klappt jedoch nur bei optimalen Bedingungen. Das Wettergeschehen ist sehr wechselhaft, und selbst die professionellen Hagelflieger, die ständig mit Meteorologen im Funkkontakt

sind, verpassen nicht selten den richtigen Moment für die Impfung. So verliert die Provinz Mendoza trotz aller Maßnahmen jedes Jahr 10 bis 15 % der Ernte durch Hagelschlag.

Sowohl der Hagel als auch der restliche spärliche Niederschlag fallen überwiegend im Sommer. Im Winter gibt es dagegen eine andere Spezialität im Cuyo, den Wind **El Zonda**, der vor allem die Provinz San Juan heimsucht. Hinter dem Namen verbirgt sich nichts anderes als ein südamerikanischer Föhn.

Stürme über dem Pazifik treiben Regenwolken die Andenhänge hinauf. In der Höhe kühlt die Luft ab, der Wasserdampf kondensiert, die Wolken regnen ab. Die nun trockenen und kühlen Luftmassen erreichen den Andenkamm und fallen nach Osten hinunter. Trockene und absinkende Luft erwärmt sich pro 100 m Höhenunterschied weit stärker als dass sich feuchte, aufsteigende Luft abkühlt. Wenn der Wind im Osten unten ankommt, ist er wärmer als am Pazifik und treibt die Wintertemperaturen nicht selten von knapp unter Null auf über 20 Grad.

Der Cuyo liegt schon deutlich südlich des Äquators und hat entsprechend ausgeprägte Jahreszeiten. In der Ebene kann es im Sommer unerträglich heiß werden. In den Bergen heißt es dagegen im Winter „Ski und Rodel gut". Touren in den Hochanden werden in der Regel im Südsommer geplant. Die offizielle **Aconcagua-Saison** ist vom 15. November bis zum 15. März. Die Montes und die Schluchten besucht man dagegen am besten in den Zwischenjahreszeiten.

Der Cuyo

2.1 Difunta Correa – die wundertätige Seele des Cuyo

Argentinien ist ein katholisches Land, doch wie überall in Lateinamerika mischt sich die reine Lehre mit Kulten der Urbevölkerung, Spiritismus und Elementen archaischen Volksglaubens. Besonders zwei inoffizielle Heilige, Gauchito Gil und Difunta Correa, werden im ganzen Land verehrt. Gauchito Gil ist eine Art argentinischer Robin Hood und hat seine „Stammkirche" in Mercedes im Zweistromland. Der Hauptschrein Difunta Correas liegt im Cuyo, in Vallecito, 60 km südöstlich von San Juan. Der Legende nach folgte während des Bürgerkriegs in den vierziger Jahren des 19. Jahrhunderts die Soldatenfrau Deolinda Correa der Einheit ihres Ehemannes durch die Hochwüste von San Juan. Sie trug ihren kleinen Sohn mit sich und kam deshalb nur langsam voran. Bald verlor sie den Anschluss an den Tross, und ihre mageren Vorräte an Essen und Wasser gingen zur Neige. Sie starb in der Wüste, das Kind in den Armen. Als Maultiertreiber ihren Körper fanden und untersuchten, stellten sie fest, dass das Kind, das an ihrer Brust lag, noch lebte. Über den Tod hinaus hatte sie ihren Sohn genährt.

Die Nachricht dieses Wunders machte bald die Runde. Am Ort ihres Todes wurde ein Schrein errichtet. Es wurde berichtet, dass die Seele der Difunta Correa auf Erden wandele und Wunder bewirke. Menschen, denen dann übernatürlichen Dinge widerfuhren, begannen, aus Dankbarkeit Geschenke am Schrein zu hinterlassen. Je mehr Difunta Correa gedankt wurde, desto mehr Wunder schien sie zu

ermöglichen. Um den kleinen Schrein mit seinem simplen Kreuz entwickelte sich im Laufe der Jahre ein Dorf mit Kirche, Polizeistation, Schule, Tankstelle, Hotels, Restaurants und natürlich einer Vielzahl von Devotionalienhandlungen.

In 17 Kapellen sind all die Opfergaben ausgestellt, die Gläubige der Difunta Correa verehrten: Essen, Kleider, Fahrräder, Werkzeuge, Nummernschilder von Autos, Modelle von Häusern, die mithilfe übersinnlicher Intervention gebaut werden konnten, aus Wachs geformte Körperteile, die auf überstandene Unfälle oder Krankheiten hinweisen. Im ganzen Land findet man am Straßenrand die Schreine mit dem Bildnis der Difunta Correa, den Kerzen und den typischen Wasserflaschen, deren Inhalt den Durst der wandelnden Seele in der Wüste löschen soll. Trucker sind besondere Anhänger der Difunta Correa. Sie hinterlassen ganze Autoersatzteillager neben den Schreinen. Zusammen mit den an den vielen roten Fähnchen erkennbaren Schreinen des Gauchito Gil übertreffen die Stätten der Verehrung für Difunta Correa die Zahl der gekreuzigten Jesuse der katholischen Kirche bei weitem.

Die Amtskirche erkennt weder Difunta Correa noch Gauchito Gil als Heilige an. Dem Glauben des Volkes tut das keinen Abbruch. Zu hohen christlichen Feiertagen versammeln sich 200 000 Menschen am angeblichen Sterbeort der Difunta Correa in Vallecito. Immer in der Hoffnung, dass auch sie ihr ganz persönliches Wunder erleben dürfen.

Der Cuyo

2.2 Aconcagua und Cordón del Plata

2.2.1 Der Größte westlich des Himalayas

Die Provinz **Mendoza** ist vollgestopft mit Naturschönheiten, einsamen Wüsten, wilden Flüssen, schönen Seen und natürlich hohen Bergen. Es gibt 13 Gipfel über 6000 m, ungezählte 5000er und 4000er, doch das touristische Interesse konzentriert sich auf einen einzigen Berg, den **Aconcagua**. Sein Name soll vom Quechua-Ausdruck „Acon-ca-huak", steinerner Wächter, kommen. Er ist mit 6962 m der höchste Berg Südamerikas und gleichzeitig der höchste geografische Punkt außerhalb des Himalayas und natürlich auch einer der „Seven Summits". Der Berg ist außergewöhnlich ver-

kehrsgünstig gelegen. Vom internationalen Flughafen in Santiago de Chile fliegt man in 35 Minuten nach Mendoza und fährt von dort noch drei Stunden mit dem Linienbus oder einem anderen Fahrzeug zum Tourbeginn. Nur wenig länger dauert die Anreise über Buenos Aires. Theoretisch kann man noch am Tag der Ankunft aus Europa losmarschieren.

Der Aconcagua ist zur Sommerzeit auf dem Normalweg auf schneefreien Wegen ohne technische Schwierigkeiten im Bergwanderstil zu bewältigen. Fast 4000 Höhenverliebte zieht es jährlich zum höchsten Trekkinggipfel der Welt. Über zwei Dutzend einheimische Trekkingunternehmen bieten jedem, der genügend

Am Beginn der Normalroute zum Aconcagua

US-Dollar oder Euro mitbringt, Dienste vom Gepäcktransport ins Basislager bis zum kompletten Gipfelpaket. Diese Kombination aus hohem Prestige, leichter Zugänglichkeit, technischer Problemlosigkeit und guten logistischen Diensten verleitet Leute zu einer Gipfeltour, die auf solch einem Berg eigentlich nichts zu suchen haben. Nicht wenige bezahlen ihren Ausflug in die stürmischen Höhen des Aconcagua mit ihrer Gesundheit oder gar ihrem Leben. „More people die on this mountain than on any other mountain in South America"

Info Mendoza

150 000 Einwohner, Höhe 750 m, Tel.: 0261

Fremdenverkehrsamt der Provinz Mendoza
Avenida San Martin 1143
5500 Mendoza
Tel.: 0054-261-420-2800
www.turismo.mendoza.gov.ar
turismo@mendoza.gov.ar

Fremdenverkehrsamt der Stadt Mendoza
Centro de Información Turística nº 1
9 de Julio 500 Tel.: 449-5185
Centro de Información Turística nº 2
San Martín y Garibaldi Tel.: 420-1333
Centro de Información Turística nº 3
Las Heras 670 Tel.: 425-7805
Offizielle Webseite: www.mendoza.com.ar
munimza@supernet.com.ar

Club Andinista Mendoza – Andenverein Mendoza
Fray Luis Beltrán 357
Guaymallén
Mendoza
Tel.: 0054-261-431-9870
candinista@infovia.com.ar
clubandinistamendoza@yahoo.com

Asociación Argentina de Guias Profesionales de Montana
(AAGPM) – Verband der argentinischen Berufsbergführer
Casilla de Correo 1.022
5500 Mendoza
Tel.: 0054-261-421-4049, -424-8341 (Miguel Angel Sánchez)
www.aagom.com.ar
aagom@hotmail.com

Jugendherberge „Campo Base"
beliebter Treffpunkt der Rucksacktouristen
946 Mitre, Mendoza, Argentina
Tel.: 0261-429-0707
www.campo-base.com.ar
info@campo-base.com.ar

Auskünfte über **Wassertouren**
Argentina Rafting
Martin Moreno, Ruta 7, 5549 Potrerillos,
Tel./Fax: 02624-48-2037, mobil 15508-5909
arg_rafting@hotmail.com
www.argentinarafting.com

Busbahnhof
Ecke Gobernador Videla und Acceso Este, Stadtteil
Guaymallén, Tel.: 431-5000

Fluglinien
Aerolineas Argentinas, Paseo Sarmiento 82,
Tel.: 0-810-222-86527/420-4100
Delta Airlines, 9 de Julio 1126 – L. 17, Tel.: 423-1699/
420-1458 Lan Argentina, España 1012,
Tel.: 0810-999-9526 Tel./Fax: 425-7900
Lufthansa, 9 de Julio 928 – 1ª P. Of. 2, Tel.: 429-6287
Southern Wings, España 943, Tel.: 0810-777-7979
Vuelos Charter Transtam, Tel.: 0299-15-581-3409
American Airlines, Av. España 943 – Piso 1 Of. 1 y 2,
Tel.: 425-9078/ 429-9949
Avianca, Espejo 183 – P. 1 Of. 14, Tel.: 438-1643/4683
Lan Chile España 1012 Tel.: 0810-999-9526
Tel./Fax: 425-7900
Mexicana South Airlines, Rivadavia 209,
Tel.: 429-3706/ 5898
Uair, 9 de Julio 1190 – 2º piso – Of. 3º y 4º, Tel.: 429-2457
Uair, Aeropuerto Int F. Gabrielli – RN 40 Acc. Norte
Km 15, Tel./Fax: 520-6051

Weitere Seiten über Mendoza im Internet
www.welcomeargentina.com/mendoza/paseos.html
www.cuyo.com/turismoaventura.asp
www.guiaunica.com.ar/turismo/mendoza.htm
www.enargentinaturismo.com.ar/sp/mendoza/index.php
www.mendozadenoche.com.ar/
www.argentinaturistica.com/meniresenia.htm
www.intertournet.com.ar/mendoza/areasnatuprot.htm

Der Cuyo

(auf diesem Berg sterben mehr Menschen als auf jedem anderen Berg in Südamerika), schreibt der Andenkenner John Biggar. Wie alle großen Berge hat auch der Aconcagua seinen eigenen Friedhof, den Cementerio de los Andinistas in Puente del Inca.

Neben den zeitweise brutalen Wetterbedingungen auf dem Berg ist das Hauptproblem der Höhentrekker die **Akklimatisation**. Ideal für die Vorbereitung einer Aconcagua-Besteigung sind Bergtouren im nahen **Cordón del Plata**, die eine sehr gute stufenweise Anpassung an die Höhe ermöglichen. Eine gute vorherige Akklimatisation schont auch den Geldbeutel, denn jeder Tag am Aconcagua ist teuer.

Der Cordón del Plata ist natürlich auch ein eigenständiges Ziel für diejenigen, die nicht nach höheren Gipfelehren streben, sondern nur die Landschaft genießen wollen. Und nicht zu vergessen, auch fanatische Höhenmeterzähler sollten die Hochanden nicht verlassen, ohne wenigstens einmal die wilden Flüsse der Region hinuntergefahren zu sein. Mit Kajaks, Duckies oder Rafts werden vor allem der **Río Mendoza** und der **Río Diamante** befahren.

2.2.2 Anreise über Mendoza

Mendoza ist eine der ältesten Städte Argentiniens. Sie wurde 1561 durch Pedro de Castillo gegründet und nach dem damaligen Gouverneur von Chile, Pedro de Mendoza, benannt. Heute ist die Hauptstadt der gleichnamigen Provinz eine moderne Großstadt. Sie gilt als sauberer und mit ihren schönen Alleen und Parks grüner als andere vergleichbar große Städte Argentiniens. Die hervorragende touristische Infrastruktur macht sie zur idealen Ausgangsbasis für Touren in den Hochanden.

2.2.3 Tourorganisation für den Aconcagua

Der Aconcagua im Netz

So ein dicker Brocken wie der Aconcagua inspiriert natürlich Liebhaber wie Geschäftsleute gleichermaßen zu geistigen Höhenflügen im World Wide Web. Wer das Stichwort „Aconcagua" in Google eingibt, bekommt fast 2 Millionen Suchergebnisse. Man kann schon zu Hause virtuelle Besteigungen praktizieren. Hier nur einige wenige Seiten

Internet

www.aconcagua.org
www.aconcagua.com
www.cerroaconcagua.com
www.campobaseadventure.com
www.lospuquios.com.ar
www.aventurarse.com
de.wikipedia.org/wiki/Aconcagua
Wer sich den Berg klassisch im Patschenkino betrachten möchte, kann sich bei Media Ventures, www.adventure-video.com, das Video „Aconcagua: The Roof of the Americas" bestellen.

Das Permit für den Aconcagua

Wer mehr will als nur einen Spaziergang zur Laguna de los Horcones machen, um einen Blick auf die Südwand des Aconcagua zu werfen, muss sich in Mendoza, und nur in Mendoza, um ein Permit bemühen und sich persönlich(!) mit seinem Pass zur Dirección de los Recursos Renovables de la Region begeben (Adresse siehe Adress-Service S. 229).

Es gibt Permits für verschiedene Aktivitäten, deren Kosten nach der Saison variieren. In der Hauptsaison vom 15.12.05 bis zum 31.01.06 waren für ein dreitägiges Kurztrekking 40 US-Dollar, für eine Woche Trekking 60 US-Dollar und für den Gipfel auf der Normalroute 330 US-Dollar zu entrichten. Zu anderen Zeiten sind die Tarife günstiger. Die normalen Per-

Der Cuyo

Service-Adressen

Dirección de los Recursos Renovables de la Region
(früher Dirección de Bosques y Parques Provinciales)
Avenida Los Robles y Rotunda de Rosedal
Parque General San Martin
(gegenüber des Independiente Rivadavia Fußballstadiums)
Mendoza
Tel.: 0054-261-42-5090, -425-7065
www.aconcagua.mendoza.gov.ar
aconcagua@mendoza.gov.ar
Öffnungszeiten: werktags 8–18 Uhr, am Wochenende und an Feiertagen 9–13 Uhr

mits werden während der offiziellen Saison, die vom 15. November bis zum 15. März dauert, zügig ausgestellt. Wer außerhalb dieser Zeit auf den Berg will, benötigt eine Sondergenehmigung, die möglicherweise einige Tage in Anspruch nehmen kann. Die Vorschriften für die Permits ändern sich fast jedes Jahr ein wenig. Man sollte sich vor einer Reise auf der oben genannte offiziellen Webseite oder guten Bergsteigerseiten über den aktuellen Stand informieren.

Organisierte Touren

Allein in Mendoza und Umgebung gibt es über zwei Dutzend Trekkingunternehmen, die Aconcagua-Touren organisieren, weltweit liegt die Zahl mit Sicherheit im dreistelligen Bereich. Man sollte sich zunächst einmal im Internet über Angebote und Preise informieren und erst dann vor Ort mit Führern, Maultiertreibern und Reiseveranstaltern reden.

Nur die Härtesten werden ihr gesamtes Expeditionsgepäck selbst tragen und brauchen auch keinen Führer. Der große Rest kann aus vielerlei Diensten wählen. Im Unterschied zu den vergleichsweise sehr günstigen Tarifen bei den anderen argentinischen Bergen sind die Preise am Aconcagua gesalzen. Für ein komplettes Gipfelpaket mit einem Trekkingveranstalter sind etwa 2000 US-Dollar einzuplanen. Ein beliebtes Arrangement auch bei weniger Betuchten ist der Transport des Hauptgepäcks auf Tragtieren bis zum Basislager.

Maultiere

Die Mulis des Aconcagua sind ein Thema für sich. Die meisten dieser edlen Tiere stehen im Bereich der Orte Las Vacas, Penitentes und Punte del Inca. Es ist jedoch anzuraten, sich bereits in Mendoza um entsprechende Kontakte zu den Arrieros zu bemühen. Maultiere können 60 kg Gepäck tragen, und sie brauchen einen Arriero, einen Treiber. Die Preise hängen von der Saison, der Verfügbarkeit der Tiere und dem Verhandlungsgeschick des Kunden ab. Die Anzahl der Tiere pro Arriero spielt natürlich auch eine Rolle. Zum Beispiel wurden 2005 für ein Maultier pro Tag 120 US-Dollars, für zwei Tiere pro Tag 150 US-Dollars bezahlt. Das sind Größenordnungen, die in Argentinien einem Monatsverdienst entsprechen. Argentinier scherzen, die Maultiere am Aconcagua würden mit goldenen Hufeisen beschlagen und bekämen bei Zahnproblemen maßgefertigte Goldzähne eingesetzt.

Versorgung während der Touren

Für eine so lange Tour wie auf den Aconcagua muss man sich schon vorher einige Gedanken über den Speiseplan machen. Mit den wichtigsten Lebensmitteln sollte man sich schon in den Supermärkten Mendozas eindecken. Es gibt zwar auch Einkaufsmöglichkeiten in Potrerillos und El Salto und in den Orten auf der Zufahrtsstraße zum Aconcagua, aber die Auswahl ist recht begrenzt. Die Berghütten in Vallecitos und die Restaurants im Aconcagua-Basecamp Plaza de Mulas bieten Halb- und Vollpension an.

Der Cuyo

Der Cuyo

Internet

Detaillierte Menüvorschläge für die Normalroute sind unter www.summitpost.com auf der Aconcagua-Seite zu bekommen.

Informationen über das **aktuelle Wetter** gibt es bei http://www.tutiempo.net/tiempo/Mendoza_Aerodrome/SAME.htm

Anreise zum Aconcagua

Früher war die Anreise mit dem Bus aus dem nahen Santiago de Chile geradewegs zum Einstieg in die Aconcagua-Normalroute sehr beliebt. Das hat sich geändert, seit Chile Reisenden aus einigen Staaten hohe Einreisegebühren abverlangt und alle mitgebrachten Lebensmittel konfisziert, die auch nur ein theoretisches Risiko der Übertragung von Krankheiten in sich tragen (verstecken zwecklos, es wird geröntgt), und Argentinien die Aconcagua-Permits ausschließlich persönlich in Mendoza aushändigt. Wer über Santiago de Chile fliegt, sollte sich daher überlegen, im internationalen Bereich des Flughafens zu bleiben und den Anschlussflug nach Mendoza zu nehmen. Buenos Aires und Mendoza sind mehrmals täglich mit Bussen und Flugzeugen verbunden.

Mehrmals täglich verkehren **Busse** der Firma Uspallata von Mendoza nach Las Cuevas an der chilenische Grenze. Die Häufigkeit der Busabfahrt richtet sich nach der Nachfrage. Der 6-Uhr- und der 10-Uhr-Bus scheinen zuverlässig zu fahren, wohingegen die 7- und 8-Uhr-Busse, die in einigen Reiseführern vermerkt sind, nur während der Hochsaison verkehren. Zurück geht es gegen 16 Uhr, in der Hauptsaison auch noch später. Für die Fahrt sind zweieinhalb bis drei Stunden zu rechnen. Wer zur Ostwand des Aconcagua will, muss in **Punta de Vacas**, dem Ort der Kühe, aussteigen. Um zum Normalweg und den Südrouten zu gelangen, fährt man weiter bis **Puente del Inca**. Bei freundlicher Nachfrage hält der Busfahrer auch direkt an der unbefestigten Straße, die zum Parkeingang Los Horcones führt, was 2 km Marsch auf der Teerstraße erspart. Von dieser Abzweigung bis zum Rangerposten sind es noch einmal 2 km. Wer organisiert unterwegs ist, wird natürlich bis zum Eingang gefahren.

2.2.4 Akklimatisation im Cordón del Plata

Kartenhinweis
- Geras, Alejandro: Montañas de luz, Mendoza 2004,
- ISBN 987-43-8046-2; das Buch von Alejandro Geras wird mit einer Übersichtskarte verkauft. Die IGM-Karten sind laut John Biggar nutzlos.
- Übersichtskarten der Provinz Mendoza, verschiedene inhaltliche Schwerpunkte, von Didactica Visual, San Luis 399, 5500 Ciudad de Mendoza, didacticavisual@arnet.com.ar

Der Cordón del Plata, der Silberne Gebirgszug, weist zwei (allerdings umstrittene) 6000er und über ein Dutzend 5000er auf, die ihm in jeder anderen Weltgegend außerhalb des Himalayas Ruhm und Ehre garantiert hätten. Aber da er das Pech hat, neben dem Aconcagua zu stehen, wird er von den meisten lediglich als Trainingsgelände für den Dicken gesehen. Die leichten Zugänge auch auf Höhen weit über 5000 m sollten jedoch nicht dazu verleiten, zu schnell aufzusteigen und sich schon beim Aconcagua-Training ein Lungenödem einzuhandeln. Auch auf schnelle Wetterumschwünge mit schlechter Sicht muss man gefasst sein.

Anreise zum Cordón del Plata

Zum Cordón del Plata gibt es zwei Zugangsorte, **El Salto**, was übersetzt Der Wasserfall heißt, im Norden und **Vallecitos**, auf Deutsch Die kleinen Täler, im Zentrum des Gebirgszugs. Beide werden über den Bergsportort **Potrerillos**, der auf der Busstrecke von Mendoza zum Aconcagua bzw. zur chilenischen Grenze (siehe S. 228) liegt, angefahren.

Anreise nach Vallecitos

Wer Richtung Vallecitos will, kommt mit dem Bus mehrmals täglich von Mendoza auf der Ruta 7 bis Potrerillos. Viermal die Woche fährt ein Bus auch auf der Ruta 89 bis zur Abzweigung nach Vallecitos etwas nördlich des Ortes Las Vegas. Da aber keiner 25 bzw. 13 km auf der Straße laufen will, wird man sich in aller Regel in Mendoza um einen direkten Transport bemühen. Die vielen Trekkingunternehmen und die Betreiber der Berghütten organisieren Fahrten nach Vallecitos, die aber oft recht teuer, 50 oder 60 Euro, sind. Billiger

geht es meist mit dem normalen Taxi, 2005 kostete die einfache Fahrt von Mendoza nach Vallecitos etwa 25 Euro. Natürlich muss der Preis vorher ausgehandelt werden. Auf dem Rückweg kommt man in der Hauptsaison auch mit dem Daumen gut weiter. Die Argentinier nehmen Trekker meist problemlos mit.

Anreise ins Dorf El Salto

Abhängig von Jahreszeit und Wochentag verbinden Busse das von Mendoza aus leicht zu erreichende Potrerillos mit dem nahe gelegenen Bergdorf El Salto (El Salto heißt auf Spanisch Der Wasserfall, und zur Konfusion vieler heißen im Cordón del Plata zwei Wasserfälle, ein Dorf, ein Refugio und ein Basecamp El Salto). Im Sommer 2005 fuhren Busse am Montag, Dienstag, Mittwoch und Sonntag. Aussteigen muss man im Viertel Las Carditas, dem Distelviertel. Der Bus hält ganz in der Nähe der Verwaltung der Ranch Rincón de los Oscuros, Avenida los Condores, Tel.: 02624-48-3030 oder 0261-15500-5422, E-Mail: cabalgatas@rincondelososcuros.com, www.rincondelososcuros.com

Hier muss man wegen einer Eintrittskarte für das weitläufige Privatland in den Bergen vorsprechen. 2005 kostete der Einlass knapp einen Euro. Für 2006 wurden Verbesserungen der Infrastruktur und Preiserhöhungen angekündigt. Dafür wird man dann zum Eingang am Pferdekorral der Ranch auf 2000 m Höhe gefahren.

Akklimatisation in der Region Vallecitos

Los Vallecitos bieten eine der besten Möglichkeiten, ohne großen Aufwand an Geld und Material eine gute Akklimatisation für den Aconcagua zu erreichen. Wenn Wetter und Zeit es erlauben, sollten an jedem Tag einige Stunden im jeweiligen Gipfelbereich verbracht

---

Service-Adressen

Bewirtschaftete Berghütten betreiben in Vallecitos unter anderem der Club Andinista Mendoza (Adresse siehe Info Mendoza, S. 225), die Universidad Nacional de Cuyo sowie die Unternehmen Cordón del Plata und Ski & Montaña.

Dirección de Deportes de la Universidad Nacional de Cuyo, Parque General San Martin Mendoza

Cordón del Plata (Refugio San Antonio) Av. Las Heras 385 Mendoza www.cordondelplata.com www.sanantoniomendoza.com.ar Tel./Fax: 0054-261-423-7423 mobil: -15454-3326

Ski & Montaña Expediciones Perú 1523 Mendoza www.expedicioneselplata.com.ar info@expedicioneselplata.com.ar Tel.: 0054-261-423-6569, -48-8810 mobil: -15660-1989, -15565-7783

Der Cuyo

werden. Die meist extrem trockene Luft im Cuyo und in der Puna lässt den Körper schon durch das Atmen viel Wasser verlieren. Während der Akklimatisation wird daher empfohlen, sehr viel zu trinken. Argentinische Bergsteiger empfehlen fünf bis sechs Liter Wasser am Tag.

Der Argentinier Geras (2004) schlägt für den Aconcagua folgenden **Akklimatisationsplan** vor:

- **Tag 1:** Nach Ankunft in Los Vallecitos (2900–3000 m) einen Ruhetag einlegen oder zum Campingplatz Las Veguitas (3200 m) aufsteigen.
- **Tag 2:** Besteigung der Cadenita, die Höhen über 4000 m aufweist.
- **Tag 3:** Cerro Bernardo (4100 m), evtl. mit Cerro Mausy (4800 m)
- **Tag 4:** Cerro Franke (5000 m)
- **Tag 5:** Aufstieg zum Basecamp Salto de Agua (4200 m)
- **Tag 6:** Aufstieg zum Camp La Hoyada (4500 m)
- **Tag 7:** La Plata (6000 m)

Die Höhenangaben der verschiedenen Quellen variieren stark, teilweise um mehrere Hundert Höhenmeter. Schönstes Beispiel ist der Cerro La Plata, der auf den offiziellen und anerkanntermaßen nutzlosen Karten des IGM 6300 m und auf John Biggars Gipfelliste nur 5800 m hoch ist. Viewfinder-Panoramas ordnet ihn bei 5950 m ein. Alle Höhen sind daher nur als grobe Richtwerte zu nehmen.

Beschreibung der Routen

Tag 1: Vallecitos (2900 m) – Las Veguitas (3200 m) – Vallecitos
2 Std., Auf- und Abstieg 300 m

Die Berghütten in Vallecitos liegen auf etwa 2900 m. Ein Spaziergang zum Camp Las Veguitas (32° 58.561′ S, 69° 22.201′ W, 3200 m) dient als erste Eingehtour. Vom Ende der Straße nach Los Vallecitos führt der Hauptpfad nach Westen, überquert einen Arm des Arroyo Los Vallecitos und folgt einem weiteren Flussarm nach Nordwesten.

Nach einer Stunde erreicht man eine schöne grüne Bergwiese, die von kleinen, von Quellen gespeisten Bächen durchzogen ist. Der Ort heißt **Las Veguitas**, die Kleinen Auen. Da Vieh auf der Alm weidet, sollte man Trinkwasser nur nahe der Quellen oberhalb des Camp entnehmen.

Rückkehr auf dem gleichen Weg.

Tag 2: Vallecitos (2900 m) –
Cadenita (bis 3950 m) – Vallecitos
9–10 Std., Höhendifferenz bis 1050 m

Von **Los Vallecitos** läuft man nach Norden zu den Skiliften. Die Telesilla Enlace führt etwa 650 m nach oben. Beim Ausstieg befindet sich ein kleines Häuschen. Rechts davon beginnt der Pfad zum **Cerro Loma Blanca** (32° 58.484′ S, 69° 21.506 W, 3650 m). Die Vegetation wird schnell spärlich und Schutt und schwarze Felsen dominieren das Bild. Der Hauptgipfel des Loma Blanca ist auf dieser Route sehr versteckt und zeigt sich erst kurz vor seinem Erreichen.

Vom Gipfelkreuz sieht man den Pfad zu den nächsten Bergen. **Cadenita** heißt Kettchen. Man kann auf dieser Route von Gipfel zu Gipfel marschieren. Von Loma Blanca geht es zum **Cerro Estudiante** (3750 m), dann zum **Cerro Caucaso** (3850 m) und schließlich zum **Cerro Iluso** (3950 m).

Die Rückkehr nach Los Vallecitos erfolgt auf dem gleichen Weg.

Tag 3: Vallecitos (2900 m) – Las Veguitas (3200 m) – Cerro San Bernardo (4100 m) – Las Veguitas (3200 m) 6–7 Std., Aufstieg 1200 m, Abstieg 900 m

Von **Vallecitos** steigt man mit großem Gepäck nach **Las Veguitas** auf und schlägt das Zelt auf. Vom Camp liegt der San Bernardo (4100 m, 32° 57.6096′ S, 69° 22.9296′ W, andere Angaben 4142 m, 32° 95.96′ S 69° 38.07′ W) in nordwestlicher Richtung. Bei ausreichender Sicht und wenig Schnee sind die Serpentinenwege, die zu einem Vorgipfel führen, gut zu sehen. Zunächst läuft man zu einer grasigen Erhebung, dem Rand der Las-Veguitas-Alm. Von dort blickt man hinunter auf einen Zufluss des Arroyo Los Vallecitos. Bei hohen Wasserständen kann das Überqueren dieses Flusses unangenehm werden. Die besten Furten erreicht man, wenn man ein Stück flussauf in Richtung Caba-Spitze geht. Auf der anderen Flussseite sucht man den Pfad, der zum Vorgipfel führt. Man folgt der Serpentinenstrecke in Richtung Vorgipfel. Im oberen Bereich wird das Gelände felsiger und der Pfad schwerer zu erkennen. Man erreicht das Kernstück des Aufstiegs, einen 700 m hohen Acarreo, einen Schotterhang. Es gibt drei Wege hinauf, der linke, westliche heißt Ruta de Rocas, Felsenroute, der rechte, östliche Ruta del Filo, Gratroute, und der in der Mitte Ruta normal, Normalweg.

Der **Normalweg** ist der einfachste. Er verläuft zunächst im Geröll, geht dann nach Erreichen eines kleinen Passes in den Fels. Im Fels ist manchmal leichte Kletterei erforderlich. Die Route ist zuerst mit orangefarbenen Farbkreisen, dann mit Steinmännchen markiert. Erst am Ende des steilen Hangs zeigt sich der Vorgipfel. Man steigt auf dem Schotter unter der Wand des Vorgipfels nach links bzw. westlich

weiter auf. Der Weg, der im Fels manchmal schwer zu erkennen ist, führt um weiße Felsnadeln, flacht dann ab und erreicht schließlich den **Pass** zwischen dem Vorgipfel und dem Hauptgipfel. Erst jetzt ist der Gipfel des **San Bernardo** mit dem Gipfelkreuz sichtbar. Von diesem Pass geht der Weg vom San Bernardo zum **Cerro Mausy** weiter.

Der San-Bernardo-Hauptgipfel sieht zunächst sehr steil und abweisend aus, aber es gibt mehrere leichte Wege. Der Normalweg verläuft auf der rechten, östlichen Seite des Gipfels, zunächst in einer schottergefüllten Rinne, dann auf Fels. Der Rückweg erfolgt auf der gleichen Route.

Zusatzgipfel Cerro Mausy (4500 m)

Vom Gipfel des San Bernardo sieht man die Route, die über den Pass am Vorgipfel in nordwestlicher Richtung zum Gipfel des Mausy führt. Die Gehzeit von Gipfel zu Gipfel beträgt etwa zwei Stunden. Entweder man geht auf dem gleichen Weg nach Las Veguitas zurück oder man steigt nach Osten ins Tal Morena Colorado ab und kommt dann über die Skihänge wieder nach Los Vallecitos.

Variante

Alternativ zu San Bernardo und Mausy oder als zusätzliche Tour kann man von Las Veguitas auch ohne technische Schwierigkeiten die im Nordwesten bzw. Westen liegenden etwas niedrigeren **Cerros Stepanek** (4150 m) oder **Adolfo Calle** (4300 m) besteigen. Der Pass (32° 58.30' S 69° 23.63' W) zwischen den beiden liegt auf etwa 4000 m. Für Touren auf den Stepanek (32° 58.158′ S, 69° 23.647′ W) oder Adolfo Calle (32° 58.391′ S, 69° 24.001′ W) sind jeweils neun bis zehn Stunden zu veranschlagen. Konditionsbolzer schaffen auch beide an einem Tag.

Der Cuyo

Tag 4: Las Veguitas (3200 m) –
Cerro Franke (5000 m) – Las Veguitas
10–11 Std., Höhenunterschied 1800 m

Südwestlich von **Las Veguitas** erhebt sich der Cerro Franke (5000 m, 32° 59.329´ S, 69° 23.943´ W, andere Angaben 4880 m, 32° 99.715´ W 69° 40.218´ W). Bei einem großen Felsen westlich des Camps beginnt der zunächst gut sichtbare Weg zum Franke. Nach einem Aufstieg von 400 Höhenmetern erreicht man eine Zone mit schwarzen Felsen. Dort ist der Weg nur sporadisch markiert. Auch der **Cerro Franke** ist im Prinzip ein großer Schutthaufen, für den man nur starke Beine braucht. Erst im Gipfelbereich gibt es eine Art Plattform mit einer Reihe von Felsformationen. Den höchsten Gipfel des Cerro Franke erreicht man nach kurzer, leichter Kletterei. Der Abstieg erfolgt auf dem gleichen Weg. Als Abkürzung kann man dort, wo der Fels von Schwarz in Braun übergeht, einen Hang mit feinem Schotter in Skitechnik abfahren.

 Tag 5: *Las Veguitas (3200 m) –*
Piedra Grande (3500 m) – Campa-
mento El Salto de Agua (4200 m)
6 Std., Aufstieg 1000 m

Wer schweres Gepäck hat, kann sich für den heutigen Wechsel des Campingplatzes in Vallecitos Mulis leihen, die bis zu 60 kg pro Tier transportieren. Von **Las Veguitas** läuft man weiter im Haupttal des Arroyo Los Vallecitos Richtung Westen. Der Berg mit der mächtigen Felswand am Ende des Tales ist der Cerro Vallecitos. Man steigt über steile Wiesen entlang des Flusses auf. Oberhalb von 3500 m wird die Vegetation spärlich. Nach einer Stunde Gehzeit erreicht man einen riesigen Felsen, den

Piedra Grande und das gleichnamige **Campamento Piedra Grande** (32° 58.90´ S, 69° 23.37´ W). Eine Quelle mit gutem Wasser ist etwa fünf Minuten vom Camp entfernt. Von Piedra Grande führt ein gut sichtbarer Weg erst südwestlich, dann westlich weiter das Tal hinauf. Unterwegs gibt es kaum Wasser, deshalb beim Camp genügend auftanken. Nach vier bis fünf Stunden wird der Weg unangenehm steil und schotterig. Nach einigen Mühen ist das **Campamento El Salto de Agua** (32° 58.76´ S, 69° 24.83´ W) erreicht. Das Camp ist von Gletschern und Moränenschutt umgeben. Es gibt genügend Wasser, auch wenn El Salto, der namensgebende Wasserfall, eher ein Fällchen ist. Trinkwasser sollte direkt aus der Leitung entnommen werden. Beim Toilettengang sollte an die Bergsteigerkollegen gedacht und Abstand zu Zelten und Wasserläufen gehalten werden. Im Sommer kann es in El Salto de Agua voll werden. Der Trekkingveranstalter Ski & Montaña baut permanente Zelte auf, es gibt dort regen Restaurationsbetrieb, heiße Pizza und kaltes Bier. Manch einem wird der Trubel zu viel und er sucht sich einen anderen Schlafplatz. Eine gute Campmöglichkeit findet sich weiter oben im Tal (32° 58.83´ S, 69° 24.98´ W, 4300 m).

 Tag 6: *El Salto de Agua (4200 m) –*
La Hoyada (4500 m)
1,5 Std., Aufstieg 300 m

Wer vor dem 6000er noch eine 5000er-Tour gehen will, kann von El Salto in elf bis zwölf Stunden auf den in nordwestlicher Richtung liegenden **Rincón** (5300 m, andere Angabe 5318 m) und wieder zurückgehen. Ansonsten macht man sich einen ruhigen Tag und steigt nur bis zum nächsten Camp auf. Von **El Salto de Agua** folgt man dem gut sichtbaren Pfad

Der Cuyo

nach Südwesten. Das **Camp La Hoyada** (32° 59.489′ S, 69° 25.659′ W) im Talschluss des Arroyo Los Vallecitos ist der letzte Ort mit guter Wasserversorgung vor den großen Gipfeln. La Hoyada bezeichnet einen Kessel, eine von Bergen eingeschlossene Ebene. Vom Camp sieht man die Bergwände von Vallecitos und Rincón und die Vorgipfel des Platita. Wasser findet man etwa 250 m unterhalb des Camps. Der Name La Hoyada ist nicht eindeutig. Von manchen wird der ganze Talabschnitt südlich von El Salto de Agua oder auch ein Zeltplatz 15 Minuten vor dem beschriebenen Camp La Hoyada genannt.

Tag 7: *La Hoyada (4500 m) – Cerro La Plata (etwa 6000 m) – La Hoyada 10–11 Std., Auf- und Abstieg 1500 m*

Bei **La Hoyada** verlassen die Pfade den Talboden und führen südwestlich zur **Portezuelo de Lomas Amarillos** hinauf, dem Pass, der das Lomas-Amarillos-Massiv (höchster Gipfel 5100 m, 32° 99.268′ S, 69° 41.952′ W) und das La-Plata-Massiv verbindet. Man richtet sich beim Aufstieg nach dem niedrigsten Punkt auf dem Grat. Das Gelände besteht, wie so oft, aus losem Schotter. Oben auf dem Grat führt ein klar ersichtlicher Pfad südwestlich zum Pass zwischen dem La Plata und dem Vallecitos. Der Pfad nach Norden führt zum **Pico Vallecitos** (5550 m, andere Angabe 5509 m), der von Osten sehr heftig aussieht, den man jedoch auch ohne technische Schwierigkeiten über Schutthänge erklimmen kann. Der La Plata liegt südwestlich des Passes. Der Pfad führt um eine Bodendepression und dann in einem Halbkreis um den Fuß des **Platita** (5850 m, andere Angabe 5827 m, 33° 01.21′ S 69° 44.66′ W), des Vorgipfels des La Plata. Man bleibt am Platita, bis man dessen Nord-

westhang erreicht, und marschiert dann weiter auf den La Plata. Der Weg wird oft begangen und ist bei schneefreien Verhältnissen und ausreichender Sicht deutlich zu erkennen. In Gipfelnähe folgt er stets dem Grat des **La Plata**. Der Gipfel ist durch drei Kreuze markiert (33° 00.949′ S 69° 27.321′ W). Der La Plata galt lange als der leichteste 6000er der Welt, ist aber wahrscheinlich nur der leichteste Beinahe-6000er. Vom IGM wurden 6310 oder 6300 m gemessen, Viewfinder-Panoramas geben ihm nur 5950 m, John Biggar gar nur 5800 m (vgl. S. 6, Anmerkungen zu diesem Buch). Wer die Tour zu einfach findet, kann die direkte Überschreitung des Platita zum El Plata hin machen. Der Aufstieg zum Platita ist weglos und zwischen den Gipfeln bieten Tiefschnee und teilweise auch Eis eine zusätzliche Herausforderung. Die Rückkehr vom El Plata erfolgt auf dem gleichen Weg. Manche Trekker steigen gleich bis zum Camp El Salto de Agua ab.

Tag 8: *Rückkehr zur Straße und Transfer ins Aconcagua-Gebiet*

Akklimatisation in der Region El Salto

Wem es in Los Vallecitos im Sommer zu munter zugeht, kann sich auch im Nordteil des Cordón del Plata akklimatisieren.

Vom Eingang zur **Estancia Rincón de los Oscuros** verläuft ein Weg in der sogenannten Quebrada Manga gut erkennbar parallel zum Manga-Fluss. Einige Male wird der Wasserlauf gequert. Auf etwa 2700 m Höhe teilt sich das Tal. Nach links, dem Fluss folgend, geht es hinauf zum 70 m hohen Wasserfall El Salto (2950 m), nach rechts bzw. Norden zu einem kleinen Hochplateau, auf dem auf 3100 m Höhe ein einfaches **Zeltcamp** der Grundbesitzer steht. Zum Wasserfall geht man etwa drei,

Der Cuyo

El Salto

Der Cuyo

kann vom **Wasserfall El Salto** zum sehr einfach ausgestatteten **Refugio El Salto** (IANIGLA) auf 3600 m Höhe aufsteigen. Diese Berghütte gehört dem Instituto Argentino de Nivologia, Glaciologia y Ciencias Ambientales, dem Argentinischen Institut für Schnee- und Gletscherkunde und Umweltwissenschaften. Man muss sich vor dem Aufstieg beim Institut anmelden, denn die Hütte kann längere Zeit von Forschern belegt sein. Die Wissenschaftler geben auch gern Auskunft über Wege und Wetterverhältnisse. IANIGLA, Casilla de Correo 330 CP(5500), Mendoza, Tel./Fax: +54-261-428-7029, -427-4011, Fax: −4285940, E-Mail: ianigla@lab.cricyt.edu.ar, möglicher Ansprechpartner ist Luis Lenzano, llenzano@lab.cricyt.edu.ar.

Von dieser Basis kann man auf leichten Wegen bis über die 5000er-Grenze vorstoßen. Am einfachsten ist der **Cerro El Salto** (5100 m) im Nordosten der Hütte zu erreichen. Ein markierter Weg führt in etwa vier Stunden zum Gipfel. Den Rückweg kann man in zwei bis drei Stunden schaffen. Längere Tagestouren von der IANIGLA-Hütte führen auf den **Cerro Falso Santa Elena** (5100 m, 7 Stunden hin und zurück), den **Cerro Santa Elena** (5250 m, 9 Stunden), **Cerro Agustin Alvarez** (5400 m, 11 Stunden), **Cerro Blanco** (5450 m, 11 Stunden). Vom Cerro Agustin Alvarez kann man auch südöstlich ins Tal Morenas Coloradas und weiter bis zu den Refugios von Vallecitos absteigen (Zweitagestour).

zum Camp etwa vier Stunden. Man kann sich sein Gepäck per Pferd nach oben bringen lassen und natürlich auch selbst reiten. Die Ranch hat exzellent trainierte Pferde. Unabhängige Trekker schlagen ihr Zelt meist am Fluss auf. Von den Basislagern können in Tagestouren die Höhen der näheren Umgebung, die zwischen 3200 und 3300 m liegen, bestiegen werden. Zum **Cerro Castaño** und zurück braucht man drei bis vier Stunden, zu den **Cerros Bayos** vier bis fünf Stunden und den **Cerros Medanos** sechs bis acht Stunden. Es handelt sich dabei eher um Hügelwanderungen zum Eingehen als um Bergtouren.
Wer in dieser Region auf größere Höhen will,

Internet
www.aventurarse.com/red/relatos/
    esquivel1.html
www.andeshandbook.cl/default.asp?
    main=cerro.asp?codigo=84
www.bielefeldt.de/acond.htm
www.summitpost.org/show/mountain_link.pl/
    mountain_id/4788

2.2.5 Aconcagua

Kartenhinweise
- Aconcagua – El Mapa, The Map, 1:100 000
- www.aconcaguathemap.com, editorial@aconcagu-athemap.com; Besser als die Blätter des IGM 3369-7, -8, -13, -14

Besteigungsgeschichte und Routen

Zu Zeiten der Inkas sind Menschen im Rahmen religiöser Riten routinemäßig auf weit über 6000 Höhenmeter aufgestiegen. Auf 5300 m Höhe des südwestlich vom Aconcagua liegenden Cerro Piramide wurde 1985 die Mumie eines dort geopferten Jungen gefunden. Ob die Inkas auch auf den Aconcagua (6960 m, 32° 39.11′ S 70° 00.43′ W) gestiegen sind, ist nicht bewiesen, aber ohne weiteres möglich.

Als erster Europäer stand am 14. Januar 1897 der Schweizer Bergführer Mathias Zurbriggen auf dem Gipfel des Aconcagua. Die Route über die Ostwand wurde 1934 von einer polnischen, die über die Südwand 1954 von einer französischen Expedition eröffnet. 1974 hat sich auch Berglegende Reinhold Messner in der Südwand mit einer neuen Tour verewigt. In den folgenden drei Jahrzehnten waren es vor allem slowenische Bergsteiger, die immer neue und immer noch schwierigere Routen ausgetüftelt haben. Bisherige Krönung dieser Bemühungen war 2002 die Eröffnung einer VI+ (A2)-Route in der Südwand von Tomaz Humar und Ales Kozelj. In früheren Jahren gab es jede Menge Spaßattacken auf den Berg. Man fuhr mit Fahrrad oder Motorrad nach oben, brachte Hunde, Katzen, ja sogar Bären auf den Gipfel. Solche Dinge sind heute bei Strafe verboten.

Aconcagua

Der Cuyo

Es gibt heute drei Dutzend verschiedene Routen am Berg, beschrieben in den Büchern von Heber Orona und Alejandro Geras oder auf Webseiten wie www.aconcaguaexpeditions.com. Die wichtigsten Routen auf Deutsch gibt es unter www.rudyparra.com

Zugang

Um zu den Nord- und Südrouten zu gelangen, erfolgt der Anmarsch über das Tal des Río Horcones. Die Ostrouten werden über die Täler des Río Vacas und des Río Relinchos erreicht. Nord- und Ostrouten können durch steigende Traversen hoch oben am Berg verbunden werden: vom Camp Nido de Condores (5350 m) zu den polnischen Hochlagern (5800 m) im Osten, und in umgekehrter Richtung von den polnischen Hochlagern zur Nordwestrippe unterhalb des Refugio Independencia (6370 m).

Mit wenigen Ausnahmen benutzen Trekker die **Nordwest- oder Normalroute**, die hier als einziger Aufstieg beschrieben werden soll.

Trekking zur Plaza Francia, dem französischen Platz

Wer nur einmal zum großen Berg aufschauen möchte, kann dies am besten tun, indem er zum Basislager für die technisch anspruchsvollen Routen der stark vergletscherten Südwand läuft. Das ist in drei Tagen, also der Gültigkeitsdauer des kleinen Trekkingpermits, zu schaffen.

Tag 1: Horcones (2950 m) bis Confluencia (3400 m)
3–4 Std., Aufstieg 450 m, 9 km

Zunächst geht es vom Parkeingang einige 100 m bis zu einem Aussichtspunkt und zur **Laguna de los Horcones**. Wer ältere Bilder des Sees kennt, wird enttäuscht sein, denn dieser ist – möglicherweise bedingt durch die Klimaerwärmung – zu einem Tümpel zusammengeschmolzen. Der Weg führt gut markiert in milder Steigung am Westufer des Río Horcones entlang. Unterhalb der **Quebrada del Durazno**, der Pfirsichschlucht, quert man den Fluss auf einer Metallbrücke. Nach 9 km Marsch erreicht man eine kleine Anhöhe, von der man die Confluencia, den Zusammenfluss von Río Horcones Superior und Río Horcones Inferior, dem Oberen und Unteren Horcones-Fluss, und das gleichnamige Zeltlager sieht. Man geht noch ein kurzes Stück bergab, überquert den Río Horcones Inferior und schaut sich nach einem freien Plätzchen um. Fast alle, die in Richtung Aconcagua wollen, verbringen im **Camp Confluencia** (3400 m) ihre erste Nacht und dementsprechend groß ist auch die Zeltstadt. An die 300 Zelte können dort während der Saison stehen, da kann es schon mal beengt zugehen. Die Ranger haben hier eine Basis, die Trekkingunternehmen ihre fix installierten Großzelte, Profigipfelstürmer schlafen hier ebenso wie Ausflügler, und die Mulis geben dem Ganzen einen Hauch Karawanserei.

Tag 2: Confluencia (3400 m) –
Plaza Francia (4200 m) –
Confluencia (3400 m)
4–6 Std. nur Aufstieg, Aufstieg 800 m,
13 km
6–9 Std. hin und zurück,
Auf- und Abstieg je 800 m, 26 km

Vom Camp führt der Weg zurück über die kleine Brücke und folgt dann dem Ostufer des Río Horcones Inferior nach Norden. Nach drei bis vier Stunden wird **El Mirador**, der Aussichtspunkt, erreicht, von dem man auf 3300 Höhenmeter Vertikale aus Eis und Fels blickt. Nach weiteren zwei Stunden Marsch kommt man zu großen Felsblöcken, bei denen sich das Basislager für die Südwandrouten befindet. Normaltrekker beschauen sich die weitere, äußerst ungemütliche Route mit Staunen oder auch Grausen und kehren dann frohgemut zum Zelt nach **Confluencia** zurück.

 Tag 3: Confluencia (3400 m) – Horcones (2950 m)

Der Rückweg erfolgt auf der gleichen Route wie Tag 1. Wer früh genug gestartet ist, hat noch Zeit für die Besichtigung der **Puente del Inca,** bevor der Bus nach Mendoza kommt. Die Inkabrücke hat nichts mit den Inkas zu tun, sondern ist eine durch Erosion entstandene Naturbrücke über den Río Mendoza. An diesem Ort entspringt eine heiße, stark schwefelhaltige Quelle. Die auffallend rötlich gelbe Farbe der Brücke entsteht durch ausgefällten Schwefel. Das Thermalbad, das in die Brücke hineingebaut wurde, ist durch einen Erdrutsch teilweise zerstört worden.

Aconcagua-Normalroute

 Tag 1: Horcones (2950) – Confluencia (3400 m) Dieser Tag ist identisch mit dem ersten Tag des Plaza de Francia-Trekks.

Tag 2: Confluencia (3400 m) – Plaza de Mulas (4350 m) 6–10 Std., Aufstieg 970 m, Abstieg 20 m, 17 km

Von **Confluencia** nimmt man den markierten Weg nach Nordwesten und folgt dem Ostufer des Río Horcones Superior. Teilweise kann der Weg hier noch etwas sumpfig sein, aber man sollte das genießen, denn bald regiert der Staub. Über einen schon sehr trockenen Weg

---

GPS-Punkte für den Aconcagua

Durch die Verbreitung des GPS sollten Irrgänge am Aconcagua nur noch selten vorkommen, denn der bekannte Andinist Gabriel Cabrera hat eine umfassende Liste an GPS-Punkten veröffentlicht. Diese sind zum einen auf der Aconcagua-Karte (www.aconcaguathemap.com), zum anderen auf der Webseite www.aconcaguadata.com.ar dargestellt. Gabriel Cabrera ist einer der erfahrendsten Führer auf den Aconcagua, er stand schon über vierzig Mal auf dem Gipfel. Kontakt über Tel.: 0261-15468-7310, E-Mail: rh@cpsarg.com, www.aconcagua2002.com.ar, www.aventurarse.com/red/relatos/cabrera1.html

GPS-Punkte für die Normalroute auf den Aconcagua
Parkeingang Los Horcones (2950 m)
32° 48.40´ S 69° 56.33´W
Campo Confluencia (3390 m)
32° 45.29´ S 69° 58.34´W
Campo Base Plaza de Mulas (4350 m)
32° 38.60´ S 70° 03.26´ W
Piedras Conway (4740 m)
32° 38.50´ S 70° 03.00´ W
Campo Plaza Canada (5050 m)
32° 38.42´ S 70° 02.37´ W
Campo Cambio de Pendiente (5340 m)
32° 38.28´ S 70° 02.11´ W
Campo Nido de Condores (5560 m)
32° 38.14´ S 70° 01.49´ W
Refugio Berlin (5930 m)
32° 38.19´ S 70° 01.18´ W
Piedras Blancas (6060 m)
32° 38.25´ S 70° 01.00´ W
Piedras Negras (6180 m)
32° 38.30´ S 70° 00.58´ W
Refugio Independencia (6370 m)
32° 38.46´ S 70° 00.56´ W
Canaleta (6660 m)
32° 39.14´ S 70° 00.57´ W
Ausstieg zum Gipfelgrat (6800 m)
32° 39.16´ S 70° 00.52´ W
Gipfel Cerro Aconcagua (6960 m)
32° 39.11´ S 70° 00.43´ W
Quelle: Gabriel Cabrera

Der Cuyo

Plaza de Mulas

auf buntem Gestein erreicht man **Piedra Grande**, den Großen Stein. Hier beginnt die Playa Ancha, der sogenannte Breite Strand des Río Horcones Superior. Diese Schwemmebene des Flusses, links und rechts von 5000ern eingerahmt, ist über weite Strecken eine triste Steinwüste. Nach eineinhalb bis zwei Stunden Weg öffnet sich der Blick nach Norden in die Quebrada del Sargento Mas. Am Ende der Schlucht kann man den Cerro Piramide sehen, auf dem die Mumie des Inkajungen gefunden wurde. Ein Viertelstunde weiter flussauf beginnt eine etwa 4 km lange Strecke, auf der man den Fluss mehrere Male kreuzen muss. Schließlich bleibt der Weg aber wieder am Ostufer. Der bis dahin sehr sanft ansteigende Weg wird nun steiler. Im Zickzack geht es Moränen hinauf, bis das alte Basislager, die Plaza de Mulas inferior, auf 4050 m, erreicht ist. Nun folgt die Cuesta Brava, das steilste Stück des Wegs, die letzten 300 Höhenmeter

hinauf zum Basislager **Plaza de las Mulas** (4350 m). Das gleichnamige Berghotel Plaza de las Mulas liegt etwa 20 Minuten Marsch südwestlich der Zeltstadt.

Im **Basislager** befindet sich eine Station der Ranger, bei denen man sich melden und sein Permit vorzeigen muss; ein medizinischer Dienst, der den Blutsauerstoff der Trekker misst und Erste Hilfe leistet, und der Rettungsdienst, die Patrulla de Rescate de Alta Montaña, der Höhenkranke und Unfallopfer birgt und Notfälle ausfliegt. Die Trekkingunternehmen haben hier ihre großen Zelte, die während der ganzen Saison stehen bleiben. Der zahlungskräftige Trekker findet dort heiße Duschen, warme Mahlzeiten und Internet. Zu den für die verschiedenen Unternehmen und die Parkverwaltung arbeitenden Angestellten kommen pro Saison 3000 bis 4000 Bergsteiger. Solch eine Ansammlung von Menschen bleibt auch im Gebirge nicht ohne Spuren. Die Normalroute des Aconcagua wurde von Spöttern als das größte Freiluftklo Lateinamerikas bezeichnet. Um diesem wenig appetitlichen Umstand abzuhelfen, wurden zwei Maßnahmen ergriffen. Im Basecamp muss nun jeder einen Toilettenbenutzungsvertrag abschließen. Mitglieder organisierter Gruppen bekommen diesen automatisch über den Veranstalter, die anderen müssen bezahlen. Die Preise reichen von 10 bis 100 US-Dollar. Anscheinend gibt es aber immer Möglichkeiten, sich legal kostenfrei zu erleichtern, nachts etwa, wenn Toiletten nicht kontrolliert werden oder im großen Hotelrestaurant. Weit kontroverser ist die zweite Neuerung, das nummerierte Fäkalientransportbehältnis, im Volksmund schlicht „Kackbeutel" genannt. Wer im Basecamp ankommt, erhält nach der Registrierung solch einen Beutel: Alle Geschäfte auf dem Weg zum Gipfel und zurück sind ausschließlich in dieses elastische Behältnis zu erledigen. Wer seinen Haufen in die Landschaft setzt oder den Beutel verliert, muss 200 US-Dollar Strafe bezahlen. Was solch delikate Fracht in einem Rucksack im Falle eines Lecks anrichten kann, sei der Fantasie jedes Einzelnen überlassen. Es wird empfohlen, sich für den nicht sonderlich stabilen offiziellen Fäkalienbeutel schon in Europa eine dichte zweite Hülle, etwa einen „Drybag" für Kajakfahrer, zu besorgen.

Plaza de Mulas (4350 m) – Aconcagua-Gipfel (6962 m)

Trekkingunternehmen planen für ihre Kunden in der Regel zehn bis elf Tage für eine Gipfeltour ein. Dabei werden Ruhetage im Basecamp eingelegt und Touren auf Akklimatisationsberge wie den Cerro Bonete (5004 m, nicht zu verwechseln mit den beiden Bonetes in der Puna oder den Bonetes bei Bariloche)

und auf Feuerland), Cerro Catedral (5254 m, nicht zu verwechseln mit dem Cerro Catedral bei Bariloche) oder Cerro Manso (5434 m) gegangen. Trainierte schaffen den Weg von der Plaza de las Mulas zum Gipfel und zurück in fünf Tagen. Dieses Programm ist im Folgenden beschrieben.

Es geht natürlich auch schneller, viel schneller. Die Bergführer machen sich einen Spaß daraus, den Aconcagua in möglichst kurzer Zeit zu besteigen. Der Rekord liegt bei knapp über fünf Stunden zum Gipfel.

Etappe 1: Plaza de Mulas (4350 m) bis Nido de Condores (5550 m)
Teilstrecken:
Plaza de Mulas (4350 m) – Campo Plaza Canada (5050 m)
4–6 Std., Aufstieg 700 m, 4 km
Campo Plaza Canada (5050 m) – Cambio de Pendiente (5370 m)
1,5–2 Std., Aufstieg 320 m, 1,5 km
Cambio de Pendiente (5370 m) – Nido de Condores (5550 m)
1–1,5 Std., Aufstieg 190 m, 1 km

Von der **Plaza de Mulas** führt ein gut markierter und bis auf die Höhenbelastung leicht zu gehender Weg in nördlicher Richtung hinauf zu den ersten Höhencamps. Steile Schotterhänge werden in Serpentinen bewältigt. Dabei hängt es von der Strategie der einzelnen Parteien ab, wie hoch getragen und wo geschlafen wird. Campo Plaza Canada liegt etwas südöstlich der Hauptroute. Wer gleich zum **Nido de Condores**, dem Kondornest, aufsteigt, spart Weg und Zeit, aber muss fit dafür sein. Trainierte brauchen weniger als fünf Stunden vom Basecamp bis zum Nido de Condores. Starke Winde können das Gehen und vor allem das Zelten zum Problem werden lassen. Windge-

Der Cuyo

schützte Zeltplätze sind sehr begehrt. Im Nido de Condores gibt es Dauercamps verschiedener Trekkingveranstalter und die höchste Basis der Nationalparksverwaltung. Keiner dieser Zeltplätze hat mehr Wasser, es muss Schnee geschmolzen werden.

◿ *Etappe 2: Nido de Condores (5550 m) – Refugio Berlin (5930 m) 3–5 Std., Aufstieg 380 m, 2 km*

Auch zur Hütte Berlin führt ein gut sichtbarer, leicht zu gehender Zickzackkurs. Die Höhe macht jedoch hier schon den meisten Trekkern deutlich zu schaffen. Es ist wichtig, sehr langsam zu gehen. Das Camp liegt zwischen einigen markanten Felsen, die etwas Windschutz gewähren. Wer früh genug kommt, kann sich zum Schlafen in eine der drei Schutzhütten legen. Das eigentliche **Refugio Berlin** fasst maximal zehn Personen, die zwei kleineren Biwakschachteln Plantamura und Eva Peron maximal je drei Personen. Berlin ist für die meisten das letzte Lager vor dem Gipfelsturm und dementsprechend frequentiert. Vor allem gegen Ende der Saison wird es hier schwierig, sauberen Schnee zum Schmelzen zu finden. Alternativ kann man eine knappe Stunde weiter in das Camp Piedras Blancas (6060 m) gehen.

◿ *Etappe 3: Refugio Berlin (5930 m) – Gipfel (6960) 8–12 Std., Aufstieg 1030 m, 4 km*

Die meisten Gipfelaspiranten brechen zwischen 4 und 7 Uhr morgens auf, um genügend helle Stunden auf dem Weg zum Dach Amerikas zu haben. Die ersten drei bis viereinhalb Stunden geht es im Stil der vorangegangenen Tage weiter. Ein streckenweiser steiler, aber relativ windgeschützter und bis auf die dünne Luft unproblematischer Anstieg führt über die beiden Hochcamps **Piedras Blancas**, die weißen Steine, und **Piedras Negras**, die schwarzen Steine, zum **Refugio Independencia** auf 6370 m Höhe. Als die Schutzhütte 1951 errichtet wurde, galt sie als die höchste der Welt. Geblieben sind davon nur noch dachlose Mauerruinen, die höchstens zu einer windgeschützten Brotzeit einladen.

Ab diesem Punkt ist Schluss mit gemütlich, und wem hier schon schlecht ist, der sollte lieber umkehren. Schon wenige Meter nach der Schutzhütte erreicht der Weg den **Portezuelo del Viento**, den Pass des Windes, der seinem Namen alle Ehre macht. Es folgt die ebenfalls sehr exponierte Querung, „**La Travesia**", des oberen Teil eines riesigen Schotterhangs, des **Gran Acarreo**. Dort können Schneefelder das Vorankommen erschweren und Steigeisen notwendig machen. Schließlich kommt der Bereich der Route, auf den sich alle schon gefreut haben, die famose **Canaleta** (6660 m). Nur einen halben Kilometer ist das „Kanälchen" lang, aber gefüllt mit sehr lockerem Schutt und Sand und mit bis zu 60 % Steigung. Während die Bergführer es geradezu unverschämt locker hinaufhüpfen, raubt das Zwei-Schritt-vor-und-eineinhalb-zurück-Spielchen der Normalkundschaft die letzte Puste und oft auch den letzten Nerv. Unvorstellbar, dass es auf der Welt Leute gibt, die sich noch 2000 Höhenmeter weiter oben ohne Sauerstoff bewegen können.

Am Ende des Kanälchens (6800 m) wartet der **Filo de Guanaco**, der Guanako-Grat. Allzu viele Guanakos wird man auf dieser Höhe nicht mehr treffen; was sollten sie auch da oben, aber ein Kondor kann durchaus noch vorbeifliegen. Der Weg zum Gipfel führt etwas unterhalb des Grates zu einer flachen Felspyra-

Der Cuyo

mide. Auf der Plattform auf der Spitze der Pyramide steht ein Aluminiumkreuz, das den unspektakulären **Gipfel** markiert. 6960 m über dem Meeresspiegel. Nur in den Himalayas schafft man es noch höher hinauf. Nirgendwo sonst auf dem Kontinent ist die Aussicht erhabener, vorausgesetzt, man steht nicht gerade in den Wolken.

Der Rückweg

Während beim Aufstieg kaum jemand fehlgeht, verirren sich eine erkleckliche Anzahl von Gipfelstürmern beim Abstieg. Das hat verschiedene Gründe. Es ist leichter zur Spitze eines Konus zu marschieren als zu einem bestimmten Punkt an seiner Basis. Wer vom Gipfel kommt, ist oft müde und unkonzentriert. Beim Abstieg ist man wesentlicher schneller und verpasst gern eine Wegmarkierung. Der Rückweg erfolgt manchmal in der Dämmerung oder der Nacht oder bei schlechten Wetterverhältnissen.

Es gibt eine ganze Reihe von **neuralgischen Punkten**. Profis gehen hinter der **Canaleta** (6650 m) nicht mehr nach Norden zum Portezuelo del Viento, dem Pass des Windes, zurück, sondern fahren nordwestlich 1300 Höhenmeter auf dem **Gran Acarreo**, dem großen Schotterhang, ab und treffen zwischen Nido de Condores und Cambio de Pendiente wieder auf den Normalweg. Wer das nachmachen will, muss sich aber vorher überlegen, wo er das letzte Lager aufstellt, ansonsten muss er wieder zum Zelt hochmarschieren.

Vom **Refugio Independencia** (6400 m) führen Serpentinen bis zu einem Schneefeld. Manche Trekker biegen dort fälschlicherweise nach Osten in die Querung zur Basis des Glaciar Polaco, des Polengletschers, ab. Man muss nach Norden zu den **Piedras Negras** (6200 m).

Wer den Serpentinen unter den Piedras Negras folgt und die Querung nach Westen zu den Piedras Blancas (6030 m) verpasst, der landet im Valle de las Vacas, am Fuß des Cordón Penitentes.

Wer vom **Refugio Berlin** (5780 m) die Serpentinen nach Nordosten hinuntermarschiert und die Querung nach Westen zum Nido de Cóndores verfehlt, der landet an den Quellen des Río de las Vacas oder sogar im Tal des Río Volcán.

Von **Cambio de Pendiente** (5200 m) kann man zu weit nördlich gehen und auf alten Pfaden rechts von Las Piedras Conway (4630 m) vorbeigehen. Dieser Weg führt zum Valle Horcones Inferior. Zum Plaza de Mulas muss man die Piedras Conway links passieren.

Wenn man die **Plaza de Mulas** sieht, darf man nicht der Versuchung erliegen und direkt zum Camp absteigen. Man kommt dann zu gefährlichen Überhängen in der Wand. Der richtige Weg führt nach rechts und endet in einem Abstieg an der nördlichen Seite der Plaza de Mulas.

Tourenbericht von David Lim

Auf der nächsten Doppelseite berichtet David Lim von seiner bemerkenswerten Aconcagua-Besteigung. David Lim kommt aus Singapur und kann mittlerweile über 50 Gipfel und Expeditionen im Alpinstil, darunter 2 zum Mount Everest, vorweisen. 1998 schien Davids Bergkarriere ein jähes Ende zu finden. Eine seltene Nervenkrankheit lähmte seinen Körper. David musste Monate im Krankenhaus verbringen. Er wurde wieder gesund, ist aber seitdem gehbehindert. mithilfe einer Fußprothese klettert er jedoch weiter auf die großen Gipfel der Welt.

David Lim führt das Everest-Motivation-Team
(siehe www.everestmotivation.com).

Der Cuyo

Die Besteigung des Steinernen Wächters
Von David Lim

Mit zugekniffenen Augen schaute ich auf etwas, das aussah wie eine Puppe, die von unsichtbaren Kräften umhergestoßen wurde. Es war ein anderer Bergsteiger, der von den Windstößen geschüttelt wurde, die den Berghang hinabfegten. Er torkelte erst zurück, dann nach vorn, bevor er sein Gleichgewicht wiedergewann und ein bisschen Haltung. Er taumelte nach unten, die Sturmhaube seiner Jacke eng über den Kopf gezogen, geschlagen. Fünf Buslängen entfernt schaute ich ihm zu, fasziniert wie ein Schaulustiger bei einem Autounfall auf einer viel befahrenen Straße. Meine Augen tränten vom sandpapierähnlichen Wind. Mit gefrorenen Fingern griff ich meine zwei Skistöcke. Ich nickte meinem Partner Wilfred zu und wankte hinunter. Wir waren besiegt worden. Und ich fragte mich, ob sich die 11 000-km-Reise in diese vertikale Hölle gelohnt hatte. Doch Aufgeben stand nicht auf dem Plan. Wir stiegen ins Lager ab und hofften auf Wetterbesserung …

Vor 18 Monaten hatte meine ganz persönliche Reise in einem Krankenhausbett in Singapur begonnen, in dem ich, völlig gelähmt durch eine seltene Nervenkrankheit, lag. Ich wollte nicht nur wieder gesund werden, ich wollte wieder so fit werden, dass ich eine Besteigung des Aconcagua versuchen konnte, der mich seit den frühen 1990ern faszinierte.

Nur noch ein Partner musste für das Unternehmen gefunden werden. Da Wilfreds eigener Plan zum Mount Kenya zu fahren, hinfällig geworden war, stimmte er zu, mich zu begleiten.

Zusammen entschieden wir uns für die „polnische Querung", eine anspruchsvollere Aufstiegsroute als der Normalweg. Die polnische Querung, benannt nach einer polnischen Seilschaft, die 1934 am Aconcagua erfolgreich war, hat eine Erfolgquote von 30 %, wesentlich weniger als die Normalroute. Um noch einen draufzusetzen, beschlossen wir, den Berg im Alpinstil anzugehen. Das bedeutete, den Gipfel in einem einzigen Vorstoß von unserem hoch gelegenen Basislager aus zu erreichen, wobei wir alles Notwendige mit uns tragen und auf die Hilfe von Hochträgern und Bergführern verzichten würden.

Nur wir beide gegen den Gipfel der Amerikas. Und ich hatte ein Bein, das vom Knie abwärts gelähmt war. Wilfred hatte reichlich Erfahrung mit niedrigeren Gipfeln, was mir Hoffnung gab, dass unser Unterfangen von Erfolg gekrönt sein würde.

Nach intensiver Planung, einer 11 000-km-Reise und Training mit schweren Rucksäcken auf Andengipfeln in zunehmender Höhe kamen wir am Aconcagua an. Es hatte während der drei Wochen unserer Bergtouren in Argentinien nicht geregnet, und wir hofften, es würde so bleiben. Das Plaza Argentina-Basecamp war ein staubiger, unfruchtbarer Platz, der nur durch die große Zahl bunter Zelte aus aller Welt aufgeheitert wurde. Während des Tages ging es dort zu wie in einem Bienenstock. Kletterer trockneten ihre nassen Kleider, brühten unendlich viele Tassen Tee oder schlenderten über das Gelände des 4300 m hoch gelegenen Campingplatzes.

Der erste Gipfelversuch wurde durch einen brachialen Windsturm unsanft beendet.

Doch es sollte eine zweite Chance geben. Wieder schliefen wir im Hochlager, bereit, am nächsten Morgen den Gipfel anzugehen. Mein Wecker ging mit nervender piepender Kadenz um 4 Uhr morgens los. Draußen in der Dunkelheit schlugen und peitschten Winde auf unser Zelt. Der dunkle Nachthimmel sah hart wie ein Sargnagel aus. Um halb sieben war ich wirklich wach. Der Morgen graute und ein langsam höher kriechender Lichtstreifen zeigte den Beginn des Tages, des großen Tages, an. Der Wind war noch immer da, allerdings weniger brutal. Das Zelt wurde Schauplatz eines enormen Durcheinanders, als wir die verschiedenen Lagen unserer Kleidung überzogen. Es war ein viel kälterer Tag als bei unserem ersten Gipfelversuch. Wir drängten aus dem Zelt in das erste Licht, kniffen in den hellen Strahlen der erwachenden Sonne die Augen zusammen. Wir stiegen in gutem Tempo auf und überholten eine Reihe anderer Bergsteiger.

Wir kletterten ohne Seil, die einzige Verbindung zwischen uns war ein gelegentliches Kopfnicken. Zu meiner Rechten schien die Sonne auf den Cerro Mercedario, ein schöner, weit entfernt liegender Sechstausender. Der Boden unter unseren Füßen war eine raue, braune Ansammlung von Geröll, Felsen und etwas Eis.

Wir erreichten den Punkt, an dem wir bei unserem ersten Versuch umdrehen mussten, schon nach vier Stunden, was sehr ermutigend war. Wir stiegen weiter auf und begannen die Traverse zur Gipfelpyramide. Unter mir, zu meiner Rechten, fiel der Gran Acarreo Hunderte von Metern ab. Das ist ein riesiger Geröllhang mit einem Gefälle von etwa 45 Grad und keinerlei Deckung. Viele Bergsteiger, die in einen Sturm gerieten, wanderten in diese kennzeichenlose Zone und kamen beim Versuch, den Weg zurück zu ihren Zeltplätzen zu finden, um.

Der Weg war mühsam, wir zogen die Hauben unserer Jacken über unsere ausgekühlten Schädel und kämpften uns bis zur berüchtigten Canaleta vor.

Die Canaleta, der Kleine Kanal, ist wahrscheinlich das gefürchtetste Stück des Aufstiegs auf den Aconcagua. Diese breite, mit lockerem Schutt gefüllte Rinne beginnt auf 6660 m und führt zum Grat unterhalb des 6962 m hohen Gipfel. Man muss sehr vorsichtig aufsteigen, um keine Felsen loszutreten, die den Hang ins Rutschen bringen könnten. Der Sauerstoffmangel auf dieser Höhe macht jede Bewegung schmerzlich langsam und mühsam. Manchmal schnaufte ich drei Schritte nach oben, nur um wieder vier hinunterzurutschen. Es brach einem das Herz. Um 16.30 Uhr gab mir Wilfred ein Zeichen, zeigte auf seine Uhr. Ich wusste, es war schon spät.

„Wir sind so nahe dran", sagte ich. „Lass uns noch einmal Gas geben."

Um 17.00 Uhr erreichten wir die letzte Querung über dem Ende der Rinne. Zu meiner Rechten lag der niedrigere Südgipfel. Ich zog mich an einem großen Felsen hoch und hatte plötzlich und ohne Vorwarnung freien Blick über eine große, flache Hochebene. Es war ungefähr 17.30 Uhr. Nicht weit entfernt war ein Aluminiumkreuz, nicht höher als ein kleiner Junge. Es war mit allen Arten von Aufklebern und einigen kleinen Flaggen geschmückt.

Das war der Gipfel!

Für einen Moment setzte ich mich auf einen Felsen, während die untertauchende Sonne lange Schatten warf. Die Gipfel unter uns waren weit weg in dem immer dunkler werdenden Abendrot, und Wolken kamen und gingen.

Ich begann zu weinen, überwältigt von den Mühen der letzten zwei Wochen. Ich dachte an die Monate, die ich im Krankenhaus verbracht hatte. Ich hatte mein Leben wiedergewonnen. Ich war wieder zurück auf den großen Bergen.

Auch Wilfred kletterte die letzten Felsen hinauf. Wir schüttelten uns die Hände, ein wenig unbeholfen, und teilten einige kostbare Momente auf dem Gipfel der Amerikas. Eine lange mühsame Reise beim Abstieg musste noch durchlebt werden, aber für einen Moment fühlten wir uns unsterblich. Drei Tage später erreichten wir den Anfang des Weges, staubig, dreckig, aber mit einem Gefühl wie mit einer Million Dollar in den Taschen.

Es regnete auf dem gesamten Rückweg.

2.2.6 Reserva Estricta El Leoncito

Wer nach einer Besteigung des Aconcagua nach den Sternen greifen möchte, ist in El Leoncito richtig. Das streng geschützte Naturreservat erreicht man von Uspallata westlich von Mendoza über die Ruta 39, die in San Juan zur Ruta 412 wird. Eine 14 km lange Stichstraße führt zur ehemaligen Estancia El Leoncito. In der Region gibt es kaum Wolkenbildung und sehr klare Luft, einer der besten Orte der Erde, um ins Weltall zu schauen. Die beiden in El Leoncito errichteten Sternwarten Complejo Astronómico El Leoncito (CASLEO) und Observatorio Astronómico Dr. Caños U. Cesco liefern messerscharfe Bilder vom Südhimmel. Das **Naturreservat** wurde 1994 im Südwesten von San Juan gegründet, um typische Lebensräume der Hochanden, der Puna und der Montes unter Schutz zu stellen. Der 76 000 Hektar große Park umschließt Teile des Calingasta-Tals (1600 m) und die Westhänge der bis 4300 m hohen Sierra de Tontal. Der größte Teil des Parks ist streng geschützt, Besucher sind nur im Bereich der Sternwarten zugelassen.

In den tief liegenden Bereichen finden sich Florenmerkmale des Monte. Typisch sind xerophile, niedrige Büsche, die einige Tricks anwenden müssen, um in dieser lebensfeindlichen Umgebung zu existieren. Alles dreht sich darum, das wenige verfügbare Wasser zu speichern und nicht wieder abzugeben. Ausgedehnte und tiefe Wurzelsysteme fangen die kargen Niederschläge auf. Die Blätter sind klein und hart, manchmal zum Schutz vor Verdunstung mit Wachs bedeckt. Die Jarillas (Larrea sp.) lagern Harze in ihren Blättern ein. Der Retamo (Bulnesia retama) verzichtet sogar fast völlig auf Blätter und verlagert die Fotosynthese in grüne Äste und Zweige.

Der einzige permanente Wasserlauf ist der Arroyo de las Cabeceras, und nur an seinen Ufern zeigt sich im Park üppige Vegetation. Je höher man steigt, desto karger und saisonaler wird die Pflanzendecke. Puqui con Bigotes-Kakteen, Kakteen mit „Schnurrbärten", Opuntien und die imposanten Cardones, die Kandelaber-Kakteen, gehören zur typischen Trockenflora. Die periodischen Bäche in den Schluchten ermöglichen es, dass im Frühjahr und Frühsommer die sonst fast kahlen Hänge ergrünen. Die Puna-Vegetation der Hochebene ist äußerst genügsam, verkrüppelte Büsche und zähe Kräuter ducken sich vor dem Wind zwischen die Steine. Die Fauna ist artenarm, einige Eidechsen, die trockenharten Guanakos und Nager wie die Vizcachas bevölkern den Park.

Archäologisch interessant sind Überbleibsel des Camino del Inca, einer Inkastraße, die durch das heutige San Juan nach Mendoza führte. Solche Straßen verbanden einst alle Teile des Inkareichs, das sich von Kolumbien bis Argentinien erstreckte. Mittels eines Systems von Chaskis, Schnellläufern, die in Raststationen, sogenannten Tambos, ausgewechselt wurden, konnten im Inkareich Nachrichten in zwei Tagen 400 km weit transportiert werden. Die Inkas kannten keine Schrift, aber verwendeten Quipus, das sind Schnüre unterschiedlicher Länge und mit unterschiedlich vielen Knoten, zur Informationsübermittlung.

Info Reserva Natural Estricta El Leoncito

5405 Barreal, San Juan
Tel.: 02648-44-1155
E-Mail: elleoncito@apn.gov.ar

El Leoncito im Internet
www.welcomeargentina.com/parques/elleoncito.html
es.wikipedia.org/wiki/Parque_Nacional_El_Leoncito
www.argentinaxplora.com/activida/parques/parc/
    leoncito.htm
www.acampemos.com/parques/rnelleoncito.htm
www.educ.ar/educar/escuela/aventura/chat4.jsp

2.3 Tupungato und Maipo

2.3.1 Die Ruta Nacional 40

In Argentinien so berühmt wie die Route 66 in den USA, vermittelt die Ruta 40 für Touristen aus dem In- und Ausland den Hauch von Freiheit und Abenteuer. Diese Nationalstraße verläuft von Nord nach Süd in etwa parallel zum Andenkamm. Es gibt nur wenig Berufsverkehr, da weiter östlich gut ausgebaute Straßen existieren. Der öffentliche Personentransport beschränkt sich auf Minibusse, die meist nur im Sommerhalbjahr fahren. Wer auf der Ruta 40 reist, gewinnt noch einen Eindruck von den Schwierigkeiten, mit denen die europäischen Pioniere in dem riesigen Land zu kämpfen hatten. Obwohl auch diese Straße zunehmend eine Asphaltdecke bekommt und die Versorgung mit Benzin und Lebensmitteln auch in entlegenen Gebieten verbessert wird, gibt es noch genügend unbefestigte Schotterpisten durch die Einsamkeit, um die Herzen von Freizeithelden höherschlagen zu lassen. Die Gefahren auf der Ruta 40 liegen zum einen im Wirken der Naturkräfte, zum anderen im unkontrollierten menschlichen Verhalten. Schnee und Eis können die Straße blockieren, Starkregen zu Erdrutschen oder veränderten Flussläufen führen, die ganze Straßenabschnitte verschlingen. Spitzer Schotter kann zu Reifenpannen führen. Weit häufiger sind aber Unfälle durch unvorsichtiges oder rücksichtloses Fahrverhalten. Auf Schotter fliegen nun mal Steine, auch in Windschutzscheiben, die Bremswege sind länger und Autos kommen leichter ins Schleudern. Wer sein Fahrzeug in Schuss hält, Ersatzreifen und Vorräte einpackt, und so umsichtig fährt, dass er auch leichtere Fehler anderer Straßenteilnehmer ausbügeln kann, der hat auf der Ruta 40 wenig zu befürchten. Zu den Straßenteilnehmern sind selbstverständlich auch Kühe und Schafe zu rechnen, die meist die Flucht ergreifen, manchmal aber auch direkt auf Kollisionskurs zu gehen scheinen. Richtig schlechte Abschnitte hat die Ruta 40 nur noch wenige, so etwa etliche Kilometer auf den Abschnitten zwischen Malargüe in Mendoza und Chos Malal in Neuquén und zwischen Perito Moreno und Bajo Caracoles in Santa Cruz. Wem auch das noch zu zahm ist, der sollte mal in der Regenzeit nach Bolivien fahren.

2.3.2 Anreise über Mendoza und die Ruta 40

Von Mendoza aus fährt man auf der Ruta 40 nach Süden, um zu den Vulkanen **Tupungato** und **Maipo** zu gelangen. Beide Ziele sind nur im eigenen Fahrzeug oder im Rahmen einer organisierten Tour erreichbar.

Anreise in den Parque Provincial Volcán Tupungato

Der Ort Tupungato liegt 70 km von Mendoza entfernt. Man fährt zunächst über die Ruta 40 nach Süden und dann über die Ruta 86 nach Westen. Alternativ kann man vom Ort Portrerillos 50 km auf der Ruta 89 bis Tupungato fahren. Von Tupungato führt eine schlechte unbefestigte Straße 32 km nach Westen bis zum Dique Las Tunas, dem Deich am Zusammenfluss der Flüsse Las Tunas und Santa Clara. Dort befinden sich Berghütten und Zeltplätze.

Der Cuyo

Anreise zur Laguna Diamante und
Volcán Maipo

Man fährt zunächst von Mendoza 120 km auf der dort asphaltierten Ruta 40 nach Süden. Beim Dorf Pareditas biegt man südwestlich auf die Ruta 101, von Argentiniern meist Ruta 40 vieja, alte Nationalstraße 40, genannt, ein. Ab dieser Abzweigung fährt man auf unbefestigten Straßen. Südlich des Arroyo de la Yaucha biegt die Ruta 98 nach Westen hin ab. 50 km von Pareditas erreicht man den Militärposten General Alvorado, der auch Sitz der Nationalparksverwaltung ist. Bei den Rangern muss man den Eintritt in den Nationalpark berappen. In der Nähe gibt es gute Zeltplätze. Weitere10 km westlich ist der Gendarmerieposten Cruz de Piedra, bei dem man sich registrieren lassen muss. Wer über die Anden nach Chile trekken möchte, muss sich schon hier seinen Ausreisestempel holen. Die 30 km lange Straße von Cruz de Piedra bis zur Laguna del Diamante ist oft steinig und von Erosionsrinnen durchzogen und hat teilweise erhebliche Steigungen. Normale PKWs können in der Regel nur von Dezember bis März zum See gelangen. Der höchste Punkt der Straße ist bei Los Paramillos auf 3700 m.

2.3.3 Vulkan Tupungato

Kartenhinweise
• Übersichtskarte im Buch Mendoza – Senderos de Aventura, Herausgeberin Anne-Caroline Biancheri, Verlag Caviar bleu, Mendoza 2004, ISBN 987-21358-0-0, S. 132
• ChIGM 330-6900 „San José de Maipo", 1:250 000

Während sich am Aconcagua die Bergsteiger aus aller Welt auf die Füße treten und der Cordón del Plata in der Hochsaison von Argentiniern stark frequentiert wird, liegt der von den Ebenen um Mendoza weithin sichtbare schneebedeckte Kegel des Tupungato (6570 m, 33° 21.30′ S 69° 46.1′ W), einer der höchsten Andengipfel, im Abseits des Interesses. Das hat verschiedene Gründe. Zum Ersten ist er niedriger als der nahe Aconcagua. Zum Zweiten sind für eine Expedition auf den Tupungato zwei Wochen Marsch anzusetzen, und es gibt kaum unterstützende Infrastruktur, was für die meisten Trekker den Einsatz von Tragtieren notwendig macht. Das Hauptproblem bei der Annäherung an den Berg ist das Fehlen von Brücken, was zum Teil gefährliche Flussdurchquerungen notwendig macht. Zum Dritten führt der Zugang zum Berg über Privatland und Militärgelände, die durch Zäune und Tore gegen Zutritt gesichert sind. Ohne ortskundigen Führer, der alle Genehmigungen und Torschlüssel besorgen kann und die Furten über die Flüsse kennt, ist solch eine Tour nur schwer möglich. Die Route soll daher im Folgenden nur skizziert werden.

⛰ *Tupungato-Südroute*

Vom **Dique las Tunas** folgt man dem Tal des **Río Las Tunas**. Der Weg verläuft in Serpentinen entlang des Flusses und quert ihn mehrere Male. Nach etwa 17 km kommt man zur Vereinigung des Río Las Tunas mit dem Arroyo Pabellón. Unweit davon befindet sich der Zeltplatz **Real de los Italianos**, wo übernachtet wird. Der Weg geht nun ein kurzes Stück nach Westen, dann wendet er sich nach Nordwesten und biegt in die **Quebrada Grande**, die Große Schlucht, ein. Der Aufstieg wird zunehmend steiler, bis der **Portezuelo del Fraile**, der Mönchspass, auf 4700 m erreicht ist. Vom Pass hat man beste Ausblicke auf den Tupungato und den südlich davon liegenden Tupungatito (5913 m), den einzigen aktiven Vulkan der Region. 1987 löste eine Eruption des Tupungati-

Der Cuyo

to eine Lawine aus, die auf der chilenischen Seite des Berg im Coloradotal 41 Menschen tötete. Im Bereich des Passes wird campiert. Am nächsten Tag muss man eingezäuntes Militärgelände überqueren, wofür eine Erlaubnis und ein Torschlüssel erforderlich sind, um zum Basislager für die Südroute des Tupungato aufzusteigen. Die Route über die **Südostflanke** und den Gletscher auf der Südseite ist länger, steiler und technisch anspruchsvoller als der Normalweg über die Nordflanke.

⌂ *Tupungato-Nordroute*

Vom **Dique Las Tunas** folgt man dem Tal des **Río Santa Clara**. Man befindet sich hier auf Privatland, das nur mit Einwilligung der Besitzer überquert werden darf. Für manche Tore muss man sich einen Schlüssel besorgen. Eine alte Minenstraße führt durch das Tal hinauf bis **Tres Quebradas**, wo drei Schluchten zusammentreffen. Diese Straße ist aber mittlerweile so schlecht, dass sie nicht mehr befahrbar ist und man Tragtiere einsetzen muss. Bei Tres Quebradas wird campiert. Man folgt dann der Schlucht, die direkt nach Westen geht, bis hinauf zum **Portezuelo del Azufre**, dem Schwefelpass, auch de Santa Clara genannt, ein Pass auf 4600 m Höhe. Dort kann man in der nicht bewirtschafteten Berghütte **El Azufre** übernachten. Der nahe Berggipfel El Azufre (5055 m) ist leicht zu besteigen. Man folgt dabei der Passlinie nach Süden.

Vom Pass steigt man in nordwestlicher Richtung in das Tal des **Río Tupungato** ab. Hier trifft man auf den alternativen Zustieg zur Nordseite des Tupungato, der in Punta de Vacas auf der Ruta 7 – südöstlich des Aconcagua – beginnt. Diese Route folgt dem Río Tupungato stromaufwärts. Bei beiden Varianten geht man weiter entlang des Flusses nach Süden bis zur **Quebrada de la Bajada**. Meist wird dort

auch die Nacht verbracht. Die Bajada-Schlucht führt südwestlich zum nächsten Pass, dem **Tupungato-Pass** (4800 m). Von dort steigt man in südwestlicher Richtung ab bis ins Basecamp für die Nordroute zum Gipfel. Der Aufstieg ist technisch unproblematisch bis auf die recht steile schneegefüllte Rinne, die zum Gipfelmassiv führt.

Internet

de.wikipedia.org/wiki/Tupungato_(Vulkan)
www.andeshandbook.cl/cerro.asp?codigo=42
http://www.peakware.com/peaks.html?
   pk=256
www.rudyparra.com/german/
   otrasmontanas.htm

2.3.4 Laguna del Diamante und Vulkan Maipo

Kartenhinweise
• Übersichtskarte im Buch Mendoza – Senderos de Aventura, Herausgeberin Anne-Caroline Biancheri, Verlag Caviar bleu, Mendoza 2004, ISBN 987-21358-0-0, S. 110
• AIGM 3569-1, 1:250 000 „Volcán Maipo"
• ChIGM 3400-6900 „Volcán Maipo"

Von seltener Schönheit ist die Landschaft um die südwestlich von Mendoza gelegenen **Laguna del Diamante**, dem Diamantensee, und dem über ihr thronenden **Vulkan Maipo** (5264 m, 34° 09.51′ S 69° 49.54′ W). Der türkisfarbene See liegt auf über 3000 m Meereshöhe. In ihm spiegelt sich der perfekte Konus des Maipo und bildet so – zur Freude aller Fotografen – den legendären „Diamanten". Der See ist 14 km² groß, hat einen maximalen Durchmesser von 7 km und eine maximale Tiefe von 70 m. Er liegt auf dem Grund eines kollabierten Vulkans, dessen Caldera bis zu 17 km im Durchmesser aufweist.

Der Cuyo

⛰ *Wanderung um den See*

Am Ende der Straße, am Ostufer des Sees, befinden sich eine Rangerstation und die Biwakschachtel El Cilindro, die wie ein überdimensioniertes Ölfass aussieht. Von dort kann man in fünf bis sechs Stunden um den See laufen und durchquert dabei ganz unterschiedliche Landschaftstypen. Wenn man sich nach Süden wendet, erreicht man zunächst die kleine **Laguna Barrosa**, den lehmigen See. Am Südwestende der Laguna Diamante mündet der Río Diamante ein. Dort gibt es einen bewirtschafteten Campingplatz. Eine Brücke über den Diamante führt zu einem weiteren Gendarmerieposten. Am Osthang des Vulkans Maipo, also am Westufer des Sees, erstreckt sich eine Mondlandschaft aus schwarzem und farbigem Lavagestein, die **Escoriales del Maipo**. In diesem Bereich beginnt auch eine Route auf den Vulkan, doch ist der Aufstieg über alte Lavaflüsse mühsam, sodass die meisten Bergsteiger die Nordroute bevorzugen. An den Nord- und Nordostufern der Laguna Diamante münden Bäche in den See, dort gibt es auch gute Zeltplätze. Im Norden und Osten des Sees erstreckt sich eine Hochebene, die **Pampa de la Laguna**, auf der sich Guanakos und Wasservögel tummeln. Die Laguna del Diamante ist auch reich an Fischen, zu deren Fang aber eine Lizenz erforderlich ist. Die Wanderung um den See ist leicht, doch muss man fast immer mit starken Winden rechnen und sollte sich entsprechend anziehen.

⛰ *Weitere Touren*

Am Südende des Sees beginnt eine Maultierroute, die über den **Maipo-Pass** nach Chile führt. Vom Nordende der Laguna verlaufen zwei solcher Wege in etwa parallel bis zum Paso Alvaro Norte und von dort weiter nach Westen. Auf der chilenischen Seite befindet sich an der Westflanke des Vulkans das **Refugio Cruz de Piedra** (2600 m). Von dort geht ein Weg 30 km entlang des Río Maipo bis zur **Estancia Fundo Cruz de Piedra**. Ab hier besteht Straßenanschluss bis zum Ort **El Volcán**. Die Routen über die Anden wurden früher von Händlern, Schmugglern und Viehdieben frequentiert. Heute wird man nur noch selten Maultierkarawanen sehen. Mit einer Sondergenehmigung der Gendarmerie kann man in vier Tagen bis zum **Fundo Cruz de Piedra** in Chile reiten oder trekken. Der nördliche Weg, der näher am Vulkan verläuft, ist für Bergsteiger wichtig, denn von ihm beginnt der kürzeste Aufstieg auf den Vulkan. Auf der Nordseite dauert die Besteigung nur sechs bis acht Stunden, während auf der Ostflanke eine Übernachtung eingeplant werden muss. Der Aufstieg ist technisch problemlos, Steigeisen und Eispickel sollten aber mit dabei sein. Es gibt auch eine schwierigere Route über den Gletscher an der Südflanke des Vulkans.

Internet
de.wikipedia.org/wiki/Maipo
www.andeshandbook.cl/cerro.asp?codigo=189
www.mendoza.com.ar/laguna_del_
    diamante_1.html
www.cuyo.com/valledeuco/
    lagunadeldiamante.asp

2.3.5 Touren im Süden der Provinz Mendoza

Kartenhinweise
• Übersichtskarte im Buch Mendoza – Senderos de Aventura, Herausgeberin Anne-Caroline Biancheri, Verlag Caviar bleu, Mendoza 2004, ISBN 987-21358-0-0, S. 110
• AIGM 3569-1 1:250 000 „Volcán Maipo"
• ChIGM 3400-6900 „Volcán Maipo"

Der internationale Tourismus konzentriert sich auf den Norden der Provinz Mendoza. Der Süden ist nicht ganz so spektakulär, bietet aber eine große landschaftliche Vielfalt und eine Vielzahl von interessanten Tourenmöglichkeiten.

Cerro Sosneado und Vulkan Overo

Die Anden werden nach Süden deutlich niedriger. Der südlichste 5000er der Kordillere ist der **Cerro Sosneado** (5189 m, 34° 45.15′ S 69° 58.18′ W) nördlich des Río Atuel mit seiner imponierenden felsigen Ostflanke. Die Zufahrt zum Berg erfolgt über die Ruta 40 bis zum Ort El Sosneado und von dort weiter auf der Ruta 220. Die Besteigung erfolgt meist über die Nordwestflanke. Fährt man auf der Ruta 220 weiter nach Nordwesten, kommt man bis fast auf den Gipfel des **Volcán Overo** (4619 m, andere Angaben 4760 m, 34° 34.03′ S 70° 00.33′ W). Die Piste endet erst bei 4500 m.

Die Sosnedado-Region ist international weniger für ihre Berge bekannt als für die außergewöhnlichen Flugzeugunglücke, die sich dort ereignet haben. Am 16.05.1960 zerschellte am Cerro Sosneado eine Curtis C-46 der Fluggesellschaft TransAmerican mit neun Personen und sieben Rennpferden an Bord. Rettungsmannschaften drangen bis zum Wrack vor, fanden aber nur Tote.

Über Jahre hielt sich das Gerücht, dass in der Maschine große Geldmengen waren, die vor Eintreffen der Retter geplündert worden sei. Doch erst 1972 gelang es durch eine Denunziation, die Diebe aufzuspüren. Es waren Bergbauern der Region. Sie hatten das argentinische und chilenische Geld ausgegeben, aber mit den 500 000 US-Dollars wussten sie nichts anzufangen. Für sie waren die nur bedrucktes Papier. So hatte einer der Plünderer seine Hütte mit den Dollars tapeziert, was vor Gericht als sehr gewichtiges Beweismittel gegen ihn verwendet wurde.

Weltweit berühmt wurde der Crash einer Fairchild-Maschine der uruguayischen Luftwaffe auf dem Weg nach Chile im Jahr 1972. Die Maschine ging mit 45 Passagieren, darunter auch eine uruguayische Rugby-Mannschaft, am Fuße des Paso de las Lágrimas, des Passes der Tränen, zwischen den Cerro Sosneado und dem in Chile liegenden Vulkan Tinguiririca (4280 m) nieder. Sechzehn Menschen überlebten den Absturz, waren aber mit widrigsten Wetterbedingungen, Kälte, Wind und riesigen Schneemassen konfrontiert. Obwohl staatliche und private Suchmannschaften loszogen, wurde die Maschine nicht geortet. Bald gingen den Überlebenden die Lebensmittel aus und sie mussten das gefrorene Fleisch der Verunglückten essen.

Zwei Monate hielten sie so aus. Als immer noch keine Rettung kam, zogen zwei, die noch bei Kräften waren, los, und erreichten nach zehntägigem Marsch über die Andenkette eine chilenische Siedlung. Nach 71 Tagen am Berg wurden auch die anderen gerettet. Ironie der Geschichte war, dass die Überlebenden, wären sie von ihrem Standort nach Osten ins Tal des Río Atuel in Argentinien abgestiegen, schon nach wenigen Stunden auf Rettung gestoßen wären. Die dramatischen Ereignisse um die „jungen Kannibalen" von 1972 wurden in Büchern und einem Hollywood-Film mit dem Titel „Alive!" verarbeitet.

Der Cuyo

Internet
en.wikipedia.org/wiki/Uruguayan_Air_Force_ Flight_571
www.losandes.com.ar/2005/0116/ Suplementos/Turismo/nota232333_1.htm
www.peakware.com/peaks.html?pk=1815

Der Cañon del Atuel ist bei Rafting-Freunden ähnlich beliebt wie der Río Mendoza (im Bild; Foto: Argentina Rafting).

Cañon del Atuel

Der Río Atuel hat sich in einiger Entfernung von den Anden in der Ebene eine tiefe Schlucht gegraben. Das Valle Grande mit dem Cañon del Atuel, nur 19 km auf der Ruta 173 von San Rafael, der zweitgrößten Stadt der Provinz, entfernt, hat sich zu einer Art großem Freizeitpark mit vielfältigen Sportaktivitäten, Mountain Bike, Rafting, Kajak, Sportklettern und Drachenfliegen, entwickelt.

Internet
www.welcomeargentina.com/sanrafael/
paseos.html
www.mendoza.com.ar/canon_del_atuel_1.html
www.sanrafael-tour.com/

Las Leñas

Das über die Ruta 40 und die auch im Winter gut geräumte Ruta 222 erreichbare Las Leñas gilt als der schickste Wintersportort Südamerikas. Von Las Leñas werden vielfältige Aktivitä-ten, etwa mehrtägige Reittouren über das Valle Hermoso und das Tal des Río Grande zum Pass El Planchón (2850 m), angeboten. Dieser nach Chile führende Pass ist von Süden auch mit dem Fahrzeug über die Ruta 226 zu erreichen. Attraktionen dieser Hochregion sind der Lago Teno und die Thermen von Azufre.

Internet
www.turismo.mendoza.gov.ar/nieve/laslenas/
b010000.htm
www.laslenas.com
www.mendoza.com.ar/2_las_lenas_1.html
www.argentinaturistica.com/leniresenia.htm
www.welcomeargentina.com/laslenas/
index.html

Malargüe

Kartenhinweis
• Übersichtskarten der Provinz Mendoza von Didactica Visual, San Luis 399, 5500 Ciudad de Mendoza, didacticavisual@arnet.com.ar

Der Cuyo

Wichtigste touristische Ausgangsbasis für Reisen in den südlichsten Teils der Provinz Mendoza ist die kleine Stadt Malargüe an der Ruta 40. Es gibt einige Naturschutzgebiete, für die jedoch teilweise strenge Zutrittsbeschränkungen gelten. Die Südregion Mendozas sind touristisch noch kaum erschlossen, Reisen sind oft nur mit eigenem Fahrzeug oder im Rahmen einer organisierten Tour möglich. Bevor man in entlegene Gebiete südlich von Malargüe fährt, sollte man sich zum einen gut mit Trinkwasser, Nahrungsmitteln und Treibstoff versorgen und zum anderen nach dem aktuellen Straßenzustand fragen. Für manche Gebiete, insbesondere die Vulkanwüste **La Payunia**, braucht man eine Genehmigung, die in Malargüe bei folgender Stelle ausgestellt wird:
Dirección de Recursos Naturales Renovables
Municipalidad de Malargüe
Inalicán 300
Tel./Fax: 02627-471060/471696

Internet
www.mendoza.com.ar/hoteles_malargue_1.html
www.mendocinas.com.ar/malargue/index.asp
www.karentravel.com.ar/malargue/default.htm

Reserva Caverna de las Brujas

65 km südlich Malargües geht eine Stichstraße zur Reserva Caverna de las Brujas ab. Die Hauptattraktion dieses Reservats ist die über 5 km lange „Hexenhöhle". Die im Jura gebildete Höhle, deren Tropfsteine aber erst vor einigen 10 000 Jahren wuchsen, ist gut für den Besucherverkehr erschlossen. Leichte oberirdische Wanderungen führen durch das Tal des

Internet
Reserva Caverna de las Brujas im Internet
www.recursosnaturales.mendoza.gov.ar
www.malargue.gov.ar/murhuen/modules/
  newbb/viewtopic.php?topic_id=4&forum=7
www.cuyo.com/malargue/
  cavernadelasbrujas.asp
www.intertournet.com.ar/mendoza/
  areasnatuprot.htm

Geführte Reittouren wie hier von der Estancia Rincón de los Oscuros bei El Salto sind eine gute Möglichkeit, Land und Leute kennenzulernen.

Der Cuyo

Der Cuyo

Arroyo Chacay-Có und in die **Quebrada de los Enamorados**, der Schlucht der Verliebten.

Reserva Faunistica Laguna de Llancanelo
Eine Pflichtstation für Vogelfreunde ist die Reserva Faunistica Laguna de Llancanelo 60 km südöstlich von Malargüe. Die Rangerstation El Sauce am Eingang ist über die Ruta 40 und die unbefestigte Ruta 186 zu erreichen. Das 40 000 Hektar große RAMSAR-Schutzgebiet beherbergt über 150 Vogelarten. Berühmt ist die sehr salzhaltige Laguna de Llancanelo für ihre riesige Flamingopopulation. Im Sommer kann man oft über 50 000 Tiere beobachten, eine der größten Ansammlungen des Kontinents. Auch Schwarzhals- und Coscoroba-Schwäne (Coscoroba coscoroba) und Blässhühner treten dort in sehr großen Verbänden auf. An guten Tagen sollen sich 150 000 Vögel im Naturschutzgebiet aufhalten. Von der Rangerstation führt eine 14 km lange Piste bis zum Fuß des Aussichtsberg **Cerro Trapal** (1508 m) am Westufer des Sees. Auf einem markierten Weg ist der Berg in 30 Minuten zu besteigen. Andere Wege führen zu kleinen Süßwasserseen, die Pozos de Carapacho am Südende der Laguna de Llancanelo und die Bañados de Cari Lauquén, 7 km von El Sauce entfernt.
Dummerweise wurde inmitten dieser prächtigen Natur Erdöl gefunden. Wie in anderen Ländern auch, man denke nur an die Ölförderpläne in der Arctic National Wildlife Refuge Alaskas, versucht die Ölindustrie und ihre

Internet
Reserva Faunistica Laguna de Llancanelo im Internet
www.aconcagua.com.ar/areaprotegida.asp
www.e-mountain.com.ar/Lenas/Verano/
   CIRCUITO.HTM
www.intertournet.com.ar/mendoza/
   areasnatuprot.htm

Lobby, die bestehenden Naturschutzbestimmungen auszuhebeln und ihre wirtschaftlichen Interessen durchzusetzen. Ein Beitrag dazu in www.oikosredambiental.org.ar/Llancanelosusten.pdf

Reserva Provincial La Payunia
Im Ausland kaum bekannt ist das mit 450 000 Hektar größte Schutzgebiet der Provinz Mendoza, die Reserva Provincial La Payunia. In dieser Hochwüste gibt es eine der höchsten Vulkandichten auf der Erde, bis zu 33 Vulkane pro 100 km^2. Über 800 Krater wurden im Reservat gezählt. In dieser extrem kargen Landschaft voller Aschekegel, erkalteten Lavaströmen und durch Mineralien bunt gefärbten Erden fühlt man sich wie auf einem anderen Planeten. Kaum zu glauben, dass in dieser lebensfeindlichen Umwelt die größte Guanakopopulation Argentiniens, über 14 000 Tiere, lebt. Durch die vielen Guanakos findet auch der Puma eine gute Lebensgrundlage. Die Reserva La Payunia ist ein streng geschütztes Gebiet. Die Anreise in den Parks erfolgt über die an der Laguna Llancanelo vorbeiführende Ruta 186, die zur Rangerstation Mina Ethel im Norden der Reserva führt bzw. über die von der Ruta 186 nach Süden abzweigende Ruta 183, die den Rangerposten Cohue-co Sur passiert. Alternativ fährt man von Malargüe auf der Ruta 40 bis zur Brücke La Pasarela nach Süden, von dort über eine Stichstraße weiter nach Osten bis zur Abzweigung der Ruta 183 nach Norden, die nach Cohue-co Sur führt. Die Rangerstation Mina Ethel befindet sich auf dem Gelände einer aufgelassenen Manganmine, ein schöner Spielplatz für Speläologen. In der Nähe befindet sich der Puesto La Aguita, der Fremdenzimmer, Duschen und warmes Essen offeriert. Von dort kann man Reit- und Trekkingtouren, etwa auf den **Volcán Negro**

Guanakos

oder die **Cerros Colorados** machen. Der einzige andere Ort mit touristischer Infrastruktur ist der Puesto Forquera am Fuße des Vulkans **Payún Matrú** (3460 m), der über eine Stichstraße von der Ruta 183 erreicht wird.

Der erste Forquera kam mit seiner Gattin und einer Herde Vieh 1905 in die Payunia. Die bedauernswerte Frau war jahrzehntelang schwanger und brachte ohne medizinische Hilfe in dieser extremen Einöde 22 Kinder zur Welt. Nachfahren dieser fruchtbaren Verbindung leben dort noch heute und führen Touristen auf den **Payún Matrú**. Mit dem Geländewagen kann man noch 8 km vom Puesto in Richtung Berg fahren. Die Gipfeltour dauert dann hin und zurück nur vier bis sechs Stunden. Der höchste Teil des Payún Matrú ist eine auffallende Felsnase, der letzte Rest des bei einer Eruption weggeblasenen Vulkankonus. Vom Gipfel sieht man die Andenkette im Westen, die Vulkanfelder und Salzseen im Os-

ten und Norden und den höchsten Vulkan der Region, den Payún Liso (3680 m) im Süden. Seitdem in der Payunia Erdöl entdeckt wurde, gibt es auch dort Interessenskonflikte zwischen Förderunternehmen und den Naturschützern (siehe www.ecopuerto.com/payunia/historia. html).

Eine Exkursion in die knochentrockene, windgepeitschte **Payunia-Wüste** ist nur völlig autonomen Reisenden mit gut gewarteten Fahrzeugen anzuraten. Lebensmittel und Vorräte an Treibstoff und Trinkwasser muss man sich bereits in Malargüe besorgen.

Internet

www.malargue.gov.ar/english/n05.htm
www.viajeamalargue.com/veratractivo.php
?id=9&idioma=es
www.patrimonionatural.com/HTML/provincias/
mendoza/payunia/payunia.asp
www.karentravel.com.ar/ecoturis/payunia.htm
www.intertournet.com.ar/mendoza/
areasnatuprot.htm

Der Cuyo

3.1 Landschaftliche Kleinode zwischen Pampa und Anden

Im Cuyo gibt es fantastische Schluchtenlandschaften, die oft mit den ariden Canyons im Süden des US-Staates Utah verglichen werden. Die bekanntesten liegen im Parque Nacional **Talampaya** und im Parque Regional **Ischigualasto** in den Provinzen La Rioja und San Juan. Diese aneinandergrenzenden Naturschutzgebiete gehören zum UNESCO-Welterbe. In der Provinz San Luis, an der Nordostgrenze zur Provinz Mendoza, befindet sich der nicht weniger spektakuläre Parque Nacional **Sierra de las Quijadas**.

Trotz des Wüstenklimas werden die Schluchten besonders durch die Kraft des Wassers gebildet. Die dort vorkommenden Sedimentgesteine, Sandsteine und Tone, zum Teil auch Schichten von Vulkanasche, sind recht weich. Wenn es in der Wüste einmal regnet, dann meist kräftig. Da die hart gebackene Erde die Niederschläge nicht halten kann, sammelt sich das Wasser mit großer Geschwindigkeit in trockenen Flussbetten und wäscht sie immer tiefer aus. Je steiler die Flussufer werden, desto mächtiger können die Kräfte des Wassers ansetzen. Während der Sommerregen donnern wahre Sturzfluten zu Tal, reißen Bäume und Felsbrocken mit sich und nagen weiter am Gestein der Klüfte. An den vom Wasser vorgeformten Strukturen setzt nun der Wind an, der auf der Ostseite der Anden fast das ganze Jahr über weht. Wie mit einem riesigen Sandstrahler werden oft bizarre Formen herausgearbeitet. Ein dritter Erosionsfaktor sind die physikalischen Auswirkungen der Temperatur und des Wassers. Im Sommer gibt es Temperaturen bis +45° C, im Winter bis −10° C. Durch Aus-

dehnung und Schrumpfung entstehen kleine Risse, in die Wasser eindringen kann. Bei Frost gefriert das Wasser, wird zum höhervolumigen Eis und sprengt dadurch Gesteinspartikel ab. Die geologischen Prozesse, die diese Canyons bilden, ähneln sich weltweit. Auch die berühmteste aller Schluchten, der Grand Canyon, ist so entstanden.

Neben den dominierenden Anden gibt es in Argentinien auch eine Reihe anderer, viel niedrigerer und kleinerer Gebirgszüge, die aus dem „Meer" der Pampas ragen. Diese pampinen Sierras weisen andere Umweltbedingungen als die Ebene auf und beherbergen daher auch eine ganz eigene Flora und Fauna mit vielen endemischen Arten. Wegen ihrer Nähe zu großen städtischen Zentren sind die Pampasberge für die Argentinier wichtige Naherholungsgebiete.

Das größte und höchste der Pampas-Gebirge ist die **Sierra de Córdoba.** Wer von der Atlantikküste 700 km durch die gnadenlos flache Steppe gefahren ist, der ist hocherfreut und beeindruckt von den Bergen westlich der Stadt Córdoba, die endlich die Monotonie des Horizonts durchbrechen. Man wähnt sich schon in den Anden, doch die Sierra de Córdoba gehört zu einer ganz anderen Spezies Gebirge. Dort gibt es keine schroffen, durch Kollision tektonischer Platten aufgeworfenen Falten, keine Vulkanfelder, keine vergletscherten Höhen. Man blickt auf die runden Formen erodierter Plutonite, während des Paläozoikums im Erdinnern emporgestiegener, erkalteter

Der Cuyo

und später durch die Kräfte von Wind und Wasser freigelegter Magmamassen.

Weiter östlich, zwischen Cuyo und Atlantik, ragen noch drei kleine Gebirgszüge aus den Pampas. Die 600 m hohen Granitrücken der **Lihué Calel**, der Berge des Lebens, erheben sich 230 km südwestlich von Santa Rosa in der Provinz La Pampa über das flache Grasland. In der Provinz Buenos Aires, 250 km nordöstlich von Mar del Plata, liegen die **Sierras de Tandil** mit etwa 500 m hohen Hügeln. Die immerhin 1200 m hohe **Sierra de la Ventana** beherrscht den Horizont 100 km nördlich von Bahia Blanca.

3.2 Ruta de Dinosaurios

3.2.1 Dinosaurierparadiese

Nicht nur die größten Dinosaurier (siehe Kapitel III Nordpatagonien 3.3.1) stammen aus Argentinien, vermutlich auch die ersten. Zwar steht immer noch die Chinle-Formation in Utah und Arizona als Geburtsstätte der Dinos in den Lehrbüchern, aber das mag sich bald ändern. Nirgendwo sonst auf der Welt ist die Evolution der Dinosaurier so gut und so komplett dokumentiert wie in den Schluchtenlandschaften von Ischigualasto und Talampaya. Dort zeigt sich der Übergang vom Zeitalter der säugetierartigen Reptilien im frühen Trias bis zur Epoche der „Weltherrschaft" der Dinosaurier, die vom späten Trias über das Jura bis zum Ende der Kreidezeit dauerte. Die Dinosaurierskelette, die weiter südlich, in der Sierra de las Quijadas gefunden wurden, stammen aus der Kreide. Steven Spielberg hat seinen berühmten Dinofilm „Jurassic Park" genannt. Die im Cuyo gefundenen Dinosaurier stammen aber gerade nicht aus dem Jura, sondern aus den Erdepochen davor und danach, gewissermaßen aus dem „Triassic" und dem „Cretaceous Park".

Die Erdepochen des Mesozoikums, des Erdmittelalters, sind nicht allgemeingültig definiert, es gibt mindestens drei verschiedene Einteilungen: die Tabelle der International Commission on Stratigraphy (ICS), die internationale Richtskala der Geological Society of America und die Tabelle der Commision de la Carte Geologique de Monde, Paris. Nach ICS dauerte das Trias von 251 bis 200 Millionen Jahren, das Jura von 200 bis 145, und die Kreide von 145 bis 65 Millionen Jahren. Diese Angaben können je nach Quelle um einige Milliönchen Jahre schwanken, was im Kontext der Erdgeschichte aber Peanuts sind. Einig sind sich aber alle Wissenschaftler über das Ende des Mesozoikums, denn das ist durch den berühmten Meteoriteneinschlag in Chicxulub auf der mexikanischen Halbinsel Yucatán vor 65,5 Millionen Jahren genau definiert. Diese Katastrophe führte zum Aussterben der Dinosaurier.

Die Naturschutzgebiete **Ischigualasto** und **Talampaya** liegen heute in lebensfeindlichen Wüsten, doch aus sechs ungestört aufeinanderfolgenden geologischen Formationen kann die Geschichte einer großen Senke mit Flüs-

Der Cuyo

sen, Seen und Sümpfen rekonstruiert werden. Talampaya und Ischigualasto waren damals vulkanisch aktive Flussebenen mit reicher Vegetation und dem für den Urkontinent Pangaea typischen Megamonsun, extremen saisonalen Regenfällen. Sand- und Tonsedimente wechseln mit Schichten von Vulkanasche, die eine radiometrische Datierung ermöglichen.

Die ältesten Schichten sind die 245 Millionen Jahre alten Sandsteine von Talampaya, die jüngsten die 200 Millionen Jahre jungen Barrancas colorados und die Bosques petrificados, die versteinerten Wälder, von Ischigualasto.

Pflanzen- und Tierfossilien sind exzellent erhalten. Über 100 Pflanzenarten und 56 Wirbeltiergattungen, vom Fisch bis zum Dinosaurier, wurden entdeckt. Versteinerte Wälder, Kohleschichten und – eine äußerst seltene Form der Konservierung – mumifizierte Pflanzen erlauben eine gute Rekonstruktion der Flora. Baumstämme, Äste, Samen, ja selbst Blüten und Blätter sind erhalten. Die großen Stämme der Art Protojuniperoxylon ischigualastianus lassen auf Baumhöhen von 40 m schließen.

Der Tisch war reich gedeckt für die damalige Tierwelt, die von den sogenannten säugetierähnlichen Reptilien dominiert wurde. Schweineähnliche Rhyncosaurier, krokodilähnliche Tecodonten und eidechsenähnliche Cynodonten, die das große Artensterben im Perm überlebt hatten, waren die häufigsten Großtiere der Region. Auch bekannte Gesichter wie Schildkröten (Palaeocheris talampayensis) gab es schon.

Die ersten Dinos tauchten erst zu Anfang des Trias auf. Wer genau der Erste war, ist umstritten und wird wohl auch nie herausgefunden werden. Zu den Ersten gehörten jedenfalls Lagosuchos talampayensis, Eoraptor lunensis, der gern Rhyncosaurier verspeiste, und Herrerasaurus, der zu den ersten Bipeden, also Zweifüßlern, gehört. Ein paar Milliönchen Jahre später jagte Dinodontosaurus nach Insekten. Alle diese frühen Dinos hatten eins gemeinsam, sie waren recht kleine Gesellen mit Längen zwischen 1 und 4 m und Gewichten von ein paar Zentnern.

Die Dinos der **Sierra de las Quijadas** stammen aus der Kreidezeit, sind also wesentlich jünger. Auch dieses heute aride Gebiet war früher ein Feuchtgebiet mit einem großen See. Es ist reich an Fossilien; am bekanntesten sind die Skelette der Pterosaurier, das sind 120 Millionen alte Flugsaurier.

Talampaya, Ischigualasto und Las Quijadas sollen mit der **Ruta de Dinosaurios del Oeste Argentino**, der westargentinische Dinosaurierstraße verbunden werden. Die drei Provinzen La Rioja, San Juan und San Luis arbeiten an diesem gemeinsamen Projekt. Zu den drei Schutzgebieten soll eine asphaltierte Straße führen und die touristische Infrastruktur, darunter auch die Trekkingwege, ausgebaut werden. Der Nationalpark Las Quijadas soll ebenfalls ins UNESCO-Welterbe aufgenommen werden.

Internet

Auf einer spanischsprachigen Webseite findet sich eine Fülle von Informationen über die drei fantastischen Schluchtenlandschaften und – für alle interessant – Abbildungen der im Text genannten Felsformationen und Dinosaurierfunde. Man kann so etwas wie eine virtuelle Reise durch Gegenwart und Vergangenheit der Region machen.

http://ar.geocities.com/sanluisturismo/dinosaurios

Zwei von Tausenden Dinoseiten im Web:
www.enchantedlearning.com
www.dinodata.net

Der Cuyo

3.2.2 Anreise über La Rioja, San Juan und San Luis

Wenn das Projekt Ruta de Dinosaurios del Oeste Argentino wie geplant vorankommt, wird es ab 2006 mehr touristische Dienste und bessere Straßen geben. Am besten, man informiert sich vor Anreise via Internet über Veränderungen. Die folgenden Beschreibungen werden hoffentlich bald veraltet sein. Die drei Schutzgebiete können das ganze Jahr über besucht werden, Niederschläge sind äußerst selten.

Anreise nach Talampaya

Die Anreise ohne eigenes Fahrzeug oder organisierte Tour ab La Rioja ist schwierig. Busse von La Rioja und von Chilecito fahren nur bis zum Dörfchen Pagancillo, etwa 30 km von Talampaya entfernt. Dort gibt es einfache Unterkünfte. Nun muss man sich nur noch mit einem der Parkangestellten anfreunden, die Besucher in sehr begrenzter Zahl nach Talampaya mitnehmen können. Wer trampt und das Glück hat, auf der Ruta 26 mitgenommen zu werden, muss an der Stichstraße zum Parkeingang aussteigen. Von dort sind es noch 14 km

Info La Rioja und San Juan

LA RIOJA
150 000 Einwohner, Höhe 500 m, Tel.: 03822

Fremdenverkehrsamt der Region
Calle P. B. Luna 345, Tel.: 45-3951/3978
www.larioja.gov.ar/turismo

Städtisches Fremdenverkehrsamt
Av. Perón 715 Tel.: 42-7103

Nationalparkverwaltung
Parque Nacional Tampalaya, Calle San Martín s/n
5350 Villa Unión, La Rioja, Tel.: 03825-470-356, 470-241
E-Mail: talampaya@infovia.com.ar
talampaya@apn.gov.ar
www.talampaya.gov.ar
www.villa-union.com.ar

Busbahnhof
España y Artigas, Tel.: 42-5453

Fluglinie
Aerolineas Argentinas, Belgrano 63,
Tel.: 0-810-222-86527/42-6307

Weitere Seiten über La Rioja im Internet
www.welcomeargentina.com/larioja/index.html
www.lariojaturismo.com/
www.guiaunica.com.ar/turismo/la_rioja.htm
www.visitingargentina.com/esp/la-rioja/
   turismo-la-rioja.php
www.enargentinaturismo.com.ar/sp/la_rioja/index.php

SAN JUAN
120 000 Einwohner, Höhe 650 m, Tel.: 0264

Fremdenverkehrsamt der Provinz
Sarmiento 24 sur
Tel.: 421-0004/422-2431, 422-5778

Nationalparkverwaltung
Parque Nacional San Guillermo
Tiro Federal 850 – Dpto. de Iglesias
Tel.: 02647-49-3214
Parque Nacional El Leoncito
Pte. Roca y calle de los Enamorados, Tel.: 844-1155

Information Parque Natural Ischigualasto
Casa de San Juan, Sarmiento 1251, Tel.: 4382-9241
www.sanjuan.gov.ar

Busbahnhof
Estados Unidos 492, Tel.: 422-1604

Fluglinie
Aerolineas Argentinas
Av. Libertador San Martin 215 – Oeste
Tel.: 0-810-222-86527/422-0205

San Juan im Internet
www.sanjuan.gov.ar
www.turismo.sanjuan.gov.ar/
www.guiaunica.com.ar/turismo/san_juan.htm
www.welcomeargentina.com/sanjuan/paseos.html
www.enargentinaturismo.com.ar/sp/san_juan/index.php

Der Cuyo

Info San Luis

Fremdenverkehrsamt
Ecke Illia und Junín
Tel.: 02652 – 423479/42-3957
E-Mail: informes@sanluis.gov.ar
www.sanluis.gov.ar

Nationalparkverwaltung
Parque Nacional Sierra de las Quijadas
Tel.: 02652-42-2719
E-Mail: sierradelasquijadas@apn.gov.ar,
rneira@apn.gov.ar

Busbahnhof
Av. España 990 Tel.: 42-4021

Fluglinie
Aerolineas Argentinas, Av. Illia 468,
Tel.: 0-810-222-86527/43-0148

San Luis im Internet
 www.sanluis.gov.ar/
www.enargentinaturismo.com.ar/sp/san_luis/index.php
www.argentinaturistica.com/sluiresenia.htm
www.guiaunica.com.ar/turismo/san_luis.htm
ar.geocities.com/sanluisturismo/

Fußmarsch bis zur Puerta de Talampaya, wo man sich in der Confiteria erfrischen kann. Spätestens dann muss man sich aber einem Führer anvertrauen, denn nur organisierte Touren sind erlaubt.

Anreise nach Ischigualasto

Am einfachsten ist es, in San Juan einen Mietwagen oder eine Tour zu buchen. Billiger kommt es, mit dem Linienbus nach San Augustin de Valle Fertíl zu fahren, dort zu übernachten und am nächsten Morgen eine organisierte Tour mitzumachen. Die ganz Harten können einen Bus zwischen San Juan und La Rioja nehmen und am Polizeiposten Los Baldecitos aussteigen. Von dort sind es noch lächerliche 17 km zum Parkeingang. Die Parkinfrastruktur befindet sich noch im Ausbau.

Anreise nach Las Quijadas

Man nimmt einen beliebigen Bus auf der Ruta 147 zwischen San Juan und San Luis und lässt sich an der Stichstraße zum Nationalpark in der Nähe des Dorfes Hualtarán absetzen. Von dort sind es noch 8 km auf einer unbefestigten Straße bis zum beliebten Aussichtspunkt oberhalb der Schlucht Potrero de la Aguada. Eventuell können die Parkranger mit

Transport weiterhelfen. An der Stichstraße findet man auch einen kostenfreien Zeltplatz mit einfachsten Einrichtungen und einen kleinen Laden.

3.2.3 Talampaya und Ischigualasto

Talampaya und Ischigualasto bilden als Naturraum eine Einheit. Politisch gehören sie aber zu zwei Provinzen, daher gibt es zwei Namen und zwei verschiedene Schutzkategorien. Talampaya wird der 215 000 Hektar große Nationalpark in La Rioja genannt, was auf Quechua einfach „trockenes Tal des Tala-Flusses" bedeutet. Der Tala fließt im Westen der Sierra de Valasco. Als sich die pazifische Nazca-Platte unter die südamerikanische Platte schob und die Anden emporgehoben wurden, wurde der Fluss durch Gesteinsmassen blockiert. Er fand jedoch einen Riss und benutzte diesen, um sich ein neues Bett durch die bis 2000 m hohe Sierra de los Tarjados zu graben. So entstand ein großer Canyon. Die 63 000 Hektar umfassende Provinzpark in San Juan heißt nach einer alten Indianerkultur Ischigualasto. Das Gebiet ist wegen seiner Vegetationsarmut jedoch besser unter dem Namen Valle de la Lu-

Der Cuyo

Bizarre farbige Felsformationen sind typisch für die Region

na, Tal des Mondes, bekannt. Der Río Ischigualasto gräbt sich sein Bett zwischen den Cerros Colorados im Osten und den Cerros Los Rastros im Westen.

Im Laufe von Jahrmillionen entstanden in den großen Schluchten durch periodisch auftretende Sturzfluten und den fast ständig wehenden Winden eine eigene Welt märchenhafter Formen und Gestalten, die die menschliche Fantasie anregen. Heute sind die exponierten Felsen ideale Brutplätze für die Nachfahren der Dinosaurier, für Greifvögel und Geier. In den uneinnehmbaren Felsburgen nisten Falken, Adler, Urubus und eine der größten Konzentration von Kondoren in Südamerika. Guanakos, Nandus und Pampasfüchse sind die Steppentiere, die sich am ehesten dem Besucher zeigen. Die Vegetation ist spärlich und beschränkt sich auf xerophile Büsche, Gräser und Kakteen. Nur in den Tälern der periodi-

schen Flüsse wächst ein offener Wald. Trotz der heißen Tage und der kalten Nächte, trotz des Wassermangels und der starken Winde war die Region schon in vorspanischer Zeit, seit mindestens 600 vor Christus, von Menschen bewohnt. Die Region lag zur Zeit der Inkas an der Südgrenze des Reichs. Die Indianer haben an über 40 Stellen Petroglyphen, Felszeichnungen, hinterlassen. An zwei Orten, Puerta de Talampaya und Los Pizzarones, sind diese für die Öffentlichkeit zugänglich. An vielen Orten sieht man auch Mahllöcher im Stein, in denen die Indianer mit einem Mahlstein Getreide zerkleinerten.

Der Zutritt zu den **Sehenswürdigkeiten** ist streng reglementiert. In Talampaya darf man nur mit den konzessionierten Führern zu Fuß, mit Fahrrädern oder mit den offiziellen Fahrzeugen in die Canyons. Die Touren führen von der Parkverwaltung zu den Dünen von El

Der Cuyo

Playón, weiter zur Puerta de Talampaya, dem Eingang in den Canyon. Ein kurzer Lehrpfad zeigt indianische Artefakte. In der Chimenea del Eco, der Echokammer, werden Stimmen scheinbar lauter zurückgeworfen, als sie ausgesendet werden. Ein weiterer Lehrpfad führt durch den Bosquecillo, den Kleinen Wald, wo typische einheimische Vegetation zu sehen ist. Ein guter Beobachtungspunkt für Greifvögel und Kondore ist El Cañon de los Farallones, die Schlucht der Kliffe. Je nach Tour werden besondere Schlucht- und Felsformationen, die meist fantasievoll benannt sind, gezeigt. Da gibt es die Schlucht von Don Eduardo, das Schloss, die Krippe, die Kisten, die Wandtafeln, das Schachbrett, den Balkon, den Aufzug, den Kamin und die Kathedrale. Manche sehen auch lebende Wesen im Fels, wie Mönch, Kondor, Eule oder Kamel. Ein großes Formen- und Figurenfeld nennt sich Ciudad Perdida, die Verlorene Stadt.

Internet

Bilder einiger der genannten Formationen in http://ar.geocities.com/sanluisturismo/dino-saurios

Für Wanderer gibt es 3- und 5-stündige geführte Touren.
Reservierung von Führern:
talampaya @ infovia.com.ar
sergiolei_guiatur@hotmail.com

In **Ischigualasto** sind die Besuchsbestimmungen etwas lockerer als in Talampaya, auch einige Touren mit dem eigenen Fahrzeug oder zu Fuß sind möglich. Beliebte Ziele in der Formation Ischigualasto sind El Hongo, der Pilz, Valle Pintado, das Bemalte Tal, und die witzige Cancha de Bochas, die Bocciabahn, mit ihren vielen runden Steinkugeln. In der Formation Los Rastros liegt das Submarino, eine Felsbrücke mit U-Boot-förmiger Aussparung. Selbst

einen „Wurm" und einen „Papagei" kann man sich anschauen. Das frühere Wahrzeichen des Parks, Aladins Wunderlampe, ist 1989 leider umgefallen. Vom Besucherzentrum in Ischigualasto auf etwa 1000 m Höhe kann man in drei oder vier Stunden auf den Aussichtsberg **Cerro Morado** (1748 m) steigen.

Internet

Bilder der genannten Formationen in http://ar.geocities.com/sanluisturismo/dinosaurios

Organisierte Trekkingtouren bietet
www.acampartrek.com.ar
Sanluisturismo@yahoo.com.ar

Weitere Seiten über Talampaya und Ischigualasto im Internet
http://sea.unep-wcmc.org/sites/wh/ischi_talam.html
http://whc.unesco.org/en/list/966
www.ischigualasto.com/
www.ischigualasto.org/

3.2.4 Parque Nacional Sierra de las Quijadas

Weniger bekannt als Talampaya und Ischigualasto, aber von ähnlicher Schönheit sind die Canyons und Erosionsformen der Sierra de las Quijadas in der Provinz San Luis. Das 150 000 Hektar große Schutzgebiet ist vor allem durch den **Potrero de la Aguada**, ein riesiges natürliches Amphitheater mit abrupt aufsteigenden roten Sandsteinwänden, bekannt. „Potrero" heißt Fohlenhirt und „La Aguada" ist Die Tränke. Es handelt sich um eine Senke von 4000 Hektar mit von Wind und Wasser geformten, 250 m hohen Felswänden und einem Labyrinth von Spalten, Galerien und periodischen Bachläufen. Wer ohne Führer in die 120 Millionen Jahre alte Formation hinun-

Der Cuyo

tersteigt, steht oft genug in einer Sackgasse.

Im Westen der Sierra de las Quijadas fließt der Río Desaguadero, der nach Regenfällen eine große Überschwemmungsebene bildet. Wo sich die knappe Feuchtigkeit länger hält, wachsen Wäldchen aus Chañar-Bäumen (Geoffroea decorticans). Auf den periodischen Schwemmflächen gibt es zahlreiche Halophyten, salzliebende Pflanzen. Die große Trockenheit lässt in anderen Teilen des Parks nur Xerophyten, trockenheitsresistenten Formen, darunter auch einigen endemische Arten, eine Chance.

Bei den Tieren des Parks sind seltene Vogelarten wie Wanderfalke, Einsiedleradler (Harpyhaliaetus coronatus) oder Grünkardinal (Gubernatrix cristata), eine Landschildkröte und der Ameisenbär (Myrmecophaga tridactyla) bemerkenswert.

Auch in den Schluchten der Quijadas finden sich Spuren von Indianern, darunter 23 Brennöfen, in denen die Huarpe ihre Keramiken brannten. Die Kultur der Huarpes wurde schon im 18. Jahrhundert von den Spaniern ausgelöscht.

⚞ Wanderwege

Im Nationalpark gibt es einige relativ kurze markierte kostenpflichtige **Wanderwege**, die ohne Führer begangen werden dürfen.

Der **„Sendero de los Miradores"** führt zu einem Aussichtspunkt (32° 30.01′ S 67° 00.61′ W) am Rand des Potrero de la Aguada. Es handelt sich um einen Lehrpfad, der in etwa 90 Minuten zu absolvieren ist und der Geologie, Fossilien und Geschichte der Region behandelt.

„Huella de Dinosaurio", Dinosaurierspur heißt eine zwei- bis dreistündige Wanderung, die etwa 150 Höhenmeter zu den Spuren eines Sauro- und eines Ornithopoden absteigt.

Für längere Touren benötigt man einen Führer. Bis auf den Grund der Senke und durch deren

Graukardinal (Paroaria coronata)

verzweigte Canyons geht der fünfstündige Weg **„Los Falladores"**. Nach 250 Höhenmetern Abstieg und 3 km Marsch werden dann die 200 m hohe Klippen an der Garganta del Cañon de las Quijadas, dem Ausgang des Canyons erreicht.

Der **„Sendero de los Colorados"** führt in fünf Stunden bis zum Río Divisadero im Westen des Parks. Wanderführer leiten Touristen auch auf den Aussichtsberg Cerro Portillo (1200 m).

Internet

Bilder der genannten Formationen in http://ar.geocities.com/sanluisturismo/ dinosaurios

Im Nationalpark Las Quijadas haben schon mehrmals Überlebenskurse und auch die argentinischen Meisterschaften im Überlebenstraining stattgefunden. Auskünfte über leichte und schwere Touren erteilen:

La Asociación de Guías de Quijadas, guiasdequijadas@yahoo.com.ar guiaspuntanos@yahoo.com.ar www.acampartrek.com.ar

Las Quijadas im Internet http://ar.geocities.com/sanluisturismo/ sierradelasquijadas2.htm http://ar.geocities.com/sanluisturismo/ quijadas1.htm www.lasquijadas.com www.argentinaxplora.com/activida/parques/ parc/quijad.htm

Der Cuyo

3.3 Berge östlich der Anden

3.3.1 Che Guevara – ein Kind der Berge

Sein Leben war bewegt und aufregend, für viele war es heldenhaft, doch unsterblich gemacht hat Ernesto „Che" Guevara ein einziges Bild. Wahrscheinlich ist es das berühmteste Foto der Weltgeschichte. Warhols verfremdetes Bild der Marilyn Monroe, Einsteins Porträt mit herausgestreckter Zunge oder Capas schreckliche Aufnahme vom Soldaten im Moment des Todes mögen im Westen ebenso bekannt sein, doch den höchsten globalen Wiedererkennungswert hat das Schwarz-Weiß-Porträt, das Alberto Diaz Gutierrez, bekannt unter dem Namen Alberto Korda, 1960 von Ernesto Guevara machte. Das Bildnis des heroisch schauenden Revolutionärs mit der Baskenmütze wurde erst weltweit zum Symbol für Protest und Auflehnung und dann zum Symbol für gnadenlose Kommerzialisierung. T-Shirts, Kappen, Wodka, Uhren, Marzipantorten, russische Matrioschka-Puppen, ja selbst Unterwäsche und Kondome wurden damit verziert.

Über die Person Ernesto Guevara ist kaum noch etwas bekannt. Die meisten halten ihn für einen Kubaner und Che für seinen Taufnamen. Dabei ist er Argentinier und Che ist nur ein Spitzname, weil die Argentinier für „hey" oder „hallo" oft „che" sagen. Nach seiner Geburt 1928 in Rosario zog die Familie Guevara nach Buenos Aires. Um das schwere Asthma, das der kränkliche Junge in der Hauptstadt entwickelte, zu lindern, empfahl sein Hausarzt den Eltern den Umzug in ein trockeneres Klima. So wuchs Ernesto ab 1932 in dem Kurort Alta Gracia in den Sierras de Córdoba auf.

Durch die Bergluft gestärkt, kehrte er nach seiner Schulzeit nach Buenos Aires zurück und studierte Medizin. Den Abschluss in der Tasche, fuhr er dann ein halbes Jahr mit dem Motorrad durch Südamerika, wo er das Elend der vielen Armen des Kontinents kennenlernte. Auf einer Reise nach Guatemala geriet er in die Wirren nach dem vom CIA-gesponserten Putsch gegen Präsident Jacobo Arbenz und musste fliehen. In Mexiko traf er dann den Mann, der sein Leben verändern sollte, Fidel Castro. Der Rest ist Geschichte.

In Argentinien ist der lange verdammte Che heute ein Nationalheld. Die Gemeinde Alta Gracia hat das Haus Nr. 501 in der Avellaneda-Straße, in dem Che während seiner Jugend gelebt hat, 2001 in ein Museum verwandelt. Che hat es sogar auf eine Briefmarke geschafft – man rate mal, mit welchem Bild.

3.3.2 Anreise über Córdoba

Córdoba, die zweitgrößte Stadt Argentiniens, gehört nicht zu den Haupttrekkingzielen des Landes. Wer in die Sierras de Córdoba will, muss jedoch mit großer Wahrscheinlichkeit auf dem Busbahnhof Córdobas umsteigen. Dort befindet sich auch eine Filiale der Touristeninformation der Provinz Córdoba (Tel.: 3433-1980), die vielfältige Informationen für diese Naherholungsziele bereithält.

Von Córdoba kann man mit Linienbussen in die größeren Ortschaften im bergigen Hinterland fahren. Viele der kleineren Orte sind allerdings nur mit dem eigenen Fahrzeug zu erreichen. Anbieter von Mietwagen gibt es reich-

Der Cuyo

Info Córdoba

1 400 000 Einwohner, Höhe 400 m, Tel.: 0351

Fremdenverkehrsämter
Casa Cabildo, Independencia 30, Tel.: 428-5856,
Ecke Cárcano s/n und B° Chateau Carreras,
Tel.: 434-8260/8273

Nationalparkverwaltung
Parque Nacional Quebrada del Condorito
Calle Sabattini 33 (5.152)
Villa Carlos Paz
Tel.: 035-41-43-3371

Busbahnhof
Bv. Perón 380, Tel.: 434-1694/1692

Flugverbindungen
Córdoba wird von 16 Fluglinien angeflogen
Flughafeninformation
Aeropuerto Internacional Ing. Taravella
Camino a Pajas Blancas – Km.11, Tel.: 434-8390

Córdoba im Internet
www.welcomeargentina.com/cordoba/paseos.html
www.visitingargentina.com/esp/cordoba/cordoba.php
www.argentinaturistica.com/coriresenia.htm

lich, Auskünfte über das Internet oder das Fremdenverkehrsamt.

Wer etwa den **Champaqui** besteigen möchte, kann mit dem Bus von Córdoba auf der Ruta 5 etwa 80 km weit nach Villa General Belgrano fahren. Dort muss man sich ein Fahrzeug besorgen, um die 40 km unbefestigte Straße nach Westen bis nach Villa Alpina zurückzulegen.

3.3.3 Sierras de Córdoba

Kartenhinweis
• für den Cerro Champaqui: IGM 3166-36-3, Los Hornillos, 1:50 000

Die Córdoba-Berge erstrecken sich in drei parallelen Gebirgsketten fast 600 km von Nord nach Süd. Die mittlere Kette ist mit weit über 2000 m die höchste, sie wird in **Sierra de Gaspar**, **Sierras de Achala** und **Sierra de Comechingones** unterteilt. Der höchste Berg ist der **Cerro Champaqui** mit 2790 m. Die von den Bergen kommenden Flüsse sind wichtig für die Wasserversorgung der trockenen Ebene. Ihr Wasser wird in zahlreichen Stauseen gespeichert. In der Sierra de Córdoba wurde 1996 das 150 000 Hektar große Naturschutz-

gebiet **El Condorito** gegründet. Es umfasst die Hochpampa von Achala, die zwischen 1900 und 2300 m Höhe aufweist, und die Schluchten, die vor dem Hauptkamm der Sierras Grandes de Córdoba liegen.

Die ursprüngliche Vegetation ist stark durch Einflüsse des Menschen und seines Viehs verändert. Hochweiden mit großen Beständen an verbissfesten und kälteresistenten Horstgräsern (Chamaephyten) dominieren. Im Inneren eines Grashorstes ist die Temperatur um 5 bis 7 Grad wärmer als in der Umgebung. Nur vereinzelt haben sich geschlossene Waldgebiete erhalten. Ein typischer Baum der Region ist der Tabaquillo (Polylepis australis), dessen Rinde sich in tabakfarbenen Streifen abschält. In den Bergen gibt es einige endemische Tierarten, darunter zwei Amphibien, zwei Reptilien und eine Unterart des Pampasfuchses. Den Namen Condorito, Kleiner Kondor, hat der Park von der tiefen Schlucht Quebrada del Condorito, in der die großen Vögel gern nisten. Am Rand der Quebrada kann man die in der Thermik aufsteigenden Vögel manchmal auf Augenhöhe beobachten.

Die Schluchten dienten zur Zeit der spanischen Eroberung als Fluchtorte für das Volk der Comechingones. Die Nachfahren dieser

Der Cuyo

Ureinwohner wohnen bis heute in isolierten Siedlungen auf der Hochebene der Pampa de Achala. Sie leben hauptsächlich von der Viehzucht und der Herstellung von Lederwaren.

Im Gebiet der Sierras de Córdoba gibt es heute Hunderte von kleinen Städten und Dörfern, von denen viele auf Tourismus eingestellt sind. Am bekanntesten sind die Orte mit Jesuitenmissionen, die zum Weltkulturerbe gehören, wie **Jesus Maria** oder **Alta Gracia**. Letzterer war zudem Wohnort von Che Guevara. **Villa General Belgrano** ist sehr stolz auf seine deutschen Wurzeln, dort fanden Teile der Schiffsbesatzung des vor Montevideo versenkten Panzerkreuzers Graf Spee eine neue Heimat. **La Cumbre** ist das Mekka der Paraglider. Albert Einstein logierte im Hotel Edén in La Falda. **Cosquín** richtet jeden Januar das Nationale Folklorefestival aus. **Mina Clavero** lockt mit Schluchten, Wasserfällen und Badegumpen.

Vor allem Einheimische wandern gern in den Bergen Córdobas. Das dichte Straßennetz, mal asphaltiert, mal unbefestigt, bietet auch Radfahrern aller Kategorien ein weites Betätigungsfeld. Die Sierras sind ideal für Reittouren. Man wird keine Schwierigkeiten haben, im gewählten Ferienort Informationen über mögliche sportliche Betätigung zu bekommen. Es gibt viele kleine Tourismusämter und eine große Zahl von Reiseveranstaltern.

Der Touristentrubel soll aber nicht täuschen. Auch wenn im Sommer die Jugend von Córdoba unten in den Tälern den Bären nach den neuesten Beats tanzen lässt, oben in den Bergen herrschen noch die alten Rhythmen der Gauchos. Der Besuch traditioneller Feste, wie etwa der Gauchoprozession zum St. Josephstag unter dem Champaqui gehören zu den schönsten Erlebnissen, die man in Argentinien bekommen kann (siehe „Der magische Zirkel, S. 267).

 ## Cerro Champaqui

Der Cerro Champaqui (2790 m, andere Angaben 2770 m, -31° 59.15′ S 64° 56.1′ W) ist leicht zu besteigen. Die unregelmäßig markierte, aber meist gut erkennbare Normalroute beginnt hinter dem Hauptgebäude des Puesto Ramón Gonzalez. Die kleine Estancia bietet einfache Übernachtungsplätze und eine exzellente Küche. Den Puesto Ramón Gonzalez erreicht man mit dem Pferd oder zu Fuß von Süden von der Berghütte Tres Arboles über das Tal des Río Tabaquillo, von Norden bzw. Osten über für Geländefahrzeuge oder Pferde geeignete Wege, die in El Cumbrecito oder Villa Alpina beginnen. Von Westen, etwa von Los Hornillos aus, sind die Wege steiler und schwieriger.

Am meisten begangen wird wohl der Weg ab **Villa Alpina** (1340 m), 40 km ab Villa General Belgrano. Der Ort befindet sich östlich des Cerro La Mesilla (2007 m) an den Ufern des Río Los Reartes. Am Ortsanfang befindet sich ein Schild, das auf den Weg zum Champaqui hinweist. Man quert den Bergrücken **La Mesilla** über den gleichnamigen **Pass** Questa de la Mesilla (1800 m) und erreicht das Tal des Arroyo Orco. Von dort ist es nicht mehr weit bis zur **Estancia San José**, insgesamt etwa drei Wegstunden von Villa Alpina entfernt. Die dort ansässige Familie Lopez serviert auf Wunsch ein Mittagessen. Von dort wandert man nach Westen ins Tal des Arroyo Las Socavonas, der einen schönen Wasserfall aufweist. Man quert noch einen Höhenzug und erreicht das Tal des **Río Tabaquillo**. Der Fluss muss gefurtet werden, was aber im Sommer in der Regel problemlos ist. Im Tal des Río Tabaquillo gibt es eine Reihe von Puestos, die auf Touristen eingestellt sind: Puesto Domínguez, Puesto de Ramón González, Puesto de Nelio Escalante und Rancho de Luna. Der Aufstieg auf den Gipfel des **Cerro Champaqui** erfolgt meist von Ramón Gonzalez.

Ein Puesto kann ein Einödhof im europäischen Sinne sein, das heißt derjenige, der das Land bewirtschaftet, ist auch der Besitzer. Viel häufiger sind in Argentinien Puestos aber Außenstationen der oft riesigen Estancias, die von Puesteros, die meist angestellte Oberhirten, seltener Pächter sind, geleitet werden. Oft wird auch eine Estancia von einem angestellten Vorarbeiter, dem Capataz, geleitet. Die Landbesitzer wohnen in der Großstadt, in Córdoba oder Buenos Aires.

Service-Adressen

Reiseveranstalter, die mehrtägige Trekkingtouren auf den Champaqui und in den Nationalpark El Condorito anbieten:
http://www.acampartrek.com.ar/trekking.html
www.champaqui.com.ar (Enthält eine virtuelle Reise auf den Champaqui mit Fotos von allen Streckenabschnitten)

Bequemer ist die Anreise mit dem Geländewagen, organisiert etwa von
www.viajesdelsur.com/espanol/merlo/
excursio/f_champa.htm

Weitere Bilder und Reiseberichte finden sich in
www.midnightsoret.com.ar/viajes/
cabos082004.html

3.3.4 Pampasberge zwischen Cuyo und Atlantik

Parque Nacional Lihué Calel

Der 10 000 Hektar große Nationalpark beherbergt 345 Pflanzenarten, die Hälfte der Arten der Pampasprovinz. Da die Pampa Humeda, die Feuchte Pampa, stark landwirtschaftlich genutzt wird, sind die Berge letzte Zufluchtsorte für Puma, Jaguar und Geoffrey-Katze. Sie jagen dort Guanakos, Vizcachas und Maras. Während der Campaña del Desierto, dem von

General Roca gegen Ende des 19. Jahrhunderts geführten Vernichtungskriegs gegen die Indianer, flohen Gruppen der Araukanier unter Führung von Häuptling Namuncurá in die Sierra Lihué Calel. Die Indianer hinterließen im Gebiet des Parks zahlreiche Felszeichnungen. Ein Teil dieser Zeichnungen kann man auf einem gut ausgeschilderten Lehrpfad durch den Dornenwald besichtigen.

Wem es nach einem Gipfel gelüstet, der kann sich am 589 m hohen **Cerro de la Sociedad Cientifica Argentina**, dem Gipfel der wissenschaftlichen Gesellschaft Argentiniens, erproben. Vom Gipfel hat man gute Ausblicke über den Bergzug und die umliegenden Seen Laguna La Amarga, den Bitteren See, Laguna La Dulce, den Süßen See, und Laguna Urre Lauquén. Etwas weiter entfernt liegen die **Salzpfannen** Saltral Levalle und Salina San Maximo.

Informationen über die **Wanderwege** gibt es im Besucherzentrum. Von Santa Rosa fahren täglich Busse in etwa vier Stunden auf der Ruta 152 zum Park. Beim Besucherzentrum befindet sich ein kostenfreier Zeltplatz mit Feuerstellen, Duschen und Toiletten. Das Essen muss man selbst mitbringen.

Service-Adressen

Nationalparkverwaltung
Parque Nacional Lihue Calel
Casilla de correo 53
8200 General Acha, La Pampa
Tel.: 029-52-43-6595, 52-43-2639

Lihue Calel im Internet
www.parquesnacionales.gov.ar/03_ap/
    20_lcalel_PN/20_lcalel_PN.htm
www.liveargentina.com/LapampaPARQUES.htm
www.welcomeargentina.com/parques/
    lihuecalel.html
www.argentinaxplora.com/activida/parques/
    parc/lihue.htm
www.caldenweb.com.ar/turismo-la-pampa/
    turismo-la-pampa-paseos-lihue-calel-
    lihuel.htm

Der Cuyo

Sierra de la Ventana

Ein bei Argentiniern sehr beliebter Höhenzug im Südwesten des Bundesstaats Buenos Aires, in den sich selten europäische Trekker verirren, ist die Sierra de la Ventana, 100 km nördlich Bahia Blancas. Die drei Hauptgipfel **Cerro Chico** (1025 m), **Cerro Ventana** (1136 m) und **Cerro Tres Picos** (1239 m) geben Hauptstadt- und Flachlandbewohnern ein Gefühl extremer Höhe. Der **Parque Provincial Ernesto Tornquist** schützt 6700 Hektar der Sierra de la Ventana. Er verfügt über ein gut gestaltetes Besucherzentrum (Tel.: 0291-491-0039 oder 15-573-7320), das 7 km westlich von Villa Ventana an der Ruta 76 liegt. Führer stehen bereit, um die Gäste auf vier- bis fünfstündige leichte Wanderungen, etwa auf den Cerro Ventana oder in die Garganta del Diablo, die Teufelsschlucht, mit einem 15 m hohen Wasserfall, mitzunehmen. Es gibt auch kurze Rundwege, wie etwa zu Los Piletones oder der Garganta Olvidada, die man allein begehen darf. Auf den Cerro Ventana (1136 m), den wohl am meisten bestiegenen Berg Argentiniens, führt ein Lehrpfad mit zehn Stationen, die über Natur und Kultur der Region Auskunft geben. Wahrzeichen der Sierra de la Ventana ist natürlich das Ventana, das Fenster im Berg, etwa 8 m hoch und 5 m breit. Den höchsten Berg der Region, den **Cerro Tres Picos** (1239 m), erreicht man über die Ruta 76 und die Estancia Funke (Tel.: 494-0058).

Trekking und Camping sind dort genehmigungs- und kostenpflichtig.

www.comarcaturistica.com.ar
www.sierradelaventana.com
www.villaventana.com

Sierras de Tandil

Nur Pampas-Bewohner können die sanften Erhebungen südlich von Tandil und 250 km nordöstlich von Mar del Plata „Sierras" taufen. Die grasbewachsenen Hügel haben 2,5 Millionen Jahre auf dem Buckel und erreichen etwa 500 m Höhe. Die bekanntesten Gipfel heißen Olavaria, Azul, Tandil und Balcaré. Höchste Erhebung ist der etwas nördlich des Haupthöhenzugs liegende **Cerro La Blanca** (502 m). Die Sierras haben einige bei Sportkletterern beliebte Felswände und bieten Mountainbikern willkommene Abwechslung von der Ebene. Auch in den Sierras de Tandil gibt es ein Naturschutzgebiet, die Reserva Natural Sierra del Tigre. Im 6 km außerhalb der Stadt Tandil gelegenen, lediglich 140 Hektar großen Reservat gibt es einen 3,5 km langen Rundweg, ein Informationszentrum und eine biologische Station. Höchster Gipfel dort ist der **Cerro Venado** (389 m).

www.welcomeargentina.com/tandil/
    historia.html
www.aventurarse.com/red/
    relatos/gonzalezgust3.html
www.cybertandil.com.ar/

Der Cuyo

Der magische Zirkel – die St.-Josefs-Feier der Gauchos in den Bergen von Córdoba

Padre Pablo, ein junger Priester aus der argentinischen Provinz Córdoba, parkt den Dienstwagen seiner Diözese am Rand der Piste zur Berghütte Tres Arboles, zu Deutsch Drei Bäume. Selbst für das robuste Allradfahrzeug ist hier auf 2335 m Höhe Schluss. Sein nächstes Verkehrsmittel wartet schon angebunden im Pferch. Vier Tage muss der geistliche Hirte einer riesigen Region zwischen Villa General Belgrano und Corcovado nun mit nur einer Pferdestärke vorliebnehmen. Morgen am St.-Josefs-Tag, am 19. März, muss er die große Prozession am Fuße des Cerro Champaqui leiten. Und zu diesem mit 2887 m höchsten Berg der Sierras de Córdoba führen eben nur sehr schmale, steile Pfade.

In Begleitung einiger Gauchos macht sich der Seelsorger auf ins Herzland der mittelargentinischen Berge. Auf dem Weg zum Cerro Champaqui herrscht, wie häufig an Wochenenden und religiösen Feiertagen, reger Verkehr. Rege heißt in Argentinien, dass alle halbe Stunde jemand vorbeikommt. In den Sommerferien steigen meist Bergtouristen aus der Stadt auf, doch jetzt am Tag vor St. Josef, der für die Südhalbkugel der Erde den Herbstanfang ankündigt, gibt es fast nur Leute aus der Region.

Am Abend vor St. Josef, wenn sich der große Platz vor dem Haupthaus und der Pferdekorral immer mehr mit Gauchofamilien und ihren Reittieren füllen, herrscht für die Küchenmannschaft des Puesto Ramón Gonzalez Alarmstufe 1. An jeder Arbeitsfläche in der Wohnküche, im Versammlungsraum und im Freien wird geschuftet. Die Frauen machen Berge von Empanadas, kleine mit Hackfleisch gefüllte Teigtäschchen, die in schwimmendem Fett ausgebacken werden, schnippeln Gemüse und Salat und stopfen leckere Blutwurstmasse in Schafsdärme. Über alle Arbeitsabläufe wacht Dona Sara, die unumschränkte Herrscherin der Puesto Ramón Gonzalez, mit

Argusaugen. Nicht auszudenken, wenn jetzt etwas schiefgehen würde. Die Männer schlachten und zerlegen mit großer Routine die aus den Pferchen herangeschafften Tiere. Sie stopfen große, aus Schweineschwarten genähte Taschen mit Fleischstücken und Innereien und kochen sie fünf bis sechs Stunden in wassergefüllten 200-Liter-Tonnen über offenem Feuer.

Das Allerheiligste ist jedoch der Asado-Raum. In einer aus groben Granitblöcken gefertigten Hütte mit riesigem Kamin steht ein Grill, der groß genug ist, um zwei Schafe und ein halbes Rind gleichzeitig zu brutzeln. Was von der Glut auf den Tisch kommt, sind keine einfachen Steaks oder Keulen, sondern Fleisch gewordene Gedichte. An den langen Bänken der Versammlungshalle zücken die Gauchos ihre rasiermesserscharfen Dolche und lassen sich's schmecken.

Gegessen wird fast nur schieres Fleisch, das mit reichlich alkoholischer Flüssigkeit eingeschwemmt wird. „Wasser ist für die Pferde da", scherzt Miguel und nimmt einen Schluck Rachenputzer aus einem großen Kuhhorn, das an seiner Schulter hängt. Die meisten der Neuankömmlinge, die sich langsam in Festimmung bringen, befeuchten ihre Kehlen mit Tetrapack-Wein und Bier. Vor allem unter den Jüngeren findet man aber immer wieder Leute, die scheinbar nur eine Cola schlürfen. Dabei handelt es sich allerdings um eine ziemlich teuflische Mischung von Fernet Branca mit Cola. An den Tagen um St. Josef gibt es eben kein Pardon für die Leber.

Padre Pablo hat es fast geschafft. Nur noch zum letzten Mal den Río Tabaquillo, dessen Lauf der Weg zum Cerro Champaqui folgt, überqueren, dann kann er seinen geplagten Leib wieder der Erde anvertrauen. Er wird in einer Berghütte ein Häppchen vom Grill, eine Spanferkelkeule oder eine Lammschulter, zu sich nehmen und dann die Ruhe des Pfarrhauses aufsuchen. Die ihn begleitenden Gauchos haben dagegen anderes im Sinn. Der Samstag vor St. Josef ist dem Wiedersehen, dem Austausch von Neuigkeiten, der Musik, dem Tanz, dem Asado und natürlich dem strategischen Trinken gewidmet. Ein alter Haudegen, der anscheinend auf seinem weiten Ritt schon reichlich dem Schnaps in seinem Kuhhorn zugesprochen hat, steigt vom Pferd und wankt auf die Berghütte von Dona Sara zu. „Wo zum Teufel ist hier die Bar?", ruft der Dürstende mit kräftiger Stimme.

Es ist unfassbar, wie viel Alkohol diese meist recht kleinen, aber drahtigen Gestalten in sich hineinschütten können. Die Gauchos und ihre Familien führen auf dem rauen Hochplateau der Sierra fast das ganze Jahr ein hartes Leben voller Arbeit und ohne viel Abwechslung, da lassen sie zu Festtagen gern mal richtig die Sau raus. Promillekontrollen gibt es auf dem Hochland nicht. Ein Gaucho kann sich in fast jedem Zustand seines Körpers auf seinem Pferd halten, und das Pferd weiß auch allein den Weg nach Hause. Zu St. Josef nächtigen die meisten jedoch in den Berghütten oder schlagen irgendwo in deren Nähe ihre Zelte auf. Bei Dona Sara scheinen nur die älteren Frauen und die Kinder ins Bett zu gehen. Die Männer und die jungen Mädchen machen durch.

Am Sonntagmorgen haben die meisten Männer nur zwei oder drei Stunden Schlaf auf einer Bank oder dem Hallenboden hinter sich und noch reichlich Restalkohol im Blut. Die Frauen und Mädchen sind in besserer Verfassung und stehen schon vor der Toilette Schlange. Einige helfen ihren Kavalieren, wieder ins Gleis zu kommen. Schließlich gilt es jetzt, sich und die Reittiere für die Prozession fein zu machen. Da werden Halstücher gezupft, Ponchos zurechtgerückt und Stiefel poliert. Das größte Augenmerk gilt jedoch Sattel und Zaumzeug. Beide sind für Gauchos so persönlich wie für Normalbürger Zahnbürste und Lesebrille.

Auch Don Felipe, der die Reiterprozession anführen wird, hat zum St.-Josefs-Tag sein schönstes Festtagsgewand angelegt. Er trägt schwarze Bombachas, weite Reiterhosen, ein blütenweißes faltenfrei gebügeltes Trachtenhemd, einen knallroten Poncho und hohe Stiefel mit klirrenden Sporen. Um die schlanke Leibesmitte hat er den Stolz jedes Mannes, den extrabreiten, mit Silbermünzen und Fellbesätzen reich verzierten Ledergürtel gelegt, in dem das große Messer in einer silbernen Scheide steckt. Sein edles Ross ist nicht weniger aufwendig geschmückt. Lieber bleibt ein Gaucho hungrig als dass die Accessoires seines Pferdes nicht in bestem Zustand sind.

Im Alltag ist Don Felipes Arbeitsgewand oft voller Staub oder Schlamm, Schnee oder Blut. „Im Sommer verbrennt uns die Bergsonne, im Winter ziehen uns der Nebel und der Eiswind alle Wärme aus den Knochen", erzählt er, „doch für mich gibt es kein besseres Leben als hier oben bei den Herden zu sein." Seine Kinder denken genauso. Es gibt erstaunlicherweise kaum eine Abwanderung der Jugend vom Hochplateau. Eine außergewöhnliche Schule, die Escuela Florentino

Ameghino, sorgt dafür, dass die Kinder auch in der Bergeinsamkeit wenigstens eine Grundausbildung bekommen. Die meisten der derzeit 14 Eleven kommen am Sonntag viele Stunden mit dem Pferd oder zu Fuß angereist und kehren am Freitag genauso zurück nach Hause. Wer gar zu weit weg wohnt, muss den ganzen Sommer über im Internat verbringen. Der Staat zahlt Essen und Unterkunft. Im Unterschied zu normalen argentinischen Schulen gibt es in der Escuela Florentino Ameghino keine Sommerferien. Dafür haben die Gauchokinder im Winter frei, wenn hoher Schnee den Schulgang unmöglich macht.

Neben den Kindern werden auch Erwachsene, die in der Jugend keine Gelegenheit zum Schulgang hatten, unterrichtet. Die Lehrerin María Alejandra Martinez erzählt: „Ich gebe ihnen ihre Kursunterlagen mit nach Hause und alle paar Wochen, so wie es ihre Arbeit erlaubt, treffen wir uns zur Korrektur." Es geht dabei um Basiswissen wie Lesen, Schreiben und Rechnen, aber auch um höhere Fähigkeiten wie Buchführung oder den richtigen Umgang mit Behörden – nicht nur in Argentinien eine Kunst.

Doch Gedanken an die Schule sind am St.-Josefs-Tag weit weg. Während die Gauchos und ihre Familien in den Berghütten der Umgebung noch in den Tag finden müssen, harrt der Pfarrer allein vor der kleinen St.-Josefs-Kapelle im Tal des Río Tabaquillo aus. Um 9.30 Uhr war eigentlich die Prozession geplant, doch noch ist alles still. Padre Pablo hat Verständnis für die Verspätung seiner Schäflein. Er füttert die hübschen rotbrüstigen Noique-Vögel, die als erste Lebewesen an diesem Tag den Weg zum Gotteshaus gefunden haben. Um 10.30 Uhr bimmelt er an der kleinen Glocke, die in einem Baum im Kirchgarten befestigt ist. Ein paar Schweine erscheinen und wühlen den weichen Erdboden außerhalb der Kapellenmauer um. Gegen 11 Uhr wird der Priester schon etwas ungeduldig und bimmelt heftiger an seiner Glocke. Daraufhin hüpfen drei kleine Mädchen von der nahen Bergschule heran und sagen, dass sie beichten wollen. Der Gottesmann wirft in Windeseile die Soutane über und nimmt unter einem schattenspendenden Baum unweit der Kirchenmauer die Beichte ab. Außer den Elfjährigen scheint niemand sonst den seelischen Druck zu verspüren, sich von seinen Sünden befreien zu müssen.

Der Pfarrer geht wieder zu der Glocke. Er läutet zehn Minuten lang, nichts rührt sich. Eine weitere halbe Stunde vergeht. Der Padre wird nun doch unruhig und hockt angespannt auf der Einfriedung der Kapelle. Wieder bimmelt er, diesmal im Stakkato. Und dann endlich, es ist nun schon nach 12 Uhr, passiert es. Mit YEEPEEE-Schreien kommen die Gaucho-Familien über den Hügel und auf die Kapelle zugeritten.

Ganze Großfamilien sitzen im Sattel, die Kleinsten auf Papa, Mama, Opa und Geschwister verteilt und meist selig schlafend. Gibt es eine bessere Wiege als ein Pferd? Die kleine Kapelle füllt sich schnell mit Frauen und Kindern. Höchstens fünf Männer treten ein, aber bleiben im Eingangsbereich stehen, wie zur Flucht bereit. Dabei macht es Padre Pablo gnädig. In Ermangelung einer Orgel spielt er Gitarre zu den Kirchenliedern. In seiner Predigt führt er geschickt aus: „Es ist gut, dass ihr euch hier alle trefft. Es ist gut, dass ihr über eure Familien und das Vieh redet. Es ist gut, dass ihr zusammen Grillfleisch esst, und es ist auch gut, dass ihr dem guten Wein zusprecht. ABER vergesst dabei den HERRN nicht …"

Den Männern mangelt es dennoch an Inbrunst. Erst nach dem Segen wird einer munter. Als die Gemeinde die Kapelle verlässt, wendet er sich an den Pfarrer und fragt so ganz im Vertrauen: „Pater, wir dürfen doch nachher galoppieren, oder?" Padre Pablo nickt verständnisvoll und stellt dann seine Ministranten und Heiligenbildträger zur Prozession auf. Die Sonne lacht. Der Himmel ist mit dem heiligen Josef.

Ein Ministrant trägt das Kreuz dem Pfarrer vornweg, es folgen andere Sakramentalien, dann die beiden von jeweils vier Frauen getragenen Statuen von Maria und Josef und schließlich die Gemeinde: erst das Fußvolk, dann die große Schar der Reiter. Einige der Reiter tragen Fahnen. Don Felipe, der Anführer der Kavalkade, hat eine besonders schöne. Padre Pablo intoniert das erste Gebet. Die katholischen Andachtsformeln werden meditativ wiederholt. Im Rhythmus des Gebets bewegt sich der Zug fort, durchquert das Bächlein unterhalb der Quelle am St. Josefs-Kirchlein, windet sich langsam einen Hügel hinauf. Schließlich erreicht die Prozession ein Plateau und zieht weiter bis zu einer Art natürlichen Amphitheater, einem Halbrund aus Felsen, die aus der grasigen Ebene ragen.

Der Kreuzträger und Padre Pablo erklimmen als Erste die Granittürme und stellen sich an den höchsten Punkt. Die schon etwas verschwitzten Trägerinnen setzen erleichtert die Marienstatue ab. Der heilige Josef wird dagegen nicht von den Schultern genommen. Er soll heute alles bestens von oben sehen können, schließlich ist es sein Tag. Die Fußgänger belegen die noch freien Aussichtsplätze auf den Felsen, die Hundertschaft der Reiter hält in einer langen Reihe vor der Felsengalerie. Schließlich sind alle aufgestellt. Einen Moment herrscht atemlose Stille. Die Spannung scheint die Luft zu elektrisieren.

Auf diesen Augenblick haben alle gewartet. Der Blick von Don Felipe sucht das Auge Padre Pablos und erkennt darin Zustimmung. Der Reiterführer reißt den Arm mit der prächtigen Fahne in die Höhe und brüllt: „Es lebe der heilige Josef!" Wie aus einer Kehle wiederholen die Gauchos: „Viva San José!" und versetzen ihre Pferde aus dem Stand in Galopp. Die Rosse beschleunigen in kurzer Zeit auf Höchstgeschwindigkeit. Vor der Felsgruppe mit den Zuschauern rasen die Reiter in einem weiten Kreis über das Plateau. Als die Ersten mit Don Felipe an der Spitze wieder das Kreuz erreichen, ertönt der Ruf: „Es lebe die Jungfrau von Fátima!", und wieder antworten alle: „Viva la Virgen de Fátima!"

Die nächste Runde gilt Jesus Christus: „Viva el Cristo Rei!" Die Hufe donnern für den Sohn Gottes. Dann wird es weniger heilig: „Viva el acompañamiento!" Damit lässt man die Pferde hochleben. Als ob sie ihre Reiter verstünden, legen die Vierbeiner noch einen Zahn zu. Der Staub wabert mannshoch. Schließlich gibt es auch noch ein Viva und eine Galopprunde für den geduldigen Padre Pablo, er hat sie sich redlich verdient. „Viva el padre Pablo!"

Im Hintergrund ragt vor tiefblauem Himmel der Gipfel des Cerro Champaqui auf, in der Mitte stehen regungslos und von der Sonne angestrahlt die Menschen hinter dem Kreuz und den Heiligenstatuen, und im Vordergrund bilden die dahinrasenden Gauchos einen magischen Zirkel. Das Getrommel der Pferdehufe, die „Viva"-Schreie der Männer und das Klirren des Sattelzeugs wird zur Musik, einer Ode nicht nur an den heiligen Josef und die Jungfrau Maria, sondern auch an die Freiheit, die Natur und die Freude am Leben.

DER NORDWESTEN

Vikunja vor dem Cerro Incahuasi

1.1 Das andere Argentinien

Die sechs nordwestlichen Bundesstaaten **Ju-juy**, **Salta**, **Catamarca**, **Tucumán**, **La Rioja** und **Santiago del Estero**, auch zusammenfassend Noroeste Andino, der andine Nordwesten genannt, nehmen im Land eine Sonderstellung ein. Argentinien, das ist heute Buenos Aires und der Río de la Plata, Mendoza und die Hochanden, die unendlichen Weiten der Pampas und die Insel Feuerland. Zur präkolumbianischen, aber auch noch in den ersten Jahrhunderten der spanischen Zeit war das alles uninteressant. Von dem, was heute Argentinien ist, war nur der Nordwesten wichtig. Zwei Drittel der Bevölkerung lebten dort, hauptsächlich von Bewässerungslandbau. Die politische und wirtschaftliche Orientierung war nach Norden ausgerichtet. Im 15. und 16. Jahrhundert dehnte sich das Inkareich bis in den Nordwesten Argentiniens aus. Quechua wurde die neue offizielle Sprache, konnte aber die einheimischen Sprachen Cacan und Omaguaca nicht völlig verdrängen. Nach der Eroberung des Inkareichs durch die Spanier diente der Noroeste Andino als Nachschubbasis für die reichen Kolonialstädte Boliviens und Perus, vor allem für die legendäre Silberstadt Potosí. Aller Warenverkehr zwischen den Kolonien und Spanien musste nach einem Dekret der spanischen Krone über Lima abgewickelt werden. Erst nach Gründung des Vizekönigtums Río de la Plata 1776 gab es eine direkte Handelsverbindung nach Spanien über den Atlantik, und die nördlichen Andenprovinzen verloren ihre Wichtigkeit.

Bis heute ähnelt der Nordwesten mehr den Andenstaaten Peru und Bolivien als dem Rest von Argentinien. Indianische und frühkoloniale Einflüsse sind überall sichtbar.

Die **Ökonomie** des Nordwestens ist geprägt von wenig ertragreichem Bergbau und der Landwirtschaft. Vielen Menschen sind die Lebensbedingungen zu armselig geworden, und sie suchen ihr Heil in der Flucht in die großen Städte des Ostens. Doch was für einen Argentinier Armut ist, scheint einem Bolivianer oder Peruaner oft noch sehr verlockend. In den Zink-, Blei-, Eisenerz- und Silberminen, auf den Tabak-, Zuckerrohr-, Zitrusfrucht- und Mangoplantagen schuften daher auch viele Menschen aus den nördlichen Nachbarstaaten. Auch die Obst- und Gemüsestände am Straßenrand werden oft von Bolivianern betrieben. Insgesamt leben 800 000 zumeist Quechua sprechende Bolivianer in Argentinien.

In den argentinischen Nordwestprovinzen unterscheidet man drei Landschaftstypen: die extreme Hochwüste der **Puna de Atacama**, die wunderschönen **Quebradas**, eine Welt vielfarbiger Schluchten und bizarrer Gesteinsformationen, und der voller Leben steckende subtropische Dschungel der **Yungas**. Sich dort zurechtzufinden ist nicht einfach. Es gibt kaum markierte Wanderwege, sehr wenig Führerliteratur und nur selten detaillierte Karten. Für viele macht jedoch gerade die relative Unerschlossenheit den besonderen Reiz von Trekkingtouren in diesen Regionen aus.

Der Nordwesten

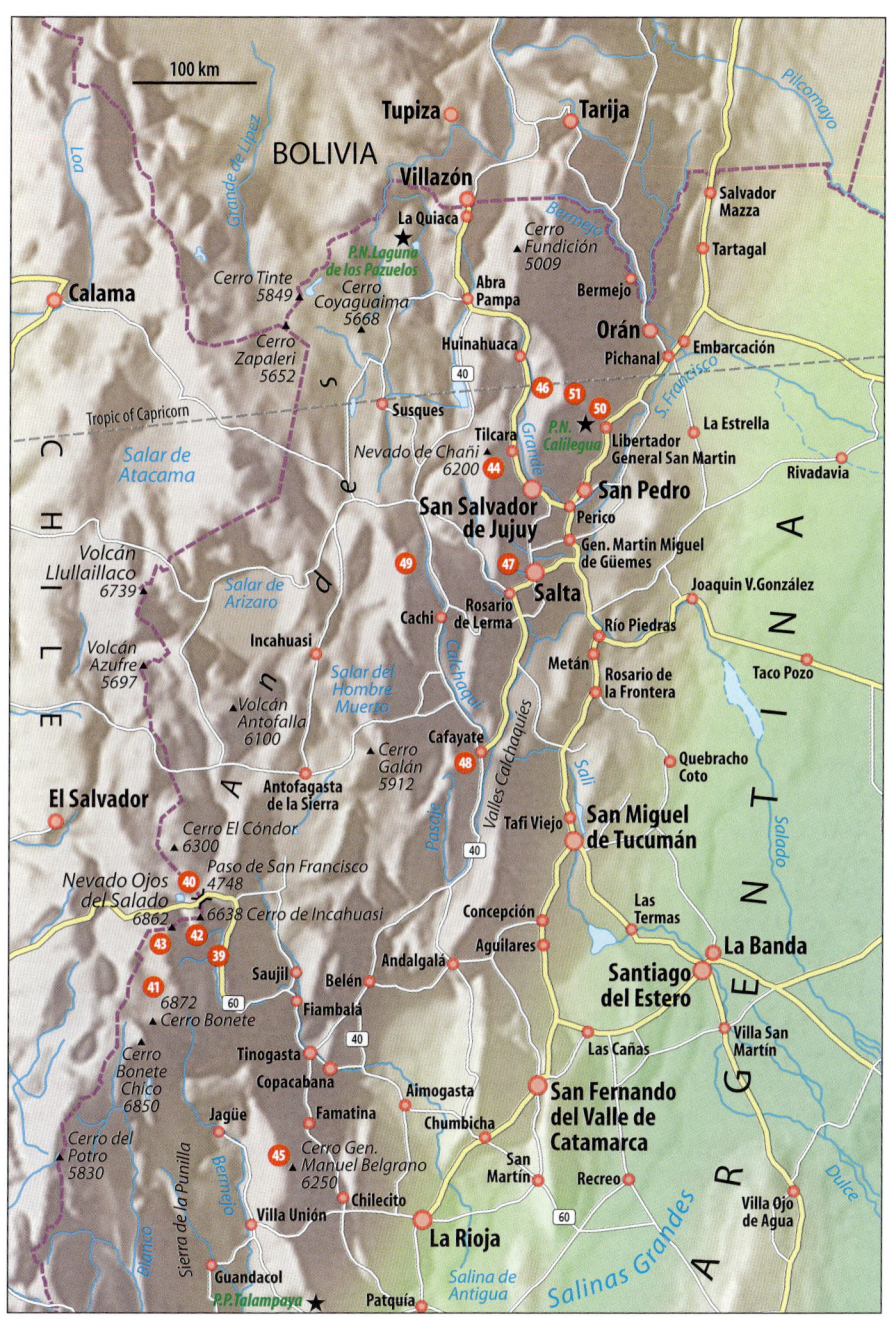

1.2 Klima und Reisezeit

Im Südsommer, von Dezember bis März, wenn in den Hochanden und in Patagonien Trekkingsaison ist, herrscht im Nordwesten Argentiniens die **Regenzeit**. Bergtouren größeren Maßstabs sollten in dieser Zeit nicht geplant werden. Problematisch ist weniger der Regen selbst, auch wenn der sturzbachartig vom Himmel fallen kann, sondern die Gefährdung durch Blitzschlag in größeren Höhen und vor allem das Risiko, durch angeschwollene Flüsse oder Erdrutsche am Berg abgeschnitten zu werden. Auch in Wüstengegenden, in denen es kaum regnet, können periodische Flüsse, die von Regenfällen in den Bergen gespeist werden, eine ganze Region für Tage isolieren. Man denke nur daran, dass es im Norden des Landes kaum Brücken gibt. In großen Höhen fällt der oft einzige Schnee des Jahres im Sommer.

Zu den Vorteilen der Regenzeit gehört, dass es regelmäßig abkühlt, dass wenige Leute unterwegs sind und dass sich im ständigen Wechselspiel von Regen und Sonne herrliche Landschaftsbilder ergeben. Touren mit sicherer Rückkehrmöglichkeit, etwa in der Nähe befestigter Straßen, sind in dieser Zeit besonders reizvoll und empfehlenswert.

Der Rest des Jahres ist im Nordwesten Argentiniens für Trekker eher unproblematisch. Regionale Differenzen sind jedoch ausgeprägt. Der Spätfrühling vor den ersten Regen gilt als beste Trekkingzeit für die Berge um Salta, bringt aber in der **Hochpuna** oft extremen Wassermangel mit sich. Im Südwinter gibt es in höheren Gefilden deutliche Minusgrade, aber in tieferen Lagen angenehme Temperaturen. Als beste Trekkingzeit im Nordwesten gilt vielen der Herbst, also der Frühling der Nordhalbkugel, wenn alles noch schön grün, aber schon trocken ist.

Die **Yungas** haben ihre eigenen Gesetze. Der Frühling kann extrem heiß und trocken sein, Schönwetterperioden können im Sommer Temperaturen zwischen 45 und 50° C bringen. Da der Sommer auch die Hauptregenzeit ist, geht die Hitze mit brachialer Schwüle einher. Tagsüber fressen einen Schwärme von Kriebelmücken, nachts lassen einen die Moskitos zur Ader. Nach starken Regenfällen werden vorher harmlose Bäche zu lebensgefährlichen Hindernissen. Aufgrund der geringen Mächtigkeit der Bodenkrume von nur 40 bis 50 cm sind die mächtigen Urwaldbäume in dieser Gegend bei Sturm sehr umsturzgefährdet! In den Yungas sieht es aus wie in Waldelefantenland. Man sollte sich bei Sturmgefahr seinen Zeltplatz genau aussuchen.

Für Kajak- und Raft-Spezialisten ist der Sommer die ideale Zeit für Touren auf den Urwaldflüssen, Trekker dagegen sollten sich fernhalten. Umgekehrt stellt sich die Situation im Winter dar. Für Wildwasserfreunde sind die Wasserstände oft zu niedrig, aber Trekker finden ideale Bedingungen vor. Auch in der Ebene kühlt es nachts deutlich ab; die Tage sind gemäßigt warm, die ideale Zeit für Dschungeltouren.

2.1 Hölle und Himmel

„Die öde und ungastliche Umgebung und die ständig wehenden elenden Winde der Puna de Atacama sind nicht jedermanns Geschmack, aber die unglaubliche Sicht und die wunderbare Klarheit der Luft hinterlassen einen tiefen Eindruck bei allen, die das Gebiet besuchen."

(John Biggar)

Die immense Sicht und die herrliche Klarheit der Luft leiden manchmal, wenn Staubstürme über die Puna ziehen. Aber sonst ist dieser Einschätzung der Bergsteigerlegende John Biggar nichts hinzuzufügen. Wer freiwillig in das riesige aride Hochland zwischen der argentinisch-bolivianischen Grenze im Norden und der Laguna Brava im Süden reist, soll sich hinterher nicht beschweren.

Tiefe Eindrücke nimmt er auf jeden Fall mit, so oder so. Doch nur wer gut vorbereitet kommt, wird die Region auch mit positiven Gefühlen wieder verlassen. Hassen wird die Puna zu bestimmten Zeiten jeder. Die Tage können nicht nur brütend heiß, sondern auch so voll aggressiven Lichts sein, dass man zu spüren meint, wie sich die UV-Strahlung durch die Retina und unter die Haut frisst. In der Nacht kriecht einem die Kälte in die Knochen, und viele lässt der Sauerstoffmangel in der großen Höhe nicht schlafen.

Nicht einmal auf das Wüstenklima kann man sich verlassen. Auch hier gilt die Regel, dass man in der Wüste eher ertrinkt als verdurstet. Wer sein Zelt gern in den schön flachen, ausgetrockneten Flusstälern aufschlägt, spielt mit seinem Leben. Vielleicht wird er des Nachts noch ein dumpfes Grollen hören, bevor die Wasser- und Schlammwand, die sich irgendwo weit weg durch Regenfälle in den Bergen ge-

Quebrada de las Angustoras

bildet hat, ihn mit aller Habe wie einen Müllsack mitreißt. Gerade im Sommer kann es überraschend viel regnen. Das freut auch alle Sorten stechender und blutsaugender Insekten, die den Wanderer besonders in den wenigen lauschigen Wiesentälern, die die Puna durchziehen, willkommen heißen.

Lieben lernen kann man die Puna dagegen in den frühen Morgen- und späten Abendstunden. Dann gibt die tief stehende Sonne mit ihren Schattenspielen den Bergen eine unglaublich plastische Struktur und mit ihrem milden Licht den Gesteinen eine fantastische Farbenvielfalt. In diesen Stunden verwandelt sich die Puna in eine Kunstgalerie der Natur, in der das Staunen kein Ende nimmt.

Der Nordwesten

2.2 Trekking und Bergsteigen in der Puna

2.2.1 Wer ist der Größte?

Die Berge der Puna sind ganz überwiegend vulkanischen Ursprungs. Zwar sind die meisten der Erdschlote momentan sehr friedlich, doch heiße Quellen erinnern vielerorts daran, dass die Magmaströme im Erdinneren bedenklich nahe sind. Betrachtet man die Höhe des Gebirges, so kann man sagen, dass die Puna dort anfängt, wo die Ostalpen aufhören. Nur die Westalpengipfel würden als lächerliche Hügel über die Hochebene hinausragen. In der Puna beginnt ein Berg bei 6000 m. Je nach Definition der Region und der federführenden Messinstanz überschreiten 35 bis 40 der Vulkanriesen diese Höhe, das ist die höchste Konzentration von Sechstausendern außerhalb des Himalayas.

Die genaue Anzahl ist deshalb unbekannt, weil von offizieller Seite bis heute um die Höhe wichtiger Andengipfel gestritten wird. Chile hat mehrfach versucht, den **Ojos del Salado** zum höchsten Berg Lateinamerikas zu machen, denn die Normalroute auf diesen Berg geht von Chile aus. Heute gilt es aber als erwiesen, dass der Aconcagua der höchste Andengipfel ist. Bolivien machte den kühnen Versuch, den Nevado de Illimani zum zweithöchsten Berg der Anden zu ernennen, was Chilenen und Argentinier gemeinsam als lächerlich zurückwiesen. Fleißig gestritten wird weiterhin um die Höhe des **Monte Pissis**, der in Argentinien manchmal als zweithöchster, in Chile dagegen immer als dritthöchster Berg der Anden geführt wird.

In Zeiten moderner Satellitentechnologie und allgemeinem Zugang zu diesen Daten, etwa über das Geographic Information System, sollte die Höhe eines Berges kein Thema mehr sein. In Südamerika haben aber meist die Institutos Géograficos Militar, die Militärischen Geografischen Institute, das Monopol bei allen kartografischen Entscheidungen. Die Dispute um die richtige Höhe mögen zunächst lächerlich erscheinen, haben aber außer Prestigedenken auch erhebliche wirtschaftliche Interessen als Hintergrund. Den Höhenjägern dieser Erde ist es ja völlig Wurst, wie ein Berg aussieht oder wo er steht, Hauptsache es ist der höchste. So stehen in den Basecamps am Aconcagua oft an einem Tag 300 Zelte, während sich auf den Monte Pissis, immerhin mindestens dritthöchster Berg Südamerikas und bis fast 5000 m bequem mit dem Auto zu befahren, im Jahr nur zwei bis drei Dutzend Bergsteiger verirren. Nur 40 bis 50 Leute im Jahr versuchen den Ojos del Salado von der argentinischen Seite. Der Aconcagua kostet 300 US-Dollar Gipfelgebühr, den Monte Pissis gibt es umsonst. Nicht auszudenken, irgendwo in einem anderen Andenland würde ein Berg nachgemessen und zur höchsten Erhebung außerhalb Asiens erklärt. Die Ökonomie einer ganzen Region würde sich verändern.

Lange waren nicht nur die Höhe, sondern auch die Lage, ja sogar die Existenz mancher Berge umstritten. Es war lange nicht klar, ob Bonete Grande und Bonete Chico (6759 m) ein oder zwei Berge sind. Doch hier hat die Satellitentechnologie in den letzten Jahren die letzten weißen Flecken von der Landkarte getilgt. **Bonete Chico**, der kleine Bonete, ist der Hauptgipfel im Süden des Bonete-Massivs. **Bonete Grande**, der Große Bonete, ist dagegen trotz seines Namens ein kleinerer Gipfel im Norden. Wer noch andere Bonetes findet, braucht sich nicht zu wundern, es gibt mindestens neun Stück davon, relativ bekannt sind der Bonete im Cerro-Catedral-Massiv bei Bariloche und der auf Feuerland.

Unumstrittene Einigkeit besteht aber bei Kartografen, Bergsteigern und Trekkern, dass sich das Filetstück der Puna in der Provinz Catamarca westlich des Örtchens Fiambalá befindet. Dort sitzen drei ganz Große, der **Ojos del Salado**, der **Monte Pissis** und der **Incahuasi**, eng beieinander. Es gibt – eine Ausnahme in der Puna – eine hervorragende Straße durch das Gebiet. Sie führt über den 4720 m hohen **Paso San Francisco** nach Chile und ermöglicht leichten Zugang zu etlichen Bergriesen. Nicht zuletzt ist das von Weinbergen und Thermalquellen umgebene Fiambalá eine angenehme Basis zur Vorbereitung von Touren.

Die Berge der Puna sind, von wenigen Ausnahmen abgesehen, technisch problemlos. Man marschiert über Geröll oder Schneefelder den Vulkankegel bis zum Gipfel hinauf. Durch GPS-Geräte bereitet auch die Orientierung keine großen Schwierigkeiten mehr. So

nett das alles ist, es sollte nicht zu Leichtsinn verführen. In der Puna ist es fast so einsam und so trocken wie auf dem Mond. Auch vermeintlich leichte Exkursionen sollten daher nicht auf die leichte Schulter genommen werden. Fehler werden in dieser unbarmherzigen Umgebung hart bestraft. Etliche der jungen Helden, die hier locker ein paar 6000er sammeln wollten, kamen nicht zurück. Wer kein erfahrener Höhenbergsteiger ist, sollte vor Hochtouren viel Zeit auf relativ niedrigen Akklimatisationsstufen einplanen. Wer sich ohne qualifizierten Führer in die ariden, windgepeitschten Höhen der Puna wagt, sollte ein absolut unabhängiger Bergsteiger sein, der auch mit schwierigen Bedingungen souverän klarkommt.

2.2.2 Anreise über Catamarca und Fiambalá

Catamarca

Die Provinz Catamarca gehört wirtschaftlich gesehen zu den ärmsten des Landes, aber sie ist reich an Naturschönheiten. Die gleichnamige Hauptstadt liegt noch in der Ebene. Sie ist ein ruhiger, angenehmer Ort mit einer imposan-

Info Catamarca

145 000 Einwohner, Höhe 530 m, Tel.: 03833

Städtisches Fremdenverkehrsamt
im Gebäude des Archäologischen Museums,
Sarmiento 450, Tel.: 437413

Fremdenverkehrsamt der Provinz
Gral. Roca 1° cuadra Tel.: 43-7594 Fax: 43-7593
turismocatamarca@cedeconet.com.ar

Busbahnhof
Av. Güemes 850, Tel.: 42-3415

Fluglinien
Aerolineas Argentinas
Sarmiento 589 – Loc. 7, Tel.: 0-810-222-86527/42-4460

Catamarca im Internet
www.catamarca.gov.ar www.argentinaturistica.com/
catiresenia.htm
www.visitingargentina.com/esp/catamarca/
www.catamarcaguia.com.ar/
www.catamarca.com/turismo.htm
www.enargentinaturismo.com.ar/sp/catamarca/index.php

ten Kathedrale, drei Museen und vielen preiswerten Restaurants. Die Kathedrale beherbergt das Bildnis der seit dem 17. Jahrhundert verehrten Virgen del Valle, der Jungfrau vom Tale, die nicht nur Schutzpatronin von Catamarca, sondern auch die Patrona Nacional de Turismo, die nationale Tourismusheilige, ist.

Für Trekker ist die Stadt Catamarca vor allem als Verkehrsknotenpunkt und zum Kauf von Proviant und Brennstoff wichtig. Ganz in der Nähe des Busbahnhofs, Av. Güemes 850, Tel.: 42-3415, finden sich Unterkünfte verschiedener Kategorien. Zu empfehlen ist das Hotel del Sol, Salta 1142, Tel.: 43-0803, einen Block von den Bussen entfernt, das auch nicht benötigtes Gepäck für die Dauer der Bergtour aufbewahrt.

Fiambalá

Täglich fahren Busse von Catamarca bis in den Wein- und Bäderort Fiambalá, der auf etwa 1500 m Höhe liegt. Auf der Fahrt nach Westen wird es zunehmend trockener. Doch obwohl das Andenvorland hier eine Vollwüste mit nur etwa 100 mm Jahresniederschlag ist, wird erfolgreich Bewässerungslandbau betrieben. Die Busreise nach Westen führt an großen Oliven- und Rebenplantagen vorbei.

In Fiambalá gibt es drei Blocks vom Busbahnhof entfernt eine günstige und saubere kommunale Unterkunft: Hosteria Municipal, Diego de Almagro, Tel.: 03837-49-6016.

Im gleichen Gebäude befinden sich auch Fremdenverkehrsamt, Restaurant und Souvenirladen. Die meisten inländischen Besucher kommen wegen der Thermen, die sich in den Bergen etwas außerhalb der Stadt befinden, nach Fiambalá. Viele Ausländer verspüren in der gleißenden Wüstensonne allerdings weniger den Wunsch nach einem richtig heißen Bad, sondern den nach einem kühlen

Bier. Fiambalá hält auch Letzteres in ausreichenden Vorräten bereit. Doch sollte man nicht beim Gerstensaft stehen bleiben. Schon die unglaublich geschmacksintensiven Trauben lassen es ahnen, und der erste Schluck bestätigt den Eindruck – die Weine der Region sind eine Erleuchtung. Der zunehmend nach strengen Qualitätsregeln angebaute Wüstenwein ist eine Rarität, außerhalb Fiambalás wird man ihn nur selten zu kosten bekommen. Die Läden in Fiambalá sind so gut ausgestattet, dass man den Großteil des Proviants vor Ort kaufen kann. Beim Brennstoff für den Kocher sollte man aber kein Risiko eingehen und ihn spätestens in Catamarca besorgen.

Die Angestellten des Fremdenverkehrsamts sind äußerst freundlich und hilfsbereit und erzählen gern über die Schönheiten der Region. Sie vermitteln auch Taxis, denn von Fiambalá weiter nach Westen fahren keine öffentlichen Verkehrsmittel mehr. Die Straße auf den San-Francisco-Pass (4720 m) ist auf der argentinischen Seite vollständig geteert und mit jedem PKW zu bewältigen. Wer weiter in die Puna, etwa zu den **Monte Pissis**- oder **Incahuasi-Basecamps** fahren möchte, braucht dagegen ein geländegängiges Fahrzeug. Pro Kilometer auf der Straße musste man 2005 etwa 1 Peso (1 Euro = 3,7 Pesos) bezahlen. Eine Fahrt von Fiambalá bis hinauf zum Paso de San Francisco und zurück kostete 250 Pesos. Preise für Geländefahrten hängen von der Schwierigkeit ab und sind Verhandlungssache. Ein empfehlenswerter Taxler in Fiambalá ist etwa Javier Sinchez, Tel.: 03837-49-6218, mit seinem knallroten Hilux.

Gipfelstürmer pilgern meist gleich zu Jonson Hugo Reynoso und seiner schönen Tochter Ruth, die ihr **Trekkingbüro** an der Plaza, einen Block von der Hosteria Municipal entfernt, haben. Jonson ist eine argentinische Bergsteigerlegende, bekannter als ein bunter Hund. Kaum ein anderer kennt die Puna so wie er. Er organisiert Puna-Expeditionen für Bergsteiger aus aller Welt und betreibt nebenbei noch die regionale Radiostation. Über Jonson kann man Führer, Ausrüstung, Maultiere nebst Treiber und Geländeautos buchen.

Jonson Hugo Renoso

E-Mail: 4x4cristian@fullzero.com.ar

andestravesias@hotmail.com

Jonson schätzt, dass in der Puna de Catamarca, auf einer Fläche von etwa 8000 km², nur etwa zwei Dutzend Personen dauerhaft wohnen. Das führt auch dazu, dass anders als in stärker besiedelten Regionen nur wenige Tragtiere zu Verfügung stehen. Die Maultiere, die auf den kargen Weiden stehen, wurden meist extra fürs Trekkinggeschäft gekauft und mussten dementsprechend akklimatisiert und trainiert werden. Daher liegt die Miete mit 30 US-Dollar pro Tag wesentlich höher als etwa bei Pferden in Patagonien. Wer direkt mit den Maultierhirten verhandeln will, kann sein Glück in der Nähe von Cazadero Grande, wo zwei kleine Schutzhütten stehen, versuchen (siehe 2.2.3).

Ein Problem auf vielen Routen ist die **Trinkwasserversorgung**. Hier sollte man sich nicht auf Berichte früherer Expeditionen oder auf Angaben in diesem Führer, der die Situation von 2005 beschreibt, verlassen, sondern sich vor Ort nach der aktuellen Situation bei Wasserstellen und der Eis- bzw. Schneelage erkundigen. Der Klimawandel hinterlässt natürlich auch in der Puna seine Spuren.

Internet

Fiambalá im Internet
www.ruta0.com/locs.asp?loc=531
www.todocerca.com.ar/InfoFiambala.asp
www.argentinatotal.com.ar/info_turis/provincias/catamarca/ciudades/fiambala/fiambala.htm

Offizielles

Für Bergtouren in der Puna benötigt man in dieser Region kein Permit. Zur eigenen Sicherheit sollte man sich vor einer Tour bei der Polizei in Fiambalá und gegebenenfalls bei der Grenzpolizei in Las Grutas registrieren lassen.

Puna zwischen Quebrada de las Angustoras und Cazadero Grande

Der Nordwesten

2.2.3 Akklimatisationstouren an der Ruta 60 zum Paso San Francisco

Kartenhinweise
- ChIGM 2645-6815, Paso de San Francisco, 1: 50 000
- IGM 2769-17, Paso de San Francisco, 1:100 000
- IGM 2769-23, Cerro Incahuasi,1:100 000
- IGM 2769-29, Casadero Grande,1:100 000
- IGM 2769-IV, Fiambalá, 1:250 000

Die meisten Europäer, die nach Fiambalá kommen, möchten einen der drei großen Vulkane, Ojos del Salado, Pissis oder Incahuasi besteigen. Bevor man sich in solche Höhen wagt, muss man sich akklimatisieren, was mangels Infrastruktur dort gar nicht so einfach ist. Fiambalá ist, von wenigen, meist sehr ärmlichen Einödhöfen abgesehen, die letzte Siedlung vor der Hochebene und liegt nur auf 1500 m.

Erste Akklimatisationsstufe: 4000 m
Man deckt sich in Fiambalá mit Nahrungsmitteln für zwei oder drei Tage ein und lässt sich mit dem Taxi auf der Straße zum San-Francisco-Pass durch die farbenprächtige Quebrada de las Angustoras bis zur windgeschüttelten **Schutzhütte Cazadero Grande** auf 3500 m fahren. Von da kann man in Richtung Westen über die Hochebene zu einer kleinen, von der Straße aus sichtbaren Lamafarm spazieren oder folgt einer unbefestigten Piste zum Anfang des Cazadero-Tales. Dort steht eine aus Feldsteinen erbaute kleine Hütte namens **Quemadito** (3700 m), die im Sommer als Unterkunft für Arrieros, Maultiertreiber, liegt. Der schmale Río Cazadero versorgt diese Gegend zuverlässig mit kostbarem Trinkwasser. Dort gibt es auch ausreichend Zeltmöglichkeiten. Quemadito ist während der Sommersaison der Treffpunkt für Arrieros und Bergsteiger, die weiter in Richtung Ojos del Salado wollen. Nach einem Tag auf dieser Höhe kann man ein Stück flussaufwärts im Cazadero-Tal in Richtung Aguas Calientes (siehe 2.2.4) gehen und sich einige Stunden über 4000 m aufhalten.

Zweite Akklimatisationsstufe: 5000 m
Nach zwei oder drei Nächten auf 3700 m Höhe kann man sich ein Stück weiter nach oben fahren lassen. Da die Taxis in Fiambalá stationiert sind, müssen Transfers natürlich immer im Voraus vereinbart werden. Der Taxifahrer kann auch frische Lebensmittel mitbringen. Die argentinische Grenzstation **Las Grutas** liegt bereits auf 4500 m. Die Grenzer müssen mehrere Wochen am Stück dort oben ausharren und langweilen sich meist so sehr, dass sie über jede Abwechslung froh sind. Die Grenzstation verfügt über einfache Unterkünfte. Von Las Grutas aus kann man sich in Tagestouren auf den umgebenden „Hügeln" über die 5000-m-Marke vortasten.

Dritte Akklimatisationsstufe: 6000 m
Wer sich nach einigen Tagen Akklimatisation in Las Grutas stark genug fühlt, kann eine Spezialität dieser Region versuchen, eine Tagestour auf einen 6000er. Dazu lässt man sich früh am Morgen auf den 4720 m hohen **Paso San Francisco** bringen. Wem die Taxi-Transfers zu teuer sind, kann natürlich auch mit dem Fahrrad auf den Pass fahren. Die auf der argentinischen Seite perfekt ausgebaute Hochstraße ist bei Radlern der harten Sorte recht beliebt.

⛰ Cerro San Francisco

Der **Cerro San Francisco** (6018 m, 26° 55.09'S 68° 15.45' W, andere Angabe 6010 m, 26° 91.86' S 68° 26.31' W), der dem Pass den Namen gab, ragt unübersehbar südlich der Straße in den Himmel. Der offizielle europäische Erstbesteiger ist der Deutsche

Walther Penck (siehe Walther-Penck-Runde, 2.2.4). Aufgestiegen wird meist über die Nordseite des Berges. Der Cerro San Francisco ist im Prinzip ein riesiger Schotterhaufen, der keinerlei technische Schwierigkeiten aufweist und von konditionsstarken und leidensfähigen Menschen in sechs bis sieben Stunden bewältigt werden kann. Ein guter Taxifahrer hat eine Kühlbox für die Getränke dabei. Natürlich sollte man auch auf dieser Tour nicht vergessen, dass am Berg alles anders kommen kann, als man denkt, und sich entsprechend ausrüsten.

Für alle Gipfeltouren in der Puna gilt, dass die Wetterbedingungen trocken und die Berge weitgehend frei von Schneefeldern sein sollten. Der Südsommer ist meist für schnelle Gipfelaktionen nicht geeignet, da von Dezember bis März Regen- bzw. Schneezeit herrscht. Im Frühling oder Herbst gibt es dagegen häufig schneearme oder gar schneefreie Bedingungen auf den Gipfeln.

Eine Alternative zum Cerro San Francisco ist der **Cerro dos Conos** (26° 80´S 68° 28´ W) auf der Nordseite des Passes. Eine alte Minenstraße führt bis auf 5200 m hinauf. Dieser Berg liegt mit 5880 m Höhe aber knapp unter der magischen 6000er-Grenze.

2.2.4 Circuito Walther Penck – die Walther-Penck-Runde

Kartenhinweise
- IGM 2769-22 Cerro Ojos del Salado
- Alpenvereinskarte 0/13 Nevado, Ojos del Salado, 1:100 000, ISBN 3-928777-94-7
- IGM 2769-23, Cerro Incahuasi, 1:100 000
- IGM 2769-27 y 28, Laguna Verde, 1:100 000
- IGM 2769-29, Casadero Grande, 1:100 000
- IGM 2769-34, Monte Pissis, 1:100 000
- IGM 2769-35, Chaschuil, 1:100 000
- Übersichtskarte: IGM 2769-IV, Fiambalá, 1:250 000

Zum Andenken an einen leider schon ziemlich vergessenen deutschen Geologen und Bergsteiger soll eine vom argentinischen Andinisten Jonson Hugo Reynoso ausgearbeitete hochklassige Trekkingrunde vorgestellt werden, die von Fiambalá zu den mächtigsten Bergen und erstaunlichsten Seen der Region führt.

Walther Penck, geb. 1888 in Wien, gest. 1923 in Stuttgart, war Professor für Geologie in Istanbul, Halkaly und Leipzig. 1912 bis 1914 war er von der argentinischen Regierung angestellt. Er war einer der ersten Europäer, der die Puna de Atacama wissenschaftlich erforschte. Auf sein Konto gehen vier Erstbesteigungen von 6000ern: Cerro San Francisco (6010 m), einer der Bonete-Gipfel (6410 m), Incahuasi (6650 m) und der nach ihm benannten Walther Penck (6658 m), der heute allerdings meist Cazadero genannt wird. Bei der Erstbesteigung des Bonete im Jahr 1913 verlor er in einem Schneesturm beinahe sein Leben. Dieses und viele andere Abenteuer in der Puna erzählt Walther Penck in seinem Buch „Puna de Atacama – Bergfahrten und Jagden in der Cordillere von Südamerika – durch Sandwüsten auf Sechstausender", Stuttgart 1933.

Die vorgeschlagene Tour führt meist durch weg- und teilweise auch durch wasserloses Gelände und kann von normalen Menschen nur mit Maultieren realisiert werden (zur Organisation siehe 2.2.2). Die Tourlänge beträgt 12 Tage, mit Caldera del Inca 15 Tage.

Tag 1: *Transfer nach Quemadito (3700 m)*

Von **Fiambalá** (1500 m) lässt man sich auf der asphaltierten Ruta 60 zum **Refugio Cazadero Grande** (3600 m) und über eine unbefestigte Piste und freies Gelände nach **Quemadito** (3700 m) fahren. Dort warten die Arrieros, die

Maultiertreiber mit ihren Tieren. Das Gepäck für die Maultiere muss ausbalanciert zusammengestellt und gewogen werden. Jedes Tier trägt in dieser Höhe nicht mehr als 40 bis 50 kg.

Tag 2: Quemadito (3700 m) – Aguas Calientes (4200 m)
7–8 Std., Aufstieg 500 m

Die Route folgt dem **Río Cazadero** nach Westen. Auf dieser Höhe wachsen nur „pastos duros", harte Weiden genannte Steppenpflanzen. Der Weg führt oft über Geröllhalden, die der Fluss im Verlauf seiner Geschichte abgelagert hat. Nach etwa vier Stunden wird der kleine **Chorro-Wasserfall** erreicht. Über dem Tal zeigen sich schneebedeckte Gipfel, die Aussicht wird dominiert von den Cerros Nacimiento und Incahuasi. Die Wasserstände sind je nach Jahreszeit sehr unterschiedlich, auf 4200 m kann der Fluss ganz verschwinden. Wo zwei Flussbetten zusammentreffen, wendet sich der Weg nach Nordwesten und folgt nun dem **Río Aguas Calientes**, dem Fluss der heißen Wasser. Seine reich sprudelnde Quelle auf 4300 m, in deren Nähe das Lager (27° 18.018′ S 68° 21.093′ W) aufgeschlagen wird, führt mesothermales Wasser.

Tag 3: Aguas Calientes (4200 m) – Agua de Vicuña (4950 m)
7 Std., Aufstieg 750 m

Dieser Teilabschnitt führt durch eine wasserlose Ebene mit vielen Steinplatten und Grobgeröll. Am Fuß der Berge zeigen sich durch Sonne und Wind geformte Eisfelder. Manchmal schmilzt das Eis so ab, dass nur noch Legionen von einzeln stehenden Eisfiguren, die Penitentes oder Büßer genannt werden, übrig blieben. Bei **Agua de Vicuña** wird das Camp (27° 11.788′ S 68° 25.791′ W) aufgeschlagen.

Tag 4: Agua de Vicuña (4950 m) – Portezuelo Negro (5550 m) – Agua de Vicuña (4950 m)
6–7 Std., Auf- und Abstieg 600 m

Die Mulis haben an diesem Tag frei. Die Bergwanderer steigen dagegen über grobes Geröll zu einem **Pass** (27° 09.910′ S 68° 27.550′ W) auf 5550 m Höhe auf, von dem ein mächtiges Panorama weißer Gipfel zu bewundern ist. Schon die Namen geben Auskunft über die Bedingungen, die in dieser Region herrschen, Volcán del Viento (6120 m), Vulkan des Windes, El Muerto (6488 m), Der Tote, und Ojos del Salado (6882 m), Quellen des salzigen Flusses. Im Südwesten des Riesenpanoramas liegt ein „deutscher Berg". Walter Penck, der zu Anfang des letzten Jahrhunderts die Puna durchstreifte, hat dort seine bergsteigerische Großtat vollbracht, die Erstbesteigung des Walther Penck oder Cazadero (6658 m, 27° 18.33′ S 68° 56.66′ W). Südlich des Walther Penck liegt noch ein weiterer 6000er, der Cerro Nacimiento (6436 m). Die Rückkehr nach Agua de Vicuña erfolgt auf dem gleichen Weg.

Tag 5: Agua de Vicuña (4950 m) – Real de Rasjido Arribo (4500 m)
7 Std., Abstieg 450 m

Der heutige Tag bringt eine landschaftlich interessante, aber unangenehm zu gehende Querung von Quebradas, Bergdurchbrüchen, ein ständiges Auf und Ab. Wenigstens gibt es auf dieser Strecke Wasser. Das Camp wird in **Real de Rasjido Arribo** (4500 m) aufgeschlagen.

△ **Tag 6:** *Real de Rasjido Arribo (4500 m)*
– Campo Negro (4800 m)
6 Std., Aufstieg 300 m

Von **Real de Rasjido Arribo** (4500 m) ist eine Rückkehr nach **Quemadito** in acht Stunden möglich. Für die Harten geht es aber weiter durch eine lebensfeindliche Wüste, ohne Wasser, ohne Vegetation, dafür mit großen schwarzen Basaltplatten und viel Wind. Auch im **Campo Negro** gibt es kein Wasser, aber dafür tragen die Mulis ja die Kanister.

△ **Tag 7:** *Campo Negro (4800 m) –*
Tres Quebradas (4400 m)
9 Std., Abstieg 400 m

Nach der Vollwüste freut man sich besonders, wieder Wasser zu sehen. Vom Cerro Solo kommt der Río Salado und speist den Salar Tres Quebradas. Weiter geht es zur **Laguna Verde**, dem Grünen See, dessen intensive Farbe in dieser kargen Umgebung ganz unwirklich erscheint. Übernachtet wird in einer schönen Oase unter dem Cerro Tres Quebradas, die mit saftiger Vegetation und singenden Vöglein überrascht.

△ **Tag 8:** *Tres Quebradas (4400 m) –*
Valle Ancho (4500 m)
8 Std., Aufstieg 100 m

Die Tagesetappe ist flach, aber lang, sie führt durch arides Gebiet. Wasser gibt es erst im Río Bayo. In diese Zone kann man auch mit dem Geländewagen fahren, denn argentinische Bergbaufirmen bauen eine Piste in die Einöde, um nach Gold zu suchen. Es wird immer noch gehofft, eines Tages auf argentinischem Boden die Fortsetzung von La Franja Demaricunga, der reichsten Goldmine Chiles und

ganz Südamerikas, zu finden. Übernachtet wird im **Valle Ancho**, im breiten Tal.

△ **Tag 9:** *Valle Ancho (4500 m) –*
Río Don Segundo (4300 m)
6–8 Std., Abstieg 200 m

Die Route führt in den Süden des **Valle Ancho**. Man sieht schon den nächsten Bergriesen, den Monte Pissis (6800 m, 27° 78′ S 68° 85′ W, andere Angaben 6818m, 27° 75.5′ S 68° 79.92′ W, und 6790 m, 27° 45.21′ S 68° 47.57′ W). Der Berg wurde nach einem französischen Wissenschaftler benannt. Die Flüsse dieser Region entwässern alle in die Laguna Verde. Bis zu 20 m tief haben sie sich in den Untergrund eingegraben. Doch fast das ganze Jahr über sind sie Arroyos Secos – trockene Flüsse. Es gibt kein Wasser auf diesem Weg, bis man zum **Río Don Segundo** kommt, wo es auch gute Zeltplätze gibt.

△ **Tag 10:** *Río Don Segundo (4300 m) –*
Basecamp Monte Pissis (4700 m) –
Campamento Nacimiento del Jagué
(4300 m)
7–8 Std., Auf- und Abstieg 400 m

Eine landschaftlich sehr interessante Tagesetappe führt zunächst zu kleinen Bergseen. Dann erfolgt der Aufstieg ins **Basislager** des Monte Pissis auf 4700 m. Dort gibt es nur Vollwüste, eine flache, steinige, wasserlose Zone. Man sieht die Gletscher Oeste y Norte, West und Nord. Die Besteigung des **Monte Pissis** erfolgt in mehreren Tagesetappen über den Nordgletscher (Karte AIGM 2769-34, Monte Pissis, 1:100 000). Die Wanderung geht jedoch weiter zum Lager am Fuß des Cerro Nacimiento del Jagué. Auch hier gibt es kein Trinkwasser, das vorhandene Wasser ist salzig.

Der Nordwesten

Tag 11: Campamento Nacimiento
Dejaué (4300 m) –
Cerro de la Laguna Verde (4800 m) –
Campamento Río Punilla (4000 m)
7–9 Std., Aufstieg 500 m, Abstieg 800 m

Vom **Nacimiento Dejaué** steigt man auf den
Cerro de la Laguna Verde (oder Pabellón,
4800 m). Von dort geht es hinunter in das Tal
des **Río Punilla**. Nur der nördliche Arm des
Río Punilla hat Süßwasser, deshalb wird an seinem Ufer das **Camp** aufgeschlagen.

Option Caldera del Inca

Vom Río Punilla-Camp kann man einen **drei-
tägigen Ausflug** zu einer spektakulären Vul-
kankaldera machen. Man folgt einem Seitental
des Punillo, der Quebrada del Veinticinco,
nach Westen. Zweimal fließen hier Bäche zusammen, man folgt jeweils dem nördlichen
Arm. Auf 5000 m erreicht man eine sandige
Hochebene, aus der nur ein 300 m hoher Aus-
sichtshügel ragt, der sich auch für das Camp
(5100 m) eignet. Man befindet sich nun zwischen Monte Pissis (6800 m) und Cerro Bonete Chico (6760 m, 28° 01.88′ S 68° 75.6′ W).
Das Camp wird als Basislager für Touren auf
den Cerro Bonete benutzt. Zur Caldera del Inca geht man um die Nordflanke des Bonete
herum. Sie liegt nordwestlich des Bonete und
hat die beeindruckenden Maße von 5 km
Durchmesser und 600 m Tiefe. Der Rück-
marsch erfolgt auf dem gleichen Weg.

 Tag 12: Campamento Río Punilla
(4000 m) – Laguna de las Tunas
(4000 m)
6 Std.

Der Weg folgt der Talebene des **Río Punillas**
in nordöstlicher Richtung. Man erreicht eine
flache Wasserscheide auf 4550 m. Von dort
geht es hinab zu einem Salzsee, der **Laguna de
las Tunas**. Zum Mittagessen trifft man den be-
stellten Geländewagen, der hoffentlich genügend gekühlte Getränke für die trockenen
Kehlen dabei hat. Die **Laguna de Aparejos** ist
ein letzter landschaftlicher Höhepunkt, dann
geht man über Coipa zurück nach Fiambalá.
Ein alternativer Rückweg führt vom Río Punilla nach Osten in das Tal des Río de la Tam-
beria, wo auch wieder Abholmöglichkeiten
mit dem Geländewagen bestehen.

2.2.5 Incahuasi

> **Kartenhinweis**
> • IGM 2769-23, Cerro Incahuasi, 1:100 000

Dieser formschöne und bis auf die Höhe auch
leicht zu besteigende Berg (6650 m, andere
Angaben 6605 m, 27° 02′ S 68° 17′ W und
6621 m, 27° 03.45′ S 68° 29.55′ W) wurde
schon zu Inka-Zeiten erklommen. Heute benötigt man für eine Besteigung 3 bis 4 Tage;
2000 m Höhendifferenz sind zu überwinden.
Incahuasi bedeutet Haus des Inka. 1913 wurden vom europäischen Erstbesteiger, dem
Deutschen Walther Penck, auf dem Gipfel die
Überreste einer Inka-Hütte gefunden. Im Gegensatz zu den meisten Puna-Bergen ist es
beim Incahuasi nicht egal, von welcher Seite
man den Aufstieg startet. Die **Nordseite** ist
deutlich leichter als die anderen, recht steilen
Flanken. Man akklimatisiert sich wie unter
2.2.3 beschrieben und bestellt in Fiambalá ein
geländegängiges Fahrzeug.

 Tourenbeschreibung

Von der argentinischen Grenzstation Las Grutas führt eine 15 km lange Sandpiste zu einem

Cerro Incahuasi

Archäologencamp (26° 58.676′ S 68° 14.665′ W) auf 4300 m an der Ostseite des Berges. Unterwegs kommt man an malerischen Salzseen vorbei. Die Piste führt vom Basecamp 3 km in Richtung Berg, man kann mit dem Auto etwa 4700 m erreichen. Man sollte größere Wasservorräte mitnehmen, denn der Incahuasi ist selbst für Puna-Verhältnisse ein extrem trockener Berg. Erst ab 5000 m Höhe kann man mit Schnee und Eis zum Schmelzen rechnen.

Vom **Ende der Piste** wandert man in Richtung Norden. Man sieht zwei Berggrate und orientiert sich am entfernteren der beiden. Zwischen den beiden Graten befindet ein Couloir mit weißem Vulkanschutt, in dem Schnee und Eis liegen. Man muss am **Nordgrat** aufsteigen, um nicht in technisch anspruchsvolles Gelände zu geraten. Auf 5300 m befinden sich gute Plätze für ein **Hochcamp** (etwa 27° 00.245′ S 68° 17.521′ W). Von dort folgt man weiter dem Nordgrat, bis man ein vielfarbiges Felsband erreicht. Hier hält man sich links und bleibt eng an der Kante zum Couloir, dort ist der Fels am leichtesten zu begehen. Nach diesem etwas heiklen Stück wird der Weg flach, und man erreicht unschwer auf dem **Gipfelplateau** den höchsten Punkt, der nach neuen Messungen bei 6650 m liegt. Vom Gipfel hat man herrliche Ausblicke auf die anderen Puna-Riesen Ojos del Salado, Pissis, Walther Penck/Cazadero, Tres Cruces, El Condor, San Francisco und El Ermitaño. Die Rückkehr zur Sandpiste erfolgt auf dem gleichen Weg.

Internet

Incahuasi im Internet
www.volcano.si.edu/world/volcano.cfm?
  vnum=1505-125
www.summitpost.org/show/mountain_link.pl/
  mountain_id/4738
www.andeshandbook.cl/default.asp?
  main=cerro.asp?codigo=142

Der Nordwesten

2.2.6 Ojos del Salado von der argentinischen Seite

Kartenhinweise
- Alpenvereinskarte 0/13 Nevado, Ojos del Salado, ISBN 3-928777-94-7,
  Verkauf über www.alpenverein.at/karten/Shop/Expeditionskarten/00_13.shtml?navid=9
- Karten des IGM, 1:100 000
- IGM 2769-22, Cerro Ojos del Salado
- IGM 2769-23, Cerro Incahuasi
- IGM 2769-27 y 28, Laguna Verde
- IGM 2769-29, Casadero Grande

Fast alle, die den Ojos del Salado (6900 m, andere Angaben 6885 m oder 6893 m) besteigen wollen, versuchen es über die einfach zu erreichende und mit Hütten bestückte chilenische Route. Der Aufstieg von Argentinien aus ist etwas für Bergsteiger, die gern ungestört ihrem Handwerk nachgehen. Die argentinische Route ist länger (je nach Akklimatisation 6 bis 10 Tage), aber dafür weniger steil, und es gibt mehr Wasser unterwegs. In der Regel wird von Cazadero Grande aus mit Mulis aufgestiegen. Die ersten Tage bis zum Portezuelo Negro entsprechen denen der unter 2.2.4 beschriebenen Walther-Penck-Runde. Die Geschwindigkeit des weiteren Vorgehens richtet sich nach dem Grad der Fitness und Akklimatisation.

⚠ *Tourenbeschreibung*

Wer auf den Ojos del Salado steigen will, muss vom Pass weiter nach **El Arenal** (27° 09.014 S 68° 29.774′ W), was man hier mit Großer Schotterhalde übersetzen sollte, wo auf etwa 5500 m das nächste **Lager** aufgeschlagen wird. Von dort geht der Weg im Haupttal nordwestlich erst zum Fuß des Berges, dann weiter im Flusstal bergauf. Der Pfad wird immer steiler und weniger sichtbar. Wo der Weg eine scharfe Kehre macht, werden Gletscher auf der rechten Seite des Tales sichtbar. Wenn man auf

diese zugeht, erreicht man auf 5950 m Höhe eine flache Stelle zum Campen (27° 07.703′ S 68° 31.618′ W). Von dort gibt es mehrere Routen zum Gipfel. Die Normalroute über den Grat auf der Südostschulter des Berges ist ohne große technische Schwierigkeit, doch ist der Fels sehr brüchig und locker. Der Aufstieg zu den Gipfeln (27° 06.571′S 68° 32.415′ W oder 27° 06.33′ S 68° 32.27′ W oder 27° 10.611′ S 68° 53.944′ W) ist auf der argentinischen Seite leichter als auf der chilenischen Route, wo das letzte Stück geklettert werden muss. Über die Gipfel wird seit Jahrzehnten mit viel Emotionen gestritten. Es scheint sich aber herauszukristallisieren, dass der höchste Punkt auf der chilenischen Seite ein winziges Stückchen, möglicherweise nur 1 oder 2 m, höher ist als der argentinische Gipfel. Bei den stolzen Südamerikanern ist das eine enorm wichtige Prestigeangelegenheit.

Sicher ist, dass der Gipfel um die 6900 m hoch und damit der zweithöchste der Anden ist.

Von El Arenal aus können auch etliche andere 6000er wie der Volcán del Viento (6120 m), El Muerto (6488 m), der Walther Penck bzw. Cazadero (6658 m) oder der Cerro Nacimiento (6436 m) bestiegen werden.

Ojos del Salado im Internet
Internet
de.wikipedia.org/wiki/Ojos_del_Salado
www.summitpost.org/show/mountain_link.pl/mountain_id/126
und einige Hundert Web-Adressen für die chilenische Seite

2.2.7 Nevado de Chañi

Kartenhinweis
- IGM 2566-II, Salta, 1:250 000

Im Norden der Puna liegt der Nevado de Cha-ñi (5896 m, 24° 08′S 65° 77′ W, andere Angaben 5930 m, 24° 03.48′ S 65° 44.45′ W, in früheren Jahren mit 6200 m angegeben). Dieser Berg wurde bereits von den Inkas bestiegen, die auf seinem Gipfel den Göttern opferten (siehe auch 2.3.1). Der Nevado de Chañi war bei Bergsteigern als leichter 6000er sehr beliebt, doch hat seine Attraktivität gelitten, seit Nachmessungen ergeben haben, dass er „nur" 5900 m hoch ist. Wer ihn dennoch angehen will, fährt von San Salvador de Jujuy (Informationen siehe 3.2.2) auf der Ruta 9 zum Ort León (1622 m). Die Tour dauert etwa 5 Tage.

Trinkwasser sollte man in der Puna nie vergessen.

 Tourenbeschreibung
Von dort steigt man im Tal des Río León zu einem **Refugio** auf 2600 m auf. Am nächsten Tag erreicht man an der Ostflanke des Berges das **Refugio Militár** (4600 m), das als Ausgangsbasis für den Gipfelsturm dient. Auch auf diesem Gipfel befinden sich Inka-Ruinen. Eine alternative Ausstiegsroute beginnt im Örtchen **Moreno**. Man biegt nach den Salinas Grandes auf der Ruta 40 nach Süden ab. Das Basecamp wird in **Casa Mocha** auf 3800 m eingerichtet, ein **Hochlager** auf etwa 4300 m. Die Andenvereine von Jujuy und Salta (siehe 2.2.3) können bei der Besteigung mit Rat und Tat zur Seite stehen.

2.2.8 Nevado de Famatina

Kartenhinweise
• IGM 2969-24, Sañogasta, 1:100 000
• IGM 2969-18, Famatina, 1:100 000

Eine isolierte Bergkette ganz im Süden der Puna ist die **Sierra de Famatina** mit dem Hauptgipfel Nevado de Famatina (6097 m, 29° 00.51′ S 67° 49.36′ W). Schon die Inkas bestiegen diesen Berg und unterhielten dort Goldminen.

 Tourenbeschreibung
Von der Hauptstadt der gleichnamigen Provinz La Rioja (Infoblock im Kapitel Cuyo) fährt der Bus nach **Chilecito** (1074 m). Früher gab es eine Seilbahn von Chilecito bis hinauf zur Mine Mejicana auf 4375 m. Die Mine wurde aufgegeben und auch die Seilbahn funktioniert nicht mehr. Der Zustand der Piste von Chilecito über den Weiler Famatina zur Mine lässt auch zu wünschen übrig, aber es sollte weiterhin möglich sein, mit Vierradantrieb bis auf über 4000 m zu fahren. In der Dirección de Turismo in Chilecito, Ecke Castro und Bazán, Tel.: 03825-42-2688, kann man sich über den Zustand der Wege informieren. Von der Mine geht es auf technisch unproblematischem Gelände auf der Ostflanke des Berges in die Höhe. Ein Hochlager wird auf etwa 5200 m aufgebaut. Im Gipfelbereich finden sich kleine Schneefelder. Nördlich des Berges steht noch ein 6000er, der Negro Overo (6000 m). Insgesamt muss man mit drei Tagen für eine Besteigung rechnen.

Der Nordwesten

2.3 Leichte Exkursionen in der Puna

2.3.1 Gipfelopfer für die Götter

Während Bergsteiger und Trekker vom Aconcagua oder vom Ojos del Salado träumen, ist für archäologisch und geschichtlich Interessierte der **Llullaillaco** der Berg der Berge. Auf dem 6739 m hohen, einsam in der Puna westlich von Salta gelegenen Riesen, dessen Name „Wasser der Erinnerung" bedeutet, wurden die höchsten präkolumbianischen Bauten des Kontinents gefunden.

Gleich unter dem Gipfel fanden die ersten Besteiger europäischer Herkunft 1952 zwei Hütten, die von den Inkas für ihre Priester und Wächter gebaut worden waren. Schon vor mindestens 500 Jahren kletterten Atacamenan und Inka auf 6000er. Die höchsten Berge der Anden dienten zum einen als Ausguck und zum Versenden von Signalen durch Rauchzeichen oder nächtliche Feuer, zum anderen als Ort religiöser Riten. Auf den Gipfeln der Cordillera Occidental, der Cordillera Lipez, der Puna de Atacama und der Hochanden verbrachten die Indianer viel Zeit, um ihre Kulte durchzuführen. Es handelte sich vor allem um Fruchtbarkeits- und Wasserkulte. Berge mit Seen galten als besonders wertvoll. Weltweites Aufsehen erregten die Mumienfunde auf dem Llullaillaco durch Höhenarchäologen unter Führung von Dr. Johan Reinard (zahlreiche Veröffentlichungen, Bericht im National Geographic Magazine vom März 1992). Sie belegten rituelle Kindermorde der Inka auf den Gipfeln der höchsten Berge. Menschenopfer wurden auch auf den Bergen Toro, Pichu Pichu, Ampato und im Aconcagua-Massiv nachgewiesen. Nur die schönsten Kinder, möglicherweise sogar von adliger Herkunft, wurden als Gabe für die Götter ausgewählt. Aus europäischer Sicht unverständlich, aber Inka-Eltern fühlten sich wahrscheinlich geehrt, wenn ihr Kind von den Priestern für die Götter getötet wurde. Auch in anderen Weltgegenden gaben Eltern angeblich gern ihre Kinder für rituelle Opferungen. Es ist nicht auszuschließen, dass schon die antiken Phönizier Kindsopferungen praktizierten. Angaben aus Westafrika besagen, dass dort bis in die heutige Zeit tote Herrscher auf Kindsköpfen zur Ruhe gebettet werden.

Die auf dem Llullaillaco gefundenen Mumien und Artefakte sind im Museo de Arqueología de Alta Montaña in Salta zu besichtigen (www.maam.ar).

2.3.2 Querung der Puna mit dem Tren a las Nubes

Zur Kolonialzeit gab es nur wenige Verbindungswege zwischen Nordwestargentinien und den Siedlungszentren weiter im Norden. Während der Hauptverkehr der Maultierkarawanen über die Quebrada de Huamaca direkt nach Norden lief, gab es auch eine Westroute durch die extrem lebensfeindliche Puna de Atacama an die Pazifikküste und von dort weiter nach Lima. Viele Menschen und Tiere überlebten den 800 km langen Treck, der mindestens drei Wochen dauerte, nicht. Die schlechte Verkehrsanbindung verbesserte sich erst anfangs des 20. Jahrhunderts mit dem Bau der Eisenbahnen. Damals wurden große Anstrengungen unternommen, die Minengebiete im Hochland Argentiniens und Chiles mit den Pazifikhäfen zu verbinden. Die Bauarbeiten auf argentinischer Seite dauerten von 1921 bis 1948.

Die Bahnstrecke führt von **Salta** und dem **Lerma-Tal** durch die vielfarbige **Quebrada del Toro**, die Stierschlucht, hinauf nach **San Antonio de los Cobres** (3750 m). Von dieser Siedlung führt eine beliebte Tagestour hinauf zum **Nevado de Acay** (5850 m, andere Angabe 5950 m, 24° 24′ S 66° 10′ W)). Die Eisenbahnstrecke durchquert die Puna auf einer Höhe von bis zu 4500 m. Die Bahn rollt durch immense Salare, das heißt ausgetrocknete Salzseen, deren größter der **Salar del Arizal** ist. Die chilenische Grenze wird bei Socompa (3900 m) erreicht. Die Routenführung ist spektakulär, der Zug fährt auf schier endlosen Serpentinen, ja sogar Spiralen, durch 21 Tunnels und über 44 Brücken. Wahrzeichen der Strecke ist das 64 m hohe Viadukt von La Polvorilla, eine Eisenkonstruktion ähnlich dem Eiffelturm.

Der Zug ist heute hauptsächlich eine Touristenattraktion, der Hauptverkehr läuft über die Straße. Passagierzüge fahren nur noch im Sommer bis La Polvorilla (Auskunft Tren a las Nubes Turismo in Salta, Tel.: 0387-431-1010). Geduldige und hartgesottene Reisende können aber mit Frachtzügen die Panamericana in Chile erreichen (Auskunft Ferrocarril Belgrano in Salta, Tel.: 421-3161). Früher war die Bahn die einzige Möglichkeit für Bergsteiger, einigermaßen bequem zu den 6000ern dieser Region zu kommen. Heute wird man von Socompa aus allenfalls den **Volcán Socompa** (6050 m) besteigen. Für Expeditionen zu den anderen Riesen der Gegend, Salín (6029 m), Pular (6233 m), Aracar (6095 m), Inca (5540 m) und Llullaillaco (6740 m) werden Geländewagen verwendet. Alle diese Berge dienten den Inkas als Kultstätten.

2.3.3 Monumento Nacional Laguna de los Pozuelos

Die Laguna de los Pozuelos ist ein 15 000 Hektar großer, flacher See auf 3700 m Höhe. Leider trocknet das Gewässer immer mehr aus, was die Nationalparkverwaltung auf den Klimawandel zurückführt. Im Schutzgebiet finden sich alle drei **Flamingo-Arten** Argentiniens, der Chile-Flamingo (Phoenicopterus chilensis), der Gelbfußflamingo (Phoenicopterus andinus) und der Kurzschnabelflamingo (Phoenicopterus jamesi). Im Umkreis des Sees sind die Vikunjas so zahm, dass sie selbst auf den lokalen Fußballplätzen weiden. Bis heute lebendig ist im Nordosten eine Tradition, die noch aus der Zeit vor den Inkas stammt. Jedes Jahr im November werden die wilden **Vikunjas** zusammengetrieben und geschoren. Die Schurrechte hat die jeweilige Dorfgemeinschaft. Vikunjas eignen sich nicht als Haustiere. Bei Herdenhaltung, wie etwa bei Lamas oder Alpakas, werden sie krank. Vikunja-Wolle gehört zur wertvollsten der Welt, 2005 kostete ein Kilogramm 650 US-Dollar. Zum Vergleich: Lama-Wolle wurde in jenem Jahr um die 3 US-Dollar das Kilogramm, Schafwolle um nur 1 Dollar verkauft.

Die **Anreise nach Pozuelos** ist mit dem Bus von San Salvador de Jujuy über Abra Pampa, einmal täglich außer sonntags, möglich. Auskünfte über den Nationalpark erteilt Marcos Bernuchi, Guardaparque Laguna de los Pozuelos, arremon@yahoo.com.ar

Internet

www.parquesnacionales.gov.ar/02_inst/
04_norma_03_l.htm
www.ramsar.org/wwd/2/wwd2002_rpt_
argentina1.htm
www.liveargentina.com/JujuyPARQUES.htm
www.rumbojujuy.com.ar/paryres.htm
www.acampemos.com/dirutilespn.htm

Der Nordwesten

Salzarbeiter in den Salinas Grandes

2.3.4 Salinas Grandes

Von Purmamarca in der Quebrada de Huamaca fährt man über die berühmte Serpentinen-
straße Questa de Lipán hinauf zu den Salinas
Grandes, einem riesigen ausgetrockneten Salzsee. Auf dieser Route sollte man auf Anzeichen
von Höhenkrankheit achten. San Salvador de
Jujuy liegt auf 1500 m, der Pass vor den Salinen ist bereits über 4000 m hoch. In den Salinas Grandes wird bis heute Salz abgebaut.
Zwar übernehmen mittlerweile Bulldozer das
Losbrechen und Zusammenschieben des Sal-
zes, aber das Sieben und das Abfüllen in Säcke
geschieht immer noch in Handarbeit. Man
kann sich kaum einen höllischeren Job vorstel-

len, als auf 4000 m Höhe unter der stechen-
den Puna-Sonne tagein tagaus die gleißenden
Salzkristalle zu schaufeln. Das Rasthaus am
Ostende der Salinen ist komplett aus Salzklöt-
zen erbaut. Wer sein Essen nachsalzen will,
braucht nur am Tisch zu kratzen.

Quer durch den See führt ein Straßendamm.
Wer der Route durch die Puna nach Westen
folgt, kann über Susques und den 4200 m hohen **Paso de Jama** nach Chile hinüberfahren.
Am **Vulkan Licancabur** (5916 m) vorbei geht
die Fahrt bis hinunter nach San Pedro de Atacama. Buses Geminis machen diese Tour viermal wöchentlich von San Salvador de Jujuy
aus. Die Salinas Grandes werden von vielen
Reiseagenturen als Tagestour angeboten.

3.1 Coca y Bica

Wenn sich bei einem Wandersmann in Europa die Müdigkeit einstellt, greift der Traditionalist zur Thermoskanne mit Schwarztee, der Trendige zur Büchse Red Bull. In den Anden füllen sich die Leute dagegen die Backen mit Blättern. **Coca** heißt die Wunderpflanze, die auch auf ärmsten Böden und im Hochgebirge gedeiht. Die Blätter wirken gegen Müdigkeit und Hunger und sind daher besonders bei harter Arbeit und langen Wegen beliebt. Die Kokablätter werden oft zusammen mit Soda, Natriumbicarbonat, verwendet, das die Wirkstoffe besser löst. An den Verkaufsstellen steht daher meist „Coca bica". Der Anbau und Konsum von Coca ist auch in Argentinien illegal, aber da selbst die Polizei und die Richter sich die Blätter in die Wangentaschen stopfen, ist es mit der Durchsetzung der Vorschriften nicht weit her. Die Wirkung von Kokablättern ist milde, sie werden im Norden Argentiniens als anregendes Genussmittel verwendet wie Mate oder Kaffee. Natürlich sind die Blätter selbst Grundstoff für Kokain, aber um schnieffähiges Pulver herzustellen, braucht man ein gut ausgerüstetes Labor und tonnenweise Blätter. Da die Eigenproduktion in Argentinien gering ist, kommen die Blätter meist auf Mensch- oder Maultierrücken aus Bolivien ins Land. Das heißt, in abgelegenen Grenzregionen ist nachts oft ganz schön was los. Um überraschende Begegnungen mit fleißigen Drogenschmugglern zu vermeiden, sollte sich der europäische Naturfreund von diesen Gebieten tunlichst fernhalten. Man braucht sicher keine kolumbianischen Verhältnisse zu fürchten, aber der Drogenschmuggel ist auch in Argentinien ein Geschäft, in dem Ruhe und Diskretion geschätzt werden.

3.2 Quebrada de Huamaca und San Lorenzo

3.2.1 Der Teufel ist los!

Die **Quebrada de Huamaca**, eine annähernd 130 km lange Schlucht des Río Grande zwischen San Salvador de Jujuy und Huamaca, wird bis heute von Kolla-Indianern besiedelt, die von Bewässerungsackerbau und Viehzucht leben. Da die Spanier diese Region im 16. Jahrhundert von Peru aus erobert haben, gibt es in vielen Orten alte Kolonialarchitektur, besonders die aus Adobes, luftgetrockneten Lehmziegeln, erbauten Kirchen. Die Quebrada de Huamaca war die Hauptroute für die Maultierkarawanen, die zur Kolonialzeit Salta mit der Silberstadt Potosí im heutigen Bolivien verbanden. Die Felswände der Region begeistern durch ihre Formenvielfalt und ihr intensives Farbenspiel. Die Schlucht ist Ausgangspunkt klassischer Trekkingrouten.

In leicht mit öffentlichen Verkehrsmitteln zu erreichenden, malerisch gelegenen Indianerorten wie **Purmamarca**, **Tilcara** oder **Huamaca**

Der Nordwesten

entwickelt sich während der argentinischen Ferienzeit eine Art Hippie-Revival-Subkultur. Die in bunte Wallegewänder gekleideten, meist freundlichen und harmlosen Zeitgenossen kommen in der Regel aus Buenos Aires und wollen offiziell die Indianerkultur ihres Landes erforschen, ihr Bewusstsein erweitern und die intensive Konzentration der Erdenergie spüren. Inoffiziell geht es aber oft nur darum, sich mit diversen euphorisierenden Substanzen zuzuballern und Party zu machen.

Die **Inka-Siedlung Purmamarca**, was einfach „Wüstengegend" bedeutet, liegt auf 2200 m Höhe. Sie ist wegen ihres **Cerro de los Siete Colores**, des Siebenfarbenbergs, bekannt. Um den Berg führt ein kurzer Wanderweg, den man in der Morgensonne gehen sollte, denn dann ist das Farbenspiel der Gesteine am schönsten.

Tilcara (2460 m) bedeutet auf Quechua Sternschnuppe. Der Ort ist bei Kulturtouristen wie bei Trekkern gleichermaßen beliebt. Erstere zieht es nach La Pucará, wo die Ruinen eines präkolumbianischen Wehrdorf zu besichtigen sind, Letztere starten hier ihre Touren nach **Punta Corral** oder zu den Yungas. Auch vom Hauptort der Quebrada, **Huamaca** (2940 m), kann man bis zu den Yungas wandern.

Besonders beliebt ist der Besuch Huamacas zur Karnavalszeit. Die Faschingsbräuche sind eine Mischung aus westlichen und indianischen Ritualen. Letztere sollen ihren Ursprung in der Zeit vor den Inkas haben. Zu Beginn der jecken Tage gibt es das Desentierro del Diablo, dabei wird symbolisch der Teufel – eine Stofffigur – aus der Erde am Ufer des Río Grande ausgegraben. Wenn der Herr der Hölle frei ist, darf man alles, was sonst verpönt ist: sich gegenseitig mit Mehl – neuerdings mit Schneespray – einsauen, sich kräftig besaufen und selbst mit der Frau des Nachbarn im Ge-

büsch verschwinden. Nach neun Tagen ist jedoch alles wieder vorbei, und der Teufel muss wieder unter die Erde. Beim **Carnaval in Huamaca** dominieren im Stadtzentrum die weißen Argentinier der lokalen Karnevalsvereine und die Retro-Hippies. Die Indianer verkaufen am Rande der Szenerie ihre Souvenirs, ihre Schnitzelwecken und Kokablätter. Sie selbst aber feiern woanders.

3.2.2 Anreise über Salta und San Salvador de Jujuy

Die Hauptstädte der Nordwestprovinzen **Salta** und **San Salvador de Juju**y sind sehr beliebte Reiseziele. Salta trägt den Beinamen La Linda, Die Schöne, denn keine andere argentinische Stadt hat ein solch reiches und gut erhaltenes koloniales Erbe. Dreh- und Angelpunkt aller Exkursionen in Salta ist die Plaza mit vollständigem Arkadengang, der Kathedrale, dem alten Cabildo (Stadtrat), der heute das Historische Museum beherbergt, und dem schicken Museo de Arqueología de Alta Montaña, dem Museum für Höhenarchäologie, mit den berühmten Inka-Mumien. Den wohl besten Blick auf die Stadt hat man vom Cerro Bernardo (1454 m), auf den ein Fußweg und eine Seilbahn führen. Das zwei Autostunden nördlich von Salta gelegene San Salvador de Jujuy wird umgangssprachlich meist wie die Provinz nur **Jujuy** genannt.

Jujuy bedeutet auf Quechua entweder „kaltkalt", „Leute vom Berg" oder „Stellvertreter des Inka", die Experten sind sich da etwas uneins. Die kleine Schwester Jujuy steht im Schatten der großen Dame von Salta, aber hat auch eine schöne Kathedrale und einen sehr bunten Markt, und eignet sich gut als Basis für Touren in den Norden. Die Verkehrsanbindungen von

Info Salta und San Salvador de Jujuy

SALTA
500 000 Einwohner, 1187 m, Tel.: 0387

Fremdenverkehrsamt der Provinz Salta
Buenos Aires 93
tursalta@salnet.com.ar; Tel.: 431-0950, 431-0640

Fremdenverkehrsamt der Stadt Salta
Ecke Buenos Aires – San Martin
Tel.: 437-3341

Nationalparkverwaltung Provinz Salta
Santa Fe 23, Tel.: 431-0255

Verwaltung der Nationalparks Baritú und El Rey
España 366, 3.Stock, Tel.: 431-2683

Museum
Museo de Arqueología de Alta Montaña (MAAM)
Mitre 77, an der Plaza
Geöffnet 9–13 Uhr, 16–21 Uhr, Montags geschlossen,
mittwochs Eintritt frei
Tel.: 0387-437-0499, www.maam.org.ar

Andenclub Janajman
(Janajman bedeutet auf Quechua, was auf baierisch
„Aufi muass i!" heißt)
20 de Febrero 735; E-Mail: janajman@hotmail.com
Ein guter **Bergführer** von Janajman ist Nicolas Pantaleón
Tel.: 0387-429-0554, Mobil 15605-7084,
E-Mail: panta@salnet.com.ar

Ein erfahrener **Trekkingunternehmer** ist Frederico Norte
Libertador 1151, Tel.: 0387-436-1844

Busbahnhof – Terminal de Ómnibus
Hipólito Irigoyen 339, Tel.: 401-1143, 431-5227

Fluglinien
Aerolineas Argentinas, Caseros 475,
Tel.: 0-810-222-86527/431-1331
Lloyd Aéreo Boliviano, Caseros 529,
Tel.: 431-0320/Aeropuerto 424-1181
Southern Winds, España 421,
Tel.: 21-0808/0810-777-7979 Aeropuerto 424
Vuelos Charter Transtam, Tel.: 0299-15-581-3409

Salta im Internet
www.turismosalta.gov.ar
www.welcomeargentina.com/salta
www.turismoensalta.com/
www.redsalta.com/
www.todowebsalta.com.ar/
www.visitingargentina.com/esp/salta/salta.php

SAN SALVADOR DE JUJUY
250 000 Einwohner, Höhe 1240 m, Tel.: 0388

Fremdenverkehrsamt der Provinz Jujuy
Gorriti 295, Ecke Belgrano
Tel.: 422-1343/26
turismo@jujuy.gov.ar; cultura@jujuy.gov.ar
Eine Zweigstelle des Fremdenverkehrsamts befindet sich
im Busbahnhof.

Nationalparkverwaltung
Parque Nacional Calilegua; Jujuy 4554 Tel.: 42-2046

Sehr freundliche und kompetente **Bergführer** findet man
im Freundeskreis Caminante
José Raúl Valeriano
Tel.: 426-1419, JORAVAL33@hotmail.com
Mario Enrique Juárez
Tel.: 423-7950 (Büro), 4237349 (zu Hause)
Wer längere Touren in Jujuy plant und etwas Spanisch
spricht, sollte nicht versäumen, bei José und Mario
vorbeizuschauen.

In Jujuy kann es während der Hochsaison zu Problemen
bei der **Unterkunftssuche** geben. Wer im Zentrum nichts
findet, muss sich in den Außenbezirken umschauen. Ein
erholsamer Ort im Grünen ist etwa Rincón del Valle, Pablo und Andrea Mercado, Nahuel Huapi 588, San Salvador de Jujuy, Tel.: 422-4722.
Vom Garten aus sieht man auf den Hausberg Jujuys, den
Cerro Azul (5115 m, andere Angaben 4990 m, 24° 06.15´
S 65° 37.36´ W), der ohne technische Probleme bestiegen werden kann. Der Weg auf den Berg beginnt bei den
Lagunas de Yala (2100 m), einem schönen Ausflugsziel
(Bus 9 oder 11A bis Haltestelle Puente Negro, mit dem
Taxi oder zu Fuß zu den Seen).

Busbahnhof
Iguazú y Dorrego, Tel.: 422-6299, 422-1372/73

Fluglinien
Aerolineas Argentinas, Belgrano 1053 – L. 6,
Tel.: 0-810-222-86527/422-7198
Lloyd Aéreo Boliviano, Guemes 779, 2° B, Tel.: 423-0699

Jujuy im Internet
www.turismo.jujuy.gov.ar
www.welcomeargentina.com/jujuy/index.html
www.argentinaturistica.com/jujiresenia.htm
www.visitingargentina.com/esp/jujuy/jujuy.php
www.dorto.com.ar/viajes/jujuy.html
www.guiaunica.com.ar/turismo/jujuy.htm
www.enargentinaturismo.com.ar/sp/jujuy/index.php

Der Nordwesten

Blüte des Kandelaberkaktus

Salta und Jujuy in alle Himmelsrichtungen per Bus oder Flugzeug sind ausgezeichnet. Mit dem Linienbus dauert die Reise von Buenos Aires oder Santiago de Chile nach Salta etwa einen Tag. Zwischen Salta und Jujuy fährt man zwei Stunden. Von Salta schnaufen auch Züge nach Westen (siehe 2.3.2). Für Trekker wichtig sind die Busse, die von Salta und Jujuy nach Norden in Richtung La Quiaca an der bolivianischen Grenze fahren und dabei die Quebrada de Huamaca durchqueren.

3.2.3 Pilgerweg der Virgen de Punta Corral

Kartenhinweis
• IGM 2966-29-3, Tilcara, 1:100 000

Beispielhaft für viele schöne Tourenmöglichkeiten in den Quebradas Nordwestargentiniens soll im Folgenden ein **dreitägiges Trekking von Tilcara nach Abra de Punta Corral** mit Abstieg über Tunalito ausführlich beschrieben werden. Varianten dieser Tour sind Auf- bzw. Abstiege über Maimara oder Tumbaya. Außer in der Pilgerzeit um Ostern (siehe „Das Wunder von Punta Corral") sind die Berge fast menschenleer und die Wege, die schon

Teil des grandiosen Inka-Straßennetzes waren, ruhige Trekkingrouten.

 Tag 1: *Tilcara (2460 m) – Paso Punta Corral (3800 m) – Kirche Sanctuario de la Virgen de Punta Corral (3600 m) 15 km, 8 Std., Aufstieg 1340 m, Abstieg 200 m*

Ausgangspunkt der Tour ist **Tilcara**, das leicht mit Bussen von Jujuy zu erreichen ist. Vom kleinen Busbahnhof in Tilcara läuft man auf der Belgrano-Straße Richtung Osten erst zur Plaza, dem Hauptplatz, und dann einen Block weiter zu einem kleineren Platz, von dem die Alberro-Straße nach rechts bzw. Süden abbiegt. Auf dieser Straße erreicht man den meist ausgetrockneten **Río Huacamayo**. Man kann vom Busbahnhof auch gleich nach Süden zum Fluss gehen, sieht dann aber nichts vom Ort. Hinter dem Umspannwerk (usina electrica) am östlichen Ortsrand biegt man bei den Wegweisern nach rechts in Richtung Punta Corral ab. Schon auf der Straße dorthin sieht man straßenschildergroße Nummern, die auf Steine aufgemalt sind. Der Kreuzweg von Tilcara bis zur **Kapelle Arroyo de la Capilla de Punta Corral** in den Bergen ist in etwa 100 m weiten Abständen mit solchen Nummern markiert, also praktisch nicht zu verfehlen. Im Ort sind die hohen, die 130er-Nummern zu sehen, auf der weiteren Route wird also zurückgezählt. Die Wegfindung ist auch deshalb kein Problem, weil die frommen Pilger es als ihre heilige Pflicht anzusehen scheinen, möglichst viel Plastikmüll zu den geweihten Stätten zu tragen. Der Blick orientiere sich daher besser nach oben zu den pittoresken Kandelaberkakteen, die im Sommer schön blühen, und den geologischen Geniestreichen der Schöpfung. Nur selten sieht man eine solche Farben- und For-

Das Wunder von Punta Corral

Einst zog ein Hirte mit seiner Herde durch die Berge über Tilcara. Auf über 4000 m Höhe fand er einen wundersamen Stein, auf dem das Bildnis der Jungfrau Maria zu sehen war. Er nahm den Stein an sich und zog mit seinen Tieren ins Tal, um den Dorfbewohnern von seinem Fund zu berichten. Zu seinem Schreck musste er unten feststellen, dass der Stein nicht mehr in seiner Tasche war. Er nahm einige Freunde mit, und gemeinsam suchten sie den Stein. Sie gingen den langen Weg zurück, schauten überall, aber fanden nichts. Doch der Hirte gab nicht auf, er ging wieder ganz zu der Stelle zurück, an der er den Stein zuerst gesehen hatte. Und siehe da, das Bildnis der Jungfrau Maria lag wieder an der gleichen Stelle, an der er es das erste Mal gefunden hatte. Ein doppeltes Wunder war geschehen. An diesem Ort, der Abra de Punta Corral genannt wird, wurde eine Kapelle errichtet. Das Kirchlein liegt in der Nähe eines 4200 m hohen Passes, der voll den rauen Westwinden ausgesetzt ist. Etwas weiter unten, an einer geschützten Stelle, wurde die große Kirche von Punta Corral errichtet. Im Laufe der Zeit entstand ein klosterähnlicher Komplex mit Zellengebäuden um einen großen, baumbestandenen Innenhof. Diese Zellen werden jedoch nicht von Mönchen genutzt, sondern nur eine Woche im Jahr zur Zeit der großen Osterprozessionen von Familien der umgebenden Ortschaften bewohnt.

Der Stein mit der Jungfrau Maria soll sich heute gut gesichert in einer Kirche in Tumbaya befinden. Nur einmal im Jahr, in der Osterwoche, kommt der Marienstein an die Öffentlichkeit, bleibt aber immer von Tüchern verdeckt. Der Stein und Marienstatuen aus Tumbaya werden vor dem Osterfest zur Kirche und zum eigentlichen Fundort von Punta Corral getragen.

Andere Pilgermärsche beginnen in Tunalito und Maimara. Nach einigen Tagen kehrt der Stein wieder nach Tumbaya zurück und reist dann nach Tilcara. Zu Ostern marschiert von dort eine gewaltige Prozession, unterstützt von Pilgern aus Bolivien und Chile, auf einem Kreuzweg zu einer weiteren Kapelle, dem Sanctuario de la Virgen de la Punta Corral. Begleitet werden die Pilger von riesigen Bandas de Sikurís, religiösen Musikgruppen. Die Banda de Sikurís „Virgen del Copacabana del Abra de Punta Corral" aus Tilcara hat 3500 Mitglieder und steht im Guinessbuch der Rekorde. Wer zur Osterzeit in der Gegend ist und die logistischen Probleme, die durch eine solche Menschenansammlung in einer sehr wasserarmen Gebirgslandschaft entstehen, nicht scheut, wird sicher unvergessliche Erlebnisse haben.

menvielfalt der Gesteine. Am deutlichsten wird dies bei den Konglomeraten am Flussufer, die komplette Malerpaletten zeigen.

Die Steigung ist mild, aber stetig. Bei Sonnenschein kann die praktisch schattenlose Bergwüste schnell sehr heiß werden. Drei Liter Wasser sollte jeder Trekker dabeihaben. Es ist ratsam, möglichst früh aufzubrechen. Andrerseits kann es vor allem im Südsommer auch zu Niederschlägen kommen, und oft begleitet einen die ersten Wanderstunden ein kühler Nebel. Auf 3200 m wartet eine kleine **Schutzhütte**, die etwas Schatten beim Rasten bietet. Wasser gibt es auf der ganzen Strecke bis zum Pass nur einmal. Auf etwa 3600 m Höhe ermöglicht ein winziges Bächlein einem Einödbauern das Überleben. In unregelmäßigen Abständen stehen Kreuze und Altäre, auf denen an Ostern die Marienstatuen abgesetzt werden. Oben am **Paso Punta Corral** (3800 m)

gabelt sich der Weg. Nach links geht es noch einmal 100 Höhenmeter zur **Kapelle Arroyo de la Capilla de Punta Corral** hinauf, von rechts kommt der Kreuzweg aus Maimara. Der Hauptweg führt breit und klar geradeaus und dann endlich leicht bergab. Man kommt an zwei einsamen Gehöften vorbei und erreicht schließlich nach etwa acht Stunden Marsch das weitläufige Gelände des **Sanctuario de la Virgen de Punta Corral**.

Die Bauernfamilie Julian hat hier oben die Wohn- und Weiderechte und schaut auch ein bisschen nach dem Rechten. Der besten Zeltplatz ist im windgeschützten Kirchhof im Schatten eines großen Oimo-Baumes. Im Prinzip ist Camping umsonst, aber natürlich freuen sich die armen Bergbauern über einen kleinen Obulus. Interessant ist, dass sich an den dem Berg zugewandten Bäumen des Kirchhofes aus dem nächtlichen Nebel so viel

Morgenstimmung in Punta Corral

Kandelaberkakteen im Nebel bei Tunalito

Tau abscheidet, dass es unter ihnen „regnet" und sich Pfützen bilden. Diese Plätze sind natürlich für Camper weniger ideal. Die Familie Julian verkauft einen ganz ausgezeichneten Schafs- und Ziegenkäse und kocht auf Anfrage auch Abendessen.

△ **Tag 2:** *Kirche Punta Corral (3600 m) – Kapelle Abra de Punta Corral (4200 m) – Kirche Punta Corral (3600 m) 8 km, 4 Std., Auf- und Abstieg 600 m*

Das Zelt bleibt heute im Kirchhof stehen. Im Prinzip sind Bergbewohner und Pilger sehr liebe und ehrliche Leute. Doch die Julians können ihre Augen nicht überall haben, und es kann nicht schaden, mit einem kleinen Vorhängeschloss eine psychologische Barriere für zufällige Passanten zu errichten. Selbstverständlich muss auch alles Essbare gut weggeschlossen

werden, denn Schafe, Ziegen, Esel, Hühner, Hunde und Katzen warten nur auf ihre Chance auf einen Extrahappen. Wer heute nur zur Stelle des Erscheinens der Heiligen Jungfrau von Punta Corral aufsteigen will, kann bis zum Nachmittag warten und am späten Morgen der Familie Julian beim Melken und Käsen zusehen. Für die Julians harte Arbeit, für die Besucher aus Europa Sennerromantik pur.

Vom Kirchengelände sieht man zwischen den Bergen im Osten ein Kreuz aufragen. Dieses Kreuz zeigt die Richtung für den heutigen Weg. Zunächst führt ein Pfad über flaches Gelände zum Bergfuß. Dann kommt ein recht grünes Stück, denn ein Bächlein bringt genug Wasser, um eine für diese Gegend üppige Wiese entstehen zu lassen. Weiter bergaufwärts folgt ein stark verblocktes Steinfeld. Hier müssen Fotografen das Teleobjektiv auspacken, denn zwischen den Felsen tummeln sich reichlich Hasenmäuse, die andine Variante des Murmeltiers. Hasenmäuse sind Verwandte der Chinchillas und sehen aus wie Karnickel mit Eichhörnchenschwanz. Nach dem Blockfeld wird es noch einmal etwas mühsam beim Aufstieg, aber dann steht man auf 4200 m an einem dramatisch platzierten großen **Kreuz**. Die Fundstelle des Steins mit dem Marienbildnis liegt auf der anderen Seite des Passes, wo die kleine Kapelle steht. Wer etwas mehr tun möchte, sollte früh am Morgen losgehen und auf einen der um die Kirche liegenden Berge steigen. Die „Hügel" neben dem Kreuz haben keine Namen, obwohl der nördlich aufragende immerhin 4729 m hoch ist. In der Bergkette östlich der Kapelle heißen alle größeren Erhebungen Zucho, was auf Jujuy-Spanisch Pickel im Sinne von Akne bedeutet. Das zeigt einerseits den Humor der Juyeños, andrerseits das etwas verächtliche Verhältnis zu Höhen, bei denen viele Europäer schon vor Ehrfurcht erstarren. Der mittlere Pickel ist 5017 m hoch, die anderen liegen etwas unter 5000 m. Zurück geht es auf dem gleichen Weg.

 Tag 3: *Kirche Punta Corral (3600 m) – Tunalito (2400 m)*
10 km, 5 Std., Aufstieg 100 m, Abstieg 1300 m

Von der **Kirche Punta Corral** führt ein Weg in acht bis zehn Stunden dem ausgetrockneten Flusstal folgend nach **Tumbaye**. Etwas zügiger geht es hinunter nach Tunalito. Dazu quert man hinter der auffälligen Reihe von Toilettenhäuschen, denen außerhalb der Osterzeit kaum jemand die Aufwartung macht, das Flussbett und erreicht das Fußballfeld, auf dem sich die Pilger heiße Matches liefern. Westlich am Hang über dem Fußballfeld verläuft ein gut erkennbarer Pfad, der bald in eine Scharte zwischen zwei Bergrücken führt. Ein kurzer Aufstieg durch die kleine Schlucht bringt einen zu einem Pass (3700 m), auf dem ein großes Kreuz steht. Der nun folgende Abstieg ist wieder ein Kreuzweg, allerdings ist dieser nicht mit Nummern, sondern nur mit Kreuzen markiert.

An exponierter Stelle hoch über dem Tal steht

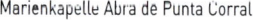
Marienkapelle Abra de Punta Corral

ein markantes Bildnis der Jungfrau von Punta Corral. Danach geht es steil in Serpentinen durch Wälder aus Kandelaberkakteen bergab. Argentinische Pilger nehmen diese Strecke gern als Aufstiegsroute, weil sie schneller ist als der Tilcara-Weg. Mit Rucksack kann dies allerdings dem Normaleuropäer nur zur Charakterbildung empfohlen werden. Beim Abstieg begleiten einen manchmal neugierige Guanakos und halbwilde Esel. Erstaunlich ist auch die reiche Vogelwelt. Sperlingsvögel und Greife erwartet man ja auf dieser Höhe, doch nicht unbedingt Exoten wie die giftgrünen Loritos verde, Kleinpapageien, die noch auf 4000 m Höhe herumschwirren. Am erstaunlichsten sind jedoch die Kolibris, darunter auch der spektakulär befiederte Rotschwänzige Kometenkolibri (Sappho sparganura), die den Nektar der im Sommer reichlich blühenden Bergblumen trinken. Bei niedrigen Nachttemperaturen fallen diese Tiere, die einen enorm hohen Energiebedarf haben, in eine Kältestarre, eine Art 12-Stunden-Winterschlaf. Auf etwa 3100 m Höhe passiert man wieder einen Bauernhof, hält sich dort am Gemüsegarten rechts. Je nach Nebellage weitet sich danach irgendwann der Blick, und man sieht die bunten Felsen der Schlucht von Humahuaca, den Río Grande und die dem Fluss folgende Straße. Die geologischen Verhältnisse werden auf dem Schlussstück wieder dramatisch, es zeigen sich abrupte Farbwechsel im Gestein und bizarre Erosionsformen. Je nach Stärke der vorhergegangenen Regenzeit ist der steilste Teil des Abstiegsweges in mehr oder weniger schlechtem Zustand, über kurze Strecken kann er weggewaschen oder verschüttet sein. Das Ziel, der Río Grande, ist aber jetzt klar vor Augen, und am Ende der Wand, wenn es schon zum Fluss hinuntergeht, wird der Weg wieder breit und ist gut mit geweißten Steinen markiert. Man

Früh übt sich – schon die Kleinen der Familie Julian müssen bei den Tieren helfen.

erreicht den Weiler **Tunalito**, wo es nicht schaden kann, nach dem besten Weg über den Río Grande zu fragen. Der Fluss ist zwar die meiste Zeit des Jahres nur ein Bächlein, das man über Steine trockenen Fußes queren kann, doch die Ufer sind recht steil und nicht überall gibt es Wege hinauf oder hinunter. Auf der anderen Flussseite verläuft die **Ruta 9**. Nun heißt es nur noch hoffen, dass der nächste Bus bald kommt. Nach Norden geht es nach Tilcara und Huamaca, nach Süden nach Purmamarca und San Salvador de Jujuy.

Punta Corral im Internet

Internet

www.viajeros.com/diario-550.html
www.vester.com.ar/argentina/foto-de-punta-corral-a-tumbava-0046.jpg.html
www.municipiodejujuy.gov.ar/turismo/calendario/abril.htm
www.joaquincarrillo.com.ar/index.php?showimage=8

Der Nordwesten

3.2.4   Quebrada de San Lorenzo

Kartenhinweise
- IGM SG 20-01, Salta, 1:250 000
- IGM, 25-66 II, Salta, 1:250 000

Ort San Lorenzo (1490 m) –
Gipfel des Bergs San Lorenzo (2290 m)
6–7 Std., 800 m Auf- und Abstieg

Ein Muss für jeden Salta-Besucher ist eine Wanderung in der dicht bewaldeten Quebrada de San Lorenzo. Man nimmt in Salta den Minibus Nr. 33 ins 14 km entfernte San Lorenzo. Wo die Straße aufwärts führt, säumen schöne Gärten und noble Villen den Weg. Die Endhaltestelle des Busses liegt auf einem Parkplatz für Ausflügler, schon fast im Wald. Im Südsommer ziehen fast jeden Tag um die Mittagszcit in der Quebrada de San Lorenzo Regenwolken auf und entleeren ihre Fracht in sturzbachartigen Niederschlägen. Ein früher Start ist deshalb empfehlenswert. Durch die starken Niederschläge ändert sich der Lauf des Río San Lorenzo oft. Manchmal graben sich Regenbäche auch neue Seitentäler.

Man läuft von der Bushaltestelle nach oben in den Wald. Der Weg folgt zunächst gut ersichtlich dem **Río San Lorenzo**. Nach etwa einer halben bis dreiviertel Stunde Weg muss man den Río San Lorenzo zweimal kurz hintereinander queren. Nach der zweiten **Querung** erreicht man eine Weggabelung (24° 42.956′ S, 65° 31.049′ W, 1680 m). Folgt man weiter dem Weg entlang des Flusses, kommt man nach etwa zwei Stunden zu einem **Wasserfall**. Der Weg, der sich rechts den Hang hinaufschlängelt, führt zum **Pass Abra de San Lorenzo** (24° 42.222′ S 65° 31.341′ W, 2146 m). Dort am San-Lorenzo-Pass treffen sich die kleinsten und die größten flugfähigen Vögel

Querung des Río de San Lorenzo

der Welt. An den Blüten der Büsche saugen Kolibris Nektar und über den Gipfeln schweben die Andenkondore. Bei entsprechenden Aufwinden fliegen die Kondore ganz dicht über den Pass hinweg. Wer noch ein Stückchen höher will, steigt nach rechts den bewaldeten Hang zum **Gipfel** des San Lorenzo (2263 m) hinauf. Der grasige Gipfelbereich ist ein guter Picknickplatz.

Hält das Wetter auch am Nachmittag, kann man zum vom Pass gut erkennbaren **Puesto Sarapura** absteigen. Die freundlichen Bauern leben von der Viehzucht und dem Sammeln verwilderter Pfirsiche und Walnüsse. Diese Baumarten wurden ursprünglich von den Spaniern ins Land gebracht. Weiter unten im Tal fließt der **Río Saguanes**, in dem es einige schöne Badegumpen gibt. Die Rückkehr erfolgt auf dem gleichen Weg.

3.3 Land der Calchaquíes

3.3.1 Die Schlacht um Quilmes

Die etwa 400 km² umfassenden **Valles de Calchaquíes** gehören zu den kulturell und landschaftlich interessantesten Regionen Argentiniens. Wahrscheinlich schon im 5. Jahrhundert vor Christus erreichten die Diaguita-Indianer diese fruchtbaren Täler westlich des heutigen Salta. Ihre verschiedenen Untergruppierungen wie Pulares, Chicoanas, Tolombones oder Yacabiles wurden durch die gemeinsame Sprache, das Cacan, zusammengehalten. Die ersten spanischen Chronisten nannten die Diaguitas und andere in der Region lebende Stämme Calchaquíes, ein Sammelname, der sich bis heute gehalten hat. Die Calchaquíes waren gut organisiert und kriegserfahren. In befestigten Siedlungen wie Tilcara, Tastil oder Quilmes lebten Tausende von Menschen. Sie leisteten den spanischen Invasoren im 17. Jahrhundert fast vier Jahrzehnte erbitterten Widerstand. Doch im Jahr 1665 standen die Spanier vor der letzten starken Bastion der Indianer, der Festung Quilmes. Die waffentechnisch weit überlegenen Europäer errangen den entscheidenden Sieg über die Calchaquíes. Die überlebenden Indianer wurden in den Osten Argentiniens deportiert. 270 Familien mussten über 1000 km durch die Pampa bis nach Buenos Aires marschieren. Viele starben auf dem Weg oder später in der ungewohnten Umgebung an Hunger und den Krankheiten der Weißen. Nur wenige Nachfahren der Verschleppten überlebten bis heute. Sie bekamen unter der Regierung Menem Land in der Provinz Buenos Aires zugesprochen. Ein Stadtteil von Buenos Aires und eine Biermarke sind nach den Quilmes-Indianern benannt, eine Ehre, auf die sie wahrscheinlich gern verzichtet hätten.

3.3.2 Valles Calchaquíes und Tafí del Valle

Kartenhinweise
• IGM 2566-IV, Metan, 1:250 000
• IGM 2566-III, Cachi, 1:250 000
• IGM 2766-II, San Miguel de Tucumán, 1:250 000

Die **Valles Calchaquíes** können etwas mühsam mit dem Bus, bequemer mit einem Leihwagen erkundet werden. Die nächstgelegene Großstadt ist **Salta**, von der häufig Busse durch fruchtbares, landwirtschaftlich intensiv genutztes Land nach **Chicoana** fahren. Dort beginnt die herrliche Bergstraße Cuesta del Obispo in Richtung Cachi, die sich durch langsam karger werdende Vegetation in die Höhe schraubt. Die Tourmöglichkeiten in den Valles Calchaquíes sind sehr vielfältig, allerdings gibt es keine markierten Wege. Es lohnt sich, in den einzelnen Orten einen Führer zu nehmen.

Piedra de Molino

Piedra de Molino (3620 m), was Mühlstein bedeutet, war der Startpunkt für eine früher sehr beliebte Zweitagestour durch das **Valle Encantado**, das Verzauberte Tal. Seit 2004 gibt es aber einen neuen Besitzer der Finca Encantado, und der möchte im Prinzip keine Trekker auf seinem Land. Nur gelegentlich werden Sondergenehmigungen erteilt. Man wende sich an einen der Andenclubs, z. B. Janajman

Der Nordwesten

(janajman@hotmail.com) in Salta. Die Tour geht am ersten Tag bis zur Quesería, der Käserei, der Finca Encantado. Ohne Gepäck steigt man auf den Aussichtsgipfel El Torion. Dann läuft man weiter bis El Maray an der Questa del Obispo und fährt mit dem Bus weiter.

Parque Nacional Los Cardónes

Piedra de Molino liegt schon im Parque Nacional Los Cardónes. Seinen Namen hat dieser 70 000 Hektar große Nationalpark vom Cardón, dem Kandelaberkaktus (Trichocereus pasacana), der in dieser Region sehr häufig vorkommt. Das verholzte Stützgerüst der baumhohen Kakteen ist in den Wüstengegenden ein wichtiges Bau- und Brennmaterial. Der Los Cardónes-Nationalpark ist das, was die Angelsachsen einen „Paper park" nennen. Er existiert nur auf dem Papier, es gibt weder Parkwächter noch irgendwelche Infrastruktur und leider auch keine markierten Wege. Die Verwaltung des Nationalparks Los Cardones befindet sich in Payogasta, Av. San Martín 4415, Tel.: 03868-49-1066.

Cachi

Das hübsche, ruhige Kolonialörtchen Cachi (2000 Einwohner, Höhe 2280 m, Tel.: 03868), dessen Name auf Quechua „Salz" bedeutet, lädt zum Verweilen ein. Bekannt sind seine Kirche, die teilweise aus Kakteenholz erbaut ist, und sein Archäologisches Museum. Beide liegen an der Plaza, auf der sich auch das meiste gesellschaftliche Leben abspielt. Der Ort liegt auf 2280 m Höhe, bei Spaziergängen auf die umliegenden Hügel kann man leicht über 3000 m kommen. Cachi ist Ausgangspunkt für kleine und große Bergtouren (siehe 3.3.4). Informationen gibt es beim örtlichen Fremdenverkehrsamt, Av. Gral. Güemes s/n, Tel.: 49-1053.

Man kann zwar mehrere Male täglich von Salta nach Cachi oder von Salta nach Cafayate kommen, aber von Cachi nach Cafayate geht es mit dem Bus nur sehr sporadisch auf unbefestigten Straßen weiter, man sollte sich rechtzeitig nach den von den Jahreszeiten abhängigen Fahrplänen erkundigen. Die Orte Seclantes, Molinos und Angastaco zeigen noch traditionelles Landleben. Besonders fotointensiv ist die Zeit der Paprikaernte. Ganze Berghänge färben sich knallrot, wenn die Bauern die Paprika zum Trocknen auslegen. Hinter Angastaco beginnt die **Quebrada de la Flecha**, eine der faszinierenden bunten Schluchten des argentinischen Nordwestens. Flecha heißt Pfeil, hier wurden viele indianische Pfeilspitzen gefunden. Die Felsformationen sind nicht so gewaltig wie in der Quebrada de Huamaca, aber mindestens genauso farbenfroh.

Bei **Cafayate** (9500 Einwohner, 1660 m, Tel.: 03868) erreicht man wieder Asphalt, die Ruta 68. Cafayate ist ein angenehmes Örtchen, das von Weinbau und Tourismus lebt. Man sollte sich hier die Zeit nehmen und die Weine einer der zahlreichen Bodegas, aber auch die bekannte Weineiscreme verkosten. Informationen erteilt das Fremdenverkehrsamt, Tel.: 1563-9708, das in einem Kiosk auf der Plaza San Martín untergebracht ist. Ein exzellenter Kenner der Region und ihrer Geschichte ist der englischsprachige Lehrer Alejandro Jorge. Wer etwa tieferes Interesse an der indianischen Urbevölkerung hat, kann versuchen, Alejandro – aber bitte gegen Vergütung – als Privatführer zu gewinnen (sajorge@educ.ar oder info@ipcafayate.com.ar).

Quebrada de las Conchas

Die Hauptattraktionen der Umgebung Cafayates sind die **Wasserfälle des Río Colorado**

Trocknen von Paprikaschoten, Valles de Calchaquíes

(siehe 3.3.3) und die herrliche **Quebrada de las Conchas**, die Muschelschlucht. Der Name Las Conchas kommt von fossilen Meeresmuscheln, die dort in die Sedimente eingelagert sind. Die Ruta 68, die Salta und Cafayate verbindet, führt mitten durch die Quebrada de las Conchas. Auf 80 km Länge zeigt die Natur faszinierende Kunstwerke in immer neuen Farben und Formen. Es lohnt sich, nicht nur das Haupttal des Río de las Conchas, sondern auch die Vielzahl von kleinen Seitentälern zu erkunden oder auf einen der umgebenden Berge zu steigen. Die über 3000 m hohen Bergketten im Westen und Osten des Río de las Conchas, die **Sierra Carahuasi** und die **Sierra del León Muerto**, die Berge des toten Berglöwen, sind nicht nur für Hobbygeologen und Fotografen, sondern auch für botanisch Interessierte ein wahres Schatzkästchen, siehe etwa http://members.inode.at/tillandsia/argentinien.htm

Anreise

Die billigste Art, in die Quebrada de las Conchas zu gelangen, sind die Linienbusse, die mehrere Male am Tag zwischen Salta und Cafayate auf der Ruta 68 verkehren. Reiseveranstalter wie etwa Mula Negra Expediciones (Pasaje 20 de Febrero Nr. 110, Cafayate, Tel.: 42-1739, mulanegra_expediciones@hotmail.com) bieten Tagesausflüge zu gut zugänglichen Felsformationen wie Los Castillos, die Schlösser, El Anfiteatro, das Amphitheater, oder La Garganta del Diablo, der Teufelsrachen, an.

Mit einem Mietwagen hat man natürlich mehr Muße und kann die Steine bei tiefem Sonnenstand betrachten, wenn sie in intensiven Farben leuchten. Wer mehrere Tage in der Quebrada wandern oder reiten möchte, nimmt am besten einen der Bauern, die oben in den Bergen ihre Höfe haben und zum Ver-

Der Nordwesten

kauf ihrer Produkte mit Maultieren in die Stadt kommen, als Führer. Ladenbesitzer, die Ziegenkäse verkaufen, wissen meist, wer gerade im Ort ist. Ein touristenerfahrener Bergbauer ist etwa Martin Carlos Rodriguez, dessen Hof einen Tagesritt oder -marsch von Cafayate entfernt liegt. Martin Rodriguez hat Radiokontakt zu seinem Bruder Juan in Cafayate, und der ist wiederum über einen Freund, Abran Bordón, per Telefon, 42-1705, erreichbar.

Tafí del Valle

Von Cafayate kann man mit dem Bus nach **Tafí del Valle** ins Bergland der Provinz Tucumán weiterfahren. Auf dieser Strecke liegt auch die Abzweigung zu den Ruinen von **Quilmes**.

Der höchste Punkt auf der Strecke nach Tafí ist der Paso del Infiernillo, der Pass der kleinen Hölle, auf 3040 m Höhe. Tafí del Valle liegt auf kühlen 2100 m und wird vor allem in der Gluthitze des Sommers von den Bewohnern der Stadt Tucumán stark frequentiert. Die Tafís waren ein Indianerstamm, der zwischen dem 4. und dem 9. Jahrhundert in dieser Region Terrassenfeldbau betrieb. Bis heute ist unbekannt, welches Volk die Menhire, die im **Parque de los Menhires** aufgestellt sind, angefertigt hat. Etwa 130 aufrecht stehende Menhire wurden von verschiedenen Fundstellen zusammengetragen. Sie sind zylindrisch geformt, mit polierten, teilweise auch mit eingemeißelten Symbolen und Gesichtern versehen. Einige der Hügel und Berge, die das weite Hochtal von Tafí umgeben, sind ein beliebtes Ziel argentinischer Sommerfrischler. Der **Cerro El Matadero** (3000 m) und der **Cerro Pabellón** (3800 m) sind von Tafí del Valle, der **Cerro El Negrito** (4600 m) vom Cristo Redentor, der Christusstatue an der Ruta 307 in Richtung Acheral, erreichbar. Die Wege sind nur selten markiert. **Bergführer** kann man über das Fremdenverkehrsamt (Casa del Turista, Av. Miguel Critto, Tel.: 03867-42-1084) kontaktieren. Die Straße von Tafí del Valle nach Süden in Richtung Acheral führt in Serpentinen durch die spektakuläre Schlucht des **Río de los Sosas** mit subtropischer Vegetation. Besonders stimmungsvoll ist diese Fahrt, wenn Nebelfetzen in den Bäumen hängen.

Endpunkt der Reise durch die bunten Schluchten des Nordens ist **Tucumán**. Die Hauptstadt der kleinsten argentinischen Pro-

Info Tucumán

540 000 Einwohner, Höhe 447 m, Tel.: 0381

Fremdenverkehrsamt der Provinz
24 de Setiembre 484, Tel.: 430-3644

Busbahnhof
Brigido Terán 350, Tel.: 422-2221

Fluglinien

Aerolineas Argentinas, 9 de Julio 110,
Tel.: 0-810-222-86527/431-1030
Iberia Mendoza 764, local 38, Tel.: 431-1080

Lloyds Aéreo Boliviano, Buenos Aires 39, local 4,
Tel.: 421-2090, 43-0072
Pluna, Honduras 65, Tel.: 430-2224
American Airlines, Mendoza 764, Of. 54, Tel.: 430-1749
Avianca, Córdoba 131, Tel.: 430-0721
United Airlines San Martin 667 – P. 4 Of. L Tel.: 422-3030

Tucumán im Internet
www.tucuman.gov.ar/turismo/turismo.asp
www.visitingargentina.com/esp/tucuman/tucuman.php
www.guiaunica.com.ar/turismo/tucum%e1n.htm
www.argentinaturistica.com/tuciresenia.htm
www.enargentinaturismo.com.ar/sp/tucuman/index.php

vinz spielte in der Geschichte Argentiniens eine wichtige Rolle, doch heute sind sie eher für soziales Elend und Kriminalität bekannt. Der früher durch Schutzzölle abgesicherte Zuckeranbau in der Region ist seit der Öffnung der Märkte für billigen brasilianischen Zucker nicht mehr konkurrenzfähig. Es gibt dadurch sehr viele Arbeitslose, die oft ihr Glück in der Stadt suchen und ihre Familien nicht immer auf legale Weise ernähren.

3.3.3 Río Colorado

Kartenhinweis
• Zur groben Orientierung IGM 2766-II, San Miguel de Tucumán, 1:250 000

Eine wunderschöne Tagestour von **Cafayate** führt über das 6 km entfernte Örtchen **Divisadero** zu den Wasserfällen im Tal des Río Colorado. In diesem versteckten Tal fanden die Indianer vom Volk der Calchaquíes lange Zuflucht vor den spanischen Eroberern. Als die Spanier die Indianer dann entdeckten, machten sie kurzen Prozess. Der Legende nach soll der Río Colorado deshalb farbiger Fluss heißen, weil ihn das Blut der Calchaquíes rot färbte.

Wegen der vielen Flussquerungen sollte man bei dieser Tour wasserdurchlässige Turnschuhe mit gutem Profil oder Ähnliches tragen. In dem Wüstenklima werden nasse Füsse und Schuhe schnell wieder trocken.

 Wasserfälle im Tal des Río Colorado

Zum Tal des Río Colorado gibt es viele organisierte Touren, die aber alle erst um 9 oder 10 Uhr starten. Wer die Wasserfälle lieber allein genießt, sollte früh aufstehen und mit dem Taxi nach Divisadero fahren.

Ausgangspunkt der Tour ist der Campingplatz Lorohuasi, was auf Quechua Papageienhaus heißt. Auf dem Gelände des Campingplatzes sieht man das Wasser eines Aquädukts in ein Wasserbecken stürzen. Zu diesem künstlichen Wasserlauf muss man aufsteigen. Zwischen Campingplatz und Fluss liegt ein Parkplatz (1750 m). Dort, zwischen zwei noch unfertigen Neubauten, zeigt ein weißer Pfeil den felsigen Hang hinauf. Etwa 20 Höhenmeter geht es in leichter Kletterei nach oben zum Aquädukt. Von dort hat man einen schönen Blick auf den Zusammenfluss des Río Colorado mit dem Río Alisal, die zusammen den Río Lorohuasi bilden. Der Weg folgt dem künstlichen Wasserlauf stromaufwärts, bis der Río Colorado wieder erreicht ist. Natürlich kann man auch dem Flusslauf folgen, hat dann aber weniger Sicht.

Der Weg führt in eine pittoreske Schlucht und wird mit der Höhe immer steiler. Man läuft durch reiche Vegetation, Schilfbestände und große Laubbäume im Flusstal, Kandelaberkakteen und trockenresistente Büsche an den Hängen. Im unteren Schluchtenbereich sieht man an mehreren Stellen runde Aushöhlungen in Felsen am Fluss. Hier haben früher die Calchaquie-Indianer Getreide gemahlen. Mit etwas Glück kann man auch noch Tonscherben von Töpfen der Indianer finden.

Das Wasser des Río Colorado ist meist klar und kühl. Der Pfad quert viele Male von der rechten auf die linke Uferseite und zurück. Die Hauptattraktion des Tales sind die vielen Wasserfälle. Nummer eins bis fünf sind eher kleine Vertreter ihrer Spezies. Nach dem vierten wird das Gelände schwieriger, leichte Kletterei im Fels im zweiten Grad ist notwendig, wobei immer „Henkel" vorhanden sind.

Nach dem fünften Fall kommt man an eine Abzweigung (26° 05.549′ S 66° 01.376′ W,

1920 m). Der Hauptweg verläuft am orografisch linken Ufer des Flusses nach oben. Am gegenüberliegenden Flussufer führt ein Weg den Hang hinauf. Dieser Weg dient als Alternative zum etwas schwierigen Aufstieg am sechsten Wasserfall. Bis zu diesem sehr schönen, etwa 25 m hohen Fall, der Manto de la Virgen, Mantel der Jungfrau, genannt wird, kommt man ohne große Mühen. Die weitere Route führt durch den engen Kamin gleich rechts neben dem Fall, der für Beleibte oder Ungeübte nicht leicht zu durchklettern ist.

Nach dem Mantel der Jungfrau wird das Gelände flacher. Man erreicht nach etwa drei Stunden den siebten Wasserfall des Río Colorado, La Golondrina, die Schwalbe, genannt. Er liegt über 2000 m hoch. Nun ist es höchste Zeit für ein erfrischendes Bad. Ein beliebtes Plätzchen ist der Hohlraum in der Wand hinter dem Wasserfall.

Zurück geht man nicht den gleichen Weg, sondern biegt zwischen dem siebten und sechsten Wasserfall auf den gut erkennbaren Umgehungsweg des sechsten Wasserfalls ein, der ein kurzes Stück den Hang hinauf zu einem Pass führt. Von dort steigt man zur erwähnten Abzweigung auf 1920 m Höhe ab, quert den Fluss und ist wieder auf dem Hauptweg.

3.3.4 Das Nevado del Cachi-Massiv

> **Kartenhinweise**
> • IGM 2566-I, San Antonio de los Cobres, 1: 250 000
> • IGM 2566-III, Cachi, 1: 250 000

Die Nevados del Cachi sind eine isolierte Bergkette am Ostrand der Puna. Sie haben ein etwas weniger trockenes Klima als die Zentralpuna. Die Regenzeiten entsprechen denen in Bolivien. Ideale Trekkingmonate sind Oktober bis Dezember, aber auch der Südherbst bringt meist gute Bedingungen. Die Berge wurden bereits zur Inka-Zeit bestiegen und beherbergen wichtige archäologische Fundstätten. Hier vorgestellt wird eine Hochtour mit Gipfeloption, die mindestens fünf Tage dauert.

Anreise

Mit dem Bus fährt man von Salta oder auch Cafayate in das schöne und bei Touristen beliebte Dörfchen **Cachi** (2280 m) und von dort weiter in den Weiler **Las Pailas**. 4 km Weg kann man noch mit einer Camioneta, einem Buschtaxi, zum letzten mit dem Wagen erreichbaren Bauernhof, dem **Rancho Julian** auf etwa 2600 m, hochfahren. Es gibt die Möglichkeit, mit Maultieren auf über 5000 m aufzusteigen. Trekker kommen hier öfter vorbei, was man auch daran sieht, dass der Preis für ein Tragtier mit 30 US-Dollar pro Tag für Argentinien recht üppig ist.

△ **Tag 1:** *Rancho Julian (2600 m) –*
Rancho Jacinto Casimiro –
Piedra Grande (3300 m)
5–6 Std., Aufstieg 700 m

Bei guter Sicht zeigen sich die Gipfel und Gletscher der Nevado del Cachi-Kette bereits zu Beginn der Tour in voller Pracht. Insgesamt neun Gipfel hat das Massiv, der höchste, der Cumbre del Libertador San Martin, ist 6380 m hoch. Der Weg folgt die ganze Strecke vom Rancho Julian bis zu den Moränen unter der Gipfelregion dem Flüsschen Arroyo de las Arcas, das vom Arcas-Gletscher des Nevado del Cachi-Massivs gespeist wird. Vom **Rancho Julian** führt der Weg über magere Weiden mit vereinzelten Säulenkakteen und niedrigem Buschwerk. Die Hochebene steigt nach Westen stetig, aber nur mäßig an, was das Gehen angenehm macht. Nach etwa drei Stunden Marsch erreicht man den letzten Einödhof, den **Rancho Jacinto Casimiro**. Bei den freundlichen Bauern ist die letzte Gelegenheit, noch etwas Proviant zu kaufen. Nach weiteren drei Stunden Weg erreicht man einen riesigen Felsen, den **Piedra Grande**, auf 3300 m Höhe. Im Felsen befindet sich eine Höhlung, in der einige Bergwanderer geschützt übernachten können. Es gibt jedoch auch gute Zeltmöglichkeiten.

Tag 2: Piedra Grande (3330 m) – Isla de Piedra (4200 m) 6–7 Std., Aufstieg 900 m

Der zweite Tag ähnelt dem ersten. Im Tal des **Arroyo de las Arcas** geht es gemächlich bergauf. Auf 3400 m vereinen sich zwei Bäche. Der Weg folgt dem linken bzw. südlichen Wasserlauf in die **Quebrada de las Arcas**. Die Vegetation um den Bach ist noch recht dicht, je weiter man sich vom Wasser entfernt, desto spärlicher wird sie. Auf den trockenen, windigen Höhen halten sich nur Überlebenskünstler wie Moose und Flechten. Auf der Ebene grasen häufig Vicunjas. Hasenmäuse und Eidechsen sonnen sich zwischen Felsblöcken, und mit etwas Glück sieht man den Colibrí gigante (Patagona gigas), den Riesen unter den Vogelzwergen. Nach sieben Stunden Marsch erreicht man **Isla de Piedra**, die Felseninsel, auf 4200 m Höhe. Hier kann man im Windschatten der Felsen noch einmal eine gemütliche Nacht verbringen.

Tag 3: Isla de Piedra (4200 m) – Anfiteatro (5200 m) 4–5 Std., Aufstieg 1000 m

Kandelaberkaktus in der Puna – Blick von Cachi auf die Nevados de Cachi

Heute ist Schluss mit lustig, denn hinter der Felseninsel beginnt bei etwa 4700 m die alte **Endmoräne** des Glaciar las Arcas. Höher können die Mulis nicht steigen, wer die Überschreitung des Plateaus vorhat, muss sein Gepäck nun selbst tragen. 500 Höhenmeter steigt man über eine der in den Anden so häufigen Schotterhalden auf. Steil, lose, mal grob, mal fein, aber meistens wackelig präsentiert sich der Untergrund. Den meisten Pflanzen ist das Trümmerfeld zu unstabil, nur noch vereinzelt krallt sich Lebendiges zwischen den Steinen fest. Für die Leiden des Aufstiegs entschädigt der Blick vom **Anfiteatro**, dem Amphitheater, über Gipfel und Ebene. Das Anfiteatro ist ein Trekkingziel für sich, aber auch der Ausgangspunkt für klassische Gipfeltouren in der Nevado del Cachi-Kette.

 *Tag 4 und 5*

Wer keinen Gipfel machen will, kehrt nach der Nacht im Amphitheater auf dem gleichen Weg wieder zum Rancho Julian zurück oder folgt der weiter unten skizzierten Abstiegsroute nach Las Cuevas.

 *Gipfeloptionen*

Vom Anfiteatro aus werden **San Miguel de Palermo** (6000 m) und **Hoygaard** (6180 m) in Angriff genommen. Meist wird dafür auf 5600 oder 5700 m ein Hochlager errichtet. Von dort geht es früh am nächsten Tag auf den Berg. Das Gelände wird in größeren Höhen flacher und fester, doch Schotter und Blöcke begleiten einen bis zum Gipfel. Technische Schwierigkeiten gibt es bei der Nevado de Cachi-Kette nur dort, wo man sie gezielt sucht,

z. B. am Gipfel Peñon Blanco. Meist ist es in der Gegend so trocken, dass auch die Bergspitzen schneefrei sind und man ohne Steigeisen an den Gletschern vorbei zu den wenig dramatischen flachen Gipfeln steigen kann.

Wer auf den **Libertador San Martín** (6380 m, 24° 55.54′ S 66° 23.27′ W) will, geht am dritten Tag nicht zum Anfiteatro, sondern folgt weiter dem Arroyo de las Arcas bis unter die Wand bzw. den Wandbogen – Las Arcas bedeutet die Bögen – des Cerro de las Arcas (6050 m) und errichtet ein Lager auf 5400 m Höhe. Am nächsten Tag wird die steile und mit losem Schotter belegte Talschlusswand in nördlicher Richtung erklommen. Der **Cerro de las Arcas** im Osten (6050 m) ist von dort leicht zu besteigen. Zum Libertador San Martín muss das Plateau in nordwestlicher Richtung gequert werden. Auf diesem Weg werden meist zusätzliche Hochlager eingerichtet. Ein weiterer 6000er, **La Ollada** (6120 m), muss östlich umgangen werden, bevor die lange Südflanke des Libertador San Martin erreicht ist. Der Aufstieg erfolgt über unschwieriges Gelände mit in der Regel nur vereinzelten Schneefeldern.

Alternative Abstiegsroute: Sowohl Aufstieg als auch Abstieg zum Hochplateau zwischen den beiden Bögen von Anfiteatro und Las Arcas sind auch über das Tal des Las-Trancas-Flusses möglich. Wer über die Quebrada de las Arcas aufgestiegen ist, quert das Plateau in westlicher Richtung, bis der Talschluss des Arroyo Las Trancas sichtbar wird. Der Abstieg durch die Quebrada de las Trancas bis zum Weiler Las Cuevas dauert zwei Tage, gute Campmöglichkeiten gibt es auf 4600 m. Der Rücktransport von Las Cuevas zurück nach Cachi muss vorbestellt werden.

4.1 Das kleine Waldwunder

Der Reisende, der vom kalten Pazifik kommend die fast regenlose chilenische Küstenregion und die Hochwüste der Puna de Atacama durchquert hat, traut seinen Augen kaum, wenn er am Ostrand der Anden auf üppige subtropische Vegetation stößt. Unfassbar, dass sich nach all dieser Kargheit dort ein prächtiger Bergregenwald erstreckt. Ein etwa 50 km breiter bewaldeter Streifen zieht sich von Bolivien bis nach Tucumán hinunter. Das Wasser, das die Pflanzen wachsen lässt, kommt nicht etwa vom nahen Pazifik, sondern von den Regenwolken, die sich weit im Osten über dem Atlantik bilden. Die Wolken werden von Winden nach Westen über Land getragen. Über den Urwäldern Brasiliens und Nordostargentiniens regnen sie ab. Der Wald wirkt wie ein Schwamm und verhindert eine Versickerung des Wassers. Wenn sich das Wetter wieder bessert, beginnt das Wasser zu verdunsten und bildet Wolken, die vom Wind weitertransportiert werden und bald aufs Neue abregnen. Dieser Prozess wiederholt sich viele Male und so entsteht die bekannte Wasserdampfwalze, die Atlantikwasser bis weit ins Innere des südamerikanischen Kontinents, nach Innerbrasilien, nach Bolivien und eben auch Nordostargentinien bringt. Am Ostrand der Anden kommt die Walze nicht weiter, sie dreht gewissermaßen auf der Stelle. Die Wolken stauen sich an der Kordillere, steigen an deren Hängen auf, kühlen ab und regnen sich aus. Mit ihrer feuchten Fracht ermöglichen sie das Wachstum der Yungas-Wälder. Auf der Hochebene der Puna de Atacama fallen 100 bis 200 mm Regen, in den Yungas an die 800 mm bis 2000 mm.

Die Wälder bis 500 m Höhe sind noch spärlich und haben Elemente des Chaco-Waldes. Von 500 bis 1800 Höhenmeter erstreckt sich der üppige Bergregenwald. Er ist während des Sommers und Herbstes oft in Nebel gehüllt und heißt deshalb auch Nebelwald.

Dieser Teil des Waldes bekommt die meisten Niederschläge. Die Vegetation wächst in ihrem Kampf ums Licht in mehreren Stockwerken. Wer keinen starken Stamm hat, versucht mit Tricks nach oben zu kommen. Die Baumriesen sind bedeckt mit Lianen und Epiphyten, Aufsetzerpflanzen, wie Farnen oder Orchideen. Von 1800 bis zur Waldgrenze auf 2500 m Höhe wird der Wald durch zunehmende Kälte und abnehmende Niederschläge spärlicher. Die Artenvielfalt nimmt ab, Nadelbäume breiten sich aus. Ab 2500 m herrscht die Präpuna, die nach Westen hin immer trockener wird.

In den Wäldern lebt eine Fülle exotischer Tiere, Nager wie Rotes Aguti oder Yungas-Tucotuco, der südamerikanische Fischotter und die seltene, als „monumento nacional" geschützte Hirschart Taruca oder Huemul del Norte (Hippocamelus antisensis). Große Räuber, Pumas und Jaguare, durchstreifen das Dickicht und stellen fetten Braten wie Pekaris und Tapiren nach. Über 400 Vogelarten, darunter Tyrannenadler (Spizaetus ornatus), Bergguan (Penelope dabbenei) oder Soldatenara (Ara militaris), wurden in den Yungas gezählt. Obwohl die subtropischen Waldgebiete von Misiones und den Yungas im Vergleich zum Staatsgebiet winzig sind, leben dort über 50 % der in Argentinien heimischen Tier- und Pflanzenarten.

Der Nordwesten

Die Urwälder der Yungas sind im größten Biosphärenreservat Argentiniens geschützt. Vier Nationalparks, **Baritú** im Norden von Salta, **Calilegua** in Jujuy, **Finca El Rey** in Saltas Süden und **Campo de los Alisos** in Tucumán, bilden Kernschutzzonen. Um die Nationalparks liegen Gebiete mit eingeschränkter menschlicher Nutzung, sogenannte Pufferzonen. Eine wichtige Aufgabe der Nationalparkverwaltungen ist es, Waldgebiete, die von Kulturland umgeben sind, durch Waldkorridore zu verbinden, sodass Tiere und mit ihnen auch Pflanzensamen wandern können.

Internet

Das Yungas-Biosphärenreservat im Internet
http://www2.unesco.org/mab/br/brdir/directory/biores.asp?mode=all&Code=ARG+11

4.2 Calilegua-Nationalpark

4.2.1 Im Bergurwald der Kobolde

Die Randgebiete der Yungas, dort, wo der Bergwald in die Ebene übergeht, sind ein traditionelles Siedlungsgebiet der Kolla-Indianer. Diese Region gehörte zum Reich der Inkas. Während der spanischen Eroberung flüchteten viele Indianer tief in den Wald hinein. Ein Häuptling namens Calilegua führte sein Volk zum Schutz vor den Schwertern der Eindringlinge in die Bergwildnis nahe der heutigen Stadt Libertador General San Martin. Nach ihm wurde der Ort Calilegua und der 76 300 Hektar große Nationalpark benannt.

Die Kollas, die heute in den Yungas wohnen, glauben, dass sich im Wald nicht nur gefährliche Tiere, sondern auch Kobolde mit schlimmen Absichten verbergen. Die Hucumares, die ganz versteckt in der Wildnis wohnen, warten nur auf einsame Wanderer, um sie mit süßen Stimmen zu umwerben und sich mit ihnen aufs Blätterbett zu begeben. Hat bei einer Frau solcherlei Zeitvertreib oft deutlich sichtbare Folgen, dann wird sie ihrem Ehemann vielleicht von ihren schrecklichen Erlebnissen mit einem Hucumar erzählen. Oft hat schon ein erzürnter Ehemann versucht, diesen Hucumar im Wald aufzuspüren und zu fangen, doch diese Wesen sind sehr raffiniert. Sie können ihre Füße verkehrt herum drehen, sodass die Jäger in die Irre gehen. Auf ihre Art tragen die Hucumares sicher viel zum Dorffrieden bei. Welcher Ehemann kann schon seiner Frau böse

Heuschrecken

Der Nordwesten

Urraca (Cyanocorax chrysops)

Linienbus der Linie 23 de Agosto auf der Ruta 83 durch den Calilegua-Nationalpark nach Valle Grande und von dort um 15 Uhr wieder zurück. Vom Busbahnhof in Libertador kann man die 15 km zum Parkeingang auch für wenig Geld mit dem Taxi zurücklegen.

Service-Adressen

Intendencia del Parque Nacional Calilegua
San Lorenzo – 4514 Jujuy
Tel.: 03886-42-2046
calilegua@apn.gov.ar,
pncalilegua@cooperlib.com.ar

Der Verwaltungssitz des Nationalparks liegt im Dorf Calilegua
Dieser Ort wird jedoch bei der normalen Anfahrt auf der Ruta 83 nicht passiert. Das übliche Basislager für Touren im Park ist der **Rangerposten Aguas Negras** (550 m), in dessen Nähe sich ein Campingplatz mit Feuerstellen, Bänken und Nasszellenblock befindet. Die Ranger sind sehr hilfsbereit und schließen, wenn man freundlich mit ihnen redet, auch Wertsachen in ihrer Station ein. Vorsicht mit den Lebensmitteln, auf dem Campingplatz warten Elstern (Cyanocorax chrysops) nur auf eine Gelegenheit, etwas Leckeres zu stibitzen.

sein, wenn sie von übersinnlichen Kräften umgarnt wurde? In der von Machismo-Traditionen geprägten europäischen Gesellschaft Argentiniens, die nicht an hinterlistige Kobolde glaubt, führen Seitensprünge dagegen bis in die heutige Zeit zu Mord und Totschlag.

4.2.2 Anreise über San Salvador de Jujuy und Libertador General San Martin

Von San Salvador de Jujuy fahren häufig Busse in die Stadt Libertador General San Martin, dem Ausgangspunkt für Touren in den Calilegua-Nationalpark. Die Straße führt erst an Zuckerrohrplantagen, dann an Mango- und Citruspflanzungen vorbei. Von Libertador fährt einmal täglich, um 8.30 Uhr, ein

4.2.3 Flusstrekking im Calilegua-Nationalpark

Kartenhinweis
• IGM 2366-IV, Ciudad de Libertador General San Martin, 1:250 000
• Parque Nacional Calilegua, kostenlose Übersichtskarte der Nationalparkverwaltung

Im Calilegua-Nationalpark gibt es etliche Berge über 3000 m, die Cerros Hermoso, Amaril-

Der Nordwesten

lo und Morro Alto und die Serranía del Sova-cón. Von diesen Bergen fließen während der Regenzeit wahre Sturzfluten, die Bäume und Felsen mit sich reißen. Das Wasser sammelt sich in Wildbächen und -flüssen und gräbt sich tiefe Schluchten. Nach Süden entwässern die Flüsse San Lorenzo und Ledesma, nach Norden der Río de las Piedras. Alle diese Vor-fluter gelangen in den Río San Francisco, der nach Nordwesten fließt und sich schließlich mit dem Río Bermejo vereint. Da der Wald der Kobolde fast undurchdringlich ist und es

nur wenige Straßen und Wege gibt, muss sich der Wanderer an die Flusstäler halten. Drei Bäche bieten sich zum Wassertrekking an, der **Arroyo Aguas Negras**, der **Arroyo Tres Cruzes** und der **Arroyo Negrito**. Im Südsom-mer können auch sie nach starken Regenfällen zu gefährlichen Flüssen anschwellen und kur-ze Zeit unpassierbar werden. Den Rest des Jah-res über sind sie in aller Regel friedliche Bäch-lein. Wegen der vielen Flussquerungen sollte man bei diesen Touren wasserdurchlässige Turnschuhe oder Kunststoffsandalen tragen.

Arroyo Aguas Negras

Der Nordwesten

Wanderwege

Im Bereich des Campingplatzes Aguas Negras hat die Nationalparkverwaltung einige kurze Wanderwege eingerichtet. Man läuft auf der sehr wenig befahrenen, unbefestigten Ruta 83 zu den Ausgangspunkten der Wege. Von der Abzweigung zum Campingplatz geht man auf der Straße nach Norden bis zu einem Aussichtspunkt über das San-Lorenzo-Tal. Nach 2 km biegt ein Wanderweg nach rechts ab, der zu einem Waldsee führt, der von putzigen Zwergtauchern bewohnt wird. Der Weg gabelt sich nach der Lagune, links geht es zurück zur Straße, nach rechts zum Arroyo Aguas Negras. Man läuft zurück zur Straße und folgt dieser noch 1 km, bis nach rechts der Waldweg „La Junta" abbiegt. „Junta" heißt auf Deutsch Versammlung. Dieser Weg führt zum Zusammenfluss von Arroyo Aguas Negras und Arroyo Toldos. Man folgt dem Arroyo Aguas Negras bis zurück zur Rangerstation. Es ist empfehlenswert, sich den Ausstieg aus dem Arroyo Aguas Negras zunächst von der Rangerstation aus anzusehen, sonst kann es sein, dass man später am Ziel vorbeiläuft.

Mit dem Linienbus nach Valle Grande, der jeden Tag etwa um 9 Uhr an der Rangerstation Aguas Negras vorbeikommt, kann man sich zu den Ausgangspunkten für längere Tageswanderungen bringen lassen. Der Haarnadelkurve von Tres Cruzes auf 1500 m ist der Einstieg in den **Arroyo Tres Cruzes.** 100 m von der Rangerstation Mesada de las Colmenas (1150 m) führt der Wanderweg **La Cascada** zum Arroyo Negrito. Arroyo Tres Cruzes und Arroyo Negrito vereinigen sich und bilden einen Wasserfall. Zu den Waldtieren, die man – mit viel Glück – an den Flüssen sehen kann, gehören Fischotter, Taruco-Hirsche und Brüllaffen. Hobbyornithologen freut ein Treffen mit den bunten Tukanen oder dem Chiripepe alias Paraguay-Braunohrsittich (Pyrrnura frontalis). Vom Wasserfall folgt man dem Negrito-Bach bis zur Vereinigung mit dem Río San Lorenzo. Noch ein Stück flussabwärts entlang des San Lorenzo und der Campingplatz ist wieder erreicht. Auch bei dieser Tour sollte man sich vor Abmarsch den Ausstieg, in diesem Fall zum Camp, ansehen.

Die Busfahrt auf der Ruta 83 bis zur Endstation in **Valle Grande** sollte man sich nicht entgehen lassen, sie gehört zu den spektakulärsten in Argentinien. Auch das Gebiet nördlich der Nationalparkgrenze bei Abra Cañas eignet sich hervorragend für **Schluchtenwanderungen.** Die Infrastruktur in den Dörfern ist allerdings noch nicht sehr entwickelt, sodass man am besten den größten Teil des Essens in der Stadt kauft und ein Zelt mitbringt. In Valle Grande wurde 2005 an einem kleinen Hotel gebaut, man scheint sich auf Touristen einzustellen.

Internet

www.parquesnacionales.gov.ar/03_ap/
04_calilegua_PN/04_calilegua_PN.htm
www.welcomeargentina.com/parques/
calilegua.html
www.cooperlib.com.ar/RH/PN.HTM
www.intertournet.com.ar/parquesnacionales/
calilegua.htm
www.kmxkm.com.ar/paginas/notas/calilegua/
calilegua.shtml
www.lahueya.com.ar/index/parques/
calilegua.htm
es.wikipedia.org/wiki/Parque_Nacional_
Calilegua

Der Nordwesten

4.3 Von Tilcara bis zu den Yungas

Kartenhinweise
- IGM 2366-IV, Ciudad de Libertador General San Martin, 1:250 000
- IGM 2966-29-2, 2966-29-3 und 2966-29-4, 1:100 000

Sehr vielfältige Eindrücke bieten Touren, die von den farbenfrohen Schluchten der Quebrada de Huamaca über die kargen Höhenzüge der Vorpuna bis hinunter in den dampfenden Regenwald der Yungas führen. Wer nur einen Tag laufen möchte, fährt von Huamaca auf der Ruta 73 über Aparzo bis nach Santa Ana, wo die Straße endet. Von dort geht man – fast immer bergab – 25 km auf einem Maultierpfad nach Valle Colorado und übernachtet dort. Am nächsten Tag wandert man noch bis Valle Grande (siehe 4.2.2) und nimmt den 15.00-Uhr-Bus nach Ciudad Libertador General San Martín. Die Verbindungsweg zwischen Santa Ana und Valle Colorado wird zur Straße ausgebaut, möglicherweise gibt es ab 2006 schon durchgehende Busse von Huamaca nach Ciudad Libertador General San Martín.

Anspruchsvoller sind drei- bis fünftägige Trekks, die von Tilcara oder Huacalera in die Yungas führen. Diese Touren durch ganz unterschiedliche Höhen- und Klimazonen sind zwar technisch unproblematisch, aber stellen einige Herausforderungen an die Logistik. In der Regel werden sie mit Unterstützung braver Tragtiere durchgeführt. Wegen der Blitzschlaggefahr und der Probleme beim Queren von Flüssen während der Regenzeit werden organisierte Trekks nur von April bis November durchgeführt.

Im Folgenden ein Beispiel für eine organisierte Viertagestour von Tilcara nach San Francis-

co. Übernachtet wird in Hütten, Dorfschulen oder im Zelt.

 Viertagestour von Tilcara nach San Francisco

Tag 1: Von **Tilcara** (2450 m) an der Ruta 9 kann man auf einer Bergstraße bis auf etwa 3000 m Höhe fahren. Wo es mit dem Auto nicht mehr weitergeht, wird das Gepäck auf Mulis umgeladen. Der Weg führt durch die vielfarbige Gesteinswelt der Quebrada stetig aufwärts zum **Paso del Zucho** (4200 m), dem höchsten Punkt der Tour. Auf der Ostseite des Gebirgszugs steigt man zum **Puesto Huaira Huasi** (3200 m), was Haus des Windes bedeutet, ab. In Huaira Huasi kann man in Hütten schlafen oder campen.

Tag 2: Auf einem Gebirgskamm mit beeindruckenden Felsabrissen geht es weiter nach Osten. Die **Lagunilla Colorado**, das farbige Seelein, ist ein idealer Platz für die Mittagsrast. Danach marschiert man weiter ins Dorf **Molulo**, wo in der Schule übernachtet werden kann.

Tag 3: An diesem Tag ist man am weitesten von der Zivilisation entfernt. Vegetation und Landschaft verändern sich dramatisch. Je weiter man durchs Gebirge nach Osten wandert, desto dichter wird die Pflanzendecke, desto feuchter die Luft. Man erreicht schließlich die Yungas. Der nächste Übernachtungsort, das Dorf **San Lucas** (1900 m), liegt in einer Waldlichtung.

Tag 4: Durch eine Welt der Schluchten und Nebelwälder geht der Weg weiter bis ins Tal des Río Grande. Nach der Querung des Flusses kommt man bei Peña Alta auf die Ruta 83.

Der Nordwesten

Von dort geht es mit dem Fahrzeug in den Calilegua-Nationalpark und weiter nach Libertador San Martin.

Service-Adressen

Veranstalter solcher und ähnlicher Touren sind:

Juan Pablo Maldonado
BURRITO!- Travel on mountain
Tel.: 0388-402-0366, -423-7565
http://www.fundemp.org.ar/fit/fam1_operador.htm
detilcaraalasyungas@yahoo.com

Adrian García del Río
Villar del Ala
Tel.: 0388-495-5100, -15580-2522

Wer es trotz der lausigen Landkarten für die Region und des schweren Rucksacks gern auf eigene Faust probieren möchte, kann sich an der folgenden Routenvariante orientieren. Die Anreise nach Tilcara, der Weg durch den Ort und der kurze Aufstieg bis Alfarcito sind identisch mit dem Punta-Corral-Weg (siehe 3.2.3). TILCARA – Alfarcito – Los Amarillos – Cerro Pircado – Campo Laguna – Yutopampa – Corral de Venturas – HUAIRA HUASI – Abra Jaranita – Cumbre Grande – Cementerio – MOLULO – Rumicruz – Dirsadero – Olla Perdida – Huanqui – Arroyo de Cañas – Arroyo de Aguadita – Arroyo del Potrero – Pizcuno – Alto Laguna – Siete Vueltas – Arroyo Azul – Arroyo Colorada – Piedra Grande – Campo de Rodeo – SAN LUCAS – Peña Alta – SAN FRANCISCO – Calilegua-Nationalpark (siehe 4.2) – CIUDAD LIBERTADOR GENERAL SAN MARTIN

Üppiger Urwald am Anden-Ostrand

Der Nordwesten

Der Nordosten oder das Kapitel, das fast ausfällt

Obwohl der **Nordosten Argentiniens** voller Naturschönheiten und kultureller Sehenswürdigkeiten ist, wird er in diesem auf Trekking beschränkten Buch kaum behandelt. Die Gründe sind ganz einfach, ihm fehlt das vertikale Element. Und er ist heiß, feuchtheiß. Keinem Einheimischen würde es dort einfallen, von seiner Haustürschwelle weiter zu laufen als bis zum Pferdekorral oder der Bootsanlegestelle. Wer die riesigen Schwemmebenen **Mesopotamias** oder die schier endlosen Trockenwälder des Gran Chaco durchqueren will, muss seine Ausrüstung umstellen. Der argentinische Nordosten ist eine Welt jenseits von Sturmhaube, Goretex und Eispickel; dort braucht man Sonnenhut, Wüstenstiefel und einen guten Außenborder. Für 250 oder 300 Euro bekommt man ein Pferd dazu, komplett mit Sattel und Halfter.

Der Nordosten ist das Reich der „subtropischen" Gauchos, in deren Adern das Blut von Europäern, Guaraní-Indianern und afrikanischen Sklaven fließt. Sie haben einige ganz eigenständige Kulturelemente entwickelt. Ihre Musik ist der fröhliche Chamamé, der so gar nichts mit der Melancholie des Tangos gemein hat. Die meisten Menschen gehen zwar in die Kirche, verehren aber gleichzeitig **Gauchito Gil**, eine Art argentinischen Robin Hood, dessen Grab und Schreine auf der **Estancia Estrellas bei Mercedes** in der Provinz Corrientes alljährlich Hunderttausende Menschen anziehen. Wer im Nordosten reist, sollte unbedingt eine Doma, die argentinische Version des Rodeo, besuchen. Dort starten aber keine Profi-Bronco- oder Bullenreiter wie in den USA, sondern die einfachen Viehhirten der umliegenden Estancias. Die Staatsgrenzen im Nordosten werden nicht von gewaltigen, nur schwer zu überwindenden Bergketten, sondern von Flüssen markiert, und so ist es ganz selbstverständlich, dass zu einer großen Doma in Argentinien auch Gauchos aus Uruguay und Paraguay oder Vaqueros aus dem brasilianischen Rio Grande do Sul kommen.

Viele der Estancias in der Region Mesopotamia müssen ihren Arbeitsrhythmus an die periodischen Hochwässer der großen Ströme Uruguay, Paraguay und Paraná anpassen. In dieser Welt zwischen Land und Wasser hat sich die einheimische Flora und Fauna besser als anderswo erhalten. Bei Concordia am Río Uruguay findet man im **Nationalpark El Palmar** die letzten großen Wälder der Yatay-Palme, die einst weite Regionen des Zweistromlands bedeckte. Einer der besten Plätze, um Wildtiere in Argentinien zu sehen, ist das riesige Feuchtgebiet der **Esteros del Iberá**, wo sich Kaimane, Wasserschweine, Brüllaffen und unzählige Vogelarten ein Stelldichein geben. Im Wasser warten mächtige Dorados und scharfzähnige Piranhas auf ein leckeres Häppchen. Wer die Flüsse liebt, kann aus den Esteros del Iberá auf dem Río Santa Lucia bis zum Río Paraná hinunterfahren, und dann stromauf bis hinter Corrientes, wo der Río Paraguay einmündet. Auf dem Río Paraguay geht es dann immer weiter nordwärts, durch Argentinien, durch ganz Paraguay, bis nach Brasilien in die „Mutter aller Schwemmlandschaften", den legendären Pantanal.

Die wohl beeindruckendsten Kulturdenkmäler des argentinischen Nordostens sind die **Ruinen der Reducciónes**, der Jesuitenmissionen, in den Provinzen **Misiones** und **Corrientes**. Beginnend mit der ersten Missionsgründung im Jahr 1607 bauten die Jesuiten der Sociedad Jesú im 17. und 18. Jahrhundert am Oberlauf des Río Paraná eine Art „Gottesstaat" auf. Sie siedelten die Guaraní-Indianer in Missionen an, von denen es 16 in Argentinien und 14 weitere in Paraguay und Brasilien gab, und organisierten deren Leben von Grund auf neu. Die früher halbnomadischen Indianer hatten nun einen festen Wohnsitz und arbeiteten in der Landwirtschaft. Sie wurden zum Christentum bekehrt, besuchten Schulen und bekamen eine europäische Berufsausbildung. Das Leben der Guaraní in den Missionen unter dem Befehl der Jesuiten war sicher nicht idyllisch, aber besser als auf den Encomiendas der Spanier, wo ein Statthalter der Krone über Hörige herrschte, oder auf den Sklavenplantagen der Portugiesen. Der „Jesuitenstaat" war Zeit seines Bestehens von innen wie außen bedroht. Durch die Konzentration der Indianer an einem Ort konnten sich aus Europa eingeschleppte Krankheiten zu verheerenden Epidemien aus-

Die Entstehung der Cataratas de Iguazu – eine Legende der Guaraní-Indianer

Die Guaraní haben ihre ganz eigene Vorstellung von der Entstehung der Wasserfälle. An den Ufern des Flusses Iguazu, was „Großes Wasser" bedeutet, wurde vor langer Zeit dem Häuptling eines Stamm der Guaraní eine Tochter geboren, die Naipur getauft wurde. Das Mädchen wuchs zu einem so schönen und anmutigen Wesen heran, dass es selbst M´boi, dem großen Schlangengott, auffiel. Er hielt beim Häuptling um die Hand Naipurs an. Die beiden wurden handelseinig und legten einen baldigen Termin für die Hochzeit fest. Naipur hatte keiner gefragt und sie war hocherzürnt, als sie davon erfuhr. Sie war nämlich unsterblich in Caroba, einen jungen Krieger des Nachbarstammes, verliebt. Als dieser von Naipurs Nöten erfuhr, sandte er eine Botin zur Geliebten, sie solle sich an einer bestimmten Stelle am Flussufer verstecken und auf ihn warten. In der Nacht kam Caroba mit dem Kanu den Fluss hinuntergefahren. Naipur rief ihn aus dem Dunkeln an, er steuerte sein Kanu zum Ufer, ließ sie einsteigen und die beiden paddelten, so schnell es ihre Arme vermochten. Am nächsten Tag kam M´boi ins Dorf und wollte über die Hochzeitsvorbereitungen sprechen. Als er erfuhr, dass Naipur geflohen war, überkam ihn eine große Wut. Der Schlangengott eilte mit großer Geschwindigkeit zum Fluss, überholte das Kanu mit den Liebenden und schlug mit seinem kräftigen Schwanz in das Wasser. Da zerbrach die Erde, und eine gewaltige Schlucht tat sich auf. Caroba und Naipur konnten ihr Boot nicht mehr aus dem Wassersog steuern. Das Kanu stürzte in die Tiefe und riss das Mädchen mit sich. Caroba konnte sich gerade noch an einem Busch am Rand der Fälle festhalten. Doch M´bois Rachezug war noch nicht zu Ende. Er verwandelte Naipur in einen Stein unterhalb des Wasserfalls und Caroba in eine Palme, die weit über dem Abgrund lehnt und ihre Wedel wie Arme ausstreckt. So können sich die Liebenden bis in alle Ewigkeit sehen, aber niemals zueinanderkommen.

Mädchen am Río Paraguay

ratas de Iguazu, die Wasserfälle des Río Igua-zu. Wo das Basaltplateau des hoch gelegenen brasilianischen Schildes zur argentinischen Tiefebene hin abbricht, stürzen unvorstellbare Wassermassen zu Tal. Allein die Zahlen machen schwindlig; auf 2700 m Breite ergießen sich in 275 Einzelfällen – der größte davon ist die sagenhafte Garganta del Diablo, die Teufelskehle – 1,7 Millionen Liter Wasser pro Sekunde bis zu 75 m in die Tiefe. Nach starken Regenfällen können es auch 6 oder 7 Millionen Liter Wasser pro Sekunde sein. Kein anderer Wasserfall der Erde ist so mächtig. Die Victoriafälle in Zimbabwe und Sambia, die Niagarafälle in den USA und Kanada und die Kaieteurfälle in Guayana müssen sich hinten anstellen.

Ein Besuch der Iguazufälle im Sonnenschein, wenn Regenbögen über den vielen kleinen Fällen stehen und Schwärme von Schmetterlingen unterwegs sind, gehört zu den schönsten Erlebnissen, die man auf dieser Erde haben kann. Dazu kommt die prächtige Lage inmitten des Dschungels, wo sich Affen, Agutis und Nasenbären, Tukane, Papageien und Kolibris tummeln. Das Wahrzeichen des Parks ist jedoch der Vencejo de Cascada, der Grausegler (Cypseloides senex). Diese Seglerart fliegt durch die Wasserfälle hindurch, um auf den gischtbesprühten Felsen hinter dem Wasservorhang ein einziges Ei zu legen. Kein Räuber kann der Brut etwas zuleide tun – doch wehe, wenn es oberhalb der Fälle stark regnet, dann werden Eier und Junge von den angeschwollenen Wassermassen in den Abgrund gerissen.

weiten. Portugiesische Sklavenjäger überfielen die Siedlungen und verschleppten die Indianer. Die Comuneros genannten spanischen Siedler gierten nach dem Land und den Arbeitskräften der Missionen. In Spanien sahen Kirche und Krone den Gottesstaat als Bedrohung ihrer Herrschaft. 1767 wurden die Jesuiten auf Befehl König Karls III. ausgewiesen, über 500 von ihnen wurden verhaftet und in Ketten nach Europa gebracht. Einige entkamen und setzten den Widerstand im Urwald fort. 1768 kam es zu jenem letzten, vergeblichen Abwehrkampf, der in dem Hollywood-Film „The Mission", mit Robert de Niro in der Hauptrolle, dargestellt ist.

Die Guaraní haben überlebt, auch wenn sie bis heute am Rande der Gesellschaft leben und um Anerkennung und ihre Rechte kämpfen müssen. Der ursprüngliche Lebensraum der Indianer, der subtropische Regenwald, ist jedoch fast verschwunden. Nur noch an wenigen Stellen, vor allem im **Nationalpark Iguazu**, den sich Argentinien und Brasilien teilen, gibt es noch üppigen Urwald. Vielleicht wäre er auch dort schon verschwunden, stünde dort nicht eines der größten Weltwunder, die **Cata-**

Glossar

aduana	Zoll
aguja	(Fels-)Nadel
almacén	Tante-Emma-Laden
altura	Höhe
arrayán	auffälliger Baum mit roter Rinde (Luma apiculata), gehört zu den Myrtengewächsen
arriero	Maultiertreiber
arroyo	Bach
asado	Megagrill, Rind oder Schaf vom Spieß
bahía	Bucht
baño	eigentlich Bad, wird aber wie das englische „bathroom" verschämt für Klo verwendet
cabalgata	Reittour
caballo	Pferd
campamento	Zeltplatz
campamento base	Basislager
caminata	Wanderung, Trekking
camino	Weg, Straße
camping	meist bewirtschafteter Zeltplatz
campo	Feld
campito	kleines Feld, Stückchen Land (nur 200 oder 300 ha)
capataz	Vorarbeiter der Gauchos
casa de cambio	Wechselstube
cerro	Berg, Anhöhe
cocina	Küche
coihue, coigüe	Südbuchenart (Nothofagus dombeyi)
club Andino	Andenverein
colectivo	öffentlicher Bus
cordillera	Bergkette
cueva	Höhle
cumbre	Gipfel
embalse	Stausee
estancia	großer, nicht selten mehrere Zehntausend oder Hunderttausend Hektar umfassender Viehzuchtbetrieb
frontera	Grenze
fundo	Bauernhof
gaucho	Viehhirt
gendamería	Landpolizei
glaciar	Gletscher
grampones	Steigeisen
grieta	Gletscherspalte
guardaparque	wörtlich Parkschützer, National-park-Ranger
guardería	Ranger-Station
guia	Führer
hacienda	Landgut
hielo	Eis
Hielo Norte	Nördliches patagonisches Inlandeis
Hielo Sur	Südliches patagonisches Inlandeis
hito	Grenzmarkierung, Steinhügel
hospedaje	Herberge
hostal	Hotel
hostería	Gasthaus
hotel	Hotel
intendencia	Nationalparkverwaltung
lago	See
laguna	kleiner See
lenga	häufigste Südbuchenart (Nothofagus pumilio)
librería	Buchladen
loma	Hügel
mallín	Feuchtwiese, Sumpf
mirador	Aussichtspunkt
mochilero	Rucksacktourist
monte	Berg, auch Bezeichnung für das buschbestandene Hügelland der nördlichen Vorandenregion Argentiniens
msnm	spanische Abkürzung für Meter über dem Meeresspiegel
nevado	schneebedeckter Berg
nieve	Schnee
ñirre oder ñire	meist kleinwüchsige Südbuchenart (Nothofagus antarctica)
paso	Pass
picada	Fußpfad
piolet	Eispickel
playa	Strand
portezuelo	Pass
puesto	Einödhof, Außenstation einer Estancia
puna	Hochebene, Hochwüste, in anderen Ländern „altiplano" genannt; auch Ausdruck für Höhenkrankheit
quebrada	Schlucht, Klamm
refugio	Schutzhütte, Berghütte
remise	Taxi ohne Taxameter, Preis vor der Fahrt aushandeln

Anhang

rio	Fluss	termas	heiße Quellen
ruta	Landstraße	turbal	Torfmoor
salto	Wasserfall	valle	Tal
saltillo	kleiner Wasserfall	ventisquero	Gletscher
sendero	Pfad	viento	Wind
soroche	Höhenkrankheit	yungas	urwaldbestandene subtropische Region an der Ostflanke der Anden

Literaturverzeichnis

Die folgende Liste enthält nur Bücher, die praktisch verwertbare Trekking- oder Kletterrouteninformationen liefern. Natürlich gibt es auch eine reiche Auswahl an Erlebnisberichten triumphierender und/oder gescheiterter Helden, Sachbüchern jeglicher Couleur, literarischen Werken und prächtigen Bildbänden über Argentinien. Mancher Hinweis auf die beiden erstgenannten Genres steht im Text der einzelnen Kapitel.

Wer schon in Europa argentinische **Bergliteratur und Landkarten** beziehen möchte, kann bei folgenden Verlagen bestellen:
Zagier y Urruty, Buenos Aires, Tel.: 011-4572-1050, www.patagoniashop.net
Sendas y Bosques, San Martin de los Andes,
Tel.: 02972-42-7836,
www.sendasybosques.com.ar

Wer Besonderes sucht, kann sich in den Weiten von www.lanic.utexas.edu verlieren oder www.scirus.com seine speziellen Wünsche anvertrauen.

Aguayo, Jaime, Marcelo Castro und Gustavo Santos: Lanín y Villarica – trekking y naturaleza, Guia Sendas Y Bosques, 2004
Bevacqua, Gabriel: Montañas de la Comarca, La Escuela de Montaña de El Bolsón, 1998
Biancheri, Anne-Caroline: Mendoza – Senderos de Aventura, Caviar bleu, 2004
Biggar, John: The Andes – a guide for climbers, BigR Publishing, 1999
Biggar, Cathy and John: The Andes – a trekking guide, BigR Publishing, 2001
Burford, Tim: Chile and Argentina: Backpacking and Hiking. Bradt Travel Guides, 2001

Cannestraci, Diego: Trekking en Bariloche, active Patagonia Castro, Marcelo und Gustavo Santos: Nahuel Huapi – trekking y naturaleza, Guia Sendas y Bosques, 2003
Darack, Ed: Aconcagua – Summit of the Americas, E. Darack Photography, 2002
Geras, Alejandro: Montanas de luz – Cordón del Plata, Mendoza, 2004
Gantzhorn, Ralf: Trekking-Guide Patagonien, Bruckmann, 2004
Kearney, Alan: Mountaineering in Patagonia, Cloudcap, 1998
Guía Cordillera Verde – Patagonia Norte, Ediciones Verdes, 2006
Guia educativa para ingresar a los refugios, Tourenheft für die Region nördlich El Bolsóns, in El Bolsón erhältlich
Heckmann, Dirk: Torres del Paine Circuito, Conrad Stein Verlag, 1999
Izaguirre, Raúl: Las Montañas de Bariloche, Guias Regionales Argentinas, 1996
Lindenmayer, Clem und Tapp, Nick: Trekking in the Patagonian Andes, Lonely Planet, 2003
Neate, Jill: Mountaineering in the Andes, RGS-IBG Expedition Advisory Centre, 1994
Orona, Heber: Aconcagua: Guía practica de ascensiones y trekkings, Ediciones Desnivel, 2002
Rivarola, David: El Parque Nacional Sierra de las Quijadas y sus Recursos Naturales, Chacabuco y Pedernera
Ryan, Jim: Aconcagua – Highest Trek in the World, Cicerone Press, 2005
Secor, R.J.: Aconcagua – a climbing guide, The mountaineers, 1999
Turi, Luis: Guia de Sendas y Escaladas de Tierra del Fuego, lacompania, 2002

Stichwortverzeichnis

Anhang

Anhang

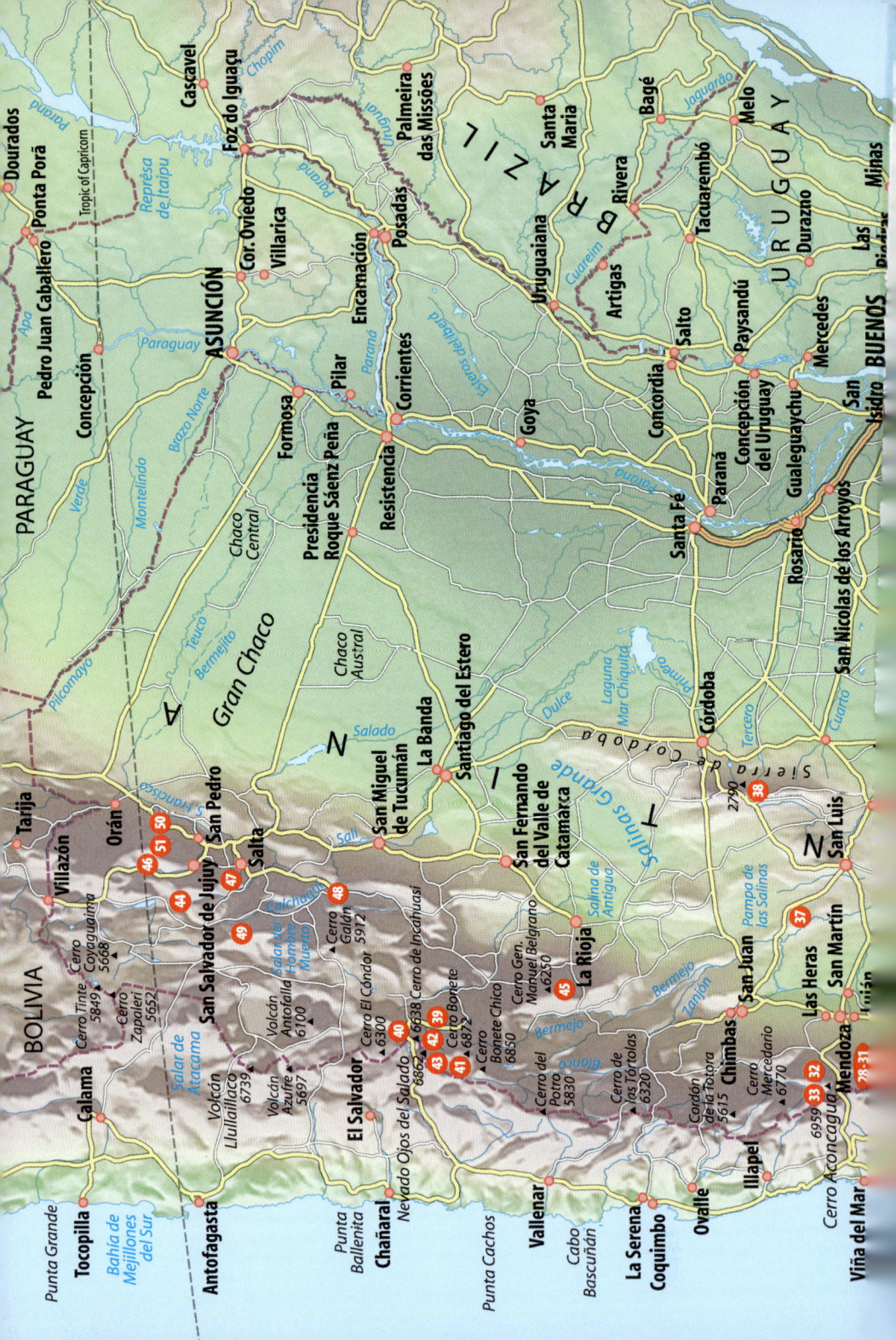